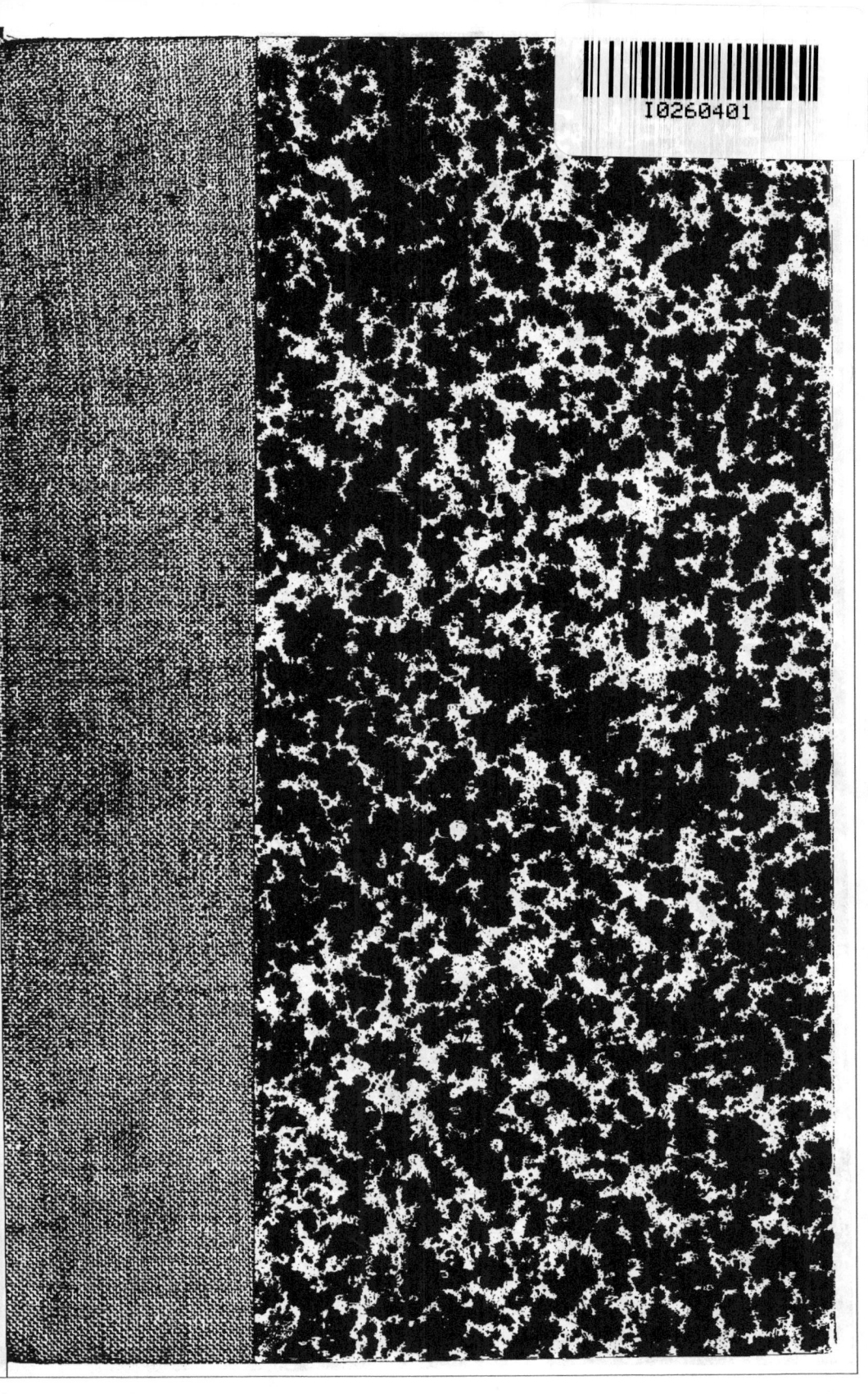

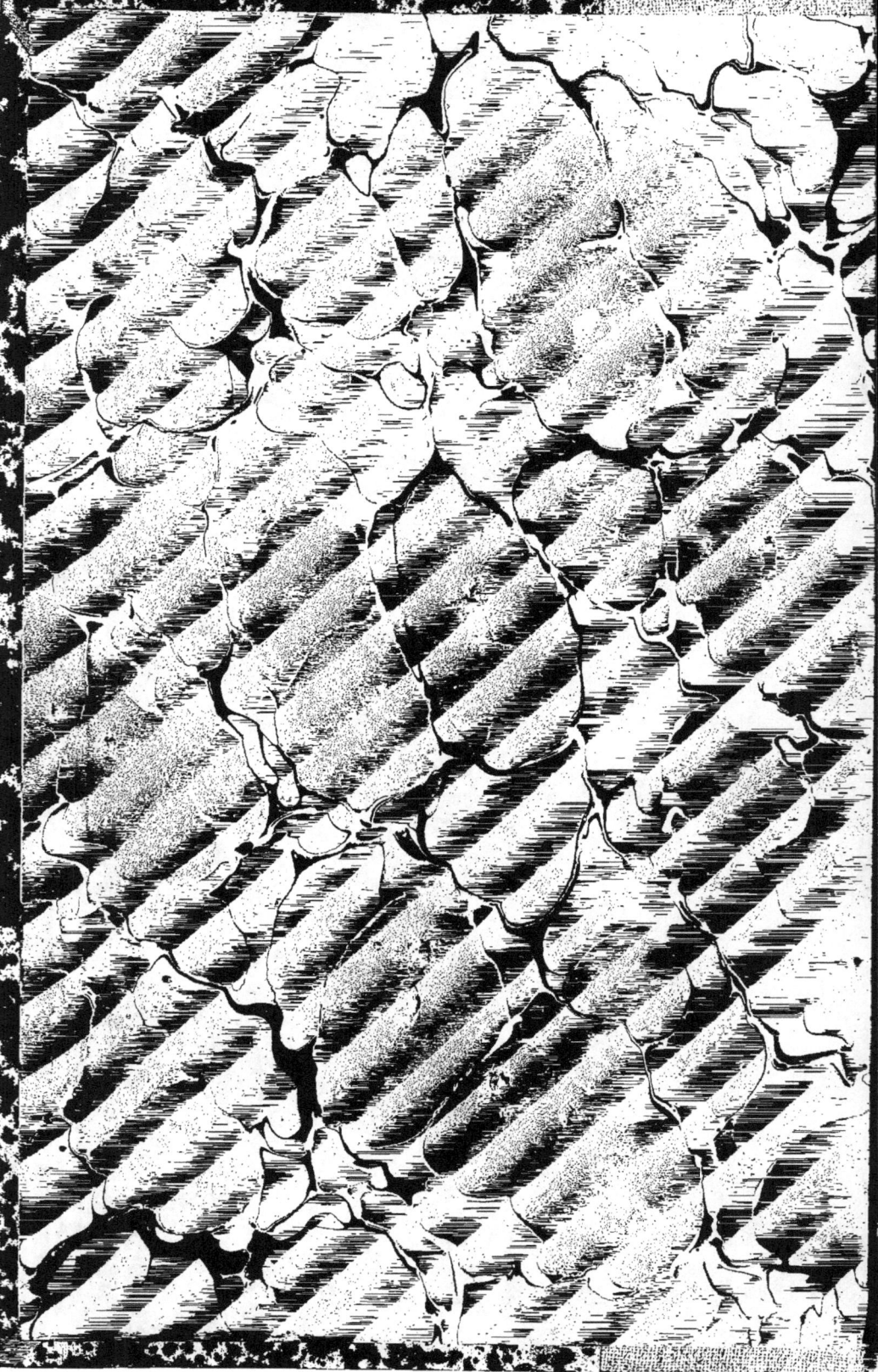

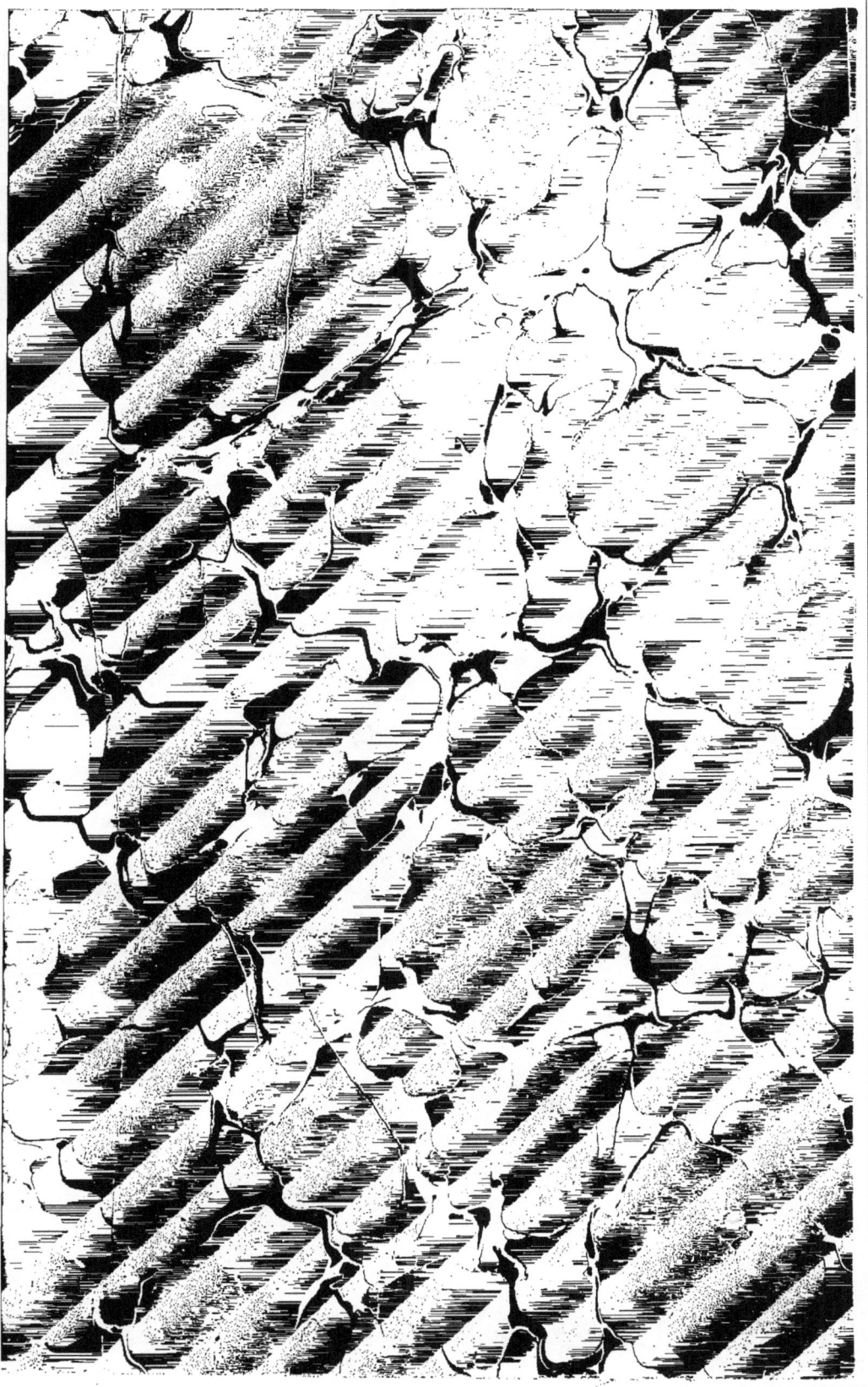

A.MERTENS REI

HISTOIRE
DES NAUFRAGES

2ᵉ SÉRIE IN-4°.

PROPRIÉTÉ DES ÉDITEURS.

NOTA

Histoire des Naufrages a été approuvé par la Commission des Bibliothèques scolaires et des Livres de Prix, dans la Séance du 19 décembre 1878.

TRAGÉDIES DE LA MER

HISTOIRE

DES

NAUFRAGES

ANCIENS & MODERNES

PAR CHARLES DE FOLLEVILLE

QUATRIÈME ÉDITION.

LIMOGES
EUGÈNE ARDANT ET Cⁱᵉ, ÉDITEURS.

INTRODUCTION.

Représentez-vous une plage immense sur laquelle l'Océan, qui se déroule à l'infini, sans qu'aucune limite arrête le regard, pousse, soulève et retire ses larges vagues avec une lente majesté. En face de cet Océan, sur le continent creusé par les eaux, de manière à produire une rade, et, plus avant encore, un port, l'une et l'autre abrités par les hautes falaises et des dunes, représentez-vous aussi une grande cité maritime, assise en un vaste amphithéâtre. Enfin, sur la rade et dans le port, figurez-vous des navires de toutes formes, aux mâts élancés, aux agrès multipliés, véritables forteresses et châteaux ailés, que l'on nomme trois-mâts, vaisseaux de guerre, frégates, corvettes, goëlettes, avisos, canonnières, sloops, cutters, felouques, gabarres, parancelles, etc. Comme l'imagination s'allume à la vue de ces énormes machines qui se meuvent sous la pression des cordages et du gouvernail, à la voix du maître; comme on s'extasie devant ces hommes de mer qui se montrent dans les haubans et dans les hunes, lesquels, sans sourciller, vont braver les nuits terribles de cet Océan, les tempêtes du firmament, les incendies qui peuvent dévorer leurs citadelles flottantes, les courants qui les échouent, les calmes plats qui les pétrifient, et les écueils qui les brisent.

Oui, c'est un admirable spectacle que ces horizons infinis de la vaste nappe d'eau de la mer, blancs comme la neige, ou noirs comme l'Erèbe, qui s'échappent des hautes cheminées de nombreux bateaux à vapeur. C'est un spectacle prodigieux que tous ces navires découpant en gris leurs élégantes silhouettes et leurs forêts de mâts, comme des cimes de forêts fantastiques sur l'azur du ciel.

Voilà la poésie de la mer, le beau côté de l'art de naviguer.

Quels services incomparables la navigation ne rend-elle pas aux hommes ? Par les navires, les extrémités du monde se touchent, les contrées les plus éloignées de notre univers sont rapprochées, elles se donnent la main, elles se tiennent, elles communiquent ensemble, elles se parlent, elles s'interrogent, elles se révèlent les unes aux autres, elles s'envoient mutuellement leurs produits, les curiosités de leurs latitudes, de leurs climats, les articles de leur industrie, les objets de leur commerce, les fruits de leurs terres, les ressources de leurs pays, et, en échange, nous leur portons ce qui provient spontanément de notre sol, les œuvres de notre travail, les échantillons de notre négoce, les découvertes de nos arts et de nos sciences.

C'est par la navigation que les géographes nous font connaître la description des différentes régions qui composent notre globe; c'est par elle que les savants vont en étudier la nature, les magnificences, les curiosités, et enrichissent nos musées de merveilles ethnologiques qui nous initient aux beautés de ces latitudes éloignées ; c'est par elle que nos voyageurs passent de l'Europe en Asie, et de l'Afrique en Amérique, pour aller visiter les fleuves et les savanes, les pampas et les montagnes, les volcans et les lacs, et nous en redire les plus intéressants récits. C'est elle encore qui nous dévoile les mystères de l'Océanie et nous en rapporte les étranges produits, comme elle y conduit nos explorateurs et nos missionnaires chargés d'y répandre les lumières de l'Evangile et de la civilisation. Enfin, c'est elle aussi qui fait que sur les halles de notre Europe on rencontre les objets qui proviennent des autres continents et des îles éparses sur les Océans, et sur les marchés des autres continents et des îles les marchandises de notre Europe.

Mais, hélas ! pourquoi faut-il que toute médaille ait son revers et que tout rayon d'or se perde dans l'ombre ? Pendant que nos hardis navigateurs s'élancent ainsi sur les mers et que nos braves marins épuisent leurs forces dans la lutte contre les flots, pourquoi faut-il que la mer se livre à de formidables fureurs, qu'elle prépare sans fin d'horribles dangers, et que, trop souvent, dans ses trombes, dans ses effrayants ouragans, dans ses tempêtes inexplicables et l'épouvantable déchaînement de tous les éléments, elle engloutisse les admirables navires qui la sillonnent et que nous admirions tout-à-l'heure ?

Naufrages, échouements, engloutissements, incendies, délaissements, hivernages, calmes plats, rencontres et chocs de navires contre navires, famines, invasion de maladies, tels sont les désolants périls qui menacent continuellement l'homme de l'Océan et les cargaisons précieuses dont les bâtiments sont chargés ; telles sont les tragédies de la mer.

Ce sont de tels sinistres, ces scènes d'épouvante et d'horreur et de désespoir que nous allons décrire. Puissions-nous au moins exciter dans l'âme de nos lecteurs quelque compassion pour ceux qui se dévouent en faveur de la science, des découvertes, de la prédication de l'Evangile, du commerce et de nos intérêts à tous, sinon inspirer la prudence à ceux qui seraient tentés de livrer leur fortune et leur vie aux vagues de l'élément perfide !

TRAGÉDIES DE LA MER.

NAUFRAGES ANCIENS.

PERTE DE LA CARAVELLE LA SANTA-MARIA,

De la flotte de Christophe Colomb, lors de la découverte de l'Amérique, dans les eaux de Saint-Domingue, en décembre 1492.

Du lundi au mardi 25 décembre, jour de Noël, vers onze heures du soir, Christophe Colomb, qui n'avait pris aucune nourriture depuis trente-six heures, alla se coucher. Le navire amiral et la *Nina* avancèrent, sous un vent très modéré, du golfe Saint-Thomas jusqu'à la Punta-Santa. Les côtes, les bas-fonds, les bancs et les récifs avaient été observés. Il semblait donc qu'il n'y avait aucun danger à craindre.

Mais le marin qui avait en main le gouvernail, voyant la mer très calme, voulut imiter l'amiral : il laissa la barre à un jeune homme inexpérimenté, sans tenir compte de la volonté de Colomb, qui avait expressément défendu que l'on confiât le timon aux novices. A minuit, le calme étant parfait et la mer tranquille, tous les gens de l'équipage se couchèrent aussi, et il ne resta plus debout que le jeune homme qui était au gouvernail. Alors, il arriva que le courant entraîna le vaisseau vers un des bancs. Cependant, malgré l'obscurité, on pouvait voir et même entendre ces brisants, à la distance de plus d'une lieue. Le vaisseau toucha, mais sans choc violent. Ce fut à peine si l'on éprouva une légère secousse. Le novice seul entendit le bruissement des flots et sentit que le gouvernail était engagé. Aussitôt il cria.

Colomb s'éveilla en sursaut et arriva sur le pont si rapidement, que personne ne s'aperçut, avant lui, que l'on eût échoué. Le maître du navire, préposé à sa garde, fut le second à se lever. L'amiral ordonna alors de charger une ancre sur l'embarcation qui était à la poupe et de le jeter au large, avant de décharger la caravelle. Mais le maître et d'autres marins s'emparèrent de cette embarcation et s'enfuirent vers la *Nina*, qui était à une demi-lieue. Le commandant refusa de les recevoir et ils furent obligés de revenir au vaisseau de Colomb.

Déjà celui-ci avait fait couper le grand mât, pour alléger le navire, afin de le remettre à flot, parce que déjà la marée se retirait et le vaisseau penchait. Mais les eaux baissant toujours et la *Santa-Maria* penchant de plus en plus, la manœuvre ne réussit pas. Heureusement le calme de la mer fit que le bâtiment ne fut pas fracassé.

Dès que les embarcations furent à flot, l'amiral s'en servit pour transporter son équipage à bord de la *Nina*; puis, un vent de terre s'étant levé, il jugea prudent de mettre en panne pour attendre le jour, afin que l'on pût se diriger plus commodément, l'obscurité étant alors des plus grandes.

Quant à lui, il remonta à bord de sa caravelle amirale la *Santa-Maria*, en y entrant du côté du banc, après avoir envoyé à terre l'alguazil de l'escadre et un officier de la marine royale espagnole. Ils étaient chargés l'un et l'autre d'aller donner avis de l'événement fâcheux qui lui était survenu à un chef indien, son ami, dont la résidence était à environ une lieue et demie. Ce chef, qui quelques jours auparavant avait invité l'amiral Colomb à le venir voir, donna des signes de douleur sincère à cette nouvelle, et il s'empressa de mettre de très grands canots à la disposition de l'amiral, pour décharger la caravelle. Il vint lui-même avec ses frères et ses parents pour présider aux travaux du sauvetage, exciter le zèle des Indiens et veiller à ce qu'aucun des objets transportés ne fût détourné ou perdu. Par intervalles, il envoyait quelqu'un des siens à l'amiral, pour lui offrir des consolations et lui assurer que tout ce qu'il possédait était à lui, s'il le désirait.

Grâce à la vigilance de ce chef et à la probité des Indiens, on ne perdit pas même un bout d'aiguillette. Ce qui fut retiré de la caravelle *Santa-Maria* fut porté près des maisons de la plage, jusqu'à ce qu'on eût préparé un endroit plus convenable pour servir de dépôt. Alors le cacique aposta des Indiens armés, afin de faire bonne garde à l'entour, pendant la durée de la nuit.

L'amiral se consola de la perte de son vaisseau, car, dit-il dans sa relation, « c'était un navire très lourd, mauvais voilier, et peu propre à un voyage de découvertes. »

La mer eut bientôt fait disparaître jusqu'au moindre des débris de la caravelle *Santa-Maria*.

Ce ne fut pas du reste le seul danger qu'eut à courir notre illustre navigateur. Nous allons parler d'un autre péril, afin de montrer la foi naïve et le caractère candide de Christophe Colomb.

A quelque temps de là, le jeudi 14 février 1493, une tempête s'élève, alors que sa flotte traverse l'Océan Atlantique pour revenir en Espagne. La mer est bientôt furieuse ; les vagues, s'entrechoquant, menacent d'engloutir les caravelles ; la violence des vents redouble et augmente la colère de l'Océan.

Pour échapper au péril, l'amiral fait courir la *Nina* en poupe, où la portait le vent ; la *Pinta* fait de même. Mais bientôt on cesse de la voir et elle ne répond plus aux signaux. La nuit est horrible.

Christophe Colomb réunit l'équipage et décide qu'un de ceux qui montent la caravelle la *Nina*, et que désignera le sort, fera un pèlerinage à Sainte-Marie de Guadalupe, au retour en Espagne, avec un cierge de cinq livres. On assemble donc autant de pois chiches qu'il y a de personnes sur le navire, et, après en avoir marqué un d'une croix, on les mêle dans un sac. Colomb met le premier la main dans le sac, et il en tire le pois marqué de la croix. Alors il promet solennellement d'accomplir le vœu.

On tire ensuite, une deuxième fois, pour un pèlerinage à Notre-Dame de Lorette, dans la marche d'Ancône. C'est un matelot du port Sainte-Marie, nommé Pedro de Villa, qui a le pois marqué. Colomb s'engage à lui payer les frais du voyage.

Enfin, une troisième fois, on demande au sort de désigner un pèlerin qui ira passer une nuit à Sainte-Marie de Moguer, et qui y fera dire une messe. C'est encore Colomb qui tire le pois chiche.

L'amiral et tout l'équipage firent en outre le vœu d'aller tous ensemble, et en chemise, prier dans une église dédiée à Notre-Dame. Chacun, du reste, fit en son particulier quelque autre vœu.

Mais la tempête ne s'apaisait point, et il semblait qu'il n'y eût pas d'espoir de salut. On n'avait plus de lest. Pour tenir lieu de ce qui manquait, l'amiral fit remplir d'eau de mer les tonneaux vides.

Colomb avait bien des sujets d'être tourmenté : il songeait à ses deux fils qu'il avait laissés à Cordoue, et qui seraient orphelins. Il pensait avec amertume que si les deux caravelles périssaient, la nouvelle des grandes découvertes qu'il avait faites ne parviendrait pas en Espagne. Mais il retrouvait de la confiance et de l'espoir en se rappelant combien Dieu avait donné de preuves de sa protection depuis son départ. Cependant, qui peut sonder les secrets de la volonté divine ? Il écrivit donc sur un parchemin un récit rapide de ses découvertes, et la prière adressée à celui qui trouverait ce parchemin de le porter au roi d'Espagne ; puis, sans communiquer son projet à personne, il enferma ce parchemin, bien entouré de toile cirée, dans une grosse barrique de bois qu'il fit jeter à la mer.

Vers la fin de la nuit, le ciel s'éclaircit à l'horizon, du côté de l'occident, et la mer commença à s'apaiser.

Lorsque le soleil se leva, on aperçut la terre. C'étaient les Açores.

Dans son troisième voyage, alors qu'il découvrit véritablement le continent de l'Amérique du Sud, car jusqu'alors il n'avait encore découvert que des îles, Christophe Colomb aperçut une terre qu'il nomma *Terra de Gracia*, — c'était la côte basse de la terre ferme, entrecoupée par les branches de l'Orénoque, où est est aujourd'hui la république de Venezuela.

Il avisa en même temps un grand canal, mais il remarqua que si l'on voulait y entrer, on tombait dans des courants nombreux, traversant le canal avec un bruit effrayant, comme celui des vagues furieuses se brisant contre les rochers. — Ces courants, en effet, se dirigent vers l'ouest avec une effrayante rapidité. — Pris entre les bas-fonds et les courants, Colomb était dans une situation alarmante.

Un phénomène étrange vint ajouter à l'effroi des équipages. Voici ce qu'en raconte Christophe Colomb lui-même :

« A une heure avancée de la nuit, étant sur le pont, j'entendis une sorte de rugissement terrible. Je cherchai à pénétrer l'obscurité, et tout-à-coup je vis la mer, sous la forme d'une colline aussi haute que le navire, s'avançant lentement du sud vers mes navires. Au-dessus de cette élévation, un courant arrivait avec un fracas épouvantable. Je ne doutai point que nous ne fussions au moment d'être engloutis, et aujourd'hui encore j'éprouve à ce souvenir un saisissement douloureux. Par bonheur, le courant et le flot passèrent, se dirigèrent vers l'embouchure du canal, y luttèrent longtemps et puis s'affaissèrent. » — On suppose que cette irruption soudaine était causée par le gonflement de l'un des fleuves qui se déchargent dans le golfe de Paria, et que Colomb ne connaissait pas encore.

Le lendemain, Colomb envoya sonder cette embouchure, qu'il nomma la *Bouche du serpent*, à cause de son aspect effroyable. Le résultat lui permit d'avancer, et, grâce à un bon vent, on traversa ce détroit sans péril......

FAMINE ET DÉSASTRES DU NAVIRE FRANÇAIS LE JACQUES,

Sur l'Océan Atlantique, en mars, avril, mai et juin 1558.

On était en 1555, et Henri II régnait en France.

C'était le moment où la réforme de Calvin occupait tous les esprits, et où nombre de gens séduits par ses prédications et alléchés par les commodités d'une religion qui s'affranchissait des austérités du catholicisme, désertaient la vraie foi ,et substituaient l'évangile d'un homme en révolte contre Jésus, à l'Evangile du Christ et à la religion de Pierre.

Un huguenot, Nicolas Durand de Villegagnon, vice-amiral de Bretagne, trouva bon d'arracher les calvinistes de France aux obstacles que leur opposaient le gouvernement et les peuples, qui les traitaient comme des renégats, et il obtint de Henri II trois navires, sous le prétexte d'un voyage de découvertes sur les côtes de l'Amérique, nouvellement découvertes. En conséquence, il n'admit que des calvinistes, comme passagers et matelots, sur les vaisseaux que le roi lui confia, et mettant à la voile du port de Brest, il s'éloigna de France.

La traversée fut des plus heureuses. Les Français avaient formé le projet de s'établir au Brésil. A cette époque, les côtes de l'Amérique étaient fort peu habitées, et nos compatriotes n'avaient guère que l'embarras du choix. Ils eurent la fantaisie de mettre pied sur une petite île de Rio-Janeiro, assez avant dans les terres, et d'y construire une citadelle qu'ils nommèrent Fort Coligny, du nom et en souvenir du célèbre amiral de France, huguenot comme eux.

Les protestants une fois installés sur des rives étrangères, les trois navires qui les avaient amenés reprirent la route de la patrie, et y portèrent d'heureuses nouvelles de la jeune colonie, qui semblait devoir s'accroître et vivre sous de très favorables auspices.

Aussi, en mars 1557, arriva de Genève et de France un nombre considérable d'émigrants destinés à grossir la jeune colonie.

Mais déjà M. de Villegagnon était fatigué de son rôle de colonisateur, et après avoir attiré si loin de leur patrie les malheureux Européens, il les accueillit mal à leur débarquement d'abord, mais aussi son mauvais vouloir se manifesta aussitôt vis-à-vis de ceux mêmes qu'il avait amenés avec lui sur sa flotte. Il fit plus, il les chassa du Fort Coligny, et les contraignit à se réfugier où bon leur semblerait sur cette terre inconnue où, de si loin et à travers l'Océan, ils étaient venus chercher un refuge.

Les infortunés huguenots vinrent camper sur les bords de la mer, où quelques-uns, séduits par les sites charmants de la contrée et la fertilité du sol, les décidèrent à s'y fixer et planter leurs tentes.

Les autres préférèrent regagner leur patrie. M. de Villegagnon ayant mis à leur disposition le vaisseau le *Jacques,* ils y portèrent leurs bagages et s'installèrent à bord, aspirant désormais après les rivages de France.

Le vice-amiral de Villegagnon, à l'heure du départ, remit au capitaine du *Jacques* un coffret bien scellé qui devait être remis aux autorités du port où l'on débarquerait sur les côtes de France. Ce mystérieux coffret ne renfermait autre chose qu'une dénonciation en règle contre les protestants embarqués, et tous les éléments d'une instruction dirigée contre les calvinistes. C'était donc une infâme trahison dont M. de Villegagnon se rendait coupable vis-à-vis de ses coreligionnaires, et le résultat pouvait leur être très fatal. Heureusement ils ignoraient le danger qui les menacerait à leur arrivée, et dont leur navire était le porteur.

Le *Jacques* mit à la voile le 4 janvier 1558. C'était un vieux navire qui aurait tout au plus servi de ponton dans un port, tant sa quille était pourrie déjà depuis longtemps : mais son propriétaire l'ignorait, car il faisait partie lui-même de l'équipage. Le capitaine, le propriétaire du vaisseau, les matelots et les passagers formaient un total de quarante-neuf personnes.

Jean de Léry, un ardent calviniste et un homme de talent, auquel nous devons la relation de la traversée, faisait partie des passagers.

Le *Jacques* était en mer depuis huit jours à peine, lorsqu'une nuit le navire fit tant d'eau, que les pompes ne purent suffire à l'épuiser. Le maître d'équipage descendit à fond de cale et découvrit que le navire était entr'ouvert en plusieurs endroits, et que l'eau s'élevait à vue d'œil.

La consternation fut grande à cette nouvelle, parmi les passagers comme parmi les matelots. Aussi plusieurs, convaincus que la mort était inévitable, se laissèrent aller au plus amer désespoir. D'autres, parmi lesquels Jean de Léry se mit au premier rang, résolurent de lutter avec ardeur contre l'élément qui les menaçait. Ils s'attachèrent aux pompes et y travaillèrent avec tant d'ardeur que bientôt l'eau ne gagna plus. En même temps, les recherches du charpentier pour trouver la voie d'eau furent couronnées de succès, et, aidé des matelots les plus intelligents, il parvint à la fermer avec du lard, de la graisse, du linge et du plomb.

Chose étrange! après cette première navigation de quelques jours, on revit du pont la terre du Brésil que l'on avait quittée, et l'équipage entier, effrayé du mauvais état du *Jacques,* supplia le capitaine d'atterrir et de débarquer. De son côté, le charpentier qui, dans son travail, avait eu l'occasion de remarquer que le bâtiment était rongé par les vers, insistait sur la nécessité de le radouber avant de traverser l'Atlantique. Mais le capitaine persista à vouloir continuer sa route : toutefois il mit une chaloupe à la disposition des passagers qui voudraient regagner la terre.

Six passagers, et à leur tête Jean de Léry, se décidèrent à retourner au rivage : mais, au moment même où l'embarcation allait quitter la hanche du *Jacques*, ceux qui restaient sur le pont supplièrent tant le bon Jean de Léry qu'ils aimaient de ne pas les abandonner et de les accompagner en France, qu'il se décida à remonter à bord. Il fit bien, car les calvinistes qui retournèrent au Brésil furent arrêtés aussitôt qu'ils furent à terre, et pendus sans transition, par ordre du cruel de Villegagnon.

Enfin, le *Jacques* s'éloigna du Brésil à travers l'Océan devenu tempétueux, et faisant toujours beaucoup d'eau, malgré les soins du charpentier. L'orage qui gronda des semaines entières menaça vingt fois d'engloutir les navigateurs, et après deux mois de navigation, ils n'avaient pas fait le tiers de la traversée.

Aussi s'aperçut-on, un jour, non sans effroi, que les vivres diminuaient rapidement.

Tout semblait donc réuni pour entraver la marche de ce malheureux vaisseau : le peu de provisions pour un voyage que la grosse mer retardait, les voies d'eau, le mauvais état des agrès, et, disons-le, le peu d'expérience du pilote, l'obstination du maître d'équipage, la mésintelligence entre les officiers, dont le service était par suite en grande souffrance.

Le 7 avril, le pilote faisait le quart. Tout-à-coup le *Jacques* est subitement frappé par un tourbillon qui le renverse sur le côté et le tient suspendu sur l'abîme. Alors, en ce moment suprême, le contremaître et le pilote se reprochent mutuellement l'accident, ne songent nullement à paralyser l'effort de la tempête, mais ils se battent avec un incroyable acharnement qu'inspire et surexcite la haine qu'ils se portent.

Quelques jours après, alors que le charpentier, occupé à consolider sa cale, enlevait quelques morceaux de bois qui le gênaient, tout-à-coup l'eau jaillit à gros bouillons et envahit le bâtiment avec une horrible impétuosité. Les hommes qui prêtaient leur secours au charpentier se sauvent, en proie à une terreur inexprimable, et ne peuvent que s'écrier en arrivant sur le pont :

— Nous sommes perdus !

A cette parole terrifiante, le capitaine, le pilote et le propriétaire du navire, sans souci des passagers et des gens de l'équipage, lancent la chaloupe à la mer, et vont s'éloigner. Mais les plus effrayés des passagers les suivent, et veulent se réfugier avec eux dans l'embarcation. Alors, le pilote, armé d'un long couteau, menace de frapper quiconque entrera malgré lui. Les infortunés reculent à cette vue.

Grâce à Dieu, l'équipage ne se livre pas au désespoir. Jean de Léry ranime les matelots : il appelle à lui les hommes de bonne volonté, et s'emparant des pompes, il les font jouer avec tant de force et de persistance que le *Jacques* ne sombre pas. De son côté, le charpentier, resté bravement dans la cale, crie qu'on lui apporte de la toile, du linge, de la laine. On lui apporte ce qu'il désire, et, dans son admirable présence d'esprit, cet homme qui a déjà placé sa veste en guise de tampon dans la nouvelle voie d'eau, à l'aide des objets qu'on lui remet parvient à calfeutrer la terrible et dangereuse ouverture.

Ainsi, cette fois encore, le bâtiment est sauvé du péril.

L'alarme passée, chacun reprit son poste : mais le maladroit pilote, qui ne semblait pas posséder les premiers éléments de l'art de naviguer, gouvernait tantôt à l'ouest, tantôt à l'est. C'était courir vers de nouveaux désastres.

Le *Jacques* remonte de la sorte jusqu'au tropique du Cancer, où il se trouve entouré d'herbes marines, si colossales, si pressées, qu'il fallut les couper avec des faux pour frayer un passage au bâtiment.

L'équipage courut de tels dangers alors, que tout chacun recommanda son âme à Dieu, croyant être à son dernier jour.

Peu après, le canonnier, qui avait une grande quantité de poudre à faire sécher, la laissa trop longtemps sur le feu dans un pot de fer. La poudre s'enflamma, l'explosion et le feu s'étendirent sur tout le vaisseau, les voiles et les cordages brûlèrent, et peu s'en fallut qu'un incendie n'éclatât. Quatre hommes même furent assez grièvement blessés, et l'un d'eux succomba quelques jours après des suites de ses blessures.

Lorsque survint cet accident déplorable, le *Jacques* était encore à cinq cents lieues des côtes de France.

Mais une autre calamité, tout aussi terrible, menaçait les malheureux navigateurs. Les provisions touchaient à leur fin !

Depuis longtemps déjà, les rations de chacun avaient été diminuées. On les réduisait encore de moitié. Hélas! malgré tout, au bout de quelques jours tout était consommé.....

Le pilote se croyait près des côtes d'Espagne, tandis qu'il en était encore à plus de trois cents lieues. L'erreur de ce misérable acheva de réduire l'équipage à la plus grande détresse. On n'eut d'autre ressource que de balayer la soute aux biscuits, et l'on partagea également, entre tout le monde, les immondes balayures qui contenaient beaucoup plus de vers que de miettes de pain. On fit alors avec ces affreux débris un horrible brouet aussi noir et plus amer que la suie.

Ceux qui rapportaient du Brésil des perroquets, destinés à être offerts à leurs amis de France, s'en nourrirent sans pitié.

La famine devint telle que deux matelots moururent d'inanition.

Un autre matelot se tenant debout contre le grand mât, tandis que ses camarades carguaient les voiles, est apostrophé rudement par le capitaine.

— Je n'en ai pas la force! répond l'infortuné, et à l'instant même il tombe raide mort sur le tillac.

Une nouvelle tempête vint encore ajouter au supplice de ces pauvres pérégrinateurs. Il fallut plier les voiles, détacher le gouvernail et livrer le bâtiment à la fureur des vents et de la mer. Le mauvais temps enleva encore aux affamés leur dernière ressource, celle de la pêche.

Aussi la disette devenant de plus en plus cruelle, quelques passagers s'avisèrent de couper par morceaux des peaux tannées, pour les faire bouillir et les manger. Mais l'estomac rejetait bien vite de pareils aliments. On essaya de les faire griller sur des charbons ; ainsi préparées, on les mangea plus facilement. Ceux qui avaient du cuir en leur possesion, le cachaient avec soin à leurs camarades, afin de ne pas exciter leur convoitise. Il y en eut qui dévorèrent de la sorte leur collet de maroquin et leurs chaussures.

Les mousses poussèrent leur fureur famélique jusqu'à broyer et manger les cornes des lanternes ; quant aux chandelles, ce fut pour eux un repas royal chaque fois qu'ils purent s'en procurer.

Malgré cette nourriture, bien peu capable de réparer les forces, l'équipage était contraint, jour et nuit, de travailler aux pompes, sous peine d'être englouti.

Le canonnier, bien heureux un matin de s'être repu des intestins d'un perroquet, mourut dans la soirée.

Les passagers, étiolés, hâves, pâles comme des suaires, erraient partout, cherchant à prendre rats et souris. Cette chasse était d'autant plus facile, que ces animaux ne trouvant plus rien à fond de cale, couraient de tous côtés sur le vaisseau. Mais on les chercha si bien qu'il n'y en eut bientôt plus un seul. Alors le prix du dernier rat s'éleva jusqu'à quatre écus. On faisait bouillir ce gibier dans l'eau, sans ôter ni poils ni tête : on conservait même les intestins.

Mais l'équipage n'était pas encore au comble de ses souffrances.

L'eau fit défaut à son tour. Il ne resta plus à bord qu'un petit tonneau de cidre que le capitaine et le maître d'équipage se réservèrent. Fort à propos, la pluie tombait très fréquemment, et aussitôt tous les bras la recueillaient par tous les moyens possibles.

Il y eut des affamés qui essayèrent de ronger du bois de Brésil : ce genre d'aliment donnait une fièvre qui approchait du délire.

Dans un de ces moments de folie famélique, un passager offrit une somme de quatre mille livres à celui qui voudrait lui céder un petit pain et un verre de vin. Mais pain et vin manquaient de la façon la plus absolue.

Un ministre calviniste, étendu dans sa petite cabine, sans pouvoir lever la tête, ne cessait jour et nuit de prier et d'invoquer la Providence.

Cependant l'équipage voyait la mort éclaircir ses rangs. Deux matelots périrent encore d'inanition.

Jean de Léry avait clandestinement gardé un énorme perroquet dont il voulait faire présent à l'amiral de Coligny. Mais enfin, n'ayant plus rien à faire manger à sa bête, et pressé lui-même par la faim, Jean étrangla l'animal et le mangea au grand complet, les plumes exceptées seules.

Enfin, un matin, la vigie cria : Terre ! terre !

En effet, l'infortuné, le misérable équipage, étendu presque sans mouvement sur le pont, n'attendant plus que l'heure suprême de la mort, aperçut les côtes de France.

On était au 5 juin. C'étaient les rochers de la Bretagne dont s'approchait le *Jacques*.

Par un mouvement spontané et électrique, les navigateurs rassemblèrent leurs forces pour se lever, se recueillir et adresser au ciel leurs plus ferventes actions de grâces.

Le maître d'équipage, redevenu joyeux, ne craignit pas d'avouer alors aux passagers qu'il avait résolu, si leur détresse avait duré un jour de plus, de tuer l'un deux pour le faire servir de nourriture aux autres.

Le *Jacques* était peu éloigné de la Rochelle, où l'équipage désirait se rendre. Le maître fit jeter l'ancre à deux lieues de terre, puis il partit dans la chaloupe avec plusieurs passagers pour aller à terre acheter des vivres. Quelques-uns de ces passagers n'eurent pas plus tôt mis le pied sur la terre ferme, que le souvenir de leurs souffrances et l'horreur de la mer les animant, ils s'échappèrent, sans qu'on les revît désormais : ils ne firent pas même retirer leurs bagages.

Les vivres, et des vivres frais ! apportés en abondance sur le *Jacques*, rendirent la vie aux pauvres Français affamés. Toutefois ils ne quittèrent pas encore le bâtiment, car, informés que la côte était infestée de pirates, ils allèrent mouiller dans le port de Blavet, près de Hennebon.

Ce fut alors que le capitaine alla remettre le mystérieux coffret au juge d'Hennebon, suivant les ordres de Villegagnon. Mais le juge d'Hennebon étant lui-même calviniste, se garda bien de nuire à ses coreligionnaires.

DANGERS COURUS SUR L'OCÉAN PACIFIQUE

PAR LE NAVIGATEUR MENDANA,

Après la découverte de l'Archipel Salomon, en septembre 1568.

« Le 7 septembre, vers le matin, raconte Figueroa, narrateur des
» voyages et découvertes de l'illustre navigateur espagnol Alvaro de
» Mendana, nous aperçûmes une île au vent, à environ deux lieues de
» distance. Le pilote dit que c'était San-Bartholomeo ; mais nous ne
» pûmes en approcher. Nous aperçûmes aussi d'autres îles basses qui
» étaient sous le vent.

» Ces parages sont sillonnés par des courants très violents.

» Le mestre de camp et quelques soldats, ayant mis pied à terre sur une petite île, virent sur un monticule des Indiens éloignés les uns des autres. Ils trouvèrent des vivres frais et de la volaille. Parmi quelques objets que l'on recueillit, il y avait un ciseau, qui d'abord avait servi de lime. Cet outil fit conjecturer que des Espagnols étaient déjà venus dans cette île.

» Nous étant embarqués, et après avoir fait deux lieues, une voile se montra à l'horizon, mais le corps du bâtiment était invisible. Désirant savoir quel était ce navire, nous mîmes en ralingue : mais nous le perdîmes de vue.

» Etant parvenus à 27° de latitude nord, nous aperçûmes une île inhabitée, à laquelle nous donnâmes le nom de San-Francisco. Elle était entourée de récifs. C'était le soir, jour de saint François, dans le mois d'octobre.

» Nous naviguâmes jusqu'à 30°; arrivés à 32°, il y avait huit jours que nous n'avions communiqué avec le vaisseau amiral, parce qu'il restait en arrière, à cause de sa pesanteur. Voyant qu'il n'avançait pas, nous amenâmes nos voiles, il répéta la même manœuvre : nous les hissâmes de nouveau, pour l'avertir d'en faire autant et lui donner à entendre que nous l'avions attendu. Mais tous ces signaux ne servirent à rien. Toute cette nuit nous conservâmes nos basses voiles, et le lendemain nous avions perdu de vue le vaisseau amiral. Il nous fallut l'attendre tout le jour, et lorsqu'il arriva le pilote en chef et le général querellèrent les pilotes, ce qui n'empêcha pas qu'il resta le lendemain en arrière, et nous ne le vîmes plus. Les vents et la mer augmentant de violence, nous ne songeâmes plus à l'attendre jusqu'à notre arrivée au cap de Corrientes.

» Nous étions à la hauteur de 32° de latitude nord, lorsque le vent fraîchit tellement que nous fûmes forcés d'amener nos voiles et de mettre en travers jusqu'à la nuit du dimanche 18 octobre. La mer devint alors si forte, quoiqu'elle le fût moins que le vent, que, pendant le temps que cette tempête dura, nous eûmes sous les yeux un spectacle comme jamais il ne s'en était vu.

» Le pilote dit que c'était un ouragan déchaîné. Aussi nous nous mîmes tous à réciter les litanies, en nous recommandant à Dieu. La mer et le vent frappaient le vaisseau avec tant de furie, par le côté de dessous le vent, que notre bateau fut submergé; les coups se répétant avec une force redoublée, le vaisseau se trouva couvert par la mer.

» Les Frères nous consolaient par de saintes paroles, et nous exhortaient à nous pardonner mutuellement et à prier Notre-Seigneur d'avoir pitié de nous. Ainsi, ceux qui étaient brouillés s'embrassaient, et nous allâmes, tous réunis, aider les matelots. Le pilote ordonna de mettre dehors le trinquet et une voile, pour faire arriver

» le navire vent arrière et laisser courir le navire sous une petite
» voilure. A peine une de ces voiles fut-elle larguée qu'elle fut dé-
» chirée en mille pièces. Voyant que, dans la fureur de l'ouragan, le
» trinquet n'avait pu être bordé et que le vaisseau ne pouvait pas
» arriver; de plus, que nous étions constamment battus par les coups
» de mer ; que le bateau coulait bas, et que l'eau qui entrait dans le
» navire était si considérable qu'il était déjà complètement enseveli
» sous les flots, nous clouâmes avec la plus grande promptitude
» l'écoutille, et nous la calfatâmes. Puis le bateau fut lancé à la
» mer, ce qui se fit avec tant de facilité qu'il suffit pour cela de huit
» hommes. Le pilote allait de l'avant à l'arrière, portant remède de
» tous côtés. Il dit de faire une petite voile avec des couvertures,
» et de la hisser ; mais peine inutile ! le vent était si violent qu'il
» emporta cette voile. Comme plus l'on allait et plus l'eau nous ga-
» gnait, on résolut de couper le grand mât, lequel tomba sans occa-
» sionner aucun dommage. On revint à l'emploi des couvertures en
» guise de voiles. Cet expédient, l'absence du grand mât, le jeu conti-
» nuel des pompes, allégèrent le navire. A cette vue, nous adressâ-
» mes de ferventes actions de grâces à Dieu, et nous fîmes un grand
» nombre de vœux à la sainte Vierge, pour avoir bien voulu nous
» servir de protectrice dans cette périlleuse situation. Nous nous
» accommodâmes, cette nuit et dans la suite, le mieux que nous pû-
» mes, de vieilles voiles et d'espars que nous avions en réserve.

» Parvenu à 28°, nous éprouvâmes, pendant la nuit du 21 du même
» mois, une nouvelle tempête aussi forte que la première. Les lames
» s'élevaient si haut et avec tant de violence que la mer n'offrait à la
» vue qu'une nappe d'écume. Cette bourrasque dura jusqu'au lende-
» main. Comme le vaisseau était très allégé, il supporta mieux cet
» assaut que la première fois.

» Depuis lors, nous ne cessâmes d'avoir de temps en temps des
» coups de mer qui nous épouvantaient, en ajoutant aux frayeurs
» que nous avions déjà éprouvées.

» Au milieu de tant de malheurs, il nous en survint un autre bien
» pénible : c'était la certitude que l'eau allait nous manquer. Celle
» qui nous restait était si fétide et si corrompue, à cause des vers
» qui s'y étaient engendrés, qu'elle n'était plus potable. Avec cela
» le biscuit était rempli des ordures de ces insectes, et tellement
» rongé et pourri que personne ne pouvait en manger; ce n'est pas
» tout : les rations furent diminuées, ce qui n'était pas une de nos
» moindres souffrances. Les soldats eux-mêmes furent les premiers
» à provoquer cette mesure, voyant le dénûment où nous étions et
» dans l'incertitude du moment où la terre se montrerait à nous.
» Ainsi nos maux ne cessèrent de s'accroître.

» La nourriture n'étant pas suffisante, un grand nombre d'entre
» nous tombèrent gravement malades, en proie à une affection fort

» commune dans ces mers, et qui consiste dans un gonflement de
» gencives tel qu'elles recouvrent les dents ; et, lorsque ce mal se
» complique de douleurs de reins, la mort s'ensuit. Mais, dans le cas
» contraire, les malades en réchappent.

» Une autre maladie se déclara parmi nous et principalement parmi
» les matelots : c'était la perte de la vue. Pendant la nuit, ils ces-
» saient tout-à-fait de voir.

» Dans l'espérance de soulager notre soif, nous ne redoutions plus
» les vents du nord-est, quoique toujours accompagnés de bourras-
» ques, parce qu'ils nous amenaient la pluie, dont nous recueillions
» l'eau dans les tonneaux.

» Au bout de quelques jours nous aperçûmes un tronc de bois qui
» flottait au gré des vagues. Comme c'était un bon pronostic et l'an-
» nonce de notre salut, c'est-à-dire un indice du voisinage de la terre,
» nous mîmes un matelot à la mer avec une corde, lequel nous rap-
» porta ce tronc de bois. Nous en fîmes une croix que nous plaçâmes
» au bout du trinquet. Les morceaux nous servirent à faire un grand
» nombre d'autres croix, que nous nous suspendîmes au cou. La
» misère et les souffrances que nous endurâmes furent si grandes que
» nous fûmes sur le point de prendre le chemin des Philippines, où
» résidait le gouverneur espagnol, dans l'intention de nous en reve-
» nir, après nous être rétablis et pourvus des choses les plus néces-
» saires, en profitant des vents alisés, que les Espagnols établis dans
» ce pays connaissent fort bien.

» Enfin, un jour, quoique le ciel fût très nuageux, un soldat qui
» était de garde aperçut la terre, après avoir vu auparavant de ces
» herbes que l'on nomme *conederas*, herbes flottantes. Bref, après de
» grands efforts, nous entrâmes dans un port situé par 22° de lati-
» tude nord, et de là nous continuâmes de naviguer jusqu'au port
» qui est sur la côte de la Nouvelle-Espagne, nous étant élevés de
» 31° 15′ à 32°.

» Puis de là nous arrivâmes au port de Colima, au bout de cinq mois
» de navigation. Nous jetâmes l'ancre dans le premier port de la Nou-
» velle-Espagne, le premier jour de l'an 1558.... »

Dans un second voyage pour conduire des colons aux îles Salomon, Mendana approchait de l'archipel de Santa-Cruz, le 28 août 1595, lorsque ses navires coururent de nouveaux dangers.

« Après avoir passé outre, dit Mendana, le vent du sud souffla, mêlé de pluie et de grands et épais nuages de formes bizarres, qu'on soupçonna venir de terre, d'autant mieux qu'ils se montraient régulièrement du côté inconnu. Le 29, on découvrit une île basse, ronde, plantée d'arbres et environnée de chaussées à ce qu'il semblait. Elle était seule : aussi nous la nommâmes la *Solitaire*. Nos bâtiments y allaient faire de l'eau et du bois ; mais ils crièrent à l'amiral de s'éloigner, à cause des rochers cachés sous l'eau. Nous regagnâmes au plus vite la haute mer, tout épouvantés de nous voir environnés d'écueils.

» On navigua jusqu'au 7 septembre, avec un vent arrière de sud-est. Le soir, on crut apercevoir une terre : c'était un gros nuage noir, qui couvrit tout le ciel et produisit une pluie affreuse, avec une telle obscurité qu'on n'apercevait plus les fanaux. Le matin, quand elle fut dissipée, on aperçut en effet la terre ; mais on fut très inquiet de ne plus voir le vaisseau amiral. La terre était environnée de rochers, toute sèche, montueuse et crevassée. On voyait un volcan qui ne cessait de mugir et de lancer des feux. Ce pic ou cratère sauta quelques jours après, avec un bruit effroyable, en donnant une telle secousse à la terre, que nous la sentîmes fortement sur nos vaisseaux, à dix lieues de là... »

Jamais on ne revit le vaisseau amiral : il avait péri pendant cette nuit fatale. Cette terre était l'île de Mendana ou Nitendi, de l'archipel Santa-Cruz.

HIVERNAGE DANS L'OCÉAN GLACIAL ARCTIQUE,

DE DEUX NAVIGATEURS HOLLANDAIS, BARENTZ ET HEEMSKERCK,

A la recherche d'un passage pour les Indes, en 1596 et 1597.

Vers le XVIe siècle, l'Europe entière avait la conviction qu'il devait exister dans les mers polaires arctiques un passage pour aller plus promptement aux Indes. Nombre de navigateurs recherchaient ce passage : c'étaient le Vénitien Cabot, les Anglais Willoughby, Chancellor, les Hollandais Cornelius Darfoorth, Barrow ; c'étaient les Américains Forbisher, John Davis, et d'autres encore.

Les états généraux de Hollande, spécialement, avaient fait explorer ces parages par Cornelison, Ysbrandtz, Willem Barentz et Jacques Van-Heemskerck.

Tous les efforts étaient inutiles, et les états généraux de Hollande s'épuisaient en dépense, à tel point qu'ils se contentèrent ensuite d'offrir une prime aux navigateurs qui voudraient équiper à leurs frais de nouvelles expéditions.

Alors la ville d'Amsterdam mit à la mer deux bâtiments dans ce but. Le premier fut confié à Heemskerck et le second à Cornelis Ryp.

Barentz fut nommé chef de l'expédition.

Il avait pour ami et compagnon de voyage Gérard de Veer. Ce dernier raconte ainsi les phases diverses de cette exploration.

» Le 10 mai 1596, les navires de Barentz s'éloignèrent d'Amsterdam, et, le 13, ils étaient dans le port de Vlie.

» Le 16, nous quittions Vlie.

» Le 22, nous avons découvert les îles de Hitland et de Ferill.

» Le 1er de juin, nous n'avons pas eu de nuit.

» Le soleil étant presque sud-sud-est, nous vîmes un merveilleux météore. A chaque côté du soleil apparut encore un autre soleil et deux arcs-en-ciel passant par les trois soleils : puis après, deux autres arcs-en-ciel, l'un, ample, à l'entour du soleil, et l'autre, à travers par le grand rond ; et le bord inférieur du grand rond était élevé sur l'horizon de 28 degrés.

» Le 5, nous vîmes la première glace, dont nous fûmes bien ébahis, croyant premièrement que c'étaient des cygnes blancs ; car l'un des nôtres se promenant sur le tillac cria : Voilà des cygnes blancs qui nagent ! Nous, qui étions dessous, en entendant un tel cri, nous nous sommes en hâte tous levés, et nous vîmes que c'était la glace, laquelle s'était séparée du grand monceau. La nuit se faisait.

» Le 6, vers les quatre heures du soir, nous vîmes de rechef encore des glaçons, et ils étaient si forts que nous ne pouvions les passer.

» Le 7, nous avons trouvé tant de glaçons qu'il est difficile de le dire. Nous naviguâmes entre eux comme on ferait entre deux terres. L'eau était verte comme de l'herbe, et nous pensions que nous étions auprès du Groënland ; et nous avançâmes continuellement entre des glaçons plus épais.

» Le 8, nous vîmes à une quantité de glace si grande que nous ne pouvions passer à la voile, tant elle était épaisse.

» Le 9, nous avons trouvé l'île de Beeren-Eiland, — l'île aux Ours, — et selon notre conjecture elle était grande d'environ cinq lieues.

» Le 10, notre barque fut mise à l'eau, et nous naviguâmes huit personnes en terre, et du navire de Cornelis Ryp huit autres vinrent en notre barque, entre lesquelles était leur pilote. Alors Barentz lui demanda si nous n'étions pas trop avant dans l'ouest. Mais lui ne voulait pas le confesser, ce qui fut cause d'une grande altercation, car Barentz lui voulait montrer le contraire, qui était vrai.

» Le 11, venant à terre, nous trouvâmes grand nombre d'œufs de mouettes. Nous fûmes en grand danger de notre vie ; car nous montâmes sur une haute montagne de neige, et, en descendant, nous pensâmes tous nous rompre le cou, tant elle était escarpée ; nous descendîmes en glissant, chose étrange à voir, car ce ne fut pas sans péril de nous rompre bras et jambes, parce que au pied de la montagne il y avait beaucoup d'écueils, et nous fûmes en danger de tomber dessus. Néanmoins nous vîmes en bas sans aucune blessure. Cependant Barentz était dans la barque ; il nous voyait descendre en glissant, et il en était plus épouvanté que nous-mêmes. Après cela, nous naviguâmes au navire de Ryp, où nous mangeâmes les œufs.

» Le 12, au matin, nous vîmes un ours blanc, et nous naviguâmes avec les barques vers lui, croyant lui mettre une corde au cou ; mais, en l'approchant, il était si fort que nous n'osions courir l'aventure. C'est pourquoi nous sommes retournés à bord en ramant pour avoir plus de gens et plus d'armes, et nous sommes retournés vers lui avec des mousquets, arquebuses, hallebardes et haches ; et les gens de Ryp vinrent en leur barque à notre assistance. Or, étant pourvus d'hommes et d'armes, nous avons ramé vers l'ours avec les deux barques, et nous l'avons combattu l'espace de quatre tournées de l'horloge à sablon, parce que nos armes n'avaient guère d'effet sur lui. Mais il fut blessé d'un coup de hache dans le dos, tellement qu'on ne put la retirer. Nonobstant, il l'emporta en nageant, mais nous l'avons poursuivi à force de rames, et nous lui avons finalement fendu la tête d'un coup de hache, dont il est demeuré mort. Cela fait, nous l'avons apporté au navire de Ryp, où nous l'avons écorché. La peau était longue de douze pieds, et nous mangeâmes de la chair ; mais elle nous fut malsaine.

» Le 13, sur le soir, nous vîmes flotter en mer une chose grande, et il nous parut que c'était un navire ; mais en approchant nous reconnûmes que c'était une baleine morte, sur laquelle étaient un grand nombre de mouettes.

» Le 19, nous vîmes à terre ; cette terre était très grande, — le Spitzberg, — et nous naviguâmes le long à l'ouest, où nous trouvâmes une bonne rade.

» Le 21, nous avons jeté l'ancre devant la terre, où nous et les gens de Ryp naviguâmes du côté oriental de la terre, pour chercher du lest ; et, revenant avec la charge à bord, nous vîmes de rechef un ours blanc naviguant vers notre navire. C'est pourquoi nous avons quitté notre labeur, et sommes entrés dans la barque, comme firent les gens de Ryp, et nous naviguâmes vers l'ours. Nous lui avons entrecoupé le chemin et l'avons chassé en arrière de la terre. Il nagea vers la terre, et nous l'avons poursuivi à force de rames ; mais notre barque n'allant pas assez vite, nous avons mis en l'eau l'esquif, pour le mieux poursuivre. Il nagea bien une lieue en mer ; nous l'avons suivi, et nous eûmes grand'peine à le battre, frapper et hacher, de sorte que nos armes furent rompues. Il jeta une fois ses pattes sur notre barque, de manière que les enseignes y sont demeurées, et c'était à la partie antérieure ; s'il l'avait touchée du milieu, il y aurait eu danger qu'il l'eût renversée, tant ils ont de force en leurs pattes. Finalement, il fut si lassé, que nous en sommes devenus les maîtres, et nous l'avons massacré et apporté en notre navire, où il fut écorché. La peau était longue de treize pieds.

» Le 1er juillet, nous avons de nouveau découvert l'île aux Ours. Alors Ryp nous aborda avec ses officiers, consultant avec nous de changer notre cours et lui le sien ; c'est-à-dire que lui, selon son opinion, naviguerait vers les 80 degrés de hauteur. Nous nous sommes ainsi séparés l'un de l'autre, eux naviguant vers le nord, et nous vers le sud, à cause de la glace.

» Le 11, selon notre conjecture, nous étions droitement sud et nord de Dandinaes, — Kanin, — qui est le cap oriental de la mer Blanche.

» Le 16, nous sommes sortis de la glace, et nous vîmes sur la glace un très grand ours, et nous lui avons tiré un coup d'arquebuse. Nous naviguâmes vers l'est-sud-est sans voir aucune glace, ce qui nous fit soupçonner que nous n'étions guère loin de la terre de la Nouvelle-Zemble, parce que nous y vîmes l'ours sur la glace.

» Le 17, le soleil étant presque au sud, nous vîmes la Nouvelle-Zemble. Je fus le premier qui vis la terre.

» Le 18, nous vîmes de rechef la terre, et nous avons doublé le cap de l'île de l'Amirauté.

» Le 19, nous arrivâmes à l'île des Croix, et nous ne pûmes naviguer plus avant, à cause de la glace ; car la glace y était encore sur le rivage. Sur cette terre étaient deux croix, dont l'île porte le nom.

» Le 20, nous avons jeté l'ancre au-dessous de l'île ; car à cause de la glace, nous ne pouvions aller plus avant. Nous avons mis la barque à l'eau, et plusieurs des nôtres, en ramant, naviguèrent à terre. Nous allâmes vers une des croix, où nous nous sommes un peu reposés, pour aller vers l'autre croix. Mais, étant en chemin, nous vîmes auprès de l'autre croix deux ours, et nous n'avions aucune arme. Les ours se dressèrent tout droit à la croix, pour nous pleinement voir et nous flairer, car ils flairent mieux qu'ils ne voient, et, cela fait, ils se sont acheminés vers nous. Nous fûmes fort épouvantés et n'avions pas envie de rire. Retournant vers la barque, en regardant parfois piteusement s'ils nous poursuivaient, nous cherchâmes à nous sauver en courant. Mais le capitaine nous retenait en disant :

» — Le premier qui commencera à courir, je lui donnerai de ce croc pointu dans le corps ; car il vaut mieux que, demeurant tous ensemble, nous essayions de les épouvanter par nos hauts cris.

» Nous allâmes donc pas à pas, et tout doucement à la barque, et nous nous sommes ainsi échappés, étant très joyeux d'être délivrés de ce péril pour le réciter aux autres.

» Le 7 août, nous vîmes près du cap de Trost, — Consolation, — ce que nous avions longtemps désiré. Sur le soir, nous eûmes le vent d'est avec bruine, de manière qu'il fallut fermer le navire à un grand glaçon qui s'étendait bien dessous l'eau de trente-six brasses et de seize hors de l'eau, tellement il était épais.

» Le 9, comme nous étions encore près du grand glaçon, tandis qu'il neigeait bien fort et que la bruine était grande, quelqu'un de nous faisait toujours sentinelle sur le tillac. Or le capitaine y étant, entendit une bête qui haletait, et, en regardant par-dessus le bord, il vit tout près du navire un grand ours. Aussitôt il commença à crier fort haut :

» — A l'ours ! à l'ours !

» Alors nous sommes tous venus en haut, et nous vîmes l'ours se disposant à agrafer le bord avec ses pattes et entrer dans notre barque. Mais nous fîmes une grande huée dont il fut épouvanté, et il nagea quelque chemin; puis il revint incontinent derrière un grand glaçon auquel nous étions arrêtés, et monta dessus. Alors il vint hardiment vers nous, pour monter par-devant dans le navire ; mais nous y avions tendu la voile de notre barque, et nous étions sur la pointe du navire avec quelques arquebuses que nous tirâmes, de sorte qu'il s'enfuit. Mais il neiga si fort qu'il fut impossible de savoir ce qu'il devint.

» Le 10, qui était un samedi, la glace commença à flotter bien fort ; et nous vîmes premièrement alors que ce grand glaçon, auquel nous étions attachés, tenait ferme au fond ; car les autres flottaient autour de nous, ce qui nous causa grand'peur d'être enterrés dans la glace. Aussi fîmes-nous toute diligence, peine et travail, pour sortir de là, car nous étions en grand danger. Or, ayant haussé la voile, nous naviguâmes tellement contre la glace que tout ce qui était alentour craqua, et nous arrivâmes à un autre grand glaçon, auquel nous avons attaché le navire avec une ancre que nous avons portée dessus, et nous y demeurâmes jusque vers le soir. Le soir, après souper, au premier quart, ce glaçon commença subitement à se fendre et à se briser si horriblement qu'on ne saurait le dire, car il éclata avec un grand bruit en plus de quatre cents pièces. Nous y tenions avec la proue, mais nous avions relâché le câble, et ainsi nous nous sommes délivrés. La glace, qui était épaisse sous l'eau de dix brasses et de deux dessus, fit en se rompant un horrible éclat, tant dessous que dessus l'eau, et s'écarta de tous côtés, deçà et delà.

» Le 11, nous avons voyagé à rames vers un autre glaçon, et jetant la sonde, nous trouvâmes qu'il descendait à dix-huit brasses de profondeur et qu'il était élevé à dix au-dessus de l'eau.

» Le 13, au matin, un ours vint par le coin oriental de la terre jusque bien près du navire. L'un de nos compagnons lui a blessé la jambe, si bien qu'il sauta vers la montagne sur ses trois pattes. Mais nous l'avons poursuivi, massacré, puis écorché, et nous avons porté sa peau sur le navire.

» Le 15, nous arrivâmes à l'île d'Orange, où nous fûmes environnés de la glace, auprès d'un grand glaçon, en grand danger de perdre le navire. Mais, par grand travail, nous vînmes à l'île. C'est pourquoi nous fûmes contraints de changer de place. Pendant que nous étions occupés à cette besogne, et criant haut, un ours s'éveilla qui s'était endormi là, et vint vers nous et vers le navire, de manière qu'il nous fallut quitter notre labeur commencé, et mettre le navire en un autre lieu, pour nous défendre contre cet ours. Nous l'avons arquebusé au travers du corps, ce qui l'obligea à courir vers l'autre côté de l'île. Il entra dans l'eau et se mit sur un grand glaçon où il demeura couché. Mais quand nous vînmes avec la barque vers le glaçon, sitôt qu'il nous aperçut, il sauta dans l'eau et nagea vers la terre. Alors nous lui avons coupé le chemin et l'avons frappé d'une hache sur la tête : mais il plongeait à chaque coup, la tête sous l'eau; de sorte qu'à grand travail nous l'avons à la fin tué. Le traînant en terre, nous l'avons écorché et porté sa peau à bord; puis après, nous avons conduit le navire à un très grand glaçon auquel nous l'avons lié.

» Le 16, six des nôtres montant sur la chaloupe, naviguèrent à rames vers la terre ferme de la Nouvelle-Zemble, où ils trouvèrent la barque en haut sur la glace. Puis ils allèrent sur une haute montagne où ils regardèrent comment le pays était situé par rapport à nous. Ils trouvèrent qu'il était au sud-est et au sud-ouest ; puis après, un peu plus au sud ; ce qui nous donna mauvais soupçon que la terre s'étendait ainsi vers le sud. Mais voyant l'eau ouverte vers le sud-est et l'est-sud-est, nous nous réjouîmes de nouveau, croyant que le chemin était trouvé, et nous ne savions comment nous pourrions arriver au navire pour donner cet avis à Barentz.

» Le 18, nous nous sommes préparés à faire voile, mais c'était en vain et peine perdue. Nous eussions presque perdu notre ancre et deux gros câbles neufs ; et nous sommes revenus au lieu d'où nous étions partis, car le flot de l'eau était bien violent, et la glace flotta si rudement sur les ronds-bois pendants sur les côtés du navire, que nous étions en grand'peur de perdre ce qui était au-dehors du navire. Mais Dieu ordonna toutes choses de telle manière que nous revînmes à la fin au lieu d'où nous étions partis.

» Le 19, le temps fut raisonnable, et, quoique la glace flottât encore, nous fîmes voile, doublant le cap du Désir, et nous eûmes de rechef bon courage. Or, ayant doublé le cap, nous naviguâmes en mer vers le sud-est environ quatre lieues. Mais nous fûmes de rechef contraints de retourner à terre.

» Le 21, nous naviguâmes assez avant au port de Glace, où nous demeurâmes la même nuit. Le matin, nous en sommes sortis, et nous avons navigué de rechef jusqu'à l'île du Cap : mais parce que la bruine survint, nous vînmes auprès d'un gland glaçon, auquel nous avons lié le navire, car il commençait fort à venter. Nous sommes montés sur le glaçon, et nous ne pûmes assez nous émerveiller, si étrange chose à voir était le glaçon ; car au-dessus il était plein de terre, sur laquelle nous trouvâmes quarante œufs. Il n'était pas semblable à l'autre glace, car il était de couleur azurée ou célestin ; de manière qu'entre nos gens il en fut parlé diversement. L'un disait que c'était de la glace ; l'autre disait que c'était de la terre engelée, car il était fort éminent au-dehors de l'eau. Nous y demeurâmes durant cette tempête.

» Le 26, un vent moyen commença à souffler, et nous pensâmes à retourner vers le cap du Désir et naviguer vers la patrie, dans le cas où nous pourrions passer le Waigatz ; mais quand nous eûmes passé le port de Glace, la glace commença à flotter en telle quantité que nous fûmes environnés. Néanmoins, ce même soir, nous vînmes à ce port de Glace, où nous avons hiverné en grande pauvreté, misère et fâcherie, et le vent fut alors nord-est.

» Le 27, la glace environna le navire, et le temps était en bonace; nous descendîmes à terre, et quand nous eûmes pénétré à quelque distance dans le pays, il commença à venter du sud-est, et la glace se mettant contre le côté du navire, haussant la proue bien de quatre pieds, l'arrière se trouvait comme mis sur le fond avec la poupe, tellement qu'il semblait que le navire y devait périr. Nous pensions que le navire était crevé, mais nous le trouvâmes en meilleur état que nous n'avions pensé.

» Le 28, la glace a un peu diminué, et le navire s'est redressé.

» Le 30, les glaçons commencèrent à s'entasser plus fort contre le navire, avec une neige volante. Le navire fut soulevé et environné, de manière que tout ce qui était auprès et alentour commença à craquer et à crever. Il semblait que le navire dût se crever en cent pièces, chose épouvantable à voir et à ouïr, et à faire dresser les cheveux.

» Le 31, la proue du navire fut de nouveau haussée et poussée sur la glace, bien de quatre à cinq pieds, et la poupe était dans une fente de la glace, ce qui nous fit penser que le gouvernail serait préservé du flot de la glace. Mais la glace flottait si rudement que le gouvernail fut brisé en pièces. Heureusement environ quatre heures après, la glace est d'elle-même partie, ce dont nous fûmes bien aises. Puis après nous avons refait le gouvernail.

» Le 1er septembre, qui fut un dimanche, comme nous faisions nos prières et oraisons, la glace commença de nouveau à pousser, tellement que la carcasse du navire fut bien élevée de deux pieds.

» Le 2, il neigeait bien fort, et le navire commença à être soulevé par la glace ; il creva et craqua merveilleusement, de manière que nous trouvâmes bon par ce mauvais temps de porter à terre avec la barque treize tonneaux de pain et deux petits barils de vin par provision, pour nous entretenir au besoin.

» Le 5, le temps fut très beau et calme ; et, ayant au soir soupé, nous fûmes de rechef environnés par les glaces et étroitement pressés, tellement que le navire commença à s'incliner d'un côté et endura beaucoup ; mais, par la grâce de Dieu, il demeura sans humer l'eau. En tel péril, il fut trouvé bon de porter en terre notre vieille trinquette, — petit foc, — ainsi que de la poudre à canon, le plomb, les arquebuses, mousquets et autres armes, et de faire une tente ou cabane auprès de notre barque qui avait été tirée à terre. Nous y apportâmes aussi quelque pain et vin, et des instruments pour bâtir.

» Le 7, le temps fut assez beau ; mais nous n'aperçûmes aucune ouverture d'eau, et nous demeurâmes tellement serrés par la glace, qu'il n'y avait pas assez d'eau autour du navire pour qu'on en pût puiser un seau à demi plein.

» Ce même jour, cinq des nôtres sont descendus à terre ; mais d'eux d'entre eux s'en retournèrent et les trois autres allèrent environ deux lieues dans le pays, où ils trouvèrent une rivière d'eau douce et une grande quantité de bois qui y avait abordé en flottant. De plus, ils y trouvèrent des traces de chevreaux sauvages et d'alces, — rennes, — car les pieds étaient fendus.

» Le 11, le temps fut calme, et huit des nôtres sont descendus à terre, bien pourvus d'armes pour reconnaître si ce que les autres nous avaient dit du bois voisin de la rivière était vrai. Nous avons donc trouvé bon, afin d'être mieux gardés contre la froideur et armés contre les bêtes féroces, d'hiverner là, et d'y bâtir une cabane, en remettant nos affaires à la main de Dieu. A cette fin, nous avons parcouru la situation et commodité du pays pour trouver un lieu propre à édifier ladite maison. Nous profitâmes donc des arbres trouvés près de la rivière et venus soit de Tartarie ou d'autre part, car au pays où nous étions il ne croît aucun arbre, et c'était Dieu qui nous les envoyait pour nous abriter et nous chauffer.

» Le 15, un dimanche matin, vinrent trois ours, dont l'un demeura derrière un grand glaçon, et les deux autres vinrent vers le navire, et nous nous apprêtâmes à les arquebuser. Sur la glace, il y avait un cuvier avec de la chair pour la faire tremper, car tout près du navire il n'y avait pas d'eau. Or l'un des ours mit la tête dans le cuvier pour en tirer ma pièce de chair ; mais il lui arriva comme au chien qui prit le boudin, car il fut arquebusé à la tête, et tomba tout roide mort sans aucunement se mouvoir. Nous vîmes alors un rare spectacle : l'autre ours s'arrêta, regardant fièrement son compagnon, comme ébahi de ce qu'il demeurât sans remuer, et il le flaira ; mais voyant qu'il était mort, il s'est retiré. Alors ayant en main hallebardes et arquebuses, nous prîmes garde s'il retournerait. Finalement, il revint vers nous, et nous nous mîmes en défense. L'ours se dressa sur ses pattes de derrière pour se jeter sur nous ; mais pendant qu'il se tenait ainsi dressé, l'un des nôtres déchargea son arquebuse et le tira au ventre, de manière qu'il se remit sur ses quatre pattes et s'enfuit avec un haut cri. Nous avons ouvert le ventre de l'ours qui était mort ; après, nous l'avons dressé debout sur ses deux pattes et l'avons laissé ainsi geler, avec l'intention de l'apporter en Hollande dans le cas où le navire serait délivré de la glace.

» Quand nous eûmes dressé l'ours, nous commençâmes à faire un traîneau pour traîner le bois au lieu où nous voulions bâtir la maison.

» Le 23, notre charpentier, qui était natif de Permerende, mourut le soir, quand nous revînmes à bord, de notre travail à terre. Nous l'avons enterré le lendemain, sous une digue, dans la fente d'une montagne, près d'une eau latérale, parce que nous ne pouvions bêcher la terre, tant le froid était grand.

» Le 27, il gela si fort que, prenant à la bouche un clou, comme en charpentant on est accoutumé à le faire, la peau demeura attachée au clou, en le retirant de la bouche, tellement que le sang suivait.

» Le 29, apparurent trois ours entre le navire et la maison, un vieux et deux jeunes. Mais nous traînâmes les meubles du navire vers la maison, de manière que nous voulûmes passer outre devant les ours. Ils vinrent tout droit vers nous, et nous ne voulûmes pas leur faire place; nous criâmes bien haut, pensant qu'ils s'en iraient; mais ils tenaient leurs pas, passant par-devant nous. Alors nous et ceux qui travaillaient à la maison criâmes fort haut. Les ours, entendant ce bruit, prirent la fuite, ce qui ne nous déplut pas.

» Le 30, il avait neigé toute la nuit, et il en fut de même tout le jour; tellement que les nôtres ne pouvaient ni amener ni aller chercher du bois, tant la neige était haute. Nous fîmes grand feu près de la maison pour dégeler la terre et élever une sorte de rempart autour de la maison. Mais c'était peine perdue; la terre était dure et si profondément glée qu'elle ne put être dégelée. Nous nous désistâmes de cette œuvre.

» Le 10 octobre, au matin, le temps s'amenda un peu. Nous commençâmes à sortir du navire. Or, il advint qu'un des nôtres alla hors du navire en terre, et tomba à l'improviste près d'un ours, qui fut presque sur lui avant qu'il s'en aperçût. Mais il retourna vivement vers le navire, et l'ours le suivit. L'ours, le suivant, vint au lieu où nous avions auparavant tué un autre ours et où nous l'avions dressé sur ses pieds et laissé geler. Depuis, il avait été couvert de neige; mais comme une de ses pattes se dressait en l'air, cet ours s'y arrêta. Grâce à ce retard, notre homme put rentrer au navire, en criant d'un air effroyable :

» — A l'ours ! à l'ours !

» Mais quand, à son cri, nous fûmes venus en haut pour arquebuser l'ours, nous ne pûmes y voir goutte, par suite de la grande fumée que nous avions endurée pendant que nous avions été enclos dans le navire, à cause du mauvais temps. L'ours ne s'y arrêta pas et s'en alla incontinent.

» Le 13, il commença à venter bien fort; mais nous allâmes à trois au navire, et nous chargeâmes un tonneau de cervoise, — bière de Dantzick, — mais le vent s'éleva si soudainement, avec tempête et froidure, qu'il nous fallut retourner au navire. Le lendemain nous trouvâmes le tonneau de cervoise retiré dehors sur le traîneau, le fond fendu par la gelée. Mais la cervoise qui en sortit était congelée sur le fond, comme si elle avait été collée.

» Le 16, un ours était entré dans le navire ; mais, à l'aube du jour, il partit quand il aperçut nos gens.

» Le 19, il n'y avait au navire que deux hommes et un jeune garçon. Alors il vint un ours qui voulut de force entrer dans le navire. Bien que ces hommes lui jetassent des pièces de bois, il vint hardiment vers eux, ce qui les épouvanta fort, et chercha le moyen de se sauver. Les deux hommes sautèrent au large du navire, et le garçon monta sur les cordages. Cependant quelques-uns de nos compagnons vinrent de la maison vers le navire ; l'ours les voyant, vint hardiment vers eux ; mais ils lui firent présent d'un trait de mousquet, et alors il s'enfuit.

» Le 20, nous voulûmes tirer toute la cervoise du navire, mais nous trouvâmes les tonneaux défoncés par la gelée ; les cercles en fer même des tonneaux étaient rompus.

» Le 23, le temps était calme. Alors, nous allâmes au navire voir si nos autres compagnons voulaient venir du navire à la maison. Nous avons traîné aussi avec grand'peine et travail notre chaloupe jusqu'à la maison, et nous la tournâmes le fond en haut, afin de pouvoir nous en servir en temps et lieu, si Dieu nous voulait faire la grâce de passer l'hiver et de retourner.

» Durant ce temps, comme le soleil, suivant notre calcul, devait commencer à nous manquer, nous allâmes chaque jour chercher sur des traîneaux, en toute diligence, les meubles au navire, pour les avoir à la maison, savoir la viande et la boisson et toutes les choses nécessaires. Quand nous eûmes chargé le dernier traîneau, nous avions les cordes au dos pour le traîner vers la maison, lorsque notre maître pilote regarda derrière lui et vit venir vers nous, derrière le navire, trois ours. A cette vue, il cria fort haut et effroyablement pour les épouvanter. Nous quittâmes incontinent les cordes, à cause de ce péril imprévu qui était imminent, pour nous défendre le mieux que nous pourrions. Par bonheur, il y avait sur le traîneau deux hallebardes, dont le maître pilote et moi nous prîmes chacun une, et nous nous mîmes en défense. Nos autres compagnons coururent vitement vers le navire, et, en courant, l'un deux tomba dans une fente entre des glaçons, ce qui était horrible à voir. Nous pensions que les ours allaient courir sur lui et le dévorer ; mais Dieu fit pour le mieux, de telle sorte que les ours coururent vers le navire et ceux qui s'y étaient enfuis. Cependant nous, et l'homme qui était tombé en la fente dans la glace, nous profitâmes de cet instant pour courir vers le navire de l'autre côté, et nous y arrivâmes sains et saufs. Alors, voyant que nous étions ainsi échappés, les ours vinrent avec une terrible audace contre nous vers le navire. Nous n'avions d'autres armes que les deux dites hallebardes, et comme nous n'osions nous fier beaucoup à ces armes, nous les tînmes en bride en jetant des pièces de bois et autres choses, après lesquelles ils coururent chaque fois, comme le chien après la pierre qu'on lui jette. Cependant nous envoyâmes un homme battre le fusil, un autre chercher des piques. Nous ne pûmes avoir de feu, ce qui nous empêcha d'user de l'arquebuse. Mais comme les ours venaient hardiment vers nous, nous avons jeté la hallebarde droit sur le museau de l'un d'eux, qui, se sentant atteint, s'est retiré et s'en est allé au loin. Les deux qui étaient plus petits, voyant cela, se sont aussi retirés, et nous avons loué Dieu de nous avoir ainsi délivrés.

» Le 27, nous tuâmes un renard blanc que nous fîmes rôtir et dont le goût approchait beaucoup de celui du lapin.

» Le 1er novembre au soir, on vit paraître la lune à l'est, et le soleil montait encore assez haut sur l'horizon pour la faire voir.

» Le 2, le soleil se leva, mais son globe ne se montra pas en entier sur l'horizon.

» Le 3, nous ne vîmes que la partie supérieure du globe du soleil à l'horizon, quoique l'endroit de la terre où nous prîmes hauteur fût aussi élevé que la hune du vaisseau.

» Le 4, nous ne vîmes plus le soleil, car il ne montait plus à l'horizon.

» Alors notre chirurgion ordonna et prépara un bain dans une pipe vide où nous sommes entrés l'un après l'autre, ce qui nous rétablit fort la santé.

» Le 5, le soleil nous avait délaissés, mais la lune paraissait jour et nuit, sans se coucher, lorsqu'elle passa par son plus haut signe.

» Le 7, on pouvait malaisément distinguer le jour de la nuit, principalement parce qu'en ce temps notre horloge s'était arrêtée. Nous comptâmes encore que c'était la nuit quand il était jour.

» Le 8, nous avons partagé le pain, et chaque personne eut pour sa part quatre livres cinq onces pour huit jours. La provision de poisson sec était encore assez abondante.

» Le 9, la lumière du jour fut bien petite, de manière qu'il fit bien brun.

» Le 18, le maître pilote dépaqueta une pièce de gros drap, qu'il distribua à tout le monde, pour en faire l'usage que chacun pourrait imaginer contre le froid.

» Le 20, nous avons lavé nos chemises ; mais il faisait si froid que, étant lavées et tordues, elles se gelèrent hors de l'eau chaude, tant le froid était grand.

» Le 21, nous avons décidé que chacun à son tour fendrait le bois, pour soulager de ce travail le cuisinier, qui avait assez de faire la cuisine deux fois le jour et fondre la neige pour notre boisson. Néanmoins, le capitaine et le pilote furent exemptés de cet ouvrage.

» Le 23, les renards se présentant plus que de coutume, nous n'avons pas voulu perdre l'occasion ; nous fîmes quelques piéges de planches épaisses, mettant des pierres dessus, et plantant tout à l'entour des piquets jusqu'au fond, afin que s'ils creusaient par-dessous, ils ne pussent s'échapper.

» Le 24, nous nous préparâmes de nouveau à entrer au bain pour nous baigner, car quelques-uns se sentaient indisposés. A cette cause, nous entrâmes au bain à quatre, et quand nous en fûmes sortis, le chirurgien nous donna une purgation, qui nous aida grandement. Nous prîmes ce même jour quatre renards.

» Le 26, le temps fut bien rude et tempêtueux, avec si horrible chasse de neige que nous fûmes entièrement enfermés dans la maison.

» Le 29, le temps était serein et beau, et l'air fort clair. Le vent était nord. Nous avons fait une ouverture en creusant dans la neige, de manière que nous avions une porte libre pour en sortir. Etant sortis, nous trouvâmes tous les piéges couverts de neige. Nous les avons nettoyés, et de rechef tendus pour prendre des renards ; nous en prîmes un ce même jour. Ils nous servaient non-seulement de nourriture, mais avec les peaux nous nous fîmes des bonnets pour être mieux préservés du grand froid.

» Le 1er décembre, le temps fut rude et le vent sud-ouest, avec une chasse bien grande de neige, qui de rechef nous assiégea en notre maison, ce qui causa une fumée si grande que difficilement nous pouvions faire du feu. C'est pourquoi nous demeurâmes la plupart du temps dans nos cabanes pour nous réchauffer les pieds, car le froid et la fumée étaient insupportables.

» Le 3, le même temps continua encore ; et, gisant en nos cabanes, nous pouvions alors ouïr craquer la glace en mer, qui était bien à une demi-lieue de nous. C'était un horrible bruit, de manière que nous pensions que les grandes montagnes de glace que nous avions vues l'été s'amoncelaient les unes sur les autres. Et comme ces deux ou trois jours, à cause de la grande fumée, nous ne fîmes pas autant de feu qu'auparavant, il gela si fort dans la maison, que les parois et le sol furent gelés à la profondeur de deux doigts, même dans les cabanes où nous étions couchés. Durant ces trois jours, où nous n'étions pas sortis, à cause du mauvais temps, nous préparâmes l'horloge de sablon de douze heures, et nous y prîmes garde continuellement, afin de ne pas nous abuser sur le temps, car l'autre horloge était si gelée qu'elle ne pouvait tourner, bien qu'on en eût augmenté le poids.

» Le 7, continua ce rude temps avec une tempête violente venant du nord-est, qui produisit un froid horrible. Comme nous ne savions aucun moyen de nous en garantir, et que nous délibérions ensemble sur ce que nous pourrions faire de mieux, un des nôtres, en cette extrême nécessité, proposa d'user de la houille que nous avions apportée du navire en notre maison et d'en faire du feu, parce que le feu en est ardent et de longue durée. Sur le soir, nous fîmes un grand feu de cette houille, qui donna une grande chaleur ; mais nous ne prîmes pas garde à ce qui pourrait en advenir ; car, comme la chaleur nous ranima entièrement, nous cherchâmes à la retenir longtemps. A cette fin, nous trouvâmes bon de bien étouper tous les huis et la cheminée, pour tenir la douce chaleur enclose. Et ainsi chacun alla dormir en sa cabane, bien animé par cette chaleur acquise, et nous discourûmes longtemps ensemble. Mais à la fin, il nous prit un tournoiement de tête, toutefois à l'un plus qu'à l'autre ; et nous nous en aperçûmes premièrement à l'un des nôtres qui était malade, et qui, par cette raison, le pouvait moins endurer. Et aussi par nous-mêmes, nous sentîmes qu'une grande angoisse nous surprit, de manière que quelques-uns qui furent les plus vaillants sortirent de leurs cabanes et commencèrent par déboucher la cheminée, puis après ouvrirent l'huis. Mais celui qui ouvrit l'huis s'évanouit et tomba sans connaissance sur la neige ; ce qu'apercevant, j'y courus et le trouvai couché tout évanoui. Je m'en allai en hâte chercher du vinaigre et lui en frottai la face jusqu'à ce qu'il revînt de sa pâmoison. Puis après, quand nous fûmes revenus à nous, le capitaine donna à chacun un peu de vin pour nous réconforter le cœur.

» Le 16, reprit le temps beau et fort clair. Alors nous n'avions plus de bois à la maison, tout était brûlé ; mais tout à l'entour de la maison, il y en avait encore une bonne partie sous la neige. Alors il nous fallut à grand'peine et travail creuser la neige pour l'en retirer et le porter ainsi à la maison chacun à son tour, et deux à deux. Et il fallut hâter notre labeur, car on ne pouvait longtemps demeurer hors de la maison à cause du froid extrêmement insupportable, bien que nos têtes fussent couvertes de peau de renard et nos corps de doubles vêtements.

» Le 24, veille de Noël, le temps était serein. Nous avons creusé la terre pour ouvrir la maison, et, regardant la mer, nous vîmes beaucoup d'eau ouverte, car nous avons entendu craquer et flotter la glace ; et bien qu'il ne fût pas jour, nous pouvions voir à cette distance. Sur le soir, il fit grand vent avec très grande chasse de neige venant du nord-est, de manière que l'ouverture de la maison par nous faite fut incontinent obstruée par la neige.

» Le 25, jour de Noël, le temps fut bien rude, et le vent nord-ouest. Et bien que le temps fût bien rude, nous entendîmes les renards courir sur notre maison.

» Le 31, continua ce rude temps avec tempête. La froidure fut si énorme qu'à grand'peine le feu donna de la chaleur, car quand nous mîmes les pieds près du feu, nous brûlâmes plutôt nos chaussures que nous ne sentîmes la chaleur, de manière que nous avions assez à faire de les réparer ; et même, si nous n'eussions plutôt senti l'odeur que la chaleur, nous les aurions brûlés avant de nous en être aperçus.

» Après que l'année eut fini dans un froid extrême, dans le péril et dans une grande incommodité, nous sommes entrés dans l'an 1597 de la nativité de Notre-Seigneur ; et ce commencement fut comme avait été la fin de 1596 ; car le mauvais temps continua, froid et tempêtueux, avec abondance de neige ; de manière qu'il nous fallut demeurer enclos à la maison. Le vent était ouest. Le même jour, nous avons commencé à répartir le vin par portions, à petite mesure, et cela en deux jours une fois.

» Le 2 janvier, le rude vent continua, avec grande tempête, chasse de neige et gelée, de manière qu'en quatre ou cinq jours nous n'avons pas osé mettre la tête hors de la maison. Par ce froid extrême tout le bois fut presque brûlé. Néanmoins nous n'osâmes pas sortir pour aller quérir d'autre bois, parce qu'il gela si fort qu'il n'était pas possible d'endurer le froid.

» Le 5, le temps était adouci. Alors nous avons de nouveau creusé la neige et ouvert la porte assez pour pouvoir sortir de la maison. Nous portâmes dehors toute l'ordure qui y avait été entassée pendant que nous avions été renfermés, et nous apprêtâmes toutes choses, apportant du bois à la maison et le fendant. Nous fûmes occupés à cela tout le jour, afin de faire une provision aussi grande que possible. La maison étant ensevelie sous la neige, nous pratiquâmes trois passages ou sorties ; ensuite nous ôtâmes la porte et creusâmes un grand trou ou concavité sous la neige, hors de la maison, à la façon d'une voûte ou cave, pour y jeter toute ordure. Ayant ainsi travaillé tout le jour, il nous souvint que c'était la veille des Rois. C'est pourquoi nous avons demandé au capitaine qu'au milieu de notre misère nous pussions nous réunir un peu, y employant une partie du vin qu'on devait nous distribuer de deux en deux jours ; de manière que nous avons ce soir récréé nos esprits et élu un roi ; ayant deux livres de farine, nous fîmes des crêpes à l'huile. Et chacun apporta un biscuit de pain blanc, que nous avons trempé dans le vin et mangé, et il nous sembla que nous étions en notre patrie et entre nos parents et amis. Nous fîmes notre roi à l'aide de billets, et notre canonnier fut nommé roi de Nouvelle-Zemble, pays enclos entre deux mers et bien long de deux cents lieues.

» Le 10, le temps fut assez rude. Alors nous allâmes à sept au navire, bien armés. En arrivant, nous trouvâmes le navire en son ancien état ; nous y vîmes aussi des traces d'ours, tant petits que grands, signe que plus d'un y avait été. Ensuite, descendant dans le bas du navire, nous fîmes du feu à l'aide du briquet ; et allumant une chandelle, nous trouvâmes que l'eau avait crû dans le navire de la hauteur d'un pied.

» Le 13, nous commençâmes à voir que la lumière du jour commençait à croître. Nous courûmes alors hors de la maison, jetant une boule, c'est-à-dire la boule qui était sous la banderole du navire, et qu'auparavant nous ne pouvions voir courir.

» Le 15, nous sommes de nouveau sortis de la maison pour fortifier nos corps, en allant, jetant la boule et courant. Nous aperçûmes vers midi quelque rougeur en l'air, comme une lumière ou signe précurseur du soleil.

» Le 17, nous aperçûmes de plus en plus que le soleil nous approchait, et nous sentîmes un peu plus de chaleur pendant le jour. De sorte que, quand nous avions fait bon feu, de grandes pièces de glace se détachaient parfois des parois et du sol de notre maison ; il dégelait en nos cabanes et l'humidité en découlait, ce qui auparavant n'était pas encore arrivé, quelque grand feu que nous eussions fait. Mais la nuit, la gelée était comme avant.

» Le 21, la capture des renards commença à diminuer, ce qui fit présager que les ours étaient sur leur retour ; car, pendant que les ours furent absents, les renards vinrent ; et, vers le retour des ours, l'abondance des renards cessa.

» Le 24, je suis allé avec Jacques Heemskerck vers le rivage de la mer, au côté méridional de la Nouvelle-Zemble, où tout le premier j'aperçus le bord du soleil. C'est pourquoi nous retournâmes incontinent à la maison, pour annoncer cette bonne nouvelle à Guillaume Barentz, expert et bon pilote, qui ne le voulait pas croire, parce qu'il s'en fallait encore de quatorze jours que le soleil, à cette hauteur du pôle, dût apparaître. Nous, au contraire, contredisant, affirmâmes que nous avions vu le soleil. Sur quoi furent faites diverses gageures.

» Le 26, à l'horizon, il y avait une nuée noire ; en sorte qu'on ne pouvait voir le soleil. Alors nos compagnons pensaient que nous n'avions pas vu le soleil le 24, et ils se moquaient de nous. Mais nous soutînmes notre premier dire. Sur le soir, un de nos compagnons, malade depuis longtemps, fut fort débile. Nous l'admonestâmes de son salut. Il mourut après minuit.

» Le 27, nous avons creusé une fosse dans la neige, à peu de distance de la maison. Mais le froid était encore si vif qu'on ne pouvait demeurer longtemps dehors. Enfin nous atteignîmes une profondeur de sept pieds, où l'on pouvait ensevelir le mort. Alors nous prononçâmes un sermon funèbre, avec des oraisons et des psaumes. Puis nous sommes tous ensemble sortis pour ensevelir le corps mort, après quoi nous sommes revenus à la maison pour faire le banquet. Cependant nous devisions ensemble de l'excessive neige qui tombait journellement, et nous nous disions qu'à tout événement, quand bien même la maison serait encore une fois bloquée par la neige, on pourrait bien sortir par la cheminée. Là-dessus, le capitaine monta par la cheminée pour sortir, et un matelot sortit par dehors pour voir le capitaine ; et venant en haut, sur la neige, il vit le soleil et nous appela tous. Nous vîmes en effet l'entière rondeur du soleil, un peu auessus de l'horizon. Alors il fut hors de tout doute que nous avions vu le soleil le 24 janvier.

» Le 11 février, sur le midi, il vint un ours vers notre maison, et nous l'avons vainement attendu avec nos mousquets. Dans la même nuit, nous avons entendu le bruit des renards, que nous n'avions pas entendus depuis le retour des ours.

» Le 12, il vint un grand ours vers la maison et vers nous, ce qui nous fit aller en hâte vers la maison. Nous avons pris et braqué nos arquebuses, et l'ours fut atteint si fortement à la poitrine, que le plomb, passant par son cœur et le long de son corps, sortit tout près de la queue, si bien que le plomb était plat comme un denier de cuivre aplati par le marteau. L'ours, sentant ce coup, fit un grand saut en reculant, et tomba à terre. Nous le trouvâmes encore en vie, élevant la tête vers nous, comme s'il eût voulu voir celui qui lui avait donné le coup. Mais ayant autrefois éprouvé nos forces, et nous méfiant encore, nous lui tirâmes à travers le corps deux coups de mousquet qui l'achevèrent.

» Le 15, la maison fut enfermée de rechef par la neige. La nuit, les renards vinrent chercher la chair morte de l'ours qui était gisant près de la maison. Nous craignions aussi que tous les ours d'alentour ne vinssent vers nous, et, par ce motif, nous trouvâmes bon d'enfouir dans la neige le corps de cet ours dès que nous sortirions de la maison. »

Suit une longue période de jours pendant lesquels le vent, la neige, le froid, le manque de bois, la privation de vivres allant toujours diminuant, et des visites d'ours surtout, occupent nos infortunés navigateurs. Les pages de Gérard de Veer sont pleines de récits de combats avec ces terribles animaux.

Ainsi, le 6 avril, il vint un ours et les Hollandais se mirent en devoir de l'arquebuser. Mais, comme le temps était humide et la poudre mouillée, l'arquebuse ne partit pas; aussitôt l'ours vint hardiment et descendit de la haute neige vers la porte de la maison. Le pilote Barentz s'empressa de fermer la porte, mais la barre ne voulut pas jouer pour la clore hermétiquement. Heureusement l'ours s'éloigna. Toutefois, deux heures après, le même ours revint au logis et se prit à faire *un si grand tapage à l'entour et dessus, que c'était chose horrible à entendre. Et venant à la pipe de la cheminée, il l'ébranla si rudement qu'il sembla qu'il la devait abattre.*

Enfin, le 6 mai, la mer était ouverte. On songea à préparer le départ. Les embarcations furent réparées. Assurément le travail fut souvent interrompu par l'arrivée d'ours par trop curieux, ou par le manque de force des travailleurs; mais peu à peu néanmoins on avança la besogne. Malgré la neige, la grêle, la pluie et la froidure, qui arrêtaient presque sans paix ni trêve nos infortunés marins, tout fut prêt pour le départ vers le milieu de juin.

Mais, avant de quitter la Nouvelle-Zemble, Barentz écrivit une relation du voyage et des aventures de son expédition, afin que si, par aventure, quelqu'un venait après lui dans ces parages, il fût tenu pour averti comment on avait été contraint d'y bâtir une maison et d'y demeurer dix mois de temps. Ce précieux document fut placé dans l'étui d'un mousquet et pendu à la cheminée.

On abandonna donc la maison, comme aussi on délaissa le navire, auquel on avait enlevé tout ce qu'il était possible de lui prendre, et après s'être partagé le peu de vivres, de vin et de marchandises qui restaient, l'équipage le divisa en deux parts, et l'une dans la chaloupe, l'autre dans le canot, elles s'éloignèrent de la Nouvelle-Zemble, le 14 juin, au matin, à la garde de Dieu.

« Le 17, au matin, nous avons mangé un peu, dit la relation, et la glace nous vint de rechef si rudement aborder que nos cheveux se dressèrent, tant c'était horrible à voir ; de manière que nous ne pouvions gouverner ni la chaloupe ni le canot, et que nous craignions que ce fût la fin de notre voyage ; car la glace qui flottait nous menait si horriblement en avant, et nous fûmes si violemment poussés entre les glaçons, qu'il semblait que le canot et la chaloupe seraient mis en plus de cent morceaux ; en sorte que nous nous regardâmes piteusement l'un l'autre. Finalement, en cette perplexité et danger, il fut dit que, si nous pouvions lier une corde à la glace qui était ferme, nous pourrions alors tirer la corde sur la glace, pour être ainsi préservés du principal flot de la glace. Voilà comment, en effet, nous fûmes délivrés de ce grand péril.... »

Hélas ! les embarcations furent bien avariées ; les efforts achevèrent d'épuiser bien des santés. Guillaume Barentz, un matin, demanda à boire à son ami Gérard, puis incontinent il rendit l'âme. Quelques heures après ce fut le tour de Nicolas Andrieu. Puis, il fallut traîner les barques par-dessus les glaces. Bref, des calamités sans nombre, des difficultés insurmontables, un affaiblissement excessif des forces de nos marins, tout semblait conjurer leur perte. Des ours plus nombreux que jamais, l'impossibilité d'avancer à peine au milieu des glaces, un campement forcé sur une banquette, et en dernier lieu la mort de Jean-François de Harlem, achevèrent de les réduire au désespoir. Pourtant la grâce de Dieu les soutint, et la Providence ne les abandonna pas.

Un jour, ils rencontrèrent sur le rivage d'une terre une embarcation russe qui non-seulement leur donna quelques vivres, mais aussi une lettre de Ryp, dont le navire s'était séparé d'eux au début du voyage. A l'aide des renseignements que les Russes joignirent à cette lettre, il fut possible à Heemskerck de rejoindre Jean Ryp, sur la rivière de Kola.

« Le 26 octobre, achève la relation de Gérard de Veer, nous entrâmes dans la rivière de Meuse ; passant ensuite par Delft, la Haye et

Harlem, nous arrivâmes le 1er novembre à Amsterdam. Nous avions les mêmes vêtements que nous portions à la Nouvelle-Zemble, ayant en tête des bonnets de poil de renard blanc. Arrivés à l'hôtel de l'un des curateurs de la ville d'Amsterdam, au milieu de l'étonnement général, parce que depuis longtemps nous passions pour morts et que le bruit s'en était répandu en ville, on nous conduisit au palais du prince, qui était alors à table avec monseigneur le chancelier et l'ambassadeur du très illustre roi de Danemark, Norwége, etc. Nous avons fait le récit de notre voyage. Puis chacun de nous s'est retiré dans sa maison. Voici les noms de ceux qui revinrent de ce voyage : Jacques Heemskerck, Pierre Vos, Gérard de Veer, Jean Vos, chirurgien, etc., etc. »

NAUFRAGE DU NAVIRE FRANÇAIS LE CORBIN,

AYANT POUR OFFICIER PYRARD DE LAVAL,

Sur les bancs des Maldives, dans la mer des Indes, en juillet 1602.

Le *Corbin* et le *Croissant* partirent de Saint-Malo le 18 mai 1601.

Le 3 juin, on traversa les Canaries.

Le 30 août, on mouilla dans le golfe de Guinée. Les Portugais qui étaient les maîtres de l'île, attirèrent six des officiers français dans un piége. Il y eut un engagement. Le lieutenant du Corbin, nommé Thomas Pépin, de Saint-Malo, fut mortellement blessé. Malgré cet état d'hostilité, les deux navires restèrent six ou sept semaines dans la rade pour s'y reposer et y refaire les provisions.

Le 17 novembre, on toucha à l'île Sainte-Hélène, où les navigateurs français trouvèrent sur l'autel de la chapelle plusieurs billets qui donnaient avis que les Hollandais y avaient passé.

Le 27 décembre, on doubla le cap de Bonne-Espérance ; on s'en aperçut quand on fut en face du cap des Aiguilles.

Le 19 février 1602, le *Croissant* et le *Corbin* arrivèrent à Madagascar, alors île Saint-Laurent, et on jeta l'ancre dans la baie de Saint-Augustin, que décrit Pyrard.

Le 15 mai, on eut connaissance de l'île Mohilla, l'une des Comores.

Puis l'expédition fit route vers les Maldives, archipel étrange de la mer des Indes, que Pyrard décrit avec autant de fidélité que de finesse d'observation.

» Le premier jour de juillet, dit-il, étant à la hauteur de 5° de la ligne équinoxiale de la bande du nord, le temps étant fort beau, et ne faisant ni trop de calme ni trop de vent, au point du jour nous aperçûmes que le *Croissant* n'avait plus son grand bateau qu'il traînait derrière lui depuis l'île Saint-Laurent,— Madagascar, — où on l'avait fait fort bien accommoder pour s'en servir au lieu de patache; car il avait été arrêté dès Saint-Malo, entre notre général et la compagnie des marchands, de faire une patache en la plus prochaine terre où nous descendrions au-delà du cap de Bonne-Espérance.

» C'est une chose bien nécessaire pour les grands voyages d'avoir une patache, afin d'envoyer reconnaître les endroits qu'on ne connaît pas, de prendre terre quand l'occasion s'en présente, même d'entrer jusque dans les rivières où un grand navire ne pourrait pas aller et n'oserait s'y hasarder. Je remarque exprès la perte du grand bateau qui servait de patache et la faute de n'en avoir point fait; d'autant que si cela eût été, le *Croissant* eût pu sauver les hommes de notre navire.

» Incontinent après nous reconnûmes de fort loin de grands bancs, qui entouraient un nombre de petites îles, entre lesquelles nous aperçûmes aussi une petite voile. Cela fait qu'ayant aussitôt abordé notre général, nous l'avertîmes que nous ne voyions plus son galion. Mais on nous dit que la nuit passée un grand coup de mer l'avait empli d'eau et avait rompu la corde à laquelle il était attaché et amarré, et qu'il avait coulé à fond, ce qui était, comme j'ai dit, une grande perte et une grande incommodité. Après quoi le maître de notre navire, qui seul parlait en ces occurrences, parce que le capitaine et le lieutenant étaient malades, et notre pilote qui était Anglais ne parlait pas français, lui demanda quels bancs et quelles îles c'étaient qui paraissaient. Le général et son pilote répondirent que c'étaient les îles de Diégo des Rois; et toutefois nous avions laissé ces îles des Rois — îles Mascareignes — quatre-vingts lieues en arrière vers l'ouest.

» Il y eut alors une grande contestation entre ceux du *Croissant* et les nôtres sur la reconnaissance de ces bancs et de ces îles; car notre capitaine, notre pilote, notre maître et notre contre-maître, soutenaient que c'étaient les Maldives, et qu'il fallait s'en donner de garde, et notre général et son pilote opinaient le contraire. Même nous vîmes de petites barques qui semblaient vouloir nous aborder pour piloter, comme j'ai depuis appris d'eux, lesquels notre général n'attendit pas, les méprisant assez indiscrètement.

» Toute la journée se passa en cette dispute, tenant toujours notre route, et étant les uns dans les autres, jusqu'à ce que, le soir étant venu, notre navire, comme c'est la coutume, alla passer aval le vent, pour donner le bonsoir au général, et pour prendre de lui l'ordre qu'il fallait tenir la nuit. Lors, le maître de notre navire demandant si le passage était ouvert, le général lui dit que oui, et qu'il crut certainement que c'étaient les îles des Rois et non d'autres; toutefois, parce que ce passage lui était inconnu, et craignant qu'il n'y eût d'autres bancs ou rochers devant nous, le meilleur était, quand la nuit serait close, de mettre le cap en l'autre bord, et courir à l'ouest jusqu'à minuit, et après minuit qu'il fallait retirer et remettre le navire comme auparavant, et courir à l'est pour arriver au point du jour au même lieu où on était pours lors, ou un peu plus avant, afin de ne pas avancer chemin la nuit, et ne se pas perdre sans reconnaître.

» Le capitaine, qui était fort malade, me chargea d'avertir de sa part le maître et le contre-maître qu'ils fissent bon quart, et qu'il tenait certainement que nous étions en un lieu bien dangereux, à la vue des Maldives, nonobstant l'opinion du pilote du *Croissant*. L'intention de notre général était que nous passions par le nord des Maldives, entre la côte de l'Inde et la tête des îles. Mais, tout au contraire, nous allions droit dans le milieu sans nous y embarrasser. Les pilotes disaient assez qu'ils s'en donneraient de garde; car tous ceux qui font état de naviguer en cet endroit-là doivent craindre et fuir ces écueils et ces bancs dangereux de cent lieues de loin, s'il y a moyen; autrement il y aurait grand hasard de passer entre ces îles sans y faire naufrage.

» Mais le malheur nous talonnait de si près, que nonobstant la prévoyance de notre capitaine, qui eût pu remédier à l'ignorance des autres, ce qui n'était pas encore arrivé dans tout le voyage, chacun était profondément endormi cette nuit-là, même ceux qui avaient charge de veiller pour les autres.

» Le maître et le contre-maître étaient ivres; le feu qu'on tient d'ordinaire à la poupe pour voir et pour éclairer à la boussole s'éteignit, d'autant que celui qui tenait le gouvernail pour l'heure, et qui avait aussi le soin du feu, s'endormit, avec le page — mousse — qui l'accompagnait, comme c'est la coutume que le marinier qui gouverne a toujours un page de navire près de lui. Et, qui pis est, on fit tourner le navire à l'est trop tôt de demi-heure ou trois quarts d'heure au plus. Tellement qu'en cet état, étant tous endormis, le navire heurta rudement et toucha par deux fois un banc, et comme au bruit on s'éveillait en sursaut, il toucha tout soudain une troisième fois et se renversa sur le banc. Je vous laisse à penser en quel état tous ceux du navire pourraient être; quel piteux spectacle c'était que de nous; quels cris et quels gémissements furent jetés, comme des personnes qui se sentant perdues et échouées la nuit sur une roche au milieu de la mer, n'attendent qu'une mort toute certaine!

» Les uns pleuraient et criaient de toute leur force, les autres se mettaient en prières, et d'autres se confessaient les uns aux autres, et, au lieu d'avoir un chef pour nous commander et nous donner du courage, nous en avions un qui nous affligeait et qui augmentait notre pitié. Car il y avait un mois et plus qu'il ne s'était levé du lit; mais la crainte de la mort le fit incontinent lever tout en chemise et tout malade qu'il était, et il se mit à pleurer parmi nous.

» Le navire étant à demi renversé, nous coupâmes les mâts pour l'empêcher de renverser davantage, et puis nous tirâmes un coup de canon pour avertir le *Croissant* qu'il eût à se retirer, de peur de se perdre avec nous. Mais il n'était pas en danger, d'autant qu'il était bien derrière et qu'il faisait bon quart. Nous estimions tous que le navire allait couler à fond, d'autant que nous ne voyions rien du tout que de grosses vagues par-dessus nous; comme de fait, il ne fallait pas attendre autre chose si c'eût été un rocher que notre navire eût heurté.

» Trois quarts d'heure après ou environ, l'aube du jour parut, par le moyen de quoi nous reconnûmes des îles voisines à cinq ou six lieues de distance au-delà des bancs, et le *Croissant* qui s'en allait à notre vue et fort proche de nous, sans nous pouvoir secourir; notre navire tenait ferme sur le côté, et, s'étant échoué sur un banc, il pouvait encore ainsi durer quelque peu de temps, car le banc était de pierre et non pas de sable, auquel cas le navire se fût tout-à-fait renversé, et, s'enfonçant dedans, nous eussions été tous noyés.

» Cela nous donna quelque espèce de consolation et nous fit venir le courage d'essayer, par quelque moyen que ce fût, de sauver nos vies, et de tâcher à prendre terre, encore qu'avec tout cela il y avait peu d'espérance, vu le long espace de mer qu'il fallait passer auparavant que d'aborder, et encore, après cela, nous courions hasard d'en être empêchés et d'être tués par ceux du pays. Il fut donc avisé d'accoutrer quelque chose propre pour nous porter, parce que nous n'espérions pas pouvoir tirer le galion ou bateau. On prit des mâtereaux, des verges et de grosses pièces de bois que l'on nomme antennes, qui étant de côté et d'autre des navires, sont propres à faire des vergues ou mâtereaux, quand on en a à faire; et pour ce qu'elles ne sont que pour subvenir au besoin, on leur donne ce nom d'antennes; mais étant mises en œuvre de mâtereaux ou de verges, on leur donne le nom, et on les appelle mâtereaux ou verges de beille, qui veut dire de surcroît. On lia donc cela en forme d'une grande claie, et par-dessus on y cloua plusieurs planches et plusieurs tables tirées du dedans du navire; on appelle cette manière de claie une *panguaye*. Cela était suffisant pour nous porter tous facilement, et encore pour sauver une grande quantité de bagages et de marchandises.

» Nous fûmes à travailler après cette panguaye tout ce que nous étions et de toute notre force, depuis le point du jour jusque sur les deux ou trois heures de l'après-midi. Mais tout notre travail fut inutile, parce qu'il fut du tout impossible de la passer au-delà des bancs et de la mettre à flot; ce qui nous faisait perdre tout courage et toute espérance, d'autant même que, comme j'ai dit, il y avait peu d'apparence d'avoir le galion, qui était bien avant dans le navire, sous le deuxième pont, et, tous les mâts étant coupés, il n'y avait point de moyen de mettre ni d'attacher aucune poulie pour l'enlever, davantage, la mer était si grosse et si orageuse que le louësme et les vagues passaient par-dessus tout le navire de la hauteur d'une pique et plus, et il fallait à tout moment recevoir toute cette eau sur nous. Outre cela, la mer étant si fâcheuse (car nous voyions venir avec impétuosité le louësme — la houle — de plus de deux lieues, se rompre avec un bruit horrible contre ces bancs et ces rochers), le galion n'eût pas résisté à cette violence.

» Sur ces entrefaites, nous aperçûmes une barque qui venait de ces îles et tirait vers nous, comme pour nous reconnaître; mais elle ne s'approcha point que de demi-lieue. Ce que voyant, l'un des nôtres, qui nageait le mieux, il se mit à la nage et l'alla trouver, suppliant par toutes sortes de signes et de cris les hommes qui étaient dedans de nous secourir et de nous assister; mais ils n'en voulurent rien faire, quelque insistance qu'il en fît, tellement qu'il fut contraint de s'en revenir avec beaucoup de peine et de péril. Mais nous ne savions que juger de cette inhumanité et de cette barbarie; mais j'ai depuis appris qu'il était étroitement défendu à toutes sortes de personnes d'aborder ni d'approcher d'aucuns navires perdus, si ce n'est pour le commandement du roi ou qu'il se rencontrât des officiers du roi proche du lieu, lesquels, en ce cas, peuvent sauver les hommes et en donner promptement avis au roi.

» Toutes choses nous faisant désespérer de notre vie, nous essayâmes de tirer le galion, à quoi nous travaillions à qui mieux mieux, comme on avait fait le matin après la claie. Enfin, ayant tiré dehors ce galion avec toutes les peines du monde, chacun se mit en devoir et fit tout son possible pour le raccoutrer et pour le mettre en état de nous servir, d'autant qu'il était tout ouvert et tout cassé des coups de la mer et des flots. Mais la nuit survint auparavant qu'il fût entièrement prêt, de sorte que nous demeurâmes la nuit suivante sur le bord du navire, dans cette misère et dans cette affliction, et parmi tant d'incommodités et de dangers, le navire étant quasi tout plein d'eau et les flots passant d'ordinaire par-dessus notre tête, qui nous mouillaient incessamment.

» Le lendemain, troisième juillet, au matin, nous nous mîmes à la nage pour passer le galion au-dedans des bancs, ce que nous fîmes avec beaucoup de travail et de hasard. L'ayant passé, nous nous embarquâmes tous dedans, après avoir pris des épées, des arquebuses et demi-piques. En cet équipage, nous tirions vers les îles; mais notre galion qui était assez mauvais, étant encore beaucoup chargé, faisait grande eau. Davantage il pensa être renversé cinq ou six fois par le vent et par les flots, qui étaient grandement violents. Enfin, après bien des appréhensions et bien de la fatigue, nous abordâmes à toute peine à une des îles, nommée *Pouladou*.

» Lorsque nous fûmes arrivés à bord, les habitants, qui nous attendaient, ne nous voulurent jamais permettre de prendre terre que premièrement nous ne fussions désarmés par eux. Tellement que nous étant rendus à la discrétion de ces insulaires, ils nous laissèrent enfin descendre, puis tirèrent à sec notre ga'ion et en ôtèrent le gouvernail, les mâts et les autres appareils nécessaires, et les envoyèrent en d'autres îles voisines, où par le même moyen ils firent retirer tous les bateaux de leur île, en telle sorte qu'il n'en resta pas un seul. J'ai reconnu par ce commencement qu'ils étaient gens d'esprit et bien avisés, d'autant que leur île est petite et qu'elle n'a pas une lieue de tour, et ils n'étaient en tout que vingt-cinq habitants; de manière qu'ils avaient à craindre que, descendant avec des armes en plus grand nombre qu'eux, nous ne nous fussions rendus maîtres de l'île et emparés de leurs bateaux; ce qui nous eût été fort facile, si on eût su leur faiblesse; mais comme je l'ai dit, ils y donnèrent bon ordre.

» Étant descendus, on nous mena tous ensemble en une loge au milieu de l'île, où on nous donna quelques fruits, cocos et limons. Là, vint le seigneur de l'île, nommé *Ibrahim* ou *Pouladou-Quilague*, qui paraissait fort âgé et savait quelques mots de la langue portugaise ; de quoi il nous interrogeait et nous questionnait de diverses choses. Après cela, ses gens nous fouillèrent et nous ôtèrent tout ce que nous portions, disant que le tout appartenait à leur roi, dès qu'un navire était brisé et avait fait naufrage. Ce seigneur de l'île était grand seigneur, et, comme j'ai appris depuis, proche parent du roi chrétien des Maldives, qui est à Goa. Voyant que nous portions une pièce d'écarlate, il nous demanda ce que c'était. Nous lui répondîmes que nous l'avions apportée pour la présenter au roi, et, encore que tout ce qui était dans le navire fût à lui, néanmoins elle avait été apportée pour la lui présenter plus entière, craignant qu'elle ne fût gâtée par la mer ou du tout perdue. Aussitôt qu'on eut entendu que c'était pour le roi, il n'y eut pas un des habitants qui fît contenance de le prendre ni d'y toucher, non pas seulement de la regarder. Il fut toutefois avisé entre nous d'en couper un morceau, comme de deux à trois aunes, et d'en faire présent à ce seigneur de l'île, en espérance d'en recevoir quelque meilleur traitement. Il le prit et nous remercia avec beaucoup de caresses, mais il nous fit aussi promettre de n'en rien dire à personne, autrement qu'il aimerait mieux mourir que de l'avoir prise. Bientôt après, entendant dire qu'elle venait des officiers du roi, il se ravisa et nous la rendit, priant de ne pas dire qu'il l'eût seulement maniée. Mais toutefois le roi le sut enfin, six mois après, et en fut en colère contre lui, et il l'eût mandé, n'eût été qu'il était malade à l'extrémité de la maladie dont il mourut, âgé de soixante-quinze ans. »

Nous ne continuerons pas le récit des aventures dont les Français échappés au naufrage du *Corbin* furent les héros et quelques-uns les victimes. Qu'il suffise au lecteur de savoir qu'il vint un seigneur portant commission du roi de l'île de Paindoue, lequel emmena avec lui Pyrard de Laval. Pyrard fut conduit à l'île de Malé, où il salua le roi. Malheureusement quatre Français ayant voulu s'évader, on leur coupa la tête à coups de *caty*, serpe du pays. Alors l'auteur de la narration fit une longue maladie. Enfin, après un grand séjour dans ces îles et quantité de notes prises sur les habitants des Maldives, leurs mœurs, leurs costumes, leurs habitations, etc., Pyrard de Laval fut rendu à la liberté. Mais il fut repris à Goa, où il dut servir, comme soldat, pendant deux ans. En dernier lieu, délivré par les jésuites, il revint en France, et rentra à Laval, sa patrie, le 16 février 1611.

NAUFRAGE DE LA CHALOUPE DU NAVIRE FRANÇAIS LE TAUREAU,

DE LA COMPAGNIE DES INDES,

Dans une baie du Cap-Vert, Océan Atlantique, en mars 1665.

La navigation prenait un essor nouveau, spécialement en France, au milieu du XVIIe siècle.

Déjà l'Angleterre et la Hollande avaient formé des Compagnies des Indes orientales. La France, qui consommait plus de productions de l'Orient que les autres nations, s'était bornée à de faibles essais entrepris en 1593 et 1601 par des Compagnies particulières de Normandie et de Bretagne.

En 1604, malgré l'avis de Sully, Henri IV avait ensuite accordé le privilége exclusif du commerce de l'Inde à une Compagnie de marchands ignorants et avides, qui, n'étant pas en fonds pour se soutenir eux-mêmes, et n'ayant rien que des lettres patentes, restèrent dans l'inaction.

En 1616 et en 1619, une nouvelle Compagnie normande fit à Java des expéditions dont les bénéfices ne furent pas suffisants pour l'encourager à continuer les entreprises.

La tentative que les Dieppois firent sur Madagascar, en 1633, se borna à leur donner une haute idée de cette île négligée par les Portugais, les Hollandais et les Anglais; mais elle détermina le cardinal Richelieu à créer, en 1642, une Compagnie des Indes qui voulut former un grand établissement à Madagascar. Malheureusement, la perfidie et la cruauté de ses agents la rendirent odieuse aux naturels du pays; elle se ruina en peu d'années, et le maréchal de la Meilleraye ne put réussir à relever pour son compte cet établissement.

Ces tentatives annonçaient déjà ce que l'avenir a prouvé : que l'inconstance, la vanité, le peu de ténacité des Français, sont moins propres aux grandes entreprises coloniales et commerciales que le flegme et l'économie des Hollandais, que l'audace et l'opiniâtreté des Anglais.

Si une Compagnie des Indes eût pu réussir et prospérer en France, ce devait être celle que Louis XIV fonda, en 1664, par les soins de Colbert. Un privilége de cinquante ans, les concessions les plus honorables et les plus avantageuses, une avance de quatre millions par an, qui en feraient huit de nos jours, devaient assurer sa durée et sa prospérité. Mais, dès son début, elle portait le foyer de la discorde qui devait la miner.

Une fois cette Compagnie fondée, quatre vaisseaux furent expédiés dans l'Inde, avec la mission de prendre toutes les données dont avait besoin la Compagnie avant d'entreprendre des opérations réelles.

Cette petite flotte arriva aux îles du Cap-Vert, en mars 1665, et, le lendemain elle alla mouiller dans la première baie, au sud du Cap, et on jeta l'ancre à une demi-lieue du rivage.

Des nègres, sans armes, et sous les apparences les plus pacifiques, semblaient attendre à terre les équipages, et on voyait qu'ils s'empressaient à désigner les anses où les chaloupes pourraient le plus parfaitement débarquer.

En effet, quatre embarcations chargées d'officiers, de soldats et matelots s'approchèrent, mais elles furent arrêtées à six toises du rivage par les sables et la basse mer. Ceux d'entre les Français qui savaient nager se déshabillaient déjà pour prendre sur leur dos leurs camarades, lorsque les nègres se mettant à l'eau, s'approchèrent des chaloupes et transportèrent à terre tous ceux qui montaient les chaloupes.

Les commandants de l'expédition se firent alors conduire à un village distant de quatre cents mètres de la plage et qui était la résidence du gouverneur de l'île. Ce nègre, qu'entouraient bon nombre de ses serviteurs, se montra très affable pour les Français, les traita d'une façon fort amicale, et des coupes d'eau-de-vie ayant circulé entre les étrangers et les indigènes, la paix se trouva bientôt fondée sur des bases solides, et on permit aux chaloupes de venir se mettre à l'ancre sur les côtes.

Cependant, quelques matelots du vaisseau le *Taureau*, et trente passagers avec eux, s'étaient empressés de prendre aussi la chaloupe de ce navire, dans le dessein d'aller aussi à terre. Mais alors, chemin faisant, quelques-uns des plus jeunes passagers, par gaieté, s'étant poussés imprudemment, furent cause que la chaloupe, prise en travers par la lame, chavira, et tous ceux qu'elle portait tombèrent à l'eau.

M. Letourneur, lieutenant du *Taureau*, faisait tendre des filets sur le rivage, en ce moment même. Mais du navire on avait vu chavirer l'embarcation, et un coup de canon tiré immédiatement appela bien vite son attention et lui fit abandonner précipitamment son travail. Il regagna son bord en toute hâte. Aussitôt des barques envoyées du vaisseau, et des canots montés par des nègres accoururent. On recueillit les malheureux naufragés, dont plusieurs perdaient leurs forces, quoique sachant nager.

Hélas ! si l'on en sauva dix-huit, douze périrent. Oui, douze des imprudents passagers manquèrent à l'appel, malgré les preuves de dévouement et tous les efforts pour les sauver que nègres et blancs déployèrent à l'envi. On remarqua surtout un jeune Français, du nom de Plauson, qui, bon nageur et voyant à ses côtés un de ses amis que la vague engloutissait déjà, se livra au plus grand danger pour l'arracher à la mort. Il le saisit, lui recommanda de s'attacher solidement à ses habits, et prétendit le remorquer ainsi jusqu'au rivage ou à un canot. Mais ses forces trahirent son bon vouloir. Digne d'un meilleur sort, l'infortuné Plauson ne put triompher du courant ; entraîné par son ami, il périt avec lui.

Un autre passager, appelé Giron, fut assez heureux pour s'emparer d'un très jeune enfant, fils de M. de Montauban, qui déjà s'enfonçait sous l'eau, et le tenant d'une main par un bras, il nagea de l'autre, et alla le déposer sur la quille de la chaloupe renversée. Là, il recommanda à l'enfant de se cramponner à l'embarcation jusqu'à ce qu'on vienne le prendre. Pour lui, continuant à nager, il atteint un canot, et veut monter à bord ; mais comme ce canot lui semble déjà trop chargé, afin de ne pas causer de nouveaux malheurs, il se remet à l'eau et enfin atteint la terre ferme à la nage. Une chaloupe recueillit bientôt et sauva le petit de Montauban.

Le Père Bassordi, un missionnaire, qui d'abord n'avait pas voulu aller à terre, voyant quelques jeunes gens qui s'embarquaient dans l'intention de passer deux ou trois jours dans l'île, et, comme on était arrivé au jeudi et au vendredi saints, craignant qu'ils ne se livrassent a quelque folie, malgré la solennité de ces fêtes funèbres, résolut de les suivre et de ne pas les quitter. Nageur et homme très vigoureux, il n'eut plus qu'une pensée : sauver le plus possible de naufragés. En effet, il s'élance parmi toutes les victimes qui crient et se noient : la tête hors de l'eau, il recommande à tous d'offrir leur vie à Dieu ; il leur rappelle que c'est à pareil jour que Notre-Seigneur Jésus-Christ a donné sa vie pour le salut du genre humain ; il les conjure d'implorer du ciel le pardon de leurs fautes et leur donne à tous l'absolution. Puis, joignant l'action aux paroles, il va droit à ceux que leurs forces abandonnaient, les soutient, nage avec eux, lutte ainsi pendant deux heures, sauvant l'un, sauvant l'autre, en déposant dans les barques le plus qu'il peut, et s'empressant de chercher de nouveaux patients pour les rendre à la vie. Mais, épuisé à la fin, le digne prêtre ne peut plus résister à la fatigue, il sent qu'il va périr lui-même : cependant, faisant un dernier effort, il bénit une dernière fois ceux qui sont à sa portée, colle ses lèvres à un petit crucifix qu'il portait sur sa poitrine, et enfin, enveloppé de ses vêtements de religieux, comme d'un suaire, il est emporté par le gouffre dans les abîmes de l'Océan, ainsi que dans la tombe de son repos éternel.

Toutefois, le corps de ce saint missionnaire fut porté par les vagues sur le rivage, à peu de distance du lieu du naufrage. Il tenait encore une main sur sa poitrine et ses lèvres serraient toujours l'image du Christ. On recueillit ce corps précieux et on le porta au navire le *Taureau*, dont l'équipage le reçut avec tous les témoignages de la plus grande vénération. Après lui avoir rendu les honneurs funèbres ainsi qu'à tous ceux des infortunés Français dont les cadavres furent retrouvés, on jeta à la mer, selon l'usage, cousus dans des sacs avec un boulet aux pieds, les restes de ces malheureux naufragés.

Quelle belle mort que celle de ce généreux apôtre de Dieu ! Et qu'elle rend bien triste le contraste d'autres morts......

Un vieux nègre de quatre-vingt-huit ans, conseiller du gouverneur de l'île, qui était venu à bord pour voir un officier qu'il connaissait, pendant l'entretien avait bu coup sur coup toute une bouteille d'eau-de-vie dont on lui avait offert un petit verre. Le misérable fut bientôt ivre. Alors, culbuté dans la mer par le chavirement de la chaloupe, et paralysé dans ses mouvements par les déplorables effets de l'ivresse, le malheureux nègre fut des premiers à perdre la vie, quoiqu'il sût parfaitement nager.

La flotte française remit à la voile le 11 avril. Le voyage fut ensuite des plus heureux, et les quatre navires rentrèrent en France, après une navigation de neuf mille lieues.

INCENDIE DU NAVIRE FRANÇAIS LE PRINCE,

DE LA COMPAGNIE DES INDES,

Sur l'Océan Atlantique, près de l'Equateur, en juillet 1752.

Le 19 février 1752, appareillait à Lorient, pour Pondichéry, dans les Indes, un navire de la Compagnie, le *Prince*, capitaine Morin.

Mais à peine le riche navire avait-il doublé l'île Saint-Maurice, à la sortie du port, qu'il se trouva entraîné sur le banc de sable appelé Banc du Turc, et toutes les précautions et tous les efforts de l'équipage ne purent l'empêcher de toucher.

Aussitôt le *Prince* tira le canon de détresse, et comme ce lugubre signal fut entendu de Lorient, le commandant du port se rendit aussitôt à bord.

Immédiatement on se mit à l'œuvre : tous les objets précieux furent placés en lieu sûr ; on déchargea en partie le bâtiment, qui put enfin se remettre à flot, et le *Prince* rentra dans la rade, où on lui fit subir les réparations qu'il exigeait.

Hélas ! ce début était d'un triste augure !

Néanmoins le *Prince* remit à la voile le 10 juin suivant, et navigua paisiblement jusqu'au 26 juillet, jour horrible, qui fut le dernier pour les trois cents individus qu'il portait.

Le *Prince* sillonnait l'Océan Atlantique, du nord au sud, pour gagner le cap de Bonne-Espérance, et il avait déjà dépassé l'équateur, car il était à 8° 30' de latitude méridionale, et à 250° de longitude ouest de Paris, vers midi, « à l'entrée d'un quart que je devais commander, dit M. de Lafond, lieutenant du vaisseau et témoin oculaire, lorsqu'un homme annonça qu'il sortait un peu de fumée du grand panneau de la grande écoutille.

» A cette alarmante nouvelle, le premier lieutenant, chargé des clefs de la cale, en fit ouvrir toutes les écoutilles pour découvrir la cause d'un accident qui, au premier soupçon de son existence, fait toujours trembler les plus intrépides. Le capitaine, qui était à table dans la grand'chambre, se présenta sur le gaillard et donna des ordres pour étouffer le feu. Je les avais déjà prévenus en faisant jeter des voiles à la mer, pour en couvrir ensuite les écoutilles et empêcher l'air de pénétrer dans la cale. J'avais même proposé, pour plus grande sûreté, de faire entrer l'eau dans l'entrepont, à la hauteur d'un pied. Ce conseil, par malheur, ne fut pas suivi. Alors la fumée sortit bientôt en abondance et montra que le feu s'animait de plus en plus.

» Le capitaine fit armer soixante-dix ou quatre-vingts soldats, pour contenir l'équipage et éviter la confusion qui aurait augmenté le péril.

» M. de la Touche seconda le capitaine avec toute la fermeté, toute la prudence que ce digne officier avait constamment déployée durant un séjour assez long dans l'Inde.

» Tout le monde s'occupait sans relâche à jeter de l'eau dans la cale ; mais la rapidité de l'incendie rendait ce travail inutile, et la consternation remplaçait l'espérance dans tous les cœurs.

» Le capitaine avait fait mettre la yole à la mer, parce qu'elle embarrassait sur le pont. Le bosseman et trois hommes s'en emparèrent ; ils n'avaient pas d'avirons, mais ils hélèrent pour en avoir, et trois matelots se jetant à la mer, traînèrent les avirons à la yole, dans laquelle ils s'embarquèrent aussi. On voulut faire revenir les heureux fugitifs, mais le progrès effrayant de l'incendie les engagea à ne pas obéir, et ils firent force de rames pour s'éloigner.

» Cependant on continuait à bord à travailler. On eût dit que l'impossibilité de se sauver doublait le courage. Le maître d'équipage ne craignit pas de descendre dans la cale, d'où la trop grande chaleur l'obligea de remonter bien vite ; ses vêtements avaient déjà pris feu, et il fallut jeter sur lui plusieurs seaux d'eau pour le sauver ; immédiatement après, on vit sortir les flammes avec impétuosité du grand panneau.

» Alors le capitaine ordonne de mettre les bateaux à la mer. On s'y dispose sur-le-champ. Mais la terreur épuisait tellement les forces des plus intrépides, que, ne pouvant peser sur les palans, ils soulevaient à peine ces bateaux, qui, seuls auraient pu les sauver. On avait pourtant réussi à élever le canot assez haut pour le lancer à la mer, lorsque, tout-à-coup, les flammes montèrent le long du grand mât avec tant de force et d'intensité, que les garants des palans furent brûlés. Le canot, n'étant plus soutenu, tomba de côté, sur les canons du tribord, et on perdit l'espoir de le relever.

» A cette vue, l'accablement s'empara de nous tous. La terreur devint générale ; on n'entendit plus que des gémissements et des cris de douleur et de désespoir. Les animaux même qu'on avait à bord poussaient d'affreux mugissements. Chacun, dans ce moment, éleva son cœur et ses mains vers le ciel, et, dans la certitude d'une mort prochaine, on ne vit plus que l'alternative cruelle de périr par l'eau ou de mourir par le feu.

» L'aumônier, debout sur le gaillard d'arrière, nous donna à tous l'absolution. Il passa de là dans la galerie pour accorder le même bienfait aux malheureux qui s'étaient déjà précipités dans les flots.

» Horrible spectacle ! déjà tout chacun ne songe plus qu'à jeter à la mer tout ce qui peut lui assurer encore un instant de vie : cages à poulets, caisses, vergues, espars, tout ce qui se présente sous ses mains crispées par le désespoir. On saisit tout, on arrache tout. Dans ce moment d'extrême confusion, les uns semblent aller au-devant de la mort en sautant dans la mer ; les autres gagnent à la nage les débris du navire, haubans, vergues, antennes déjà tombées. Les cordes même qui sont le long du bord soutiennent un grand nombre de malheureux, qui, suspendus pour ainsi dire entre les deux éléments qui se disputent leur vie, hésitent encore à perdre toute espérance.

» Je vis alors un père arracher son fils du milieu des flammes, l'embrasser, le jeter à la mer, s'y jeter après lui, le saisir de nouveau, l'embrasser encore, et enfin disparaître avec lui dans l'abîme...

» Je fis exécuter en ce moment une manœuvre qui fit pencher le vaisseau sur le côté droit, où nous nous conservâmes encore quelque temps, tandis que le feu ravageait tout le côté gauche, de l'avant à l'arrière.

» Jusque-là je n'avais songé qu'au salut du navire ; mais les horreurs du double genre de mort qui nous menaçait vinrent enfin me frapper. Le ciel toutefois fut assez bon pour me laisser jouir de toute ma fermeté. Je porte mes regards autour de moi, je me vois seul sur le pont, j'entre dans la chambre du conseil : là, je rencontre M. de la Touche, que l'aspect de la mort n'intimide pas :

» — Adieu, mon ami, mon frère.... me dit-il.

» — Où allez-vous ? lui dis-je.

» — Je vais consoler mon ami Morin... me répond-il.

» Il parlait du capitaine, qui était accablé de douleur et qui déplorait le sort de deux cousines qu'il avait avec lui, passagères sur le *Prince*.

» M. Morin venait de les faire descendre à la mer sur des cages à poules, après les avoir forcées à quitter leurs vêtements. Deux matelots les soutenaient d'un bras en nageant de l'autre. Mais où pouvaient-elles aller ainsi, et qu'allaient-elles devenir ?

» Les vergues et les mâts étaient chargés d'hommes luttant contre les flots autour du navire. Plusieurs d'entre eux furent emportés par les boulets sortant des canons chargés que le feu faisait partir.

» Le cœur serré d'angoisses, je détourne mes regards de la mer et j'entre dans la galerie du côté droit. Au même instant, je vois la flamme sortir avec un bruissement sinistre par les fenêtres de la grand'chambre et de celle du conseil. Le feu s'approche de moi ; il va me saisir, me dévorer. Sans utilité pour le vaisseau, ni pour ceux qui peuvent s'y trouver encore, je me vois obligé cependant de chercher à conserver encore ma vie, et à prolonger mes dernières heures pour les consacrer à Dieu et au salut de mon âme. J'ôte donc mes habits, et je veux me laisser glisser le long d'une vergue qui touche à la mer par un bout. Mais elle était si couverte de malheureux que la peur de se noyer y tenait attachés, que je roulai par-dessus leurs têtes et que je tombai dans la mer.

» Un soldat qui se noyait me saisit au même instant. Je fis, pour m'en débarrasser, les plus grands efforts, mais inutilement. Je plongeai, il tint bon. Je plongeai encore, et je ne fus pas plus heureux. Il ne sentait pas, en s'obstinant à me tenir, que ma mort n'aurait fait que hâter la sienne. A la fin, pourtant, après un long combat entre nous, soit que ses forces se fussent épuisées par la quantité d'eau qu'il avalait, soit qu'en me voyant plonger une troisième fois, il craignît que je ne l'entraînasse au fond de la mer, il m'abandonna, et moi, pour ne pas lui donner prise, je ne sortis de dessous l'eau qu'à quelque distance de lui.

» Ce dernier accident me fit prendre plus de précaution. J'évitai même les cadavres qui déjà flottaient en grand nombre autour du vaisseau. Il me semblait toujours rencontrer un homme prêt à me saisir, et pour toute consolation, voulant m'associer à sa destinée. Je sentais moi-même que je commençais à m'affaiblir : j'avais besoin d'un point d'appui.

» Après avoir longtemps cherché, j'aperçus la vergue de civadière ; elle était chargée de monde. Je n'osai y prendre place sans obtenir le consentement de ceux qui s'y trouvaient déjà. Ils me l'accordèrent. C'était tout un chapelet de pauvres jeunes gens.

» — Que nous vous plaignons, mon officier.... me dirent-ils.

» — Mes amis, leur répondis-je, j'ai bien plus sujet de vous plaindre : ma vie est avancée, et la vôtre commence à peine.

» M. Morin, le capitaine du *Prince*, et M. de la Touche, son premier lieutenant, ne quittèrent pas le vaisseau. Ils furent ensevelis sous ses ruines, s'ils ne furent pas d'abord étouffés par les flammes.

» Bientôt le grand mât, brûlé au pied, tomba dans la mer. Il était chargé de beaucoup de gens. Il alla flottant au gré des ondes.

» Au même moment j'aperçus deux matelots sur une cage à poulets :

» — Mes enfants, leur criai-je, les portières à la main, nagez jusqu'à moi.....

» Les portières sont des planches de sapin.

» Ils s'approchèrent, suivis de quelques autres. Je saisis cette cage, et tous, une portière nous servant d'aviron, nous nageâmes vers la vergue, et nous allâmes nous joindre à ceux qui s'étaient emparés du grand mât.

» Tant de changements de situation ne faisaient que varier les scènes d'horreur dont j'étais le témoin.

» Ainsi je rencontrai notre aumônier qui nous donna de nouveau l'absolution.

» Nous étions environ quatre-vingts sur le grand mât, menacés à chaque instant d'être emportés par les boulets que la flamme chassait des canons.

» Il y avait aussi, sur ce même mât, deux jeunes demoiselles, dont la piété m'édifia. Des six femmes qui étaient avec nous sur le *Prince*, en comptant les deux cousines du capitaine, quatre étaient déjà noyées, et nous voyions leurs cadavres flotter devant nous parmi beaucoup d'autres. Mais alors, de ces deux jeunes filles, je vis l'une tomber peu à peu du mât, glisser tout-à-fait, pâle comme un suaire, croiser ses bras sur sa poitrine, jeter un dernier regard vers le ciel, et disparaître dans le gouffre. Une fois morte, après une demi-heure, son corps, pudiquement enveloppé comme par la main des anges, flottait à son tour parmi les cadavres.

» C'était un affreux spectacle !

» Je me trouvais, sur ce mât, à côté de notre aumônier. Il nous exhortait tous, et ne cessait de nous consoler par de saintes inspirations et de pieuses paroles. Certes ! il était bien animé de l'esprit de Dieu. Il nous citait une infinité de magnifiques exemples de résignation, de confiance en Dieu, toujours prêt à ouvrir ses bras à celui qui se repent et a regret de ses fautes.

» Vint un moment où lui aussi, épuisé, le saint homme roula du mât et glissa dans l'abîme. Je le saisis à temps et je le relevai.

» — Laissez-moi aller, me dit-il. A quoi bon ? Il faut mourir, n'est-ce pas ? A la grâce de Dieu !

» Tout-à-coup, quand j'y songeais le moins, j'aperçus la yole, qui s'était sauvée avec le bosseman et quelques matelots, assez près de nous.

» Il était alors cinq heures du soir.

» Je criai aux rameurs que j'étais leur lieutenant, et je leur demandai de partager leur sort. Ils me répondirent qu'ils me recevraient volontiers, mais à la condition que j'irais moi-même les rejoindre à la nage.

» Ils avaient trop d'intérêt à posséder parmi eux un homme capable de diriger leur route, pour qu'ils rejetassent ma prière ; et, en même temps, ils m'imposèrent une condition raisonnable. En effet, s'ils s'étaient approchés, tous les naufragés auraient voulu entrer dans la yole, et alors elle eût sombré, et tout le monde aurait péri.

» Je rassemblai donc tout ce qui me restait de forces, et je fus assez heureux pour gagner l'embarcation à la nage.

» Le pilote et le maître d'équipage suivirent mon exemple, et vinrent après moi, à la nage. Ainsi la yole fut chargée de dix personnes.

» Hélas ! ce furent les seules que la mort épargna sur environ trois cents qui s'étaient embarquées à Lorient, à notre départ de France !

» Cependant les flammes continuaient à dévorer le vaisseau, dont nous étions tout au plus à un demi-heure. Comme sa trop grande proximité pouvait nous devenir fatale, nous voguâmes un peu au vent. Peu de temps après, le feu s'étant communiqué aux poudres, nous vîmes le navire sauter avec un fracas épouvantable. Un nuage d'épaisse fumée, de feu, de débris, nous déroba la lumière du soleil couchant. Nous n'apercevions dans les airs que des pièces de bois enflammées et retombant ensuite, peut-être sur les malheureux dont je m'étais séparé. Bientôt l'obscurité se dissipa, et alors..... nous ne vîmes plus rien...... le vaisseau avait disparu dans les abîmes ouverts, puis refermés aussitôt......

» Ce fut un moment terrible et solennel !

» Les débris du *Prince* flottaient seuls sur les eaux, au milieu de deux cents cadavres, la plupart noircis par le feu.....

» Ma fermeté ne m'abandonna pas. Nous étions sauvés, mais nous manquions de tout. Fallait-il échapper à la mort de l'eau et du feu, pour mourir ensuite lentement de faim, au milieu de l'Océan. Dans cette pensée, je proposai à mes compagnons d'aller vers les débris du naufrage. Nous vîmes d'abord plusieurs barils, mais c'étaient des barils de poudre jetés à la mer dès le début de l'incendie. Peu après toutefois nous avisâmes une barrique d'eau-de-vie, un peu de lard salé, une pièce de drap écarlate, etc. La nuit ne nous permit pas de continuer nos recherches. Notre yole ne cessait de s'avancer avec peine au milieu des cadavres et des débris : et là où régnait tout-à-l'heure l'agitation, pesait à présent un affreux silence, celui de la mort et de la ruine. Aussi nous éloignâmes-nous promptement.

» Cependant chacun se mit au travail avec diligence. Nous enlevâmes le doublage intérieur du canot, pour en avoir les planches et les clous : nous tirâmes de la toile du fil dont nous pouvions avoir besoin. Un matelot possédait heureusement deux aiguilles. Un navire nous servit de mât; la pièce d'écarlate fut transformée en une voile; une gaffe devint une vergue, et une planche fut convertie en gouvernail.

» Le lendemain, nous élevâmes notre voile, et un vent favorable nous éloigna du théâtre de notre infortune. Nous étions au moins à deux cents lieues de terre, et nous voguâmes pendant huit jours et huit nuits, sans nous apercevoir du temps, exposés sans vêtements aux brûlants rayons du soleil et au froid piquant des nuits. Le sixième jour, une petite pluie apporta un faible soulagement à la soif qui nous dévorait. Un très petit morceau de lard salé nous fournissait un triste repas toutes les vingt-quatre heures. Encore fûmes-nous obligés d'y renoncer le quatrième jour, parce qu'il nous donnait une inflammation très douloureuse. Quant à notre boisson, elle ne consistait qu'en eau-de-vie, liqueur qui nous brûlait l'estomac. Nous voyions bien beaucoup de poissons volants, mais nous n'avions aucun moyen de les prendre. Bientôt une insomnie accablante vint mettre le comble à nos souffrances et nous fit presque envier le sort de nos compagnons.

» Je passai la nuit du huitième jour au gouvernail, dont je tins la barre pendant dix heures. Nul ne pouvait me relever, tant nous étions tous épuisés de fatigue. J'étais prêt à céder à mon accablement, quand les premiers rayons du soleil nous découvrirent..... la terre. Pour bien juger la révolution que nous causa cette terre inconnue, il faudrait avoir passé par nos épreuves. Nos forces éteintes se ranimèrent soudain et nous prîmes nos mesures pour ne pas être emportés par les courants.

» Notre premier mouvement en foulant la terre fut de nous prosterner pour remercier Dieu. Nous étions hideux, n'ayant plus rien d'humain. Tout-à-coup cinquante hommes armés nous entourèrent.

» Nous étions dans le Brésil, et ces hommes étaient des Portugais.

» Emus par notre récit, ils nous conduisirent à leur village. Nous rencontrâmes en chemin une rivière, dans les eaux de laquelle mes compagnons allèrent apaiser leur soif et se rouler avec délices. Le chef du village nous conduisit à sa maison, et nous donna des chemises et des pantalons de toile. Puis, on nous fit manger du poisson et de la farine de manioc, mets qui nous parurent délicieux.

» Comme on nous dit que, dans un pays voisin, il y avait une église dédiée à saint Michel, nous nous y rendîmes après notre repas: mais nous fûmes obligés de nous reposer plusieurs fois dans la route, tant nos jambes étaient débiles. Le habitants nous apportèrent de l'eau, des limons et du sucre. En échange de notre eau-de-vie, nous obtînmes un bœuf entier..... »

Bref, les infortunés navigateurs du *Prince* gagnèrent peu après Paraïbo, près Fernambouc, d'où ils se rendirent à Lisbonne. Enfin, ils arrivèrent à Morlaix, en Bretagne, le 2 février de l'année suivante, 1753.

» Le 10 du même mois, ajoute notre lieutenant, je rentrai à Lorient, ruiné, accablé d'infirmités, privé du fruit de mes économies, dénué de tout, après avoir pendant vingt-huit ans servi avec zèle la marine de mon pays..... »

Hélas! tel est trop souvent le triste sort de l'homme de mer!

NAUFRAGE DU BRIGANTIN LE TIGRE,

Près des côtes de la Louisiane, sur les îles Apalaches,

ET AVENTURES DU CAPITAINE VIAUD ET DE MADAME DE LA COUTURE,

L'un et l'autre Français, en 1766.

Victime d'un affreux désastre et livré au sort le plus cruel pendant quatre-vingt-un jours, le capitaine de vaisseau Viaud, de Nantes, en rapporte lui-même les sinistres détails dans la lettre qu'on va lire, et que l'on profanerait en l'analysant :

« Nantes, juin 1767.

» Vous avez été longtemps inquiet sur mon sort, mon cher ami ; vous étiez presque persuadé, ainsi que ma famille, que j'avais péri dans mon dernier voyage ; ma lettre a séché les larmes que l'idée de ma perte faisait couler. Les regrets de mes amis me flattent et m'attendrissent ; ils me consolent de mes malheurs passés.

» Vous vous plaignez de ce que je me suis contenté de vous marquer que j'avais fait naufrage, sans entrer dans aucun détail : maintenant, rassuré sur ma vie, vous désirez un récit plus circonstancié de mes aventures. Mais n'attendez pas que je mette de l'ordre dans cette relation. J'ai perdu la plupart des dates.

» Je partis de Bordeaux, en février 1765, sur l'*Aimable Suzette*, commandée par M. de Saint-Cric, à qui je servais de second.

» Notre voyage fut heureux, et j'arrivai à Saint-Domingue sans accident.

» Je ne vous parlerai pas de mon séjour dans cette île.

» Je m'occupai de mon retour en France ; mais je tombai malade et l'on dut me transporter à l'île Saint-Louis. Là, quelques jours de repos et les soins généreux de M. Desclau, un habitant de cette île qui me donnait l'hospitalité, me rendirent bientôt ma première santé. Alors ce même M. Desclau, qui vit mon impatience de rejoindre ma ville de Nantes, me proposa, un jour, d'employer mon argent à l'achat de marchandises que je serais sûr de vendre à la Louisiane ; il allait s'y rendre lui-même, et il m'offrait de l'accompagner.

» Je n'hésitai pas à suivre l'avis de M. Desclau, qui allait à la Louisiane dans le même but de commerce qu'il me proposait de faire. Je m'associai avec lui, et après avoir fait les achats nécessaires, nous frétâmes le brigantin le *Tigre*, capitaine de la Couture.

» Le capitaine du *Tigre*, M. de la Couture, emmenait avec lui madame de la Couture, sa femme ; il avait en outre son fils, un jeune homme de seize ans, son second, neuf matelots, M. Desclau, un nègre à notre service, et moi.

» Le *Tigre* appareilla de la rade de Saint-Louis, le 2 janvier 1766. Nous essuyâmes un grain forcé de douze heures qui retarda notre marche. Néanmoins nous cinglâmes constamment vers la Louisiane.

» Le 26 janvier, nous aperçûmes l'île des Pins, que le capitaine de la Couture soutint être le cap Saint-Antoine. J'essayai vainement de lui prouver qu'il était dans l'ereur. Il continua sa route sans précaution et nous conduisit dans les brisants. Nous y étions en plein lorsque je m'en aperçus pendant la nuit. Le danger était pressant : et comme le capitaine de la Couture était malade, je pris sa place. Alors je fis virer de bord, seule manière d'échapper au danger, et je réussis à nous arracher aux brisants.

» Notre bâtiment fatigué par la mer faisait eau de tous côtés cependant. Aussi l'équipage voulait-il que je me chargeasse du commandement. Mais je n'avais qu'une connaissance théorique de ces parages et de ces côtes, où je n'avais pas encore navigué, et je savais que la théorie est loin de valoir la pratique. En outre je ne voulais pas affliger le capitaine de la Couture. Je me contentai donc d'observer la manœuvre d'un œil vigilant.

» Enfin nous doublâmes le cap Saint-Antoine, pour entrer dans le vaste golfe de la Floride.

» Mais de nouveaux coups de vent nous assaillirent et ouvrirent des voies d'eau que deux pompes puisaient à peine. Le vent ne cessait de nous être contraire : la mer s'agitait et nous menaçait d'une tempête. L'alarme était générale, et cette situation pénible ne semblait pas vouloir changer.

» Dans ces circonstance inquiétantes, le 18 février, à sept heures du soir, nous fûmes rejoints par une frégate espagnole venant de la Havane, suivant la même route que nous et portant le gouverneur accompagné de son état-major, qui allait prendre possession du Mississipi. Cette frégate nous demanda de marcher avec nous, et certes ! nous le lui accordâmes avec joie. Mais nous ne cinglâmes pas longtemps de conserve : elle nous perdit pendant la nuit. Elle faisait route à petite voile et nous ne pouvions en porter aucune ; nous étions contraints de tenir à la cape.

» Ainsi, le lendemain, le *Tigre* se trouva seul sur la vaste et orageuse nappe d'eau. Hélas ! bientôt nous découvrîmes une nouvelle voie d'eau qui redoubla notre consternation. Je fis décharger le brigantin de toutes les marchandises de poids ; j'établis un puits au grand panneau, avec les barriques de notre cargaison, afin d'essayer si l'on pourrait achever de puiser l'eau avec des seaux, les deux pompes ne suffisant pas. Ces soins furent inutiles. L'eau nous gagnait de plus en plus ; le travail des matelots les mettait sur les dents ; nous ne savions plus que faire. Enfin, reconnaissant l'impossibilité de tenir la mer, nous prîmes la résolution de relâcher à la Mobile. C'était le seul port où le vent nous permît de nous rendre, et c'était le plus près, car nous étions loin des îles de la Chandeleur.

» Nous dirigeâmes donc notre route vers l'embouchure de la Mobile : mais le ciel ne nous permit pas d'y arriver, le vent qui nous y poussait ayant changé au bout de deux heures. Alors nous fîmes tous nos efforts pour gagner Passacole, port plus éloigné que celui de la Mobile. Cette entreprise échoua comme les autres : les vents nous contrarièrent de nouveau, et nous retinrent au milieu d'une mer agitée, contre laquelle nous combattions avec courage, mais sans espoir de prendre port nulle part.

» Convaincus qu'à tout moment l'Océan allait s'ouvrir pour nous engloutir, nous nous occupâmes de conserver notre vie, et, dans ce but, nous essayâmes de faire côte aux îles Apalaches. Cette fois encore, notre dessein ne put s'accomplir. Nous restâmes à la merci des flots, assurés de périr, et faisant néanmoins des efforts continuels pour sortir du danger.

» Tel fut notre état depuis le 12 février jusqu'au 16.

» Enfin, le soir de ce seizième jour de février, nous nous trouvâmes soudain échoués sur une chaîne de brisants à deux lieues de la terre. Les secousses furent si terribles qu'elles ouvrirent l'arrière du brigantin, et alors nous restâmes pendant vingt minutes dans cette épouvantable situation. Bref, la violence des lames nous poussa au bout d'une demi-heure hors de ces brisants, et nous nous retrouvâmes à flot, mais sans gouvernail, combattus par l'eau qui nous environnait et par celle qui engloutissait peu à peu notre bâtiment.

» Le peu d'espoir qui nous avait soutenus jusqu'alors s'évanouit tout-à-fait ; aussi le *Tigre* retentit des cris lamentables de madame de la Couture embrassant son mari et serrant son fils dans ses bras, et des matelots qui se préparaient à la mort en se faisant leurs adieux.

» Quel spectacle ! Il faut en avoir été le témoin pour s'en former une idée....

» Je partageais les terreurs de l'équipage, et si mon désespoir éclatait moins, il était égal au sien. Néanmoins, ma tranquilité apparente en imposa aux matelots : je leur inspirai dans ce moment affreux une sorte de confiance qui les rendit dociles à mes ordres. Le vent nous poussait vers la terre ; je fis gouverner avec les bras et les écoutes de misaine ; et, par un bonheur inouï, et auquel nous ne devions pas nous attendre, nous arrivâmes le même soir, à neuf heures, à l'est de l'île des Chiens, et nous y fîmes côte à une portée de fusil de la terre. Mais l'agitation de la mer ne nous permettant pas de la gagner, nous songeâmes à couper nos mâts pour faire un radeau qui pût nous y conduire. Pendant que nous nous occupions de cet ouvrage, la violence du vent et la force des vagues jetèrent notre brigantin sur le côté de babord. Ce mouvement imprévu faillit nous être funeste. Nous devions tous périr et tomber dans la mer. Grâce à Dieu ! nous échappâmes à ce péril.

» La lune, qui jusqu'à ce moment nous avait prêté une faible clarté souvent interceptée par les nuages, se cacha tout-à-coup. Privés de la lumière, il nous fut impossible de songer à nous rendre à terre : nous dûmes nous résoudre à passer la nuit sur le côté de notre pauvre *Tigre*. Qu'elle nous parut longue, cette nuit ! nous étions exposés à une horrible pluie ; les vagues qui couvraient constamment le navire se brisaient sur nous ; le tonnerre ne cessait de retentir, et les éclairs qui brillaient à chaque minute ne nous faisaient découvrir dans un immense horizon qu'une mer furieuse toujours sur le point de nous engloutir. Les ténèbres qui leur succédaient étaient plus affreuses encore.

» Attachés au bastingage du brigantin, cramponnés à tout ce qui nous offrait un point de résistance, mouillés, transis, épuisés par les efforts que nous faisions pour résister à l'impétuosité des vagues, nous vîmes enfin renaître le jour. Hélas ! nous apercevions la terre à peu de distance, mais nous ne pouvions nous y rendre. La fureur de la mer glaçait d'épouvante les plus intrépides nageurs. Les lames roulaient en effet avec une fureur dont on a vu peu d'exemples : le malheureux qui s'y serait exposé eût couru le risque d'être emporté en pleine mer, ou d'être écrasé contre la terre ou contre le navire lui-même. Aussi le désespoir s'empara de nous tous.

» Plusieurs heures s'écoulèrent ainsi sans apporter aucun changement à notre position. Mais ensuite et tout-à-coup, un matelot, qui depuis le jour n'avait cessé de verser des larmes, les essuie, se lève dans une extrême surexcitation, et s'écrie :

» — Qu'attendons-nous donc ? la mort nous environne de toutes parts ; elle ne tardera pas à nous saisir, eh bien ! volons au-devant d'elle ! c'est dans les flots que nous devons la trouver. Si nous la bravons, peut-être nous fuira-t-elle. La terre est devant nous ; il n'est pas impossible d'y arriver, je vais tenter d'y aborder. Si je meurs, j'avance ma fin de quelques heures seulement.

» Il dit et plonge dans la mer. Quelques-uns de ses camarades, animés par son exemple, veulent le suivre. Il les arrête à grand'peine : je leur montre leur ami roulé par les flots qui se débat inutilement contre eux ; entraîné vers le rivage qu'il touche bientôt, bientôt il est repris par la lame; puis il reparaît, disparaît et reparaît tour à tour; mais enfin il est écrasé contre un rocher..... Cet horrible tableau leur enlève l'envie de l'imiter.

» Cependant la plus grande partie du jour s'était écoulée; il était cinq heures du soir. Nous songions avec terreur à la nuit que nous avions passée, et nous frémissions d'avance à l'idée de celle qui allait suivre. Les mâts et les haubans que nous avions coupés la veille avaient été emportés par les vagues. L'espoir de nous sauver dans un radeau s'était évanoui. Nous avions bien un mauvais canot, mais il était hors d'état de faire le court trajet du navire jusqu'à terre. Nous l'avions examiné à diverses reprises, et chaque fois nous avions renoncé à nous en servir. Néanmoins, trois matelots plus courageux ou plus désespérés, osèrent s'embarquer sur cette frêle machine. Ils y descendirent sans avertir personne de leur dessein. Nous ne nous en aperçûmes que lorsqu'ils furent éloignés. Nous les regardâmes comme des hommes perdus. Nous restâmes témoins de leurs efforts, des peines qu'ils se donnèrent et des risques qu'ils coururent d'être submergés. Cependant ils réussirent contre notre attente, et abordèrent le rivage. Certes! nous enviâmes leur bonheur! Tous, nous regrettâmes de n'avoir pas eu la même hardiesse. Avec cela, les signes qu'ils nous faisaient et leurs démonstrations de joie étaient autant de coups de poignard pour nous.

» La nuit nous déroba bientôt la vue de nos compagnons qui s'étaient sauvés. Contraints de rester encore sur le brigantin, nous comparions leur situation à la nôtre. Nos souffrances semblaient augmenter parce qu'ils ne les partageaient pas. Cette nuit fut donc aussi terrible que la première.

» Depuis que le *Tigre* était sur la hanche, nous n'avions pas pu pénétrer dans l'intérieur. Nous n'osions pas non plus y faire des ouvertures, car nous craignions de préparer ainsi de nouveaux passages à l'eau, qui en le remplissant l'aurait bientôt brisé. De cette façon, nous étions sans provisions, et depuis de longues heures nous n'avions ni bu ni mangé. En outre, échoué, le brigantin était enserré par d'énormes rochers, contre lesquels les vagues, en oscillant, lui faisaient subir des secousses épouvantables qui l'ébranlaient et menaçaient sans fin de le rompre et de nous engloutir.

» Le lendemain, 18 février, nous revîmes le jour dont nous avions désespéré de jouir encore.

» Le vent se calma un peu; l'agitation de la mer diminua. Alors, un de nos matelots, excellent nageur, après avoir examiné quelque temps le chemin qu'il y avait à faire pour atteindre le rivage, se détermina à risquer le passage. Nous l'encourageâmes, et nous lui remîmes des mouchoirs et des brasses de linge qui pouvaient servir à calfater le canot qui était sur la plage. Il s'en chargea et se jeta dans la mer. Nous le vîmes plusieurs fois sur le point de périr. Nos yeux s'attachaient à tous ses mouvements. Nous le regardions comme notre unique sauveur : notre sort dépendait du sien. Nous l'encouragions du geste et de la voix. Enfin, après avoir passé cent fois alternativement de la crainte à l'espérance, nous le vîmes gagner le rivage après des efforts inouïs.

» Nous tombâmes aussitôt à genoux pour en remercier le ciel.

» Il était alors sept heures du matin. Nous attendîmes avec impatience le moment où il viendrait nous chercher, et nous restions continuellement tournés vers la terre. Alors, à trois heures de l'après-midi, nous le vîmes lancer le canot et... il vint droit au brigantin. Comment peindre la joie de l'équipage ! Elle éclatait par des cris, par des larmes, et nous nous embrassions tous. Cette sensibilité dura peu, car il fut question de s'embarquer. Le canot était petit ; il ne pouvait contenir qu'une partie de notre monde. Tous ne pouvaient y entrer sans le surcharger : chacun le sentait, mais aucun ne voulait rester pour le second voyage. La crainte de quelque accident qui pût empêcher la frêle embarcation de revenir; celle de rester exposé encore sur le *Tigre*, portait tous les matelots à demander à passer les premiers. Ceux qui avaient amené le canot me conjurèrent d'en profiter sur-le-champ, en me disant qu'ils n'espéraient pas qu'il fût en état de revenir deux fois. Ces paroles, entendues de tout le monde, excitèrent de nouveaux gémissements. Je pris aussitôt mon parti. J'élevai la voix et j'imposai silence, en prescrivant de s'en rapporter au sort. Cette résolution mit tout le monde d'accord. Ce fut avec le jeu de cartes d'un matelot que nous fîmes parler le sort. De onze que nous étions encore, quatre s'embarquèrent avec les matelots qui avaient amené le canot. Ils arrivèrent heureusement à terre, et l'on revint chercher les autres. Pendant ce temps, j'avais remarqué que la violence de l'eau avait détaché un énorme fragment du brigantin. Avec l'aide de M. Desclau et de mon nègre, je le séparai tout-à-fait de l'avant, et il devint un radeau propre à suppléer au canot pour me conduire à terre. J'y descendis avec M. Desclau et le nègre, lorsque tout le monde fut embarqué, et nous suivîmes le canot de manière à aborder en même temps que lui.

» Avec quelle joie nous nous trouvâmes à terre ! Des huîtres que nous avisâmes sur le bord d'une rivière voisine nous fournirent un repas délicieux. La privation de nourriture que nous avions endurée depuis le 16, donna à celle-ci l'assaisonnement le plus agréable. Nous passâmes une nuit paisible dans un sommeil profond qui répara nos forces. Le lendemain, nous nous éveillâmes avec la même satisfaction : mais elle ne fut pas de bien longue durée.

» Le second du capitaine de la Couture était tombé malade quelques jours après notre départ : le naufrage et ses tristes péripéties avaient aggravé son mal. Comment avait-il eu la force de gagner le rivage ? je l'ignore. Ce qu'il y a de certain, c'est que l'effort que dut faire sa nature surexcitée l'épuisa : il souffrit sans se plaindre, mais il mourut ce jour-là, après nous avoir fait ses adieux en termes déchirants.

» Sa perte nous arracha des larmes et nous suggéra les plus tristes réflexions. Nous étions dans un lieu désert ; la terre ferme n'était pas éloignée, mais comment nous y transporter ?

» Nous nous empressâmes de rendre les derniers devoirs à notre second capitaine. Nous l'ensevelîmes dans ses habits et nous creusâmes sa fosse dans le sable.

» Après avoir terminé cette pieuse et lugubre cérémonie, nous nous promenâmes sur le bord de la mer. Nous y trouvâmes nos malles, plusieurs barriques de tafia, et quantité de ballots de marchandises que la mer y avait jetés. Ces objets, à la réserve du tafia, étaient alors d'une bien faible valeur à nos yeux : nous aurions préféré un peu de biscuit, des armes à feu pour nous défendre et nous procurer du gibier, et surtout du feu, dont nous manquions, et qui aurait séché nos habits et nos membres transis par le froid et l'humidité ; ce dernier besoin était celui qui se faisait sentir davantage. Nous essayâmes la méthode des sauvages, en frottant deux morceaux de bois l'un contre l'autre ; mais notre maladresse ne nous permit pas d'en venir à bout.

» Nous renoncions enfin à l'espoir de faire du feu, lorsque je remarquai que la mer s'était presque entièrement calmée. Aussi je résolus de faire un voyage à bord à l'aide du canot. S'il venait à me manquer, le trajet n'était pas long, je savais nager et les flots n'offraient plus un grand danger. Je tâchai d'engager un ou deux matelots, très bons nageurs, à m'accompagner ; ils frémirent à cette seule proposition, car ils ne songeaient pas sans effroi à nos angoisses sur le *Tigre*.

» On voulut me détourner moi-même de mon projet ; mais je courus m'embarquer sans vouloir rien entendre. J'arrivai heureusement au brigantin : la mer, en s'abaissant, avait laissé libre une partie de l'entrée. J'y amarrai mon canot et j'entrai. Il y avait beaucoup d'eau : j'en avais quelquefois jusqu'à la poitrine. Je ne trouvais pas facilement ce que je cherchais, car tout avait été mis dans un affreux désordre. Par un hasard dont je me félicitai, je rencontrai sous ma main un petit baril qui contenait environ vingt-cinq livres de poudre à tirer. Il était placé dans un endroit où l'eau n'était pas montée. Je pris avec cela six fusils, plusieurs mouchoirs, des couvertures de laine, et un sac qui pouvait contenir trente-cinq à quarante livres de biscuit. Je trouvai encore deux haches, et ce fut tout.

» Je revins dans l'île avec ma petite cargaison. Elle y fut reçue avec une joie générale. Alors je fis ramasser un gros tas de bois sec, dont on trouvait une grande quantité sur la côte, et j'allumai un grand feu. Nous nous occupâmes de sécher nos habits, les couvertures que j'avais apportées et du linge trouvé dans nos malles. Pendant que quelques hommes s'occupaient à nettoyer notre biscuit, d'autres disposaient les fusils. J'avais dans ma malle quelques livres de plomb ; j'en distribuai, avec de la poudre, aux plus adroits chasseurs, qui, en quelques heures nous apportèrent cinq ou six pièces de gibier. Nous les fîmes cuire et elles nous procurèrent un excellent souper. Nous passâmes ensuite la nuit auprès de notre feu, enveloppés dans nos couvertures qui nous tenaient fort chauds.

» Le lendemain, 20 février, nous réfléchîmes sur ce que nous avions à faire ; il n'y avait aucun chemin frayé pour nous conduire à quelque endroit habité : il fallait traverser des rivières fort larges, des bois épais et inaccessibles. Les bêtes féroces étaient aussi à craindre, et enfin les sauvages n'étaient pas moins à redouter. Nous demeurâmes ce jour entier et le suivant dans des inquiétudes que ne pouvaient manquer de nous inspirer ces réflexions. Nous tremblions à chaque instant d'être attaqués par les naturels de l'île ; nous n'osions plus nous écarter les uns des autres ; le jour et la nuit, nous veillions alternativement afin de ne pas être surpris ; en un mot, notre campement misérable était le théâtre d'un autre genre de misères.

» Le 22 février au matin, presque toute notre troupe, fatiguée de la veille de la nuit, s'était enfin laissé surprendre par le sommeil. Tout-à-coup deux matelots, à qui la crainte tenait encore les yeux ouverts, s'écrièrent d'un ton lamentable :

» — Alerte ! voici des sauvages ! nous sommes perdus !

» A ces mots, tous se lèvent et se croient scalpés... On se prépare à fuir en tumulte. Je réussis enfin à retenir mon monde, et je le force à regarder en face ces sauvages qu'on nous annonce. Ils sont au nombre de cinq, deux hommes et trois femmes, tous armés d'un fusil et d'un casse-tête.

» — Que craignez-vous ? dis-je. Cette bande est-elle si redoutable ?

» Mes compagnons rougissent de leur terreur : ils s'asseoient tranquillement auprès du feu. Les sauvages arrivent. Nous les recevons avec des témoignages d'amitié : ils y répondent par des signes de paix. Alors nous leur faisons présent de quelques vêtements et nous leur faisons boire du tafia. Celui qui est à leur tête parle quelque peu l'espagnol, et un de nos matelots comprenant cette langue, nous tient lieu d'interprète.

» Nous apprenons ainsi du sauvage qu'il s'appelle Antonio et qu'il est de Saint-Marc des Apalaches. Il est venu hiverner dans une île éloignée de trois lieues de celle où nous sommes. Quelques débris de notre naufrage que la mer a poussés sur la côte où il est établi l'ont engagé à venir dans l'île aux Chiens. Il conduit avec lui sa famille, qui se compose de sa mère, de sa femme, de sa sœur et de son neveu...

» Nous lui demandons alors s'il veut nous conduire à Saint-Marc des Apalaches, et nous lui promettons qu'il sera content de nous. A cette proposition, il se retire à l'écart et s'entretient pendant près d'une heure avec les siens. Nous remarquons que pendant ce temps il porta fréquemment les yeux sur nos armes, sur nos malles, sur nos couvertures et nos autres effets. Nous ne savions trop que penser de cette longue conférence, et nous concevions même quelques soupçons contre lui; mais l'air franc et sincère avec lequel il revint à nous et l'offre qu'il nous fit de venir nous prendre incessamment, les dissipèrent presque aussitôt.

» Antonio s'éloigne donc avec nos présents, et trois de nos matelots ne font pas difficulté de s'en aller avec lui. Il nous promet de revenir le lendemain avec sa pirogue.

» En effet, Antonio reparaît le 24 février. Il nous apporte une outarde et la moitié d'un chevreuil. Mais, comme il est arrivé tard, nous ne nous embarquons pas ce jour-là. Enfin, le 25, nous chargeons une partie de nos bagages et nous partons au nombre de six, parce que la pirogue n'en peut contenir davantage. Ceux qui restent derrière nous, exigent que je m'en aille le premier, convaincus, disent-ils, que je ne les oublierai pas, et que si le sauvage refusait de venir les prendre, je saurais l'y forcer.

» Antonio nous débarqua dans l'autre île, où nous trouvâmes nos trois compagnons, qui, l'avant-veille, avaient pris les devants. Je n'eus rien de plus pressé, à mon arrivée, que de répondre à la confiance qu'avaient en moi les cinq matelots que nous avions laissé dans l'île aux Chiens. Je conjurai notre hôte de les amener avec le reste de nos effets. Il voulait auparavant nous conduire en terre ferme. Je n'y consentis point. L'opiniâtreté du sauvage me devint suspecte et je le forçai de subir ma volonté. Après deux jours entiers de sollicitations, j'obtins qu'il se mît en route, et, le 28 février, nous nous retrouvâmes tous ensemble. Ce fut une consolation pour nous. Dans notre position, nous formions une famille, et quand un des quatorze qui la composaient n'était pas avec nous, la famille était inquiète.

» Dès que tout notre monde fut réuni, je sommai Antonio de nous tenir parole et de nous mener en terre ferme. Mais l'ardeur du sauvage s'était bien ralentie : il nous fuyait pour éviter nos sollicitations. Tout le jour, il allait à la chasse avec sa famille, et le soir, il ne paraissait pas dans la cabane qu'il nous avait abandonnée, et nous ne savions plus que penser de sa conduite. Que voulait-il faire de nous? Épiait-il le moment de s'emparer de nos effets et de nous quitter? Quelques-uns de nos compagnons, fatigués de ces délais, proposèrent un moyen violent : c'était de tuer les cinq sauvages et de nous emparer de la pirogue, pour tenter d'arriver aux Apalaches. Je les détournai de ce dessein ; nous ne connaissions pas ces mers, comment aurions nous trouvé la terre?

» Nous demeurâmes dans cette île, cinq jours entiers, vivant de notre chasse et de notre pêche, et mettant grande économie dans le biscuit, de crainte qu'il ne nous manquât. Enfin, à force de chercher

Antonio, nous le rencontrâmes. Il consentit à nous mener. Notre troupe se partagea donc de nouveau, et, le 5 mars, nous chargeâmes dans la pirogue la meilleure partie de nos effets ; puis, nous nous y embarquâmes au nombre de six, le capitaine de la Couture, sa femme, son fils, mon nègre et moi. Antonio et sa femme vinrent avec nous. Les trois autres sauvages restèrent avec les matelots, dont nous ne nous séparâmes pas sans verser des larmes.

» Antonio nous avait assuré que notre voyage ne durerait pas plus de deux jours : toutefois, la crainte des événements nous avait portés à nous munir de vivres pour quatre jours. Cette précaution était raisonnable ; mais elle ne fut pas encore suffisante, car notre route devait être plus longue, nous nous en aperçûmes dès le premier jour.

» Antonio s'arrêta après trois lieues et nous descendit dans une île, où il nous contraignit de demeurer jusqu'au lendemain, que nous ne fîmes pas un chemin plus long. Je remarquai qu'au lieu de passer le long de la grand terre, il s'amusait à nous promener d'îles en îles. Cela augmenta la défiance que sa conduite m'inspirait. Six jours s'écoulèrent dans ces petites traversées, nos provisions s'épuisèrent, et nous n'eûmes bientôt plus d'autre nourriture que les huîtres que nous trouvions sur les rivages, et quelque peu de gibier que le sauvage nous donnait quelquefois.

» Les jours suivants ne changèrent rien à la manière dont Antonio nous faisait voyager. Nous partions à huit ou dix heures du matin, et, à midi, il tenait à s'arrêter jusqu'au lendemain. Souvent nous faisions ces haltes forcées dans des endroits où nous ne trouvions rien à manger ; l'eau même nous manquait.

» Il y avait sept jours que nous étions en route et la terre ferme ne paraissait pas. Nous étions accablés de fatigue, épuisés par la mauvaise nourriture, sans force et incapables de pouvoir ramer. Cet état cruel échauffa mon sang et aigrit mon caractère. Je ne vis dans le sauvage qu'un adroit scélérat qui voulait nous faire périr peu à peu. Ces réflexions m'agitaient au milieu de la nuit et me tenaient éveillé, auprès d'un grand feu que nous avions allumé et autour duquel dormaient mes compagnons. J'appelai M. Desclau et le capitaine de la Couture, pour leur faire part de mes idées sinistres, et j'insistai avec chaleur sur la nécessité de tuer Antonio, puisque c'était un coquin qui voulait nous perdre. Mes amis jugèrent différemment ce dessein, et je me rendis à leur raison.

» Le lendemain, 12 mars, nous fîmes encore deux lieues, et nous descendîmes à notre ordinaire dans une île. Abattus par la misère, pressés du besoin de dormir, nous prîmes chacun une couverture, dans laquelle nous nous enveloppâmes, pour nous étendre auprès du feu, et bientôt le sommeil nous gagna. M'étant éveillé peu après, je ne pus résister à l'envie d'aller voir ce qui se passait sur le bord de la mer. Je me lève seul ; je marche d'un pas chancelant vers le rivage, et comme la nuit était venue, que le ciel était serein et que la lune répandait une vive clarté, je cherche la pirogue des yeux. Rien. Je vais, je viens, je ne l'aperçois plus. J'appelle Antonio, pas de réponse. Mes compagnons, éveillés par mes cris, accourent près de moi : hélas ! je n'ai pas besoin de les informer de ce qui fait ma terreur ; ils voient comme moi que la pirogue est absente..... et que le sauvage s'est enfui avec nos bagages.

» Nous voilà donc une seconde fois seuls, dans une île déserte, sans secours, sans aliments, sans armes pour nous en procurer. Nous n'avions que les vêtements et les couvertures dont nous étions enveloppés. Nos fusils, nos épées, nos effets, tout était enlevé avec la pirogue ! Il me restait, pour toute arme, un mauvais couteau que le hasard me fit trouver dans ma poche. Avec cela l'île ne semblait produire aucune racine ; pas un seul arbre ne frappait notre vue, partant pas de fruits ; enfin la mer ne jetait aucun coquillage sur la grève. Mes amis, jugez de notre position !

» Dès que le jour parut, nous ramassâmes nos couvertures, l'unique bien qui nous restait, et nous retournâmes sur la plage pour nous mettre en quête de quelques huîtres. Nos recherches furent inutiles. Nous ne trouvâmes même pas une eau potable pour nous désaltérer, car la fièvre nous brûlait.

» Nous arrivâmes ainsi au bout de cette île stérile, d'où nous en découvrîmes une autre qui n'était qu'à la distance d'un demi quart de lieue. Nous y avions passé un jour et une nuit avec le sauvage, et je me rappelai qu'il y avait d'excellents coquillages et de la bonne eau. Combien nous regrettâmes de n'avoir pas été plus tôt abandonnés sur celle-là ! Après nous être reposés quelque temps, nous délibérâmes si nous nous hasarderions à traverser le bras de mer qui séparait les deux îles. Nous devions mourir de faim si nous ne le faisions pas. Personne n'hésita. Mais lorsque nous allions entreprendre cette traversée, une réflexion nous arrêta. Comment madame de la Couture et son fils pourraient-ils nous suivre ? Là-dessus, je pris la main de la jeune femme et M. Desclau celle du jeune homme, le capitaine fit deux paquets de nos couvertures et de nos habits, que nous dûmes quitter ; il en chargea un sur la tête du nègre, garda l'autre, et nous descendîmes dans l'eau. Heureusement le fond était solide et égal ; l'eau, dans sa plus grande profondeur, ne nous montait qu'à la poitrine ; si bien que nous marchâmes avec prudence et nous atteignîmes l'autre bord. Madame de la Couture montra un grand courage et une rare vigueur.

» Arrivés ainsi sur l'île que nous convoitions, nous éprouvâmes un froid d'autant plus insupportable, au sortir de l'eau, qu'il nous fut impossible de faire du feu : nous n'avions aucun instrument pour cela. Il fallut nous donner un mouvement excessif pour rappeler la chaleur. Heureusement, dans cette marche convulsive, le long du rivage, nous rencontrions des huîtres que nous dévorions à l'instant même. Rassasiés, nous en fîmes une provision que nous portâmes auprès d'une source d'eau douce, où nous campâmes. En ce moment, le soleil était chaud, il nous sécha et nous réchauffa; mais le soir et la nuit venus, quelle froidure!

» Le lendemain, il fit un vent de sud et de sud-est, qui rappela en nous quelque chaleur. Nous vécûmes ce jour-là comme les jours suivants, comme le précédent. Seulement, à nos huîtres, nous joignîmes de l'oseille sauvage.

» Le 22 mars, ou environ, car je ne puis plus vous répondre de l'exactitude des dates, nous nous rappelâmes que dans une île voisine, où le sauvage nous avait menés, il y avait la moitié d'une pirogue qu'on avait abandonnée sur la côte. Nous imaginâmes qu'il ne serait peut-être pas impossible de la raccommoder et de nous en servir pour traverser le bras de mer qui nous séparait de la terre ferme; cette idée nous séduisit. Nous cherchâmes donc, M. Desclau, le capitaine de la Couture et moi, les moyens de nous rendre auprès de cette vieille pirogue. Nous conjecturâmes que nous n'en étions qu'à quatre ou cinq lieues, et effectivement nous ne nous trompions pas. Les obstacles ne nous rebutèrent pas, et nous résolûmes de tenter l'entreprise. Dès le même jour nous nous mîmes en marche, après avoir promis à madame de la Couture et à son fils que nous reviendrions incessamment.

» Nous arrivâmes, après trois heures et demie de marche, à l'extrémité de notre île. Nous n'avions pas trouvé de rivières assez larges pour nous arrêter longtemps. Nous trouvâmes alors une sorte de canal d'un quart de lieue, qui nous séparait de celle où nous dirigions nos pas : cette étendue d'eau nous causa quelque effroi. Nous nous assîmes pendant une heure pour nous reposer; nous avions besoin de toutes nos forces pour réussir dans le trajet que nous allions entreprendre. Avant de rien risquer, nous adressâmes au ciel une fervente prière; ce devoir rempli, nous nous jetâmes dans l'eau, en nous confiant à la Providence.

» Le terrain sur lequel nous étions était très inégal. Nous ne faisions pour ainsi dire que monter et descendre. Mais nous n'étions pas à cent pieds du rivage que nous perdîmes tout-à-coup le gué et nous plongeâmes malgré nous. Ce contre-temps nous étourdit; il nous fit prendre la résolution de revenir sur nos pas. Cependant, en avançant peu à peu à la nage, nous retrouvâmes bientôt le fond, et nous reconnûmes que ce qui nous avait si fort effrayés était un trou dans lequel nous étions tombés. En effet, nous fîmes notre route sans accident, et ayant de l'eau au plus jusqu'au menton. Nous n'en pouvions plus lorsque nous arrivâmes à l'autre rive; et comme aucun nuage ne cachait le soleil, ses rayons nous garantirent du froid et séchèrent nos habits et nos couvertures. Puis, dès que nous nous fûmes reposés, nous ramassâmes quelques coquillages qui réparèrent nos forces, et à quelque distance nous rencontrâmes une espèce de puits dans lequel nous trouvâmes de l'eau douce. Nous marchâmes ensuite vers la côte où devait être la pirogue. Nous ne tardâmes pas à la trouver. Nous l'examinâmes d'un œil avide et envieux : cette vue ne nous consola pas ; elle était dans l'état le plus pitoyable. Au premier aspect, il me sembla tout-à-fait impossible de la rendre jamais capable de quelque usage. M. Desclau et le capitaine de la Couture ne jugèrent pas comme moi. Aussi je me rendis à leur raisonnement. Nous nous mîmes donc sur-le-champ au travail. Nous ramassâmes des gaules et une certaine herbe qui croît au sommet des arbres, et que l'on nomme *barbe espagnole*. C'étaient les matériaux qui allaient nous servir pour radouber notre frêle embarcation. Ce soin nous occupa tout le reste du jour. Mais, avant le coucher du soleil, il nous fallut quitter notre ouvrage pour chercher nos aliments.

» Enfin, le soleil venait de disparaître et un vent frais commençait à souffler, ce qui annonçait une nuit froide, lorsque je me rappelai que le sauvage Antonio, qui nous avait si cruellement trahis, avait changé la pierre de son fusil, le jour qu'il nous avait fait faire halte dans cette île. A cette pensée, je me lève avec une précipitation qui surprend mes compagnons. Je les quitte sans leur dire où je vais ; je cours vers le lieu où ce monstre de sauvage nous avait débarqués. Il n'était pas éloigné. J'y arrive, je reconnais la place où nous avions passé la nuit ; on y voyait encore des cendres du feu que nous avions allumé. Je cherche alors avec la plus grande attention le lieu où Antonio avait changé de pierre et jeté celle qui ne valait plus rien. Pendant un grand quart d'heure je fais des recherches inutiles. Déjà la nuit tombe ; je ne jouis plus que d'un faible crépuscule, qui éclaire à peine les objets. Hélas ! je ne trouve rien, et je renonçais à toute espérance, lorsque je sens sous mes pieds nus un corps dur. Je me baisse ; je porte une main tremblante sous mon pied, que je n'avais osé déranger de peur de perdre ce qu'il couvrait, et je saisis..... la bienheureuse pierre à fusil ! Transporté de joie, je cours à mes compagnons de misère.

» — Bonne nouvelle ! bonne nouvelle ! m'écriai-je de loin : je l'ai trouvée ! la voici ! je la tiens !

» Ils accourent à mes cris et m'en demandent la cause. Je leur montre la pierre, qu'ils ne peuvent plus voir, et je leur dis de ramasser du bois sec. En même temps, je tire mon couteau, le seul instrument en fer que nous possédions ; puis je déchire mes manchettes qui me servent d'amadou, et enfin je parviens à allumer un grand feu qui nous défend contre la fraîcheur de la nuit, et repose nos membres fatigués. Que cette nuit nous parut délicieuse en comparaison de celles qui l'avaient précédée.

» Inutile de vous dire, mes amis, avec quel soin je serrais la pierre précieuse qui devait désormais nous donner du feu. La crainte de la perdre me fit prendre les plus grandes précautions. Elle fut attachée à mon cou dans deux mouchoirs, et encore j'y portais souvent la main pour m'assurer que je ne l'avais pas perdue.

» Le second jour nous continuâmes à réparer la pirogue. Nous la cintrâmes avec une de nos couvertures, et nous mettions à fin notre ouvrage lorsque le jour touchait à son déclin. Nous passâmes une seconde nuit dans l'île, mais avec l'espérance d'en sortir bientôt. Le désir d'en faire l'épreuve nous éveilla de bonne heure. Nous n'eûmes rien de plus pressé que de mettre notre pirogue à l'eau. Mais tout ce que nous avions fait ne l'avait pas rendue meilleure : il était impossible de s'y exposer sans danger. Le capitaine de la Couture jugea encore qu'on la remettrait peut-être en état, en employant deux autres couvertures, et il tint à la conduire dans l'île où l'attendaient sa femme et son fils.

» Quant à M. Desclau et à moi, nous songeâmes à chercher les moyens de rejoindre l'île du sauvage, où étaient nos huit matelots, dans l'espérance d'y retrouver Antonio, et de le forcer à nous mener aux Apalaches ou à nous ôter la vie. Nous promîmes au capitaine de la Couture de ne pas l'abandonner si nous réussissions, et de lui envoyer de prompts secours ou de les rejoindre si nous ne venions pas à bout de notre dessein. Nous lui fîmes nos adieux et nous gagnâmes l'autre extrémité de l'île ; mais nous ne fîmes encore que nous fatiguer inutilement par ce voyage. Nous n'aperçûmes aucun passage qui fût possible et même prudent de tenter. Un canal d'une lieue nous retenait loin de l'île d'Antonio ; or, un pareil trajet n'était pas praticable pour deux hommes seuls qui n'avaient d'autre secours que celui qu'ils pourraient tirer de leurs bras et de leurs jambes.

» Nous revînmes donc sur nos pas. Le capitaine de la Couture n'était plus sur la côte où nous l'avions laissé. Dès lors, il nous fallut reprendre le chemin par lequel nous étions venus. Aussi n'arrivâmes-nous que le soir au bord du canal qui nous restait à traverser ; mais nous attendîmes au lendemain pour le traverser.

» Nous le repassâmes avec autant de bonheur que la première fois, et nous arrivâmes auprès de madame de la Couture. Son mari était depuis la veille à ses côtés, tout joyeux d'avoir réussi à revenir avec la pirogue. Mais le voyage avait déjà bien endommagé la pauvre barque. Le travail que nous y avions fait n'avait aucune solidité, et nous décidâmes de la réparer. En attendant, nous passâmes le reste du jour à nous reposer. Notre retour fut un bonheur pour madame de la Couture, car, privée de feu depuis longtemps, elle jouit beaucoup de celui que j'allumai avec ma précieuse pierre à fusil.

» Les huîtres et les racines avaient fait jusqu'à présent notre unique nourriture, et quelquefois nous n'en avions pas en quantité suffisante. La Providence nous en fournit ce jour-là d'une autre espèce. J'avais quitté mes compagnons pour me promener sur la côte et je m'en écartais beaucoup sans m'en apercevoir, lorsque je vis à terre un chevreuil mort. Je l'examinai, il était frais. Il avait été blessé et s'était sauvé à la nage jusque dans notre île, où la perte de son sang avait causé sa mort. Je le regardai comme un présent du ciel, et le chargeant sur mes épaules, je le rapportai auprès de mes compagnons. Nous nous préparâmes alors à faire le meilleur repas qui nous eût été donné depuis longtemps, et après un souper délicieux, nous passâmes une nuit paisible.

» Le jour suivant, qui était le 26 mars, je crois, le désir de sortir de notre île nous fit retourner vers notre pirogue. Nous fîmes usage de la même espèce de matériaux que nous avions déjà employés : nous employâmes trois jours à ce travail, auquel nous sacrifiâmes encore deux couvertures pour cintrer la barque. Lorsque l'ouvrage fut achevé, nous n'eûmes pas lieu d'en être plus contents. Cette misérable pirogue ne pouvait pas être un quart d'heure sur l'eau sans se remplir. Cet inconvénient nous désespérait, et nous n'y trouvions pas de remède. Et cependant nous n'avions pas d'autre bâtiment pour nous tirer de la maudite île qui nous emprisonnait. Empressés d'en sortir, nous fermâmes les yeux sur le danger. Nous n'avions que deux lieues à faire pour arriver à la terre ferme, mais il était impossible de nous embarquer tous ; c'eût été vouloir submerger la pirogue rien qu'en y entrant. Nous nous déterminâmes alors à partir trois, le capitaine de la Couture, M. Desclau et moi ; pendant que deux de nous rameraient, le troisième s'occuperait à vider l'eau. Nos chapeaux serviraient à cette besogne, et, de cette façon, nous diminuerions le danger.

» Cette résolution prise, nous en remîmes l'exécution au lendemain. Nous consacrâmes le reste du jour à faire consentir madame de la Couture à attendre, avec son fils et mon nègre, que nous pussions leur envoyer un bateau plus solide, ce qui ne nous serait pas difficile si nous atteignions la terre ferme. Je lui promis de lui laisser ma pierre à fusil et mon couteau, et j'avoue que ce ne fut pas sans regret que je me séparai de ces deux objets. Enfin, le 20 mars, au lever du soleil, nous entrâmes dans la pirogue. Elle était à flot, et nous sentîmes le plancher fléchir sous nos pieds. Le poids de nos trois corps la fit immédiatement enfoncer quelque peu et nous vîmes bientôt que l'eau la gagnait. Cet aspect m'ôta soudain toute espérance. Je ne voulus plus risquer le trajet et je sortis avec précipitation de la pirogue. Le capitaine de la Couture se moqua de ma peur : mes raisonnements et mes sollicitations ne purent le gagner. Il voulut tout risquer, et M. Desclau partit avec lui... Je restai sur le rivage à les regarder. Je les vis avancer avec peine, tourner une petite île qui était à une portée de fusil de la nôtre et qui bientôt les déroba à mes yeux... Jamais, depuis, je ne les ai revus.... Je ne doute pas qu'ils n'aient péri, et certainement leur naufrage ne se fit pas attendre longtemps. Sans l'île dont je parle, j'aurais peut-être vu leur pirogue s'enfoncer sous l'eau, et mes malheureux compagnons de voyage s'ensevelir avec elle dans les flots.

» Je revins donc auprès de madame de la Couture, qui ne s'attendait plus à me revoir. Elle n'avait pas voulu assister à notre embarquement. Je la trouvai assise auprès du feu, le dos tourné au rivage et pleurant amèrement. Ma présence la ranima.

» Je ne jugeai pas à propos de lui donner de plus vives inquiétudes en lui racontant les craintes que je concevais pour nos voyageurs, et je prétendis que c'était par intérêt pour elle que j'étais resté. Elle me remercia avec la plus vive reconnaissance, et ma présence sembla la consoler, en même temps que la rassurer sur l'avenir.

» Nous n'étions plus que quatre dans notre île : mais je devais songer à la conservation et à la subsistance de tous. Madame de la Couture et son fils étaient trop faibles pour m'être d'aucun secours. Mon nègre seul m'était utile. Mais ce n'était encore qu'une espèce de machine organisée, qui n'avait que des bras et des jambes à employer à notre service. Il manquait de jugement et de prévoyance, et ne me servait à quelque chose que dans les occasions où ses forces devenaient nécessaires.

» Pendant quelques jours que nous passâmes encore dans cette île, les vents de l'est et du sud-est soufflèrent longtemps et nous nuisirent beaucoup en nous empêchant de trouver des provisions. Nous fûmes obligés de nous réduire à la vinette, nourriture très médiocre qui affaiblissait notre estomac, sans le rassasier. Le chevreuil que j'avais trouvé avait été bientôt dévoré, et le hasard qui me l'avait procuré ne renaissait plus. Nos peines augmentaient à chaque instant.

» Six jours s'étaient écoulés depuis le départ de M. de la Couture et de M. Desclau. Madame de la Couture me semblait ne plus compter sur leur retour.

» Alors, las de ma situation douloureuse, reconnaissant avec amertume que je ne devais attendre que de moi les moyens de la changer, j'imaginai de faire un radeau sur lequel nous pussions nous embarquer. Je saisis vivement cette idée, et je regrettai de ne pas l'avoir eue avant le départ de mes deux compagnons ; ils m'auraient secondé dans ce travail plus utile et plus sûr que celui que nous avions fait à cette malheureuse pirogue. Je résolus donc de ne pas différer l'exécution de ce nouveau dessein, tandis qu'il me restait encore assez de forces pour l'entreprendre. J'en fis part à madame de la Couture, qui l'adopta avidement, et qui, surmontant la faiblesse naturelle à son sexe, mit elle-même la main à l'œuvre. Nous nous en occupâmes tous les quatre. Je chargeai le jeune homme de dépouiller quelques arbres de leur écorce, en lui indiquant ceux qui pouvaient nous être le plus utiles. Puis, nous nous mîmes, sa mère, mon nègre et moi, à rassembler les plus grosses pièces de bois sec que nous pûmes trouver. Il y en avait de considérables que nous avions de la peine à remuer et que nous roulâmes tous les trois avec effort sur le rivage. Ce soin nous retint un jour tout entier, à cause de notre faiblesse. A chaque instant nous étions obligés de nous reposer. Après avoir repris haleine pendant quelques moments, nous recommencions à travailler avec une constance que soutenait seul le désir de sortir du lieu de notre exil.

» Nous étions tous excessivement fatigués lorsque la nuit nous força d'interrompre notre besogne. Nous trouvâmes heureusement auprès de notre feu une grande quantité d'huîtres, de palourdes, de lombics et d'autres coquillages que le fils de madame de la Couture avait recueillis sur le bord de la mer. Nous imaginâmes de les faire griller sur les charbons : c'était la première fois que cette idée nous était venue, et nous nous en applaudîmes. Ces sortes de poissons perdirent par la cuisson toutes leurs mauvaises qualités ; ils devinrent plus légers et plus nourrissants.

» Le lendemain, nous reprîmes notre ouvrage de la veille. Les écorces des arbres me servirent à attacher nos pièces de bois les unes aux autres. Ce lien ne me paraissant pas suffisant, j'occupai madame de la Couture à couper une de nos couvertures par bandes qui me servirent à faire un lien plus solide. Mon nègre, pendant ce temps, roula auprès de moi quelques autres pièces de bois moins pesantes, que je joignis à celles qui étaient déjà assemblées. Mon radeau fut terminé à midi. Je pris un morceau de bois que j'assujétis de mon mieux au milieu de l'embarcation, pour servir de mât. J'y attachai une couverture entière, qui devait nous tenir lieu de voile. Nous défîmes ensuite une partie de nos bas, dont le fil fut employé à faire des cordages pour les haubans, les bras et les écoutes. Ces différentes choses nous employèrent le reste de la journée ; mais enfin nous les achevâmes. Je me munis d'une dernière pièce de bois de moyenne grosseur, dont je me proposais de me servir comme d'un gouvernail. Résolus de partir le lendemain de grand matin, nous commençâmes tout de suite à faire provision d'huîtres et de racines. Nous fûmes assez heureux pour en trouver une quantité prodigieuse, que nous chargeâmes sur notre radeau. Il était amarré avec soin dans le sable. La marée montante devait le mettre à flot : elle commençait ordinairement à se retirer au point du jour, et nous comptions en profiter pour partir. En attendant ce moment, nous nous reposâmes auprès du feu, sans pouvoir goûter quelque peu de sommeil, car il survint un affreux orage, et la pluie, la clarté des éclairs et le retentissement de la foudre nous eurent bientôt réveillés. La mer s'enfla prodigieusement et s'agitait avec une fureur inouïe. Nous tremblâmes pour le radeau qui nous avait donné tant de peine. Hélas ! nous ne pûmes nous en servir ! Les vagues le détachèrent et l'entraînèrent, après l'avoir mis en pièces ; ce temps affreux dura toute la nuit ; il ne cessa qu'au retour du soleil.

» Nous étions accourus sur le rivage pour voir si notre machine aurait résisté à la tempête : nous ne la vîmes plus. Aussi le courage nous abandonna. Nous passâmes tout le jour à nous désoler, sans songer à rien entreprendre de nouveau.

» Un autre fléau vint encore nous accabler. Mon nègre avait couru la côte pour chercher quelques coquillages. Il trouva la tête et la peau d'un marsouin qu'il nous apporta. Le tout nous parut fort corrompu. Mais le besoin écarte la délicatesse ; et notre estomac demandait cette nourriture dont la vue était si dégoûtante. Nous la mangeâmes tout entière. Une heure après, nous sentîmes un malaise insupportable ; notre estomac ne pouvait se débarrasser de cet horrible aliment. Nous eûmes recours à l'eau, dont heureusement nous ne manquions pas. Nous en bûmes beaucoup. Elle nous soulagea difficilement, et il en résulta une cruelle dyssenterie.

» L'idée de construire un autre radeau m'était venue lorsque j'avais vu le premier emporté : mais la lassitude me força de renoncer à l'entreprendre sur-le-champ, et je ne fus pas en état de le faire tant que dura notre maladie. Elle finit enfin, non sans nous laisser une faiblesse extraordinaire. La crainte de le voir augmenter me détermina à m'occuper sur-le-champ de la construction d'un autre radeau ; il ne fallait pas attendre que l'épuisement total de mes forces me mît dans la nécessité de renoncer pour toujours à ce projet. J'exhortai madame de la Couture à me seconder encore ; elle fit comme moi un effort sur elle-même, et nous nous mîmes tous à l'ouvrage, à l'exception de son fils, qui était très mal.

» Nous étions alors au 11 avril ou environ. Nous travaillâmes sans relâche et avec autant de promptitude que notre extrême faiblesse le permit. Nous n'eûmes entièrement achevé que le 15 au soir. Les pièces de bois que nous employâmes nous donnèrent beaucoup de peine à rouler, et il fallait en aller chercher au loin. Enfin il arriva à terme. Nous sacrifiâmes à ce nouvel esquif le reste de nos couvertures et de nos bas. Mais que le moindre nuage dans le ciel nous mettait en angoisses !

» Ces terreurs redoublèrent dans la nuit du 15 au 16. Nous ne dormîmes point ; nous la passâmes à ramasser des provisions. Le jour vint, et, grâce à Dieu ! il promettait un temps favorable. J'allai réveiller le jeune de la Couture pour nous embarquer ; il était le seul que la fatigue eût contraint au repos. Je l'appelle ; il ne me répond pas : je m'approche de lui pour le réveiller ; je le trouve froid comme un marbre ; je le crus mort pendant quelques minutes. Mais en mettant la main sur son cœur, je sentis qu'il battait encore. Notre feu était presque éteint ; j'appelai mon nègre pour le ranimer, tandis que je cherchais à réchauffer ce malheureux jeune homme en lui frictionnant les bras, les mains et les jambes. Sa mère, qui était éloignée, arrive alors. Qui pourrait peindre sa douleur à la vue de son fils expirant? Elle tomba à côté de lui dans un évanouissement profond. Je leur partageai mes soins. Tous deux me semblaient dans un état aussi pitoyable l'un que l'autre. Cependant le nègre avait rallumé du feu; je lui recommandai de soutenir le jeune homme et de le réchauffer par degrés. A force de mouvement je fis revenir la mère à elle-même : le fils, à son tour, reprit connaissance; mais il ne fallait plus songer à les embarquer ce jour-là. Je courus donc décharger le radeau des provisions, et mon cœur saigna à la vue de cet ouvrage qui allait encore devenir inutile. J'en détachai le mât, les cordages et tout ce que je ne pouvais plus espérer de recouvrer, si je venais à le perdre. Je pris surtout la couverture, que je portai à nos malades. Je passai alors la journée à leur donner des soulagements, heureux s'ils pouvaient contribuer à les rétablir et à lever les obstacles qui s'opposaient à notre départ.

» La douleur de madame de la Couture, et ses inquiétudes sur son fils, étaient la seule cause de son mal. Je parvins à les dissiper en partie, en lui inspirant du courage. Je croyais qu'il était important de la préparer ainsi par degrés au coup qui devait la frapper, car son fils était dans la position la plus désespérée. Il avait toute sa connaissance, mais sa faiblesse était si grande que ses membres ne pouvaient soutenir le poids de son corps. Je veillai sans cesse auprès de lui pendant la nuit; lui-même ne ferma pas l'œil. Il se trouva très mal vers le point du jour et il n'y avait pas de minutes où je ne m'attendisse à le voir passer. Mais j'avais eu la précaution de tenir sa mère à distance de lui, afin qu'elle ne le vît pas expirer : je voulais lui dérober au moins ce triste spectacle. Quant au malade, il fit effort sur lui-même pour me dire qu'il sentait qu'il allait mourir et pour me conjurer, dans l'intérêt de sa mère, de l'abandonner, lui, le pauvre jeune homme. Il me demandait seulement de lui laisser quelques provisions à sa portée, et de revenir ensuite le chercher, une fois que nous aurions atteint la terre ferme et mis sa mère à l'abri...

» Je demeurai confondu de l'énergie des volontés de ce pauvre enfant, et je songeais en frémissant que c'était fait de nous tous, si je balançais à entreprendre un voyage qu'il semblait désirer. Toutefois, l'idée de le laisser me désespérait. Bref, je réfléchis que notre traversée serait courte, que j'arriverais promptement dans un lieu habité, où je pourrais prendre un bateau et des hommes pour venir le chercher et le transporter auprès de sa mère; je ne voulus pas, en attendant, m'éloigner de lui ce jour même: aussi, le soir venu, le jeune de la Couture me fit des reproches de mes délais.

» Enfin la nécessité me détermina: je pris la couverture dont le malade était enveloppé, et je lui donnai à la place une redingote que je portais par-dessus mon habit; je me dépouillai en outre de ma veste, que je lui laissai ; j'allai redresser le mât de mon radeau, j'y attachai la couverture; mon nègre y porta de nouvelles provisions; nous en donnâmes une large part au malade, près duquel nous les plaçâmes, et comme le printemps était venu, et que les nuits n'étaient plus fraîches, nous laissâmes s'éteindre le feu.

» Je me reposai alors quelques heures en attendant celle du départ. Mais je ne dormis pas. Je m'entretins longtemps avec le malade, qui faisait de continuels efforts sur lui-même pour me consoler de son abandon et me recommander sa mère. Une heure avant le jour, il perdit de nouveau connaissance. Dès cet instant, je le regardai comme un homme mort et je vis dans cette fin un bonheur pour lui. Le jour vint, il respirait encore, mais ne parlait plus. Au moment où je crus qu'il rendait le dernier soupir, j'entraînai sa mère, et, aidé de mon nègre, je la transportai sur le radeau, nonobstant ses larmes et ses cris :

» — Je n'ai déjà plus d'époux, et mon fils meurt !... .

» En un instant nous gagnâmes le large. Nous partions le 19 avril, si je ne me trompe. Nous voguâmes vers la terre ferme sans éprouver le moindre accident, si ce n'est beaucoup de fatigue. Notre navigation dura douze heures, au bout desquelles nous prîmes terre. Nous abandonnâmes notre radeau et nous n'emportâmes que nos provisions, notre couverture et les cordages faits de nos bas. Nous nous avançâmes dans le pays, que nous trouvâmes impraticable et presque partout inondé. Cet inconvénient nous affligea. Mais comme le soleil allait se coucher, la lassitude que nous éprouvions et la crainte de nous égarer nous firent songer à chercher un endroit où nous pussions passer la nuit. Nous choisîmes un tertre que son élévation mettait à l'abri de l'humidité. Trois gros arbres, qui étaient à peu de distance les uns des autres et dont les branches épaisses se joignaient, nous servirent de couvert. Je tirai ma pierre à fusil que je n'avais pas oubliée, et j'allumai un grand feu, auprès duquel nous soupâmes de nos provisions.

» Nous nous attendions à reposer tranquillement, et nous en avions un véritable besoin. Mais à peine nos yeux furent-ils fermés que nous entendîmes des hurlements affreux qui nous réveillèrent et portèrent l'effroi dans nos âmes. C'étaient des cris de bêtes féroces. Nous les entendions de tous les côtés à la fois ; elles semblaient se répondre et nous environner.... Nous nous levâmes de terreur. Mon nègre ne put résister à sa peur. Il courut à l'un des arbres sous lesquels nous étions, et s'élançant avec une rapidité inconcevable, il y grimpa sur-le-champ et courut se cacher au sommet. Madame de la Couture l'avait suivi ; elle le conjurait de l'aider à gagner cet asile. En vain je l'appelais et lui disais de ne pas s'éloigner du feu, dont les bêtes féroces ne s'approchent jamais, elle ne m'écoutait pas ; elle continuait à pleurer, à supplier le nègre : mais sa propre frayeur empêchait celui-ci de lui répondre. Dans un instant de folle terreur, elle s'écria :

» — Au secours ! à moi, Monsieur, à moi !

» Je saisis alors un gros tison enflammé, et je me dirigeai de son côté. Je la vis accourant de toutes ses forces, poursuivie par un ours d'une taille énorme, qui, à ma vue, s'arrêta. J'avoue que la présence de cet affreux animal me fit frémir. Je m'avançai néanmoins, en lui présentant mon tison. En même temps, je rejoignis madame de la Couture, que je ramenai au brasier, où l'ours ne nous suivit pas.

» L'arbre sur lequel était monté le nègre était à quelques pas de nous. Sa frayeur ne lui avait pas permis de choisir; il n'avait pas remarqué qu'il y en avait un beaucoup plus proche. Je l'entendis bientôt pousser à son tour un cri épouvantable. Je regardai, le feu qui flambait me permit de voir l'ours qui se dressait contre l'arbre sur lequel s'était réfugié l'Africain, et qui se disposait à y monter. Je ne savais comment m'y prendre pour le secourir; je lui criai de gravir au plus haut de l'arbre et de se placer sur les branches les plus flexibles, afin que l'ours ne pût l'y suivre. Je m'avisai en même temps de lancer auprès de cet arbre de gros tisons enflammés qui sans doute effrayèrent le terrible animal, car il s'éloigna sur-le-champ.

» Il ne fallut pas songer à dormir de toute cette nuit: c'était chose impossible. Plusieurs ours s'approchèrent encore de nous, et nous pouvions les voir et les entendre : mais grâce à nos brandons allumés, je trouvai toujours moyen de nous tenir à l'abri de leurs attaques. Afin de nous débarrasser de leur approche, de tout le bois que nous avions à notre disposition nous fîmes un rempart de feu qui les tint constamment à distance.

» Enfin ces hurlements et ces visites de bêtes fauves diminuèrent à l'aube et cessèrent quand le jour parut. Je rassemblai tout le bois en un seul foyer et j'appelai le nègre, que j'eus bien de la peine à faire descendre de son arbre. Après la fatigue et l'effroi de la nuit, nous sommeillâmes jusque vers midi : après quoi nous achevâmes nos provisions. Enfin nous partîmes, marchant vers l'est, dans l'intention de nous rendre à Saint-Marc des Apalaches, espérant trouver quelques naturels qui nous porteraient secours.

» Nos forces ne nous permirent pas de faire beaucoup de chemin. Notre journée se borna à une route d'une heure et demie peut-être. Nous fîmes halte avant l'entier épuisement de nos forces. Encore pleins d'effroi de la veille, nous voulions avoir le temps de faire un grand amas de bois. Nous en entassâmes autant que possible. Après avoir ainsi préparé notre bûcher, sans y mettre le feu, j'en disposai douze autres à l'entour, à vingt pas de distance et dans un égal éloignement. Nous devions être ainsi entourés de feux de tous côtés. Nous cherchâmes ensuite de quoi contenter notre faim : mais le terrain sur lequel nous étions était fort stérile: nous n'y découvrions ni coquillages ni racines bonnes à manger: notre seule ressource fut de l'eau bourbeuse, mais douce, dont nous bûmes beaucoup. Ce fut là toute notre nourriture ce jour-là. Alors la nuit vint et j'allumai tous nos bûchers. Nous nous couchâmes aussitôt afin de goûter quelques heures de sommeil, avant l'arrivée des bêtes fauves. Elles ne nous interrompirent qu'à minuit. Mais aussi quel vacarme! Madame de la Couture et mon nègre furent bientôt dans un horrible état. Je les vis cent fois prêts à s'évanouir. Malgré ma propre terreur, je leur parlais à chaque instant pour les rassurer.

» Le jour mit fin à nos angoisses, qui avaient suspendu le sentiment de la faim. Nous l'éprouvâmes bientôt dans sa plus grande violence. Nous essayâmes, pour la satisfaire, de tout ce qui se présentait à nos yeux ; nous mangeâmes même de la terre, mais il fallait la rejeter au plus vite. Nous marchions dans l'espérance de rencontrer quelque chose ; nous goûtions à chaque pas de toutes les plantes; hélas ! chaque essai que nous faisions augmentait notre désespoir. Nous fûmes obligés de nous arrêter, hors d'état d'aller plus avant. Un instant ranimé par la fureur du besoin, le nègre se lève et court à un arbre dont les branches étaient peu élevées ; il en arrache les feuilles et les dévore. Nous suivons son exemple : mais ce mets détestable charge notre estomac sans le rassasier, et en peu d'instants ces feuilles causent d'affreux ravages dans nos estomacs. Nous recourûmes à l'eau : il sembla aussitôt que ces feuilles étaient des éponges: nous nous sentîmes gonflés comme des outres. Enfin un horrible vomissement, accompagné de cruelles convulsions, nous débarrassa peu à peu de notre souffrance.

» Ce qu'il y avait de terrible dans cette situation critique, c'est que la nuit était venue, et nous n'avions pas la force de ramasser du bois pour faire nos bûchers. Je me mis à l'œuvre pourtant, et quand nous fûmes entourés de fascines, j'eus toutes les peines du monde à tirer quelques étincelles de ma pierre. Cependant, avec du linge de madame de la Couture, nous eûmes enfin du feu. Il était temps. Les cris des animaux se firent bientôt entendre dans le lointain, puis assez près de nous, et à la fin à quelques pas de nos foyers..... Néanmoins, sur la fin de la nuit, nous nous endormîmes, par suite d'épuisement.

» Alors la faim se fit sentir, plus vive que jamais. L'espoir de la soulager nous fit continuer notre marche jusqu'après midi. Nos regards erraient autour de nous, et s'élançaient dans le plus grand éloignement, sans rien découvrir. Nous étions sur une hauteur d'où nous apercevions de tous côtés un horizon immense : à droite, la mer, à gauche, un bois qui s'étendait à perte de vue ; et, devant nous, l'espace que nous avions à parcourir, c'est-à-dire une plaine aride et déserte, où l'œil n'apercevait que des traces de bêtes féroces et rien qui pût nous nourrir. Cette perspective nous jeta dans le désespoir le plus amer.

» Nous dirigeâmes nos pas vers la forêt. Elle n'était pas éloignée. Son épaisseur nous fit trembler. Les arbres étaient tellement pressés les uns contre les autres qu'on ne pouvait passer entre eux que dans certains endroits. Le chemin qu'on eût voulu y tenir y finissait après quelques pas. Aucun de ces arbres n'offrait quoi que ce soit pour notre subsistance. Je me jetai à terre, et madame de la Couture se mit à côté de moi. Mon nègre s'étendit à nos pieds, à quelque distance. Nous répandions des larmes, en évitant de nous regarder. Nous observions un silence farouche et nous demeurions ensevelis dans des réflexions sinistres. Les plus noires idées m'agitaient. Il me vint à l'esprit le souvenir de quelques voyageurs qui, éloignés de leur route par la tempête, retenus dans des mers inconnues par des vents contraires, surpris quelquefois par des calmes, avaient vu s'épuiser leurs provisions, sans pouvoir les renouveler. Je songeais qu'après avoir souffert la faim jusqu'à la dernière extrémité, ces infortunés n'avaient pas eu d'autres ressources que de sacrifier l'un d'eux pour le salut de tous....

» Voyez à quel excès le désespoir et la faim peuvent nous porter!

» Ces malheureuses réflexions firent que..... mes yeux égarés tombèrent sur mon nègre. ... Ils s'y arrêtèrent avec une sorte de convoitise.....

» — Il se meurt! pensais-je avec une sombre fureur. Une mort prompte serait un bienfait pour lui. A quoi bon le laisser succomber lentement?

» Cette horrible idée... ne révolta pas mon imagination.

» — Si je le tuais? ajoutai-je mentalement.

» Hélas! ma raison était aliénée. Elle éprouvait la faiblesse de mon corps. La faim me pressait, je souffrais d'imaginables déchirements d'entrailles : le désir de les apaiser me dominait tout entier...

» — Après tout, il est à moi! murmurai-je, comme pour justifier mon crime à mes yeux et calmer ma conscience par des sophismes...

» Madame de la Couture, sans doute agitée par les mêmes pensées, ayant recueilli mes derniers mots, les comprit, et, comme elle m'appela d'une voix faible, je jetai les yeux sur elle. Aussitôt elle porta les siens sur mon nègre, et, me le montrant de la main, elle les rejeta sur moi d'une façon si expressive, d'une manière si terrible, que je la compris à mon tour.... Or, il semblait que ma fureur attendait le moment où elle serait avouée par un conseil. Aussi, je n'hésitai plus.

» Je me lève donc précipitamment, et saisissant un bâton noueux dont je me servais pour m'appuyer dans nos marches, je m'approche du pauvre nègre assoupi, et je lui décharge un coup d'une extrême violence sur la tête.

» Réveillé, étourdi en même temps, l'infortuné se soulève à demi, en faisant entendre un sourd gémissement.

» A cette vue, ma main n'ose pas redoubler les coups; mon cœur frémit.....

» Cependant mon nègre se met à genoux avec effort, il a compris, trop compris ce qui lui arrive.... Aussi, joint-il les mains, et me regardant avec tendresse, mais d'un œil troublé, il balbutie d'une voix lamentable, avec l'accent de la douleur :

» — Que fais-tu, maître ?..... Qu'ai-je fait à toi ?.... Grâce ! grâce !

» Je ne pus résister à mon attendrissement ; mes larmes coulèrent... mais un cri, un cri lugubre, et un nouveau regard de la femme qui m'accompagnait, étouffèrent en moi la voix de la raison et me rendirent toute ma fureur. Egaré, hors de moi, en proie à un transport inouï, je me jette sur mon malheureux esclave, je le roule à terre, je pousse moi-même des cris pour m'étourdir et pour étouffer les siens ; puis je lui lie les mains derrière le dos. Enfin j'appelle ma compagne qui.... vient m'aider dans cette atroce opération. Elle appuie un genou sur la tête de l'infortuné, tandis que moi, je tire mon couteau, et je l'enfonce de toutes mes forces dans la gorge de la victime, où je fais une ouverture très large, qui le prive sur-le-champ de la vie.....

» Il y avait un arbre renversé auprès de nous : j'y traîne le nègre et je l'y place en travers pour faciliter l'écoulement de son sang. Madame de la Couture me prête encore la main dans cette circonstance. Mais ce drame épouvantable épuise nos forces et notre fureur ; nos yeux se détournent avec effroi de ce corps sanglant, qui vivait un moment auparavant... Nous frémissons de ce que nous venons de faire... Nous courons rapidement à une source voisine pour y laver nos mains, que nous ne regardons plus qu'avec horreur ; et enfin nous tombons à genoux pour demander pardon au ciel de l'acte de férocité que nous venons de commettre... Nous le prions aussi en faveur de la malheureuse victime que nous avons sous les yeux...

» Après cette prière, nous nous levons et nous allumons un grand feu... car il s'agit de consommer notre action barbare... Oserai-je entrer dans ces détails ? Ils me révoltent au seul souvenir...

» Aussitôt que notre feu brûle, je vais couper la tête du nègre ; je la fixe au bout d'un bâton et je la place devant le brasier : j'ai soin de la retourner souvent pour la faire cuire également. Notre faim ne nous permet pas d'attendre que cette cuisson soit entière : nous la dévorons en peu de temps, et, après nous être rassasiés, nous nous arrangeons pour passer la nuit dans ce lieu et pour nous y mettre à l'abri des bêtes féroces. Nous nous attendions que leur approche nous empêcherait de dormir, et nous ne nous trompâmes pas. Alors nous passons la nuit à dépecer par morceaux la chair du pauvre nègre, à la faire griller sur des charbons et à la passer à la fumée pour la rendre propre à se conserver. Ce que la faim nous avait fait souffrir nous faisait craindre d'y être exposés encore, et nous ne pouvions l'éviter qu'en nous assurant des provisions qui pussent durer longtemps. Nous restâmes donc encore le lendemain et la nuit suivante dans cet endroit maudit, pour achever cette œuvre. Pendant ce temps nous fûmes très économes de nos aliments et nous ne mangeâmes que ce qui était difficile à conserver. Nous fîmes plusieurs paquets du reste, dans des lambeaux de nos habits, et nous les attachâmes sur nous avec des cordages de notre radeau.

» Le 24 avril, ou environ, nous nous remîmes en route. Le séjour que nous avions fait nous avait reposés, et la..... nourriture que nous avions prise nous avait rendu des forces. Sûrs de ne pas en manquer, de quelque temps au moins, nous ne craignîmes pas de nous engager au milieu du désert qui nous avait paru si terrible le jour où nous avions donné la mort au nègre. Notre voyage se fit avec lenteur. Nous ne nous remîmes pas en marche sans regretter le compagnon qui nous suivait auparavant et dont nous portions les tristes restes avec nous. Nous suivîmes ainsi, pendant plusieurs jours, les bords de la forêt, à travers des joncs et au milieu des ronces, d'épines et d'autres plantes non moins dangereuses, qui nous mettaient les pieds et les jambes en sang. Cette incommodité ne laissa pas de nous retarder souvent. En outre, les piqûres des moustiques, des maringouins et d'autres insectes des côtes ajoutèrent bientôt à ces nouvelles souffrances. Notre visage, nos mains, nos jambes enflèrent prodigieusement. Pour les éviter, nous nous rendîmes sur le rivage de la mer, résolus de le suivre désormais dans l'espérance d'y faire quelquefois d'heureuses découvertes qui, nous procurant quelques vivres, ménageraient ceux que nous portions. Nous ne fûmes pas trompés dans notre attente. Lorsque la mer était basse et que le temps était beau, nous rencontrions quelquefois, sur le sable, de petits coquillages et de petits poissons plats, que nous prenions à l'aide d'un bâton pointu par un bout avec lequel nous les percions ; mais nous n'en trouvions jamais suffisamment pour nous rassasier. Cependant nous recevions ce bienfait de la Providence avec des cœurs reconnaissants.

» Un soir, comme nous faisions notre halte ordinaire, je me sentis si faible qu'à peine eus-je la force de ramasser le bois nécessaire pour notre feu : mais il me fut impossible de préparer les bûchers autour de notre asile. Mes jambes prodigieusement enflées ne me permettaient pas de me soutenir. J'imaginai de suppléer à ces bûchers, en mettant le feu aux joncs et aux bruyères. Le vent qu'il faisait ne pouvait manquer de l'étendre. Cela suffisait pour écarter les bêtes féroces. Il devait en résulter un autre avantage pour notre voyage : c'est qu'il dépouillerait notre chemin de ces joncs incommodes, et que nous pourrions marcher plus facilement sur le rivage. Effectivement, le lendemain, le feu avait aplani notre route. Je regrettai de ne m'être pas plus tôt servi de cet expédient, qui nous aurait préservés des blessures que nous avions aux jambes.

» Nous trouvâmes aussi sur notre route quelques provisions qui nous furent très agréables. C'étaient deux serpents à sonnettes ; l'un en avait quatorze, et l'autre vingt-et-une, ce qui fait connaître facilement leur âge, puisqu'il leur croît une sonnette à la fin de chaque année. Ils étaient très gros. Le feu les avait surpris pendant leur sommeil et les avait étouffés. Ces animaux nous fournirent des aliments frais pour toute cette journée et la suivante. Nous séchâmes aussi une partie de leur chair pour la conserver, et nous la joignîmes à nos provisions.

» Ensuite, un matin, j'aperçus dans une mare d'eau un caïman endormi. La vue de cet affreux crocodile d'Amérique ne m'inspira aucune terreur, quoique je susse combien il est dangereux. La seule idée qui se présenta à mon imagination fut que, si je pouvais le tuer, ce serait un supplément considérable à nos aliments. J'hésitai un moment à l'attaquer, mais ce n'est pas la crainte qui m'arrêta : ce fut l'incertitude de la manière dont je devais m'y prendre. Je m'avançai avec mon bâton, qui était d'un bois dur et pesant. Je lui en déchargeai précipitamment trois coups sur la tête, avec une telle vigueur que je l'étourdis de manière à ne pouvoir se jeter sur moi, ni prendre la fuite. Il ouvrit seulement une gueule affreuse, dans laquelle j'enfonçai promptement le bout de mon bâton, qui formait une pointe assez aiguë : je trouvai la gorge, que je traversai, et, baissant aussitôt l'extrémité de mon arme sur la terre, je l'y tins comme cloué. J'employai toutes mes forces pour le retenir : j'appelai madame de la Couture à mon aide, mais elle n'osa pas s'approcher. Elle alla seulement me chercher un morceau de bois de trois ou quatre pieds de long et me l'apporta. Je m'en servis pour achever d'étourdir l'animal, en le frappant d'une main et en tenant mon bâton de l'autre. Quand enfin le monstre fut tué, nous le dépeçâmes, et sa chair nous procura un aliment qui réconforta notre estomac. Nos forces revinrent assez pour nous permettre de continuer notre route.

» En effet, nous marchions plus hardiment le lendemain, lorsque je m'aperçus que j'avais perdu ma pierre à fusil, ce talisman si précieux à nos heures de détresse ! Je résolus donc de retourner sur nos pas pour la chercher.

» Nous avions fait heureusement peu de chemin et la nuit était encore éloignée. Je repris donc le chemin déjà fait, dans le dessein d'être de retour avant les ténèbres. Il fallut poursuivre jusqu'au lieu où nous nous étions reposés la veille. Je mis trop de temps, hélas ! la nuit paraissait déjà lorsque j'arrivai. Je ne distinguais déjà plus les objets. Je cherchai partout où je remarquai des traces de nos pas. Soins inutiles ! Je ne découvris rien. Je me couchais sur la terre, je passais mes mains partout ; elles suppléaient à mes yeux, dont l'obscurité ne me permettait pas de faire usage. Las de me fatiguer la vue, je courus au feu que j'avais allumé la nuit précédente, pour voir si j'y trouverais encore quelque charbon qui me mît en état de le renouveler et de m'éclairer ensuite dans mes perquisitions. Il était absolument éteint ; je n'y vis plus que des cendres, et pas la moindre étincelle. Accablé de ce nouveau contre-temps, je restai couché, livré à la douleur la plus profonde, incapable de rejoindre madame de la

Couture de cette nuit, et ne songeant pas même à l'entreprendre. L'idée de repartir sans ma pierre me désolait cependant. Je résolus donc d'attendre le jour pour la chercher de nouveau, espérant de réussir enfin à la trouver. J'allai me jeter sur le tas de fougères, de feuilles et de plantes qui nous avaient servi de lit. Je pensai que c'était peut-être dans cet endroit que j'avais fait ma perte. Je passai mes mains à plusieurs reprises sur tous les points de la surface de ce lit ; elles ne sentirent rien sous elle. Je dérangeai cet amas d'herbages, poignées par poignées ; il n'y en eut pas une qui ne me passât par les mains. Je les mettais dans un autre endroit après les avoir examinées ; je demeurai la plus grande partie de la nuit dans cette occupation. Je désespérais déjà de retrouver ce trésor ; toutes ces plantes avaient changé de place. Alors j'étends mes mains sur le terrain nu qui en était auparavant couvert, et..... elles s'arrêtèrent enfin sur l'objet de mes recherches. Oui, je saisis ma pierre, et je la pris avec une joie égale au regret que m'avait causé sa perte. Je la serrai soigneusement, et je pris toutes sortes de précautions pour n'en être plus privé à l'avenir.

» Pendant que j'étais occupé de cette recherche, je ne me trouvais pas sans inquiétude au sujet des bêtes féroces. Leurs hurlements s'étaient fait entendre, mais dans un grand éloignement. Je frémis plusieurs fois, et pour moi et pour ma malheureuse compagne, qui se trouvait seule. Je songeai alors à me rendre auprès d'elle pour la rassurer, s'il m'était possible. Je me mis donc en route bien inquiet et souvent prêt à m'arrêter et à faire du feu pour me rassurer. Néanmoins j'eus le courage de poursuivre mon chemin, la crainte me donnait des ailes, et, malgré ma faiblesse, j'arrivai encore auprès de madame de la Couture environ deux heures avant le jour. Je faillis à la manquer et à m'écarter beaucoup de l'endroit où je l'avais laissée. L'obscurité, la peur m'empêchaient de reconnaître ce lieu. Un gémissement que j'entendis par hasard, et qui me fit peur, m'avertit à temps que je passais auprès d'elle sans m'en apercevoir. Elle avait entendu le bruit de mes pas, et, dans son effroi, elle avait imaginé que c'était une bête fauve qui venait à elle. C'est ce qui lui avait fait pousser ce gémissement. Je l'appelai à haute voix. Elle me répondit d'une voix presque éteinte.

» Aussitôt je ramassai quelques morceaux de bois sec ; je tirai du feu de ma pierre ; un lambeau de ma chemise qui était tout-à-fait usée et presque réduite en charpie, le reçut, et nous eûmes bientôt un grand feu, auquel nous fîmes cuire une partie d'une tortue que j'avais trouvée, et dont la chair était fort tendre et très succulente. Nous nous endormîmes ensuite, et le repos, dont nous avions besoin, dura cinq heures et nous rendit nos forces.

» A notre réveil, nous consultâmes entre nous si nous continuerions notre route. En regardant une rivière qui nous barra le passage et dont le cours était assez droit, nous désespérâmes de trouver de longtemps un gué pour la traverser. Alors nous nous déterminâmes à risquer le passage au lieu même où nous étions. Pour cela, j'imaginai de construire un radeau. Six arbres effeuillés par le temps, que l'eau avait entraînés et qui s'étaient arrêtés sur le bord, auprès d'un autre arbre que le vent avait couché sur l'eau, et dont les racines tenaient encore fortement à la terre, me parurent des matériaux solides et faciles à employer. J'entrai dans l'eau, qui n'était pas profonde dans cet endroit : alors j'amarrai quatre de ces arbres ensemble ; ils étaient suffisants. Les liens que j'employai furent des écorces ; j'y ajustai de mon mieux une longue perche, plus grosse à une extrémité qu'à l'autre, pour me servir de rame et de gouvernail. Cet ouvrage étant fini, nous nous préparâmes à partir. Nous descendîmes sur le radeau, que je poussai au large, en gouvernant du mieux que je pus avec ma perche. Le courant nous entraîna d'abord avec une rapidité qui me fit trembler ; en un clin d'œil, il nous porta à plus de trois cents pas du lieu où nous nous étions embarqués. Je craignais qu'il ne nous entraînât de même jusqu'à la mer ; aussi je manœuvrai avec une peine infinie pour arriver à la couper ; j'y réussis à la longue, mais ce fut toujours en cédant et en descendant, de manière que je ne comptai arriver à l'autre bord qu'à une demi-lieue plus bas que le point d'où nous étions partis. Bref, après bien des efforts je parvins à passer le milieu de la rivière ; le courant allait bientôt cesser d'être aussi rapide. En effet, nous étions presque au bout de l'endroit où il avait le plus de violence, lorsqu'il jeta notre radeau en travers, sur un arbre qui se trouvait près de nous à fleur d'eau. Le mouvement que je fis pour l'éviter contribua à notre naufrage. La secousse fut si forte que les liens de notre radeau se rompirent, les pièces de bois qui la composaient se séparèrent ; nous tombâmes dans l'eau, et nous nous serions infailliblement noyés, si je ne m'étais pas pris d'une main aux branches de cet arbre. Je saisis en même temps de l'autre madame de la Couture par les cheveux, au moment où elle plongeait déjà, prête à disparaître. Le sommet de sa tête était seulement à fleur d'eau, je la tirai vigoureusement ; et, comme elle n'avait pas perdu connaissance, je lui criai de remuer les bras et les jambes pour m'aider à la soutenir. L'endroit où nous étions était très profond : je la fis grimper sur le corps de l'arbre, dont je fis le tour à la nage ; l'autre extrémité touchait au bord et cela me donna la facilité de l'y conduire. Nous atteignîmes ainsi le rivage, grâce à ce pont fourni par le hasard.

» Après avoir pris un repas qui répara nos fatigues, nous fîmes sécher nos habits et nos provisions. Ensuite nous nous installâmes pour la nuit, qui n'offrit aucun péril.

» Le lendemain, nous trouvant reposés et rafraîchis, nous nous remîmes en marche, cherchant toujours à nous rendre à Saint-Marc des

Apalaches et nous orientant comme nous pouvions. Les bois qui se trouvaient de ce côté de la rivière n'étaient pas plus praticables; les joncs et les bruyères étaient tout aussi dangereux. Néanmoins nous nous avançâmes pendant plusieurs jours, accompagnés de toutes ces incommodités. Madame de la Couture y résista plus longtemps que moi. Tant que j'avais eu quelque force, j'avais ménagé les siennes. Mais, un jour, n'en pouvant plus, abattu, voyant à peine, tant mon visage était enflé par les piqûres des insectes, je me jetai sur le rivage, sous un arbre, à une centaine de pas de la mer. Après m'être reposé pendant une heure, j'essayai de me lever pour continuer de marcher; mais cette entreprise fut au-dessus de mes forces. Je me sentis même tellement malade, et le mal me semblait faire de tels progrès, que je pensai que j'allais mourir. Je fis mes dernières recommandations à madame de la Couture, la priant d'écrire à ma famille, lui donnant des conseils pour la route à suivre, et lui adressant presque mes adieux. Ma pauvre compagne ne me répondit que par des larmes. Puis, sur quelques mots relatifs à mes souffrances, elle me donna des soins, surtout en m'enveloppant des lambeaux de l'une de ses jupes pour m'épargner les piqûres des maringouins et des moustiques.

» En ce moment, une grosse poule d'Inde qui se retirait dans un taillis voisin, fit penser à madame de la Couture que cette bête avait un nid en cet endroit; elle s'empressa d'aller à la découverte. Je restai seul pendant trois heures environ. Je me trouvais alors dans une sorte d'anéantissement stupide, sans mouvement et privé de l'usage de ma raison. Un affreux engourdissement avait saisi mes membres; je ne sentais pas de douleur, mais un malaise général dans tout mon corps.

» J'étais dans cet état, lorsque j'entendis des cris qui me tirèrent de ma léthargie et appelèrent mon attention. Je prêtai l'oreille. Ces cris me parurent venir du côté de la mer, et je les pris pour ceux de quelques sauvages qui s'approchaient de la côte. J'essayai de crier: hélas! ma voix était éteinte. La crainte cependant de perdre l'unique ressource qui se fût présentée depuis si longtemps, me rendit une partie de mes forces. Je m'en servis pour me traîner sur mes genoux et sur mes mains, le plus près de la mer qu'il me fut possible. J'aperçus alors distinctement un gros canot qui longeait le rivage et qui ne m'avait pas encore passé. Je me levai sur mes genoux, et, prenant mon bonnet à la main, je fis des signes que j'étais forcé d'interrompre à chaque instant, parce que je ne pouvais me soutenir et que je retombais sur le ventre. Combien je regrettais de n'avoir pas avec moi madame de la Couture! Elle aurait pu gagner la grève, courir, crier, appeler au secours et parvenir à se faire entendre: mais elle était éloignée, et il fallait que les cris des gens qui étaient dans le canot n'eussent pas frappé ses oreilles, puisqu'elle n'accourait pas. A son défaut, je n'épargnai rien pour me faire voir. Une longue perche que je trouvai à côté de moi me servit à élever mon bonnet et un morceau de jupon que ma compagne d'infortune m'avait laissé. Cette sorte de drapeau flottant dans l'air attira les regards de ceux qui conduisaient ce canot. Je le connus aux nouveaux cris qu'ils poussèrent et au mouvement de leur bâtiment, qui cessa de descendre et qui s'approcha vers le rivage. Je plantai ma perche en terre, afin qu'ils ne perdissent pas de vue mon signal, et je me laissai aller sur le sable, où je me couchai tout de mon long, fatigué des efforts que je venais de faire, mais consolé par la certitude d'une prochaine délivrance.

» En considérant attentivement le canot, j'avais remarqué que les hommes qui le montaient étaient habillés. Cette observation me convainquant que j'avais à faire à des Européens, et non à des sauvages, me délivra de toutes les inquiétudes que l'abord des derniers n'aurait pas manqué de me causer encore. En attendant mes libérateurs, je tournai mes regards du côté de mon feu et je cherchai madame de la Couture. J'étais impatient de la voir pour lui annoncer le bonheur qui nous arrivait et de le lui faire partager. Je n'en pouvais bien goûter l'étendue sans elle. Les tendres soins qu'elle prenait de moi, sa résolution de ne pas m'abandonner, et le partage d'infortunes dont nous étions les victimes avaient resserré l'amitié qui m'unissait à elle. Je ne l'aperçus point, et ce fut le seul chagrin que j'éprouvai dans ce moment.

» Les personnes dont j'attendais tout désormais arrivèrent en ce moment ; l'excès de ma joie, en les voyant si près de moi, faillit m'être funeste. Elle m'occasionna un saisissement si violent que je fus quelques minutes sans répondre à leurs questions et sans pouvoir proférer une parole. Une goutte de tafia qu'ils me donnèrent me fortifia et me mit en état de leur témoigner ma reconnaissance et de leur dire un mot de mes malheurs. Ils virent tous le danger de ma situation et eurent le ménagement de ne pas m'obliger à parler.

» Cependant je les priai de vouloir bien crier encore et de chercher du côté du taillis qui était devant nous, pour se faire entendre de madame de la Couture, dont la longue absence m'inquiétait. Un moment après je n'eus plus rien à désirer. Ma compagne parut : je la vis courir à moi de toutes ses forces. Elle avait attrapé la poule d'Inde et son nid, qu'elle m'apportait.

» Jugez de ma joie quand elle vit que je n'étais pas seul !

» Comme la nuit était venue, il fut inutile de songer à s'embarquer avant le lendemain.

» J'appris alors que nous étions au 6 du mois de mai, car jusqu'alors je n'avais pas été sûr de la plupart des dates.

» Nous nous rendîmes tous auprès de mon feu, où mes libérateurs se donnèrent la peine de me porter. Nous y mangeâmes notre poule d'Inde et les œufs. On y joignit quelque viande fumée et des verres de tafia.

» Nos libérateurs nous apprirent alors qu'ils étaient Anglais. Leur chef était un officier d'infanterie au service de Sa Majesté Britannique. Il se nommait Wright. Je l'entretins pendant le souper de nos aventures. Je vis frémir mes auditeurs des misères affreuses que nous avions endurées. Lorsque je lui parlai de la nécessité qui nous avait contraints à chercher dans mon malheureux nègre une nourriture que la nature entière nous refusait dans ce désert, M. Wright voulut voir cet horrible mets. La curiosité l'engagea même à en porter à sa bouche. Il le rejeta sur-le-champ, avec un dégoût inexprimable.

» Lorsque j'eus fini mon récit, je demandai à mon tour à M. Wright à quel heureux hasard nous devions sa rencontre.

» Il me répondit qu'il était du détachement de Saint-Marc des Apalaches; que, quelques jours auparavant, un sauvage ayant rapporté qu'il avait trouvé sur la côte un homme mort, dont le reste des vêtements qui le couvraient annonçait que c'était un Européen, et qu'il lui manquait le ventre et le visage, que les bêtes féroces avaient dévorés, son commandant, d'après ce récit, l'avait détaché avec quatre soldats pour courir la côte dans un canot, et recueillir les infortunés qui pourraient se trouver encore en mesure de profiter de ce secours, car on jugeait bien qu'un naufrage avait eu lieu.

» Je ne doutai pas que ce cadavre fût celui du malheureux capitaine de la Couture, ou de M. Desclau, mon associé. Tous deux s'étaient noyés sans doute. Mais l'un avait pu être emporté au milieu de la mer et dévoré par les caïmans, et l'autre jeté sur la côte.

» Après nous être entretenus quelque temps, nous nous abandonnâmes au sommeil. Il fut bientôt interrompu par un affreux orage. La pluie, le vent, le tonnerre et les éclairs ne cessèrent pas un instant de la nuit. Ils incommodèrent beaucoup les Anglais : mais madame de la Couture et moi, nous y étions accoutumés depuis longtemps, et, cette nuit, ils nous furent encore moins insupportables.

» Le jour naissant vit diminuer la tempête, qui se dissipa entièrement au lever du soleil. Nous ne songeâmes plus qu'à nous embarquer. J'achevai de me reposer dans le canot.

» M. Wright songea à achever de remplir sa mission. Il avait parcouru plusieurs îles : mais il lui en restait une à visiter avant de retourner à Saint-Marc des Apalaches. Il y dirigea son canot et nous y arrivâmes après douze heures de navigation. Je la reconnus pour celle d'où nous étions partis, madame de la Couture et moi, et dans laquelle nous avions laissé son fils.....

» Les malheurs que j'avais essuyés depuis notre départ ne m'avaient guère permis de songer à lui. Mon retour dans cette île le rappela à mon souvenir. Je ne pus m'empêcher de donner encore quelques larmes à son sort. Au milieu de mes regrets, je me souvins qu'il n'était pas encore mort lorsque je l'avais quitté. Cette idée m'agita ; celle que peut-être vivait-il encore et pouvait recevoir quelques secours me frappa. En vain ma raison la rejetait comme une chose impossible, je ne voulus pas m'éloigner sans m'être assuré de son état....

» Nous voguions toujours dans le dessein de faire le tour de l'île, et nos soldats, pendant ce temps, criaient de toutes leurs forces, par intervalle, afin de se faire entendre. Personne ne leur répondait... Ce silence ne calma ni mes inquiétudes ni mon agitation secrète. Le malheureux jeune homme pouvait entendre ces cris, et néanmoins être hors d'état de faire entendre les siens. Je ne pus résister plus longtemps à l'impatience d'éclaircir la chose et je fis part de mes soupçons à M. Wright, qui voulut bien s'arrêter et envoyer un soldat à terre, avec ordre de voir en quel état était le jeune homme.

» Le soldat revint un demi-quart d'heure après nous annoncer qu'il l'avait vu et qu'il était mort.

» J'obtins alors de l'officier anglais la permission d'aller lui rendre les derniers devoirs. Tout le monde débarqua, et me suivit. Madame de la Couture elle-même voulut être présente à ce pieux office.

» Nous arrivâmes auprès de ce malheureux jeune homme. Il était couché sur le ventre, le visage contre terre. Son corps était d'un rouge hâlé, et sentait mauvais, ce qui me fit croire à une mort ancienne. Il avait des vers autour de ses jarretières. C'était un spectacle hideux ! Aussitôt les soldats creusèrent une fosse, et moi je me mis en prières. La fosse creusée, on souleva précautionneusement le cadavre. Quelle ne fut pas ma surprise, la surprise de tous, le cœur de l'infortuné battait encore !... En outre, au moment où un soldat voulut prendre une jambe, cette jambe se retira..... Alors, revenus à l'espoir de le faire revivre, nous nous empressâmes de donner tous les secours possibles à l'infortuné jeune homme. On lui fit avaler un peu de tafia avec de l'eau ; on se servit du même mélange pour laver les plaies qu'il avait sur les genoux et d'où l'on tira nombre de vers.

» Quant à madame de la Couture, immobile d'étonnement, elle passait tour à tour de la crainte à la joie, en voyant son fils, qu'elle avait cru mort, respirant encore : elle se défiait de ses yeux et se livrait à une sorte de délire.

» Sur ce, M. Wright vint nous dire que le malade pleurait, qu'il regardait les soldats d'un air égaré, et qu'il demandait sa mère. Nous courûmes près de lui :

» — C'est donc vous ! Enfin vous voici ! fit-il d'une voix languissante.

» Le pauvre malade ignorait absolument le temps qu'il avait passé dans cette situation : il croyait que nous n'étions point partis et que nous venions de trouver sur-le-champ le secours dont il profitait. On ne le détrompa point.

» Nous nous embarquâmes le même jour pour Saint-Marc des Apalaches, où nous arrivâmes à sept heures du soir. Le commandant nous reçut avec beaucoup d'humanité. Il commença par me faire porter chez lui ; il envoya madame de la Couture et son fils malade chez le caporal du détachement, et nous fit donner à tous les soins de son chirurgien.

» Il était temps que nous trouvassions un terme à nos souffrances. Elles avaient commencé d'une manière terrible le 16 février 1776, que nous avions fait naufrage, et finissaient ainsi le 7 mai. Quatre-vingt et un jours de martyre ! que ce temps nous avait paru long ! »

Disons qu'Antonio fut puni. Le sauvage avait laissé les huit matelots avec sa mère, sa sœur et son neveu. Les matelots les massacrèrent, lorsqu'ils virent qu'Antonio ne revenait pas. Puis cinq d'entre eux s'emparant d'une autre pirogue du sauvage, s'éloignèrent de l'île, et périrent en mer. Les trois autres furent tués par Antonio, lorsqu'il revint, après nous avoir dépouillés, et qu'il vit les siens morts. Quant à lui, le ciel ne lui aura pas remis son crime...

« Après un séjour d'un demi-mois, me trouvant guéri, continue le capitaine Viaud, je songeai à quitter le fort anglais. Madame de la Couture m'aurait suivi volontiers ; mais son fils n'était pas en état de faire le voyage. Nous nous séparâmes avec regret : l'habitude de souffrir ensemble nous avait uni d'une amitié tendre. Nos adieux furent touchants... Nous nous promîmes de ne pas nous oublier... Nos cœurs étaient bien serrés quand nous nous embrassâmes...

» Je me rendis à New-York par un bateau Là, je fis connaissance avec des Français, et notamment avec M. Dupeystre, qui me proposa de conduire à Nantes le navire le *Comte d'Estaing*. J'acceptai : ma traversée fut heureuse, et c'est à Nantes que je me repose de mes longues et cruelles infortunes... »

DÉSASTRES DES NAVIRES FRANÇAIS LA BOUSSOLE ET L'ASTROLABE,

COMMANDÉS PAR M. DE LA PÉROUSE,

Sur les côtes occidentales de l'Amérique du nord, et dans l'Océan du sud, en juillet 1786 et en mars 1788.

En 1783, le gouvernement français ayant décidé qu'une escadre serait envoyée sur divers points du globe, pour résoudre les problèmes scientifiques qu'avaient soulevés les dernières navigations célèbres, tous les regards se portèrent naturellement sur M. de la Pérouse, considéré avec justice comme le marin français le plus capable de diriger cette grande entreprise. Il ne s'agissait de rien moins que de faire disparaître, avant la fin du xviiie siècle, toutes les lacunes et toutes les erreurs de la géographie maritime. Louis XVI écrivit lui-même les instructions qui devaient diriger la marche et les recherches de La Pérouse, et y joignit beaucoup de notes. Elles furent remises à M. de La Pérouse, le 26 juin 1785.

Deux flûtes du port de cinq cents tonneaux furent équipées à Brest, pour ce voyage dont tout chacun s'entretenait avec intérêt. On les arma en frégates, et l'on substitua à leurs anciens noms ceux de la *Boussole* et de l'*Astrolabe*.

Le vicomte de Langle, capitaine de vaisseau et l'un des plus savants officiers de son corps, fut adjoint à M. de la Pérouse, comme second, et pendant que celui-ci commandait la *Boussole*, celui-là dirigeait l'*Astrolabe*.

Les états-majors furent composés d'officiers et de savants distingués par leur mérite. En un mot, depuis que les puissances de l'Europe, jalouses de contribuer à l'accroissement des connaissances, envoient des bâtiments à la découverte, ou pour l'exploration des contrées lointaines, jamais aucune expédition du même genre n'avait été entreprise avec autant de zèle, de soins et d'éléments de succès.

La *Boussole*, que monta M. de la Pérouse, et l'*Astrolabe*, dont M. de Langle prit le commandement, furent prêtes à partir vers le milieu de l'été de 1785. Ces deux bâtiments appareillèrent de la rade de Brest le 1er août de la même année.

Le 13 ils mouillèrent à Madère, et le 19 à Ténériffe, où on fit relâche.

L'expédition reprit ensuite la mer le 30. Elle coupa l'Equateur le 29 septembre, et le 16 octobre elle fut en vue des îles Martin-Vaëz. Deux jours après, elle atteignit la Trinité, où l'on espérait pouvoir faire de l'eau ; mais la chose s'étant trouvée impossible, de la Pérouse se hâta de se rendre à l'île de Sainte-Catherine, sur la côte du Brésil. Dans cette traversée, ce fut en vain qu'il chercha l'île de l'Ascension. Aussi s'assura-t-il que cette terre n'était autre que la Trinité elle-même, placée d'après l'autorité de certaines cartes.

On mouilla à Sainte-Catherine le 6 novembre, et l'on s'y procura aisément les rafraîchissements nécessaires. Enfin, le 19, les navires s'en éloignèrent pour aller doubler le cap Horn.

Le 21 janvier 1786, on eut connaissance de la côte des Patagons ; puis on entra dans le détroit de Lemarre, et enfin on doubla le cap Horn sans aucun accident.

Le 22 février, l'expédition atteignit la Conception, sur la côte du Chili.

La Pérouse reprenait ensuite la mer le 17 mars, se dirigeant sur l'île de Pâques, dont il eut connaissance le 8 avril. Il y mouilla le lendemain, dans la baie de Cook. Mais la *Boussole* et l'*Astrolabe* s'y arrêtèrent à peine. Elles s'en éloignèrent en effet le lendemain pour marcher vers les îles de Hawaï et Sandwich.

Le 28 mai, elles étaient en vue d'Owyhée et y attérirent le lendemain, dans une baie de l'île Mowée. Elles s'y procurèrent une assez grande quantité de provisions fraîches, quoique leur séjour n'y eût été que de vingt-quatre heures.

Un des points sur lesquels insistaient le plus les instructions données à M. de la Pérouse, était la reconnaissance des parties de la côte nord-ouest de l'Amérique, d'où Cook avait toujours été repoussé par le gros temps, et où l'on supposait encore qu'il existait quelque entrée communiquant avec la baie d'Hudson. Il se hâta donc de se rendre sur cette côte.

Le 23 juin, il eut connaissance de la côte d'Amérique et du mont Saint-Elie. C'est de ce point qu'il devait commencer son exploration, en revenant vers le sud.

Il découvrit d'abord une baie qu'il nomma baie de Monti, du nom de l'un des officiers de l'expédition.

Il reconnut ensuite la rivière de Behring.

Enfin il entra dans une baie vaste et profonde, inconnue jusqu'alors, et à laquelle il donna le nom de baie du *Port-aux-Français*.

L'expédition se mit à l'œuvre dans cette baie, et quand elle fut à sa fin, les navigateurs se regardèrent comme très heureux, car, arrivés à une aussi grande distance de l'Europe, ils n'avaient pas jusque-là compté un seul malade.

Mais le plus grand des malheurs les attendait précisément à ce terme, et alors qu'ils se félicitaient, un terrible accident les menaçait et fondait sur eux.

A cette occasion, M. de la Pérouse, dans sa relation, s'exprime ainsi que nous allons le mettre sous les yeux du lecteur :

« Je cède au devoir rigoureux qui m'est imposé d'écrire cette relation, et je ne crains pas de laisser connaître que mes regrets ont été, depuis ce fatal événement, cent fois accompagnés de mes larmes...

» Des sondes devaient être placées, sur les plans de MM. de Monneron et Bernizet, par les officiers de la marine. En conséquence, la biscaïenne de l'*Astrolabe*, aux ordres de M. de Marchainville, fut commandée pour le lendemain, et je fis disposer celle de ma frégate, ainsi que le petit canot, dont je donnai le commandement à M. Boutin. M. d'Escures, mon premier lieutenant, chevalier de Saint-Louis, commandait la biscaïenne de la *Boussole*, et était le chef de cette petite expédition. Comme son zèle m'avait paru quelquefois ardent, je crus devoir lui donner des instructions par écrit. Les détails dans lesquels j'étais entré sur la prudence que j'exigeais, lui parurent si minutieux, qu'il me demanda si je le prenais pour un enfant. Je lui dis que M. de Langle et moi, nous avions sondé la passe de la baie deux jours auparavant, et que j'avais reconnu que l'officier commandant le deuxième canot qui était avec nous, était passé trop près de la pointe, sur laquelle même il avait touché. J'ajoutai que de jeunes officiers croient qu'il est de bon ton, pendant les siéges, de monter sur le parapet des tranchées, et que ce même esprit les fait braver, dans les canots, les rochers et les brisants, mais que cette audace peu réfléchie pouvait avoir les suites les plus funestes dans une campagne comme la nôtre, où ces sortes de périls se renouvelaient à chaque instant.

» Après cette conversation, je lui remis les instructions que je lus à M. Boutin.

» Ces instructions ne devaient me laisser aucune crainte. Elles étaient données à un homme de trente-trois ans, qui avait commandé des bâtiments de guerre.

» Nos canots partirent, comme je l'avais ordonné, à six heures du matin ; c'était une partie de plaisir autant que d'instruction et d'utilité. On devait chasser et déjeuner sous les arbres. Je joignis à M. d'Escures M. de Pierrevert et M. de Montarnal, le seul parent que j'eusse dans la marine, et auquel j'étais aussi tendrement attaché que s'il eût été mon fils ; jamais jeune officier ne m'avait donné plus d'espérances, et M. de Pierrevert avait acquis déjà ce que j'attendais très incessamment de l'autre.

» Les sept meilleurs soldats du détachement composaient l'armement de cette biscaïenne, dans laquelle le maître pilote de ma frégate s'était aussi embarqué pour sonder. M. Boutin avait pour second, dans son petit canot, M. Mouton, lieutenant de frégate. Je savais que le canot de l'*Astrolabe* était commandé par M. de Marchainville, mais j'ignorais s'il avait d'autres officiers.

» A dix heures du matin, je vis revenir notre petit canot. Un peu surpris, parce que je ne l'attendais pas sitôt, je demandai à M. Boutin, avant qu'il fût monté à bord, s'il y avait quelque chose de nouveau. Je craignis, dans ce premier instant, quelque attaque des sauvages. L'air de M. Boutin n'était pas propre à me rassurer, car la plus vive douleur était peinte sur sa physionomie. Il m'apprit alors le naufrage affreux dont il venait d'être témoin, et auquel il n'avait échappé que parce que la fermeté de son caractère lui avait permis de voir toutes les ressources qui restaient dans un si extrême péril. Entraîné, en suivant son commandant, au milieu des brisants qui portaient dans la passe, pendant que la marée sortait avec une vitesse de trois à quatre lieues par heure, il imagina de présenter à la lame l'arrière de son canot, qui de cette manière, poussé par cette lame et lui cédant, pouvait ne pas se remplir, mais devait cependant être entraîné au dehors, à reculons, par la marée. Bientôt il vit les brisants de l'avant de son canot, et il se trouva dans la grande mer.

» Alors, plus occupé du salut de ses camarades que du sien propre, il parcourut les bords des brisants dans l'espoir de sauver quelqu'un ;

il s'y rengagea même, mais il fut repoussé par la marée. Enfin il monta sur les épaules de M. Mouton, afin de découvrir un plus grand espace : vain espoir! tout avait été englouti..... Aussi M. Boutin rentrait à la marée étale. La mer étant devenue belle, cet officier avait conservé quelque espérance pour la biscaïenne de l'*Astrolabe*; il n'avait vu périr que la nôtre.

» M. de Marchainville était dans ce moment à un grand quart de lieue du danger, c'est-à-dire dans une mer aussi parfaitement tranquille que celle du port le mieux fermé ; mais ce jeune officier, poussé par une générosité sans doute imprudente, puisque tout secours était impossible dans ces circonstances, ayant l'âme trop élevée, le courage trop grand, pour faire cette réflexion lorsque ses amis étaient dans un si extrême danger, vola à leur secours, se jeta dans les mêmes brisants, et, victime de sa générosité et de la désobéissance formelle de son chef, périt comme lui.

» Bientôt M. de Langle arriva à mon bord, aussi accablé de douleur que moi-même, et m'apprit, en versant des larmes, que le malheur était encore infiniment plus grand que je ne croyais. Depuis notre départ de France, il s'était fait une loi inviolable de ne jamais détacher les deux frères, MM. la Borde-Marchainville et la Borde-Boutervilliers, pour une même corvée, et il avait cédé, dans cette seule occasion, au désir qu'ils avaient témoigné d'aller se promener et de chasser ensemble. Car c'était presque sous ce point de vue que nous avions envisagé, l'un et l'autre, la course de nos canots, que nous croyions aussi peu exposés que dans la rade de Brest, lorsque le temps est beau.

» Les pirogues des sauvages vinrent dans ce même moment nous annoncer ce funeste événement. Les signes de ces hommes grossiers exprimaient qu'ils avaient vu périr ces deux canots et que tout secours avait été impossible. Nous les comblâmes de présents, et nous tâchâmes de leur faire comprendre que toutes nos richesses appartiendraient à celui qui aurait sauvé un seul homme. Rien n'était plus propre à émouvoir leur humanité. Ils coururent sur les bords de la mer et se répandirent sur les deux côtés de la baie. J'avais envoyé ma chaloupe, commandée par M. de Clonard, vers l'est, où, si quelqu'un, contre toute apparence, avait eu le bonheur de se sauver, il était probable qu'il aborderait. M. de Langle se porta du côté de l'ouest, afin de ne rien laisser à visiter, et je restai à bord, chargé de la garde des deux vaisseaux, avec les équipages nécessaires pour n'avoir rien à craindre des sauvages, contre lesquels la prudence voulait que nous fussions toujours vigilants.

» Presque tous les officiers et plusieurs autres personnes avaient suivi MM. de Langle et de Clonard. Ils firent trois lieues sur les bords de la mer, où le plus petit débris ne fut pas même jeté. J'avais cependant conservé un peu d'espoir. L'esprit s'accoutume avec peine au passage si subit d'une situation douce à une douleur si profonde. Mais le retour de nos canots et chaloupes détruisit cette illusion, et acheva de me jeter dans une consternation que les expressions les plus fortes ne rendront jamais que très imparfaitement.

» Il ne nous restait plus qu'à quitter promptement un pays qui nous avait été si funeste ; mais nous devions encore quelque jours aux familles de nos malheureux amis. Un départ trop précipité aurait laissé des inquiétudes, des doutes en Europe. On n'aurait pas réfléchi que le courant ne s'étend au plus qu'à une lieue en-dehors de la passe, que ni les canots ni les naufragés n'avaient pu être entraînés qu'à cette distance, et que la fureur de la mer en cet endroit ne laissait aucun espoir de retour. Si, contre toute vraisemblance, quelqu'un d'eux avait pu y revenir, comme ce ne pouvait être que dans les environs de la baie, je formai la résolution d'attendre encore plusieurs jours ; mais je quittai le mouillage de l'île, et je pris celui du platin de sable qui est à l'entrée, sur la côte de l'ouest. Je mis cinq jours à faire ce trajet, qui n'est que d'une lieue, pendant lequel nous essuyâmes un coup de vent de l'est qui nous aurait mis dans un très grand danger, si nous n'eussions été mouillés sur un très bon fond de vase.

» Les vents contraires nous retinrent plus longtemps que je n'avais projeté d'y rester, et nous ne mîmes à la voile que le 30 juillet, dix-huit jours après l'événement qu'il m'a été si pénible de décrire, et dont le souvenir me rendra éternellement malheureux. Avant notre départ, nous érigeâmes sur l'île du milieu de la baie, à laquelle je donnai le nom de l'*Ile du Cénotaphe*, un monument à la mémoire de nos malheureux compagnons. M. de Lamanon, naturaliste du bord, composa une inscription qu'il enterra dans une bouteille, au pied du cénotaphe.

» Le 22 juillet, les sauvages nous apportèrent des débris de nos canots naufragés, que la lame avait poussés sur la côte de l'est, fort près de la baie, et ils nous firent entendre par des signes qu'ils avaient enterré un de nos malheureux compagnons sur le rivage, où il avait été jeté par la mer. Sur ces indices, MM. de Clonard, de Monneron et de Monti partirent aussitôt et dirigèrent leur course vers l'est, accompagnés des mêmes sauvages qui nous avaient apporté ces débris, et que nous avions largement récompensés. Ces officiers firent trois lieues sur des pierres, dans un chemin épouvantable. A chaque demi-heure, ces guides exigeaient un nouveau paiement, ou refusaient d'avancer. Enfin ils s'enfoncèrent dans les bois et disparurent. Nos officiers s'aperçurent alors, mais trop tard, que leur rapport n'était qu'une ruse inventée pour obtenir de nouveaux présents. Ils virent, dans cette course, des forêts immenses de sapins de la plus belle dimension : ils en mesurèrent de cinq pieds de diamètre et qui paraissaient avoir plus de cent quarante pieds de hauteur.

» Nos voyageurs rencontrèrent aussi un moraï ou cimetière, qui leur démontra que ces Indiens étaient dans l'usage de brûler leurs morts et d'en conserver la tête. Ils en trouvèrent une enveloppée de plusieurs peaux. Leurs monuments consistent en quatre piquets assez forts, qui portent une petite chambre en planches, dans laquelle reposent les cendres contenues dans des coffres. Ces messieurs ouvrirent ces coffres, défirent le paquet de peaux qui enveloppait la tête, et après avoir satisfait leur curiosité, ils remirent scrupuleusement chaque chose à sa place. Ils y ajoutèrent beaucoup de présents en rassades et en instruments de fer. Les sauvages qui avaient été témoins de cette visite montrèrent un peu d'inquiétude, mais ils ne manquèrent pas d'aller enlever très promptement les présents que nos voyageurs y avaient laissés.

» Nous voyions chaque jour entrer dans la baie de nouvelles pirogues, et chaque jour des villages entiers en sortaient et cédaient leur place à d'autres. Ces Indiens paraissaient redouter beaucoup la passe, et ne s'y hasardaient jamais qu'à la mer étale du flot ou du jusant. Nous apercevions distinctement, à l'aide de nos lunettes, que, lorsqu'ils étaient entre les deux pointes, le chef, ou du moins l'Indien le plus considérable, se levait, tendait les bras vers le soleil, et paraissait lui adresser des prières, pendant que les autres pagayaient avec la plus grande force. Ce fut en demandant quelques éclaircissements sur cette coutume que nous apprîmes que, depuis peu de temps, sept très grandes pirogues avaient fait naufrage dans la même passe. La huitième s'était sauvée. Alors les Indiens qui échappèrent à ce malheur la consacrèrent ou à leur dieu ou à la mémoire de leurs compagnons. Nous la vîmes à côté d'un moraï qui contenait sans doute les cendres de quelques naufragés. Cette pirogue ne ressemblait point à celles du pays, qui ne sont formées que d'un arbre creusé, relevé de chaque côté par une planche cousue au fond de la pirogue. Celle-ci avait des couples, des lisses, comme nos canots, et cette charpente, très bien faite, avait un étui de peau de loup marin qui lui servait de bordage. Il était si bien cousu que les meilleurs ouvriers de l'Europe auraient de la peine à imiter ce travail. L'étui dont je parle, que nous avons mesuré avec la plus grande atttention, était déposé dans le moraï, à côté des coffres cinéraires, et la charpente de la pirogue, élevée sur des chantiers, restait nue auprès de ce monument. J'aurais désiré emporter cette enveloppe en Europe; nous en étions absolument les maîtres, cette partie de la baie n'étant pas habitée; aucun Indien ne pouvait y mettre obstacle : d'ailleurs je suis persuadé que les naufragés étaient étrangers. Mais il est une religion universelle pour les asiles des morts, et j'ai voulu que ceux-ci fussent respectés.

» Enfin, le 30 juillet, à quatre heures du soir, nous appareillâmes avec une brise très faible de l'ouest, qui ne cessa que lorsque nous fûmes a trois lieues au large. L'horizon était si clair que nous apercevions et relevions le mont Saint-Elie, au nord-ouest corrigé, distant d'au moins quarante lieues. A huit heures du soir, l'entrée de la barre me restait à trois lieues dans le nord. Ce Port des Français est situé sous le 58° 37' de latitude et 139° 50' de longitude ouest. » Cook et Vancouver avaient passé devant ce port, qui a la forme d'un T, sans l'apercevoir, car le pied du T est en regard de la mer et quelque peu voilé.

L'expédition française, après avoir seulement pris les positions de quelques lieux isolés, atteignit les rivages de la Californie, et y atterit dans le port de Monterey, le 14 septembre.

M. de la Pérouse reprit la mer le 24 du même mois, et fit route au sud-ouest. Il chercha vainement l'île de Nuestra-Senora de la Gorta. Il est probable que cette île, comme celle de la Mesa et des Jardins, placées sur une vieille carte prise par le commodore Anson à bord d'un galion espagnol qu'il avait capturé, ne sont autre chose que les îles Sandwich, dont la position avait été primitivement mal fixée.

Le 14 novembre, la Pérouse découvrit un énorme rocher de cinq cents toises d'étendue, qu'il appelle l'*île Necker*.

Trente-six heures après, la *Boussole* et l'*Astrolabe* faillirent se perdre, pendant la nuit, et nonobstant un magnifique clair de lune, sur un écueil à fleur d'eau. Heureusement, on le vit à temps. Le moment était des plus calmes : la mer déferlait à peine. Pour peu que le ciel eût été obscur, c'en était fait des deux navires. On détermina la position de l'écueil, au point du jour : il fut signalé sur les cartes, et on lui donna le nom de *Buttes des Frégates françaises*.

La *Boussole* et l'*Astrolabe* se dirigèrent ensuite vers les îles Mariannes. On en eut connaissance le 14 décembre.

Le commandant passa outre, et le 28 il aperçut les îles Bathécs.

Enfin, le 3 janvier 1787, il entra dans la rade de Macao, sur les côtes de la Chine.

Déjà le pavillon français flottait sur un des navires du port, le *Maréchal de Castrie*, commandé par M. de Richery, enseigne de vaisseau. Cette vue fit bien plaisir à nos infortunés navigateurs, si cruellement éprouvés. Les équipages, épuisés de fatigue, réparèrent leurs forces, et remplirent les vides faits dans leurs rangs par le désastre du Port aux Français. Toutefois l'expédition ne put trouver dans ce port les moyens de faire à ses bâtiments les réparations dont ils avaient besoin, ni de reconstruire deux canots pour remplacer les biscaïennes naufragées.

La Pérouse quitta donc Macao et se rendit à Manille, aux Philippines, où il devait trouver des ressources de tout genre.

Il découvrit Luçon le 15 février, et mouilla à Carite le 28. Accueilli de la manière la plus favorable par le gouvernement espagnol, tout ce que renfermait l'arsenal fut mis à sa disposition pour les besoins de ses bâtiments. Ils y furent parfaitement radoubés, et une relâche de quarante jours permit aux équipages de jouir d'un repos indispensable pour se préparer à de nouvelles fatigues.

Les instructions de la Pérouse lui prescrivaient d'apporter une attention particulière à d'importantes reconnaissances dans les mers orientales, et à explorer avec soin la partie nord-est des côtes de Tartarie et îles adjacentes, à peine connues jusqu'alors et seulement d'après les indications vagues des Hollandais et des Russes.

En partant de la baie de Manille, le chef de l'expédition française alla exécuter le magnifique travail qui révéla au monde la Manche de Tartarie, que personne avant lui n'avait explorée. Il parcourut et dessina, pour la sûreté des navigateurs, le canal qui sépare la Tartarie orientale de la grande île de Ségalien. Les détails de son voyage sur cette côte et sur celle du Kamschatka ont procuré à l'endroit de la géographie, des mœurs et des habitants de ces contrées, des données complètement neuves.

Du port de Saint-Pierre et Saint-Paul, au Kamschatka, où lui parvinrent des nouvelles de la cour de France, contenant sa nomination au grade de chef d'escadre, de la Pérouse expédia par terre, pour Paris, M. de Lesseps, embarqué sur l'*Astrolabe*, et qu'il chargea de présenter au roi Louis XVI les journaux, cartes, dessins et tous les résultats des travaux de l'expédition depuis son départ de Brest, jusqu'à son arrivée sur ces côtes.

Les frégates françaises reprirent la mer le 29 septembre. L'hiver arrivant, elles quittèrent ces rigoureux climats pour entrer dans la zone torride; lorsqu'elles coupèrent l'équateur, elles n'avaient rencontré aucune terre.

Le 6 novembre suivant, elles atteignirent les îles des Navigateurs, et mouillèrent le 9 à celle de Maouna. L'ancrage y était mauvais; mais le besoin de faire de l'eau ne permettait pas de quitter cette île avant d'en avoir approvisionné les navires. La Pérouse expédia donc des embarcations à terre, et y descendit lui-même avec M. de Langle, qu'un trépas prématuré, cruel et fatal, attendait sur ces bords malheureux. Nous ne raconterons pas ce drame qui appartient à l'histoire des voyages et pas à celle des naufrages. Nous dirons seulement que, par suite de cette nouvelle et horrible tragédie, la route de notre infortuné la Pérouse se trouva jalonnée, en quelque sorte, par de lugubres événements, présages bien tristes de l'effrayante catastrophe qui devait prochainement causer la perte entière de l'expédition.

M. de la Pérouse, après le désastre de la Maouna, qui lui enleva douze de ses officiers et matelots, et notamment M. de Langle, se dirigeant vers le sud-ouest, reconnut bientôt l'île des Traîtres et celle des Cocos, découvertes par Schouten. De là, le nouveau chef d'escadre alla ranger la partie nord de l'Archipel des Amis, et communiqua même avec les naturels de l'archipel des Tongas, ceux surtout de l'île Tonga-Tabou. Il eût bien désiré relâcher dans cette dernière île, mais l'événement dont Maouna avait été le théâtre l'avait rendu défiant vis-à-vis des naturels de l'Océanie. Malgré les couleurs favorables sous lesquelles les navigateurs précédents avaient dépeint les sauvages des îles des Amis, la Pérouse n'osa s'y fier. Il se rendit donc à Botany-Bay, sur les côtes de la Nouvelle-Hollande, où il espérait trouver les moyens de réparer une partie de ses pertes, notamment ses chaloupes perdues à Maouna. Il y mouilla le 26 janvier 1788.

A sa grande surprise, la Pérouse trouva à Botany-Bay toute une flotte anglaise. C'était celle du commodore Philipp, qui venait jeter les fondements des colonies de la Nouvelle-Galles du sud.

Ce fut de Botany-Bay que furent adressées au gouvernement français les dernières nouvelles de l'expédition commandée par la Pérouse.

Plusieurs années s'écoulèrent alors sans qu'on entendît parler des marins de l'*Astrolabe* et de la *Boussole*.

D'abord l'agitation révolutionnaire qui, en 1789, faisait fermenter toutes les têtes en France, empêcha de songer au sort de l'expédition scientifique envoyée par Louis XVI autour du monde. Cependant, quelques savants de Paris, que leur amour exclusif pour les sciences tenait étrangers aux troubles politiques, furent les premiers frappés de ce lugubre silence. La société d'Histoire naturelle essaya bientôt de soulever le voile funèbre qui cachait le sort de la Pérouse à ses compatriotes.

On ne pouvait douter en effet que l'expédition qu'il commandait n'eût éprouvé quelque grand malheur.

Une demande fut alors adressée à l'Assemblée nationale de France. On lui exposait de justes alarmes, et on exprimait le désir que d'autres bâtiments fussent expédiés pour aller à la recherche de la *Boussole* et de l'*Astrolabe*, afin de recueillir ceux des hommes de leurs équipages qui, échappés à un naufrage plus que probable, végétaient peut-être sur quelque île de l'Océan Pacifique, en invoquant les secours de leur patrie. Ce vœu des savants fut accueilli avec empressement, et Louis XVI fut prié par l'Assemblée d'ordonner l'armement de deux navires pour aller à la recherche de la Pérouse.

Le commandement de cette seconde expédition fut donné à M. d'Entrecasteaux, capitaine de vaisseau, déjà connu par ses belles campagnes sur les mers orientales. Malheureusement on donna à l'illustre marin deux navires qui, comme ceux de la Pérouse, étaient en fort mauvais état. La *Recherche* fut montée par M. d'Entrecasteaux, et l'*Espérance* eut pour commandant le major de vaisseau M. Huon de Kermadec.

Ces deux bâtiments appareillèrent dans la rade de Brest, le 28 septembre 1791.

Nous n'en raconterons pas les aventures. Le voyage de M. d'Entrecasteaux ne fut pas heureux. Nulle part il ne vit de traces du passage de M. de la Pérouse; nulle part il ne recueillit de nouvelles de son expédition. En outre, les chefs de cette recherche perdirent la vie en l'accomplissant, et, en dernier lieu, les navires la *Recherche* et l'*Espérance*, ayant mouillé dans un port hollandais, furent séquestrés par le gouvernement, parce que la Hollande, ainsi que l'Europe entière, était en guerre avec la France, depuis que la Révolution avait fait tomber sur l'échafaud les nobles têtes de Louis XVI et de Marie-Antoinette.

Alors il s'écoula quarante années sans que l'on reparlât de la Pérouse et des équipages des frégates la *Boussole* et l'*Astrolabe*.

La France avait à s'occuper de bien autre chose! N'avait-elle pas à conduire à la guillotine les rois, les nobles, les prêtres, tout ce qui était noble, grand et saint.

Donc la Pérouse fut oublié, ou s'il ne fut pas oublié, on ne s'occupa plus de connaître son sort.

Il était réservé au capitaine anglais Peters Dillon, commandant le vaisseau de la compagnie des Indes la *Research*, de jeter le premier, sur ce douloureux sujet, une triste lumière qui fît connaître toutes les péripéties du drame et mit fin aux incertitudes.

C'était en 1826.

Le capitaine Dillon se trouvait à Tucopia, île voisine de l'archipel Fidji ou Viti, lorsqu'un de ses gens acheta d'un Indien de cette île une garde d'épée en argent, armoriée et de fabrique évidemment française. Dillon interrogea les insulaires, et grâce à la facilité avec laquelle il s'entretenait avec eux, il sut bientôt que cette poignée d'épée, des chevilles en fer et en cuivre, des haches, des couteaux et autres objets qui se trouvaient entre les mains des naturels, leur avaient été donnés ou échangés par des sauvages d'une île assez éloignée, qui avait nom Vanikoro, et près de laquelle deux grands vaisseaux avaient fait naufrage. Les vieillards qui s'entretenaient avec Dillon, pour préciser l'époque de ce naufrage, lui dirent qu'ils étaient jeunes garçons lorsque, chaque jour encore, on voyait des débris et des dépouilles de ces navires naufragés entre les mains des insulaires de Vanikoro.

Ces renseignements et les objets qu'il venait de racheter des naturels de Tucopia persuadèrent au capitaine Dillon que les deux bâtiments victimes d'un naufrage devaient être ceux de l'infortuné la Pérouse, puisque, à l'époque indiquée, on n'avait pas entendu parler de la perte de deux bâtiments autres que la *Boussole* et l'*Astrolabe*.

Il poursuivit dès lors ses informations avec plus d'activité, et apprit enfin d'un Tucopien, qui revenait de Vanikoro, comment les naturels de cette île racontaient que, bien des années auparavant, deux gros vaisseaux étaient venus devant leur île, et que, tout-à-coup, une tempête s'éleva, de manière que l'un des navires échoua sur les récifs. Les naturels lancèrent quelques flèches, et on riposta par des coups de canon. Le vaisseau, battu par les vagues, et continuant à heurter contre les rochers, fut bientôt en pièces. Quelques hommes se jetèrent dans des embarcations et furent poussés à la côte, où les sauvages les tuèrent tous jusqu'au dernier.

Le second vaisseau, plus heureux, avait échoué sur une plage de sable, et au lieu de répondre hostilement aux agressions des sauvages, les gens de l'équipage offrirent quelques haches et de la verroterie en signe d'amitié. La confiance s'établit, et les naufragés, obligés d'abandonner leur vaisseau, purent entrer dans l'île. Ils y restèrent quelque temps et bâtirent un petit vaisseau avec les débris du grand. Aussitôt qu'il fut prêt, il partit avec autant d'hommes qu'il pouvait porter. Le commandant promit à ceux qui restaient dans l'île de revenir les chercher ; mais on n'en entendit plus parler. Ces hommes, restés dans l'île, se partagèrent entre les différents chefs, auxquels leurs fusils rendirent de grands services, dans leurs guerres avec les peuplades voisines.

Par suite de ces indications, le capitaine Dillon, de retour au Bengale, entra en correspondance avec le gouvernement de la Compagnie, et, s'appuyant sur le décret de l'Assemblée nationale de France, qui prescrivait à tous les ambassadeurs, consuls et agents français dans les pays étrangers, d'inviter, au nom de l'humanité, des arts et des sciences, les souverains de ces pays à ordonner à tous les navigateurs et agents quelconques de s'enquérir de toutes les manières possibles du sort de la *Boussole* et de l'*Astrolabe* que commandait de la Pérouse, il s'offrit à aller chercher ceux des Français qui pourraient encore exister, et, en tout cas, à vérifier si l'île de Vanikoro avait réellement vu périr les deux vaisseaux, et si l'on pouvait encore retrouver des traces certaines du séjour des naufragés dans l'île.

Tous ces renseignements concernant un homme qui avait servi les sciences avec tant de zèle et qui était devenu victime de ses efforts pour en étendre le progrès, ne pouvaient qu'être favorablement accueillis. Aussi la garde d'épée que M. Dillon avait rapportée fut-elle soumise à l'examen d'officiers au service de France, et tous reconnurent qu'elle était exactement de la forme et de l'espèce de celles que portaient les officiers de la marine française, à l'époque où l'on supposait que la Pérouse avait fait naufrage ; et même, d'après le chiffre gravé sur cette poignée, mais bien effacé par les mains des sauvages, ils conclurent qu'elle avait dû appartenir au commandant de la Pérouse lui-même.

Un vaisseau de la compagnie des Indes, la *Research* ou *Recherche*, fut confié au capitaine Dillon, avec la mission d'aller à Vanikoro et de faire toutes les recherches nécessaires pour arriver à la certitude du naufrage de de la Pérouse sur ces côtes. M. Chaigneau, agent français, lui fut adjoint pour présider aux recherches.

Le 23 juin 1827, le capitaine Dillon partit du Bengale, et le 8 septembre il arriva en vue de Vanikoro. Il reconnut que cette île était de tous côtés entourée de récifs à une distance d'environ deux milles des rivages. Il communiqua avec les naturels, qui lui racontèrent de nouveau ce qu'il avait appris déjà à Tucopia. Seulement ils dirent que tous ceux qui avaient fait naufrage étaient des esprits qui avaient de longs nez s'avançant à deux palmes en avant de leurs visages. Ils voulaient parler des chapeaux à cornes dont étaient coiffés les Français. Ils ajoutèrent que le chef était sans cesse occupé à regarder le soleil avec un certain instrument qu'ils ne pouvaient dépeindre, et à lui faire des signes. D'après eux, les hommes blancs étaient partis cinq lunes après avoir fait naufrage; il n'en était resté que deux, dont l'un était chef, car l'autre le servait : mais, le premier était mort il y avait trois ans, et le second avait quitté l'île avec un sauvage auquel il s'était attaché.

Poursuivant ses investigations avec une infatigable persévérance, le capitaine Peters Dillon se fit conduire sur le lieu du naufrage, où il recueillit quelques morceaux de fer. Il chercha vainement sur les rochers et sur les arbres des inscriptions qu'auraient pu y laisser les naufragés. Il remonta aussi une petite rivière jusqu'à un bois où les Français avaient abattu des arbres à coups de hache : les troncs en faisaient foi, ainsi que de l'époque à laquelle cet abattis devait avoir eu lieu, et qui concordait avec l'époque de la disparition de la Pérouse. Ce qui cependant, plus qu'à toute autre chose, lui donna la certitude que l'*Astrolabe* et la *Boussole* avaient fait naufrage dans cette île, fut la découverte, sur les récifs mêmes, témoins du drame, de plusieurs reliques, aujourd'hui déposées sur la pyramide de la Pérouse, dans une des salles du musée de la marine, au Louvre. En outre, quatre petits canons, un fragment de cuiller en argent, plusieurs pierriers, quantité de porcelaines et surtout une petite et une grosse cloche, cette dernière portant en exergue cette légende française : *Bazin m'a faite*, et ornée de fleurs de lis, tous ces objets décorant la pyramide en question et précieux témoignages que Dillon reçut des Vanikoriens, comme preuves irréfutables du désastre, le démontrèrent jusqu'à l'évidence.

Le capitaine Dillon rendit compte de son voyage à la compagnie du Bengale, et il fut décidé qu'il se rendrait en Angleterre, où il lui serait permis de rapporter en France ceux des objets qu'on jugerait convenable d'y envoyer. Bientôt après, Dillon vint en effet à Paris. Charles X régnait alors. Pour récompenser Dillon de ses recherches, Charles X le fit chevalier de la Légion-d'Honneur. Il lui accorda en outre une somme suffisante pour l'indemniser des frais de son voyage. Enfin il lui accorda une pension de quatre mille francs. C'était justice, car, pendant ses investigations, l'infortuné Dillon avait été ruiné par la banqueroute de son fondé de pouvoirs.

Si les découvertes de Peters Dillon à l'endroit de de la Pérouse ne suffisent pas à satisfaire certains esprits, nous pouvons maintenant relater ici celles que notre illustre navigateur Dumont-d'Urville a pu faire à son tour.

Lorsque Dumont-d'Urville faisait son premier voyage autour du monde, en 1827, il relâcha, au mois de décembre, à Hobart-Town, ville principale de la Terre de Van-Diemen, et possession anglaise.

« Le pilote Mansfield, de la rivière Derwent, écrit Dumont-d'Urville, ayant appris que notre mission avait pour objet de faire des découvertes et des explorations dans la mer du Sud, vint me trouver, lorsque j'étais à Hobart-Town, et me demanda si j'avais eu des nouvelles de l'expédition de de la Pérouse. Sur ma réponse négative, il m'apprit d'une manière confuse que le capitaine d'un navire anglais avait dernièrement trouvé les restes du vaisseau de de la Pérouse, dans une des îles de l'Océan Pacifique, qu'il avait rapporté des débris, et même qu'il avait ramené l'un des compagnons de l'infortuné voyageur, à savoir un matelot prussien. Il ajoutait que ce capitaine, un nommé Peters Dillon, renvoyé par le gouverneur du Bengale pour aller chercher les autres naufragés, avait touché à Hobart-Town, six mois avant mon arrivée, et que le Prussien en question se trouvait encore à bord.

» Ce récit, fait d'une manière peu correcte, ne me parut d'abord qu'un conte fait à plaisir et devant être relégué au rang de ceux qui depuis une quarantaine d'années se succédaient sur le compte de de la Pérouse. Toutefois le ton d'assurance du pilote m'engagea à questionner M. Franckland, aide-de-camp du gouverneur. Le jeune officier, qui parlait fort bien le français, vint précisément à bord pour me présenter les compliments du lieutenant-colonel Arthur.

» Je m'empressai d'interroger M. Franckland sur la mission de M. Dillon. Il me répondit en riant que Dillon était un fou, un aventurier; que sa prétendue découverte n'était qu'une fable, et qu'il avait eu, à son passage dans la colonie, une affaire très peu honorable pour laquelle il avait été juridiquement condamné à un emprisonnement...... »

Le jour s'est fait sur l'affaire en question du capitaine Dillon, avec un certain docteur Tytler, homme faux et insociable. Le vrai coupable, dont Dillon fut en effet la victime, car il fut mis en prison à Hobart-Town, fut ce Tytler, qui voulait supplanter Dillon et s'attribuer à l'avance la gloire et les fruits de la découverte du naufrage de de la Pérouse. Mieux informé, M. Franckland n'eût pas tenu sur Dillon le discours qu'entendit Dumont-d'Urville.

Mais revenons au récit de ce dernier.

« Ces paroles de M. Franckland refroidirent singulièrement mes espérances.

» Mais voici que, pendant que je délibérais sur ma conduite, M. Kelly, commandant du port, m'apporta le journal où se trouvait consigné tout au long le rapport de M. Dillon, touchant sa découverte à Tucopia.

» Après avoir lu attentivement cette relation et avoir bien pesé son contenu, elle me parut offrir dans ses détails un caractère de sincérité qui me conduisit à penser qu'elle pouvait ne pas être dénuée de fondement. En conséquence, de ce moment mon parti fut définitivement pris. Je me décidai à conduire immédiatement l'*Astrolabe* à Vanikoro. J'étais convaincu qu'il importait essentiellement à la gloire de notre mission, à l'honneur de la marine et même de la nation française, de constater ce qu'il pouvait y avoir de réel dans ces rapports de Peters Dillon, ou même d'en établir la fausseté.... »

Nous devons interrompre, un moment encore, la relation de M. Dumont-d'Urville, pour dire au lecteur que Peters Dillon n'avait nullement trouvé un des matelots de l'expédition de de la Pérouse, ce Prussien dont avait entretenu Dumont-d'Urville le pilote Mansfield, comme nous l'avons vu plus haut. Dillon avait simplement retrouvé à Tucopia, où ils habitaient alors, un matelot prussien du nom de Bushart, et un lascar appelé Joë, qu'il avait connu aux îles Fidji ou Viti, et avec lesquels il avait couru de grands dangers. Ces deux hommes habitant Tucopia et ayant su des sauvages maintes particularités relatives au naufrage de de la Pérouse, les révélèrent à Dillon : Bushart accompagna même Dillon à Vanikoro. Mais Bushart n'avait jamais été matelot de l'expédition française de l'*Astrolabe* et de la *Boussole*, et quand Dillon s'éloigna de Vanikoro, il reconduisit le matelot prussien à Tucopia, et ne l'emmena pas avec lui, comme l'avait dit le pilote Mansfield.

Dumont-d'Urville continue de la sorte :

« Après plusieurs incidents de pure navigation, l'*Astrolabe* arriva devant Tucopia, le 18 février 1828.

» Vers deux heures, la vigie annonça trois pirogues qui se dirigeaient vers nous. Chacun se précipite sur les bastingages et hâte de ses vœux l'instant qui va mettre un terme à nos doutes. Dans la pirogue qui marche en tête, on remarque un Européen portant un bonnet de laine, une chemise rouge et un pantalon de flanelle blanche. Il monte sur-le-champ à bord et répond à mes questions qu'il est le Prussien Martin Bushart, et que c'est lui qui a accompagné le capitaine Dillon dans son voyage aux îles Vanikoro.

» J'invite Bushart à descendre dans ma chambre, et voici, en substance, le résultat de l'entretien que j'eus avec lui :

» Après une grande querelle avec ses officiers, M. Dillon s'était enfin décidé à se rendre aux îles Vanikoro, en passant par Tucopia... »

Cette querelle n'était autre que l'affaire Tytler, dont j'ai parlé plus haut.

« Dillon avait pris à bord plusieurs habitants de Tucopia pour lui servir de guides et d'interprètes dans les îles voisines : mais il n'avait pu mouiller ni à Païou ni à Vanou. »

Vanou et Païou sont deux villages de Vanikoro.

« Ce n'avait donc été qu'avec beaucoup de difficultés, et en courant de grands dangers, qu'il était parvenu à conduire son vaisseau dans un endroit nommé Ouli, situé à dix ou douze milles du lieu du naufrage. M. Dillon avait séjourné près d'un mois sur le théâtre du désastre et s'y était effectivement procuré les divers objets mentionnés dans sa relation. Mais il ne restait aucun Français dans l'île de Vanikoro. Le dernier était mort un an auparavant : les naturels avaient montré son tombeau au capitaine anglais. Les insulaires, du reste, avaient été fort paisibles et bien intentionnés vis-à-vis de leurs hôtes.

» Par exemple, l'air de Vanikoro était fort malsain, et l'équipage de Dillon avait été attaqué d'une fièvre dont il avait cruellement souffert.

» Bushart, du consentement de Dillon, était revenu ensuite à Tucopia, dont il avait fait sa nouvelle patrie, ramené par le capitaine anglais.

» Le 11 février, des quatre *ariskis* ou premiers chefs des îles voisines de Tucopia, trois vinrent me faire visite, et chacun d'eux m'offrit un présent consistant en trois ou quatre noix de cocos, autant de bananes vertes de mauvaise qualité, et un ou deux poissons volants. C'était une preuve de leur extrême pauvreté. J'eus soin de répondre à leur politesse comme si leurs présents eussent été du plus grand prix.

» Un de ces hommes, que je pris d'abord pour un insulaire, s'approcha de moi avec timidité, et me présenta un pli soigneusement enveloppé de papier. En retour, je lui donnai un collier et un couteau qui le comblèrent de joie.

» Ce pli contenait une lettre de M. Dillon, qui me faisait simplement part de l'objet de son voyage et m'annonçait qu'il allait se diriger sur l'île Pitt, et ensuite sur Santa-Cruz. Comme il évitait de me donner aucun renseignement particulier sur Vanikoro, quelques-uns de mes officiers en prirent occasion de me dire que M. Dillon ne m'avait laissé cette lettre que pour me donner moyen de lui porter secours au cas où il lui serait arrivé quelque malheur dans ses recherches.

» L'Anglais Hamilton, que je questionnai au sujet de l'homme à qui M. Dillon avait confié sa lettre, m'apprit qu'il n'était pas natif de Tucopia, et des questions subséquentes me firent connaître que c'était le lascar Joë, qui avait vendu à M. Dillon la garde d'épée, et qui le premier lui avait donné des renseignements positifs sur le lieu du naufrage et les traces qui en restaient dans le pays... »

Apprenez, chers lecteurs, que l'on nomme *lascars*, dans les mers orientales, les matelots indiens qui naviguent sur des vaisseaux de notre Europe.

» Je fis appeler le lascar Joë, continue M. Dumont-d'Urville, et le questionnai alors. Il avait tellement peur que je ne voulusse l'emmener, qu'il nia d'abord qu'il fût le lascar du nom de Joë, et se refusa à me donner toute espèce de renseignement. Cependant, quand je lui eus fait comprendre que mon intention était de le laisser complètement maître de ses actions, il s'enhardit peu à peu, et finit par avouer qu'il était allé lui-même, plusieurs années auparavant, aux îles Vanikoro, où il avait vu plusieurs objets provenant des vaisseaux, et qu'on lui dit alors que deux blancs très âgés vivaient encore, mais qu'il ne les avait jamais vus. Du reste, d'accord en cela avec les naturels de Tucopia, Joë assurait que l'air est très malsain à Vanikoro, à cause du froid et des fièvres qui y règnent habituellement. Dans un voyage qu'ils firent sur cette île, les Tucopiens eurent dix de leurs hommes enlevés par la fièvre. Aussi disaient-ils :

» — *Mate moe fenona!...* La terre tue là-bas !...

» Ce lascar Joë, natif de Calcutta, avait vécu quatre ans aux îles Viti ou Fidji, dont il amena une femme à Tucopia. Il avait visité successivement les îles Laguemba, Koro, Takou-Robe, Imbao, Mouala, Kaudabon, Vatou-Lele, et résidé trois ou quatre mois dans chacune, excepté à Vouhia, où il avait passé vingt-et-un mois. Que de choses curieuses cet homme a vues, et que de rapports pleins d'intérêt il pourrait faire, s'il avait reçu la moindre éducation ! Mais Joë ne sait ni lire ni écrire, et il a tellement contracté les habitudes des Polynésiens, qu'au premier coup d'œil il est presque impossible de le distinguer d'avec eux, d'autant plus que son corps est couvert d'un tatouage semblable au leur. Mais, en y regardant de plus près, sa figure offre un type différent : la coupe en est plus ovale et moins arrondie ; ses traits annoncent aussi une race plus intelligente.

» Ni Bushart ni Joë ne voulant me suivre à Vanikoro, je résolus de m'en tenir à deux Anglais, dont était l'Hamilton cité plus haut, laissés par un vaisseau de leur nation à Tucopia, et qui me demandaient passage sur ma corvette. De ce moment j'aurais voulu poursuivre sur-le-champ ma route sur Vanikoro, mais il restait à bord près de vingt-cinq naturels que je ne me souciais nullement d'emmener avec moi. Or, les pirogues de l'île ne venaient pas les chercher ! Tout en restant, il fallut attendre jusqu'à deux heures et demie. Encore n'arriva-t-il que cinq pirogues, et chacune d'elles ne pouvait recevoir que trois ou quatre sauvages en sus de ceux qui les montaient. Aussi, quand elles furent toutes parties, il resta encore cinq naturels appartenant sans doute à la classe la plus obscure de l'île de Tucopia, car, malgré leurs prières et leurs supplications, aucune des pirogues ne voulut s'en charger. Aucune autre pirogue n'était en vue et le courant nous avait entraînés déjà de huit milles sous le vent de l'île. Bon gré mal gré il fallut me décider à faire voile, emmenant avec moi ces cinq Tucopiens.

» On les fit coucher dans le grand canot. Toute la nuit ils ne cessèrent d'indiquer exactement le gisement de Vanikoro, lorsqu'on leur demandait de quel côté de l'horizon il était situé. Certaines étoiles leur servaient à reconnaître leur position.

» Enfin, le lendemain au coucher du soleil, dans la partie de l'horizon éclaircie par le disque de cet astre, des barres de perroquet nous pûmes distinguer les sommités de Vanikoro, sous la forme de trois mamelons aplatis et isolés, comme autant d'îles distinctes. Nous en étions cependant encore à soixante milles de distance.

» A cet aspect, nos cœurs furent agités par un mouvement indéfinissable d'espérance et de regrets, de douleur et de satisfaction. Nous avions donc sous les yeux le point mystérieux qui avait caché si longtemps à la France, à l'Europe entière, les débris d'une noble et généreuse entreprise. Nous allions fouler aux pieds ce sol funeste, interroger ses plages et questionner ses habitants !

» Mais quel allait être le résultat de nos efforts ?

» Parmi les cinq Tucopiens, l'Anglais Hamilton m'en fit remarquer un qui se disait natif de Houria, île située à deux journées de Tonga-Tabou. Il se trouvait avec trois de ses compatriotes, dans une petite pirogue, quand la brise l'entraîna sous le vent de son île. Ces malheureux furent obligés de rester trente jours à la mer, n'ayant que six cocos pour toute nourriture. Ils étaient à toute extrémité quand ils abordèrent à Tucopia, où ils furent accueillis avec hospitalité, et où ils s'établirent. Celui qui se trouvait à bord de l'*Astrolabe* avait reçu de ses nouveaux compatriotes le nom de Brini-Warou.

» Il nous fallut errer longtemps autour de Vanikoro avant de trouver un passage à travers le récif. Le 20 seulement l'*Astrolabe* fut mouillée. Le 22, le matelot Hamilton me présenta un naturel qui s'était offert pour piloter notre canot sur le lieu du naufrage de de la Pérouse.

» Sous la conduite de ce sauvage, M. Gressien put faire le tour de l'île en-dedans de la ceinture de brisants qui l'environne, et même en suivant la côte de fort près.

» A Païou, le premier village où il s'arrêta, tous les insulaires prirent la fuite. Hamilton, le seul homme du canot qui descendit à terre, ne trouva qu'un vieillard et une vieille femme. Ces deux individus, dominés par la frayeur, ne purent lui donner aucun renseignement.

» Plus loin, dans un endroit nommé Nama, où se trouve un village plus considérable qu'à Païou, on put communiquer avec les naturels, qui vendirent plusieurs morceaux de vieux fer et de cuivre, provenant des vaisseaux naufragés, l'un à Païou, l'autre à Vanou. Mais personne ne put ou ne voulut donner des détails touchant les circonstances du naufrage, ni sur le sort des Français qui purent échapper. Un seul, plus âgé, raconta toutefois qu'un certain nombre d'Européens s'étaient sauvés sur des planches, et que d'eux d'entre eux s'étaient établis à Païou, mais qu'ils étaient morts depuis longtemps. Les autres, comme s'ils se fussent donné le mot pour garder le silence sur cet événement, protestèrent qu'ils n'en avaient aucune connaissance, et que ces objet leur venaient de leurs parents qui les avaient enfoncés en terre depuis longtemps. Lorsqu'on leur objecta les débris recueillis par Dillon sur les récifs, tous assuraient que ce capitaine, qu'ils nommaient *Pila*, par corruption de son nom de baptême *Peters*, n'avait point emporté de canons, qu'il n'avait rien recueilli sur les brisants, et que, durant son séjour dans l'île, la mer avait été trop grosse pour qu'on pût rien pêcher sur les récifs. Il était évident que ces insulaires, craignant que nous ne fussions venus chez eux pour tirer vengeance de la mort de nos compatriotes, avaient adopté de concert un système de dénégation absolu touchant le naufrage des frégates et les événements qui s'en étaient suivis. Ni promesses, ni caresses, ni prières, ne réussirent à M. Gressien pour vaincre leur obstination. Il fut obligé de les quitter sans en rien obtenir de plus satisfaisant.

» Le grand canot passa la nuit près du village de Vanou, dont les habitants apportèrent aussi quelques débris insignifiants du naufrage. Puis, le lendemain, il se dirigea vers la passe du nord, par laquelle il rentra dans le bassin intérieur; et enfin il revint à bord par la passe de l'est, en face de laquelle mouillait l'*Astrolabe*.

» A Vanou, les deux guides, qui étaient des naturels d'une autre île appelée Tavaï, parurent fort alarmés de se trouver en présence des habitants de ce point de l'île. Ils se couchèrent à plat ventre dans le canot, et ne se firent voir qu'après avoir reconnu que les naturels de Vanou ne se montraient pas hostiles envers leurs hôtes. Un de ces guides raconta à l'Anglais Hamilton que, outre les deux navires qui avaient fait naufrage à Païou et à Vanou, un autre avait péri près des îles de sable nommées Mahakoumou, au sud de l'île, mais qu'on n'avait rien pu sauver, attendu qu'il avait été brisé sur-le-champ et s'était englouti le long du brisant..... »

Ce dernier navire devait être assurément le petit vaisseau fait avec les débris des deux grands par les infortunés compagnons de de la Pérouse. De sorte que, après avoir passé cinq mois à l'établir, les malheureux navigateurs l'avaient perdu presque aussitôt, à quelques milles de Vanikoro seulement, et s'étaient perdus avec lui.....

« Ce premier voyage, dit la relation de Dumont-d'Urville, nous fit connaître le contour de l'île de Vanikoro et nous a confirmé le fait du naufrage. Mais il ne nous procura encore aucun document précis sur le lieu où il arriva, et sur les circonstances qui l'accompagnèrent... »

Pour éclairer le lecteur qui, assurément, s'attache aux péripéties de cette cruelle tragédie, nous allons dire quelques mots de la géographie de Vanikoro.

Vanikoro fait partie d'un groupe d'îles dont deux, plus grandes et plus élevées, Vanikoro et Tavaï, et deux petites, Manevaï et Nanou nha, en réalité n'en forment qu'une seule, tant elles sont voisines l'une de l'autre, sous le nom commun à toutes de Vanikoro. Un récif de corail de trente à quarante milles de circuit enveloppe ce groupe d'îles, comme d'une ceinture, à une certaine distance du rivage. Il existe à peine quelques coupures qui servent de passes et d'entrées dans le bassin intérieur qui entoure l'île entière : c'est comme une fortification naturelle qui le protége, et ces récifs sont assez communs autour des îles de l'Océanie. Un petit espace, encastré dans les récifs de la partie orientale de cette ceinture, mais à l'extérieur, peut servir d'abri.

C'est ce petit port que Dillon occupa en le nommant baie de Bayley, et où mouilla Dumont-d'Urville à son tour, en l'appelant hâvre d'Ocili.

L'espace qui s'étend entre cette ceinture de coraux et l'île, offre une nappe d'eau constamment paisible, tandis que, au-dehors, excepté dans le petit havre d'Ocili, la mer est très agitée.

L'île de Vanikoro est très montagneuse et couverte d'épaisses forêts de la plus riche végétation, que les pluies fréquentes et ensuite les chaleurs entretiennent toujours belle.

On compte quelques villages dans cette île.

Vanou, au nord, où l'un des navires de de la Pérouse fut brisé, et dont les naturels massacrèrent l'équipage français tout entier, parce que ce dernier avait eu recours à ses armes pour se défendre.

Païou, au sud-ouest, où le second navire fut également brisé, mais dont les naturels accueillirent l'équipage plus prudent et qui avait fait des offres et des avances de bonne amitié aux sauvages.

Il y avait aussi Nama ou Ammak, à l'ouest, entre Vanou et Païou, et Manevaï et Ousélie, à l'est, en face du hâvre d'Ocili.

Vue à distance, Vanikoro sillonne l'air des dentelures de ses montagnes et présente une masse verdoyante fort pittoresque. Malheureusement, nous l'avons dit, le climat est très humide et très malsain : aussi donne-t-il des fièvres très pernicieuses et presque toujours mortelles pour les naturels des autres îles, et surtout pour les Européens.

« Déjà M. Guilbert, continue Dumont-d'Urville, en chassant sur les bords de la passe de l'est, avait découvert, sur la petite île du bassin intérieur, un petit village, — celui d'Ousélie, — dont les habitants l'accueillirent bien. Deux des naturels de ce village, Tangaloa et Barbaka, lui montrèrent un certificat que M. Dillon leur avait laissé, et que M. Guilbert put obtenir, moyennant quelques présents. Par chacune de ces pièces écrites sur un morceau de parchemin, et datées du 6 octobre 1827, M. Dillon certifie qu'il a été content de la conduite du porteur durant son séjour dans l'île ; qu'il y est arrivé le 13 septembre et qu'il doit en repartir le 7 octobre, pour se rendre aux îles sous le vent, à la recherche des Français de l'équipage de de la Pérouse. Il fait aussi mention de cinq canons de bronze, d'un mortier de cuivre et de vaisselle, trouvés à Vanikoro.

» Je m'abouchai moi-même avec un chef de sauvages, Nelo. Il lui arrivait de ne me répondre que dans un état de mauvaise humeur. Il convint que les Français avaient abordé à Vanou et qu'on les y avait massacrés. Mais, suivant lui, les Français abordant à Vanou avaient tiré les premiers, et avaient tué une vingtaine de naturels, puis ils s'en étaient allés. Jamais, à sa connaissance, aucun *papa langui* — homme blanc — n'avait existé dans Vanikoro ni dans les îles voisines. Un navire s'était effectivement perdu sur les récifs du sud-est ; mais on n'avait rien pu en sauver, et les blancs qui le montaient n'étaient point descendus à terre. Enfin *Pita* n'avait point eu de canons et n'avait pas même pu pêcher sur les récifs.....

» Malgré les protestations de Nelo, je voyais facilement que ce chef n'était pas sincère, et qu'il y avait beaucoup de réticence dans ses déclarations. »

Dumont-d'Urville visita lui-même alors l'île de Tavaï, puis celle de Manevaï, dans le bassin intérieur.

» Du plus loin que les naturels nous aperçurent, dit-il, les habitants accoururent au-devant de nous, sans armes, et en témoignant une joie extrême de nous voir. Le vieil ariski appelé Tamanongui me prit amicalement par la main et me conduisit dans une sorte de case publique où l'on préparait des vivres. Nous nous assîmes au milieu de tout ce peuple et à côté des chefs des villages. Je donnai à chacun d'eux un collier, et M. Guilbert leur offrit un morceau d'étoffe de Tonga. Ces présents les comblèrent de joie. Aussitôt je commençai à les questionner. Ils m'écoutaient attentivement et semblaient disposés à m'être agréables : néanmoins, comme ceux de Tavaï, ils nièrent longtemps avoir eu connaissance de l'événement. Personne ne se souvenait avoir vu les vaisseaux naufragés, ni les étrangers qui les montaient. Enfin, un vieillard qui n'avait pas moins de soixante-dix ans confessa qu'il avait vu deux blancs, qui étaient restés à Païou. Mais il ajouta qu'ils étaient morts depuis longtemps sans avoir laissé d'enfants.

» Ceux qui avaient abordé à Vanou, d'après lui, avaient été reçus à coups de flèche par les indigènes. Alors les blancs avaient tiré sur ceux-ci avec leurs fusils; — en disant ceci, le vieillard faisait le geste d'un homme qui souffle la mort ; — ils en avaient tué plusieurs ; ensuite ils ont tous péri eux-mêmes, et leurs crânes étaient enterrés à Vanou. Les os de nos Français avaient servi à garnir les flèches des sauvages.

» A Manevaï, comme à Tavaï, je montrai aux insulaires une croix de Saint-Louis et une pièce d'argent, en leur demandant s'ils avaient déjà vu des objets semblables. A Tavaï, personne ne se souvenait d'en avoir jamas vu : mais à Manevaï, Tangaloa affirma qu'il s'en trouvait de semblables à Vanou.

» Le lendemain, M. Jacquinot, accompagné de MM. Hottin, Samson, Dudemaine et Lesson, partit dans le grand canot pour faire une seconde excursion autour de l'île et chercher de nouveau le lieu du naufrage. Ils arrivèrent, par le nord de l'île, à huit heures, devant Vanou. A l'approche de l'embarcation, les femmes s'enfuirent dans les bois, emmenant leurs enfants avec elles, et emportant sur leur dos leurs effets les plus précieux. Les hommes, au contraire, allèrent au-devant de M. Jacquinot, mais d'un air où se montraient l'inquiétude et l'effroi. A toutes les questions qu'on leur adressa, ils ne firent que des réponses évasives et évidemment mensongères. Tout en persistant dans leur système de dénégation absolue touchant le naufrage des navires et ses conséquences, ils avouèrent cependant qu'ils avaient eu en leur pouvoir les crânes des *muras* — blancs, — mais ils ajoutèrent qu'on les avait depuis longtemps jetés à la mer.

» Alors le canot descendit de Vanou à Nama, du nord-ouest à l'ouest de l'île, car Nama est situé à deux milles plus bas que Vanou, et plus haut que Païou, qui est au sud-ouest. Les Français y furent accueillis d'un œil plus ouvert qu'à Vanou. Cependant leurs questions, leurs promesses et leurs efforts y furent longtemps aussi infructueux.

» M Jacquinot se proposait même de continuer à descendre vers Païou, lorsqu'il s'avisa de déployer un morceau de drap rouge. La vue de cet objet produisit un tel effet sur l'esprit d'un sauvage, qu'il sauta sur-le-champ dans le canot et s'offrit à le conduire sur le lieu du naufrage, pourvu qu'on lui donnât le précieux morceau de drap rouge. Le marché fut aussitôt conclu.

» La chaîne de récifs qui forme comme une immense ceinture autour de Vanikoro, à la distance de deux ou trois milles au large, en face de Païou, se rapproche beaucoup de la côte, dont elle n'est guère éloignée de plus d'un mille. Ce fut là, dans une espèce de coupée au travers des brisants, que le noir sauvage arrêta le canot, et... fit signe aux Français de..., regarder au fond de l'eau.....

» En effet, à la profondeur de douze ou quinze pieds, ils distinguèrent bientôt, disséminés çà et là, et empâtés de coraux, des ancres, des canons, des boulets et divers autres objets, surtout de nombreuses plaques de plomb..... A ce spectacle, tous les doutes furent dissipés.... On demeurait convaincu désormais que ces tristes débris, qui frappaient les yeux, étaient les derniers témoins du désastre des navires de la Pérouse, l'*Astrolabe* et la *Boussole*. Il ne restait plus que des objets en fer, cuivre et plomb, car tout le bois avait disparu, détruit par le temps et le frottement des vagues. La disposition des ancres faisait présumer que quatre d'entre elles avaient coulé avec le navire, tandis que les deux autres avaient pu être mouillées.

» L'aspect des lieux permettait de supposer que ce navire avait tenté de s'introduire au-dedans des récifs par une espèce de passe, qu'il avait échoué et n'avait pu se dégager de la position qui lui était devenue fatale. Suivant le récit de quelques sauvages, ce navire aurait été celui dont l'équipage avait pu se réfugier à Païou, et y construire un petit bâtiment, tandis que l'autre aurait échoué en-dehors du récif, où il se serait tout-à-fait englouti

» Je fis part à mes compagnons du projet que j'avais depuis long-temps conçu, d'élever à la mémoire de nos infortunés compagnons un mausolée modeste, mais qui suffit cependant pour attester notre passage à Vanikoro, en attendant que la France pût un jour y consacrer un monument plus durable et plus digne de sa puissance. Cette proposition fut reçue avec enthousiasme et chacun voulut concourir à l'érection d'un cénotaphe. Nous arrêtâmes qu'il serait placé au milieu d'une touffe de mangliers situés sur le récif qui cernait notre mouillage du côté du nord. Sur-le-champ, accompagné de plusieurs officiers, je descendis sur cet îlot de corail et je désignai le local, que l'on commença à déblayer. La forme du mausolée devait être celle d'un prisme quadrangulaire de six pieds sur chaque arête, surmonté par une pyramide quadrangulaire de même dimension. Des plateaux de madrépores, contenus entre quatre pieds solides fichés en terre, devaient former la masse de l'édifice, et la cime devait être recouverte par un chapiteau en bois peint. Je destinai à cet emploi des planches du Kondi, achetées l'année précédente à Korova-Beka. Je donnai l'ordre de n'employer ni clous ni ferrures pour assembler les pièces, afin de n'offrir aux naturels aucun objet qui pût les porter à détruire notre ouvrage, afin de satisfaire leur cupidité.

» Alors, le 14 mars, vers trois heures du matin, M. Hottin descendit sur le récif, avec les charpentiers, pour mettre en place les dernières pièces du mausolée. Le chapiteau pyramidal, en planches du Kondi, surmonté d'un gros bouton de bois taillé en facettes, fut placé comme couronnement de l'œuvre. Enfin, dans une des traverses fut incrustée une plaque en plomb, sur laquelle on avait gravé cette légende, en gros caractères, fortement creusés :

A LA MÉMOIRE
DE LA PÉROUSE ET DE SES COMPAGNONS.
L'*ASTROLABE*, 14 MARS 1828.

» A dix heures et demie, tout était terminé.

» Comme la fièvre me retenait à bord, M. Jacquinot fut chargé de procéder à l'inauguration du monument. Il descendit à la tête de l'équipage sur le récif. Un détachement de dix hommes armés défila, par trois fois, dans un silence solennel et respectueux autour du mausolée, et fit trois décharges de mousqueterie, tandis que, du bord, une salve de vingt-et-un coups de canon faisait retentir les montagnes de Vanikoro.

» Quarante ans auparavant, les échos de ces mêmes montagnes avaient peut-être répété les cris de nos compatriotes expirant sous les coups des sauvages, ou succombant sous les atteintes de la fièvre.

» Et nous-mêmes, n'avions-nous pas à craindre une destinée pareille!

» Le cénotaphe que, de nos mains défaillantes, nous venions d'élever en l'honneur de la Pérouse et de ses compagnons, ne pouvait-il pas aussi devenir le dernier témoin des longues épreuves et du désastre de la nouvelle *Astrolabe*?..... »

Elle a été lugubre à peindre cette lugubre tragédie du naufrage de la Pérouse. Mais qui de nous ne désirait connaître tous les détails qui se rattachent à un événement mystérieux qui, pendant un demi-siècle, a tenu tous les esprits en suspens dans le monde entier?

Maintenant nous en avons fini avec les drames de la mer dans un temps qui chaque jour s'éloigne de nous.

Nous allons passer, à cette heure, à d'autres scènes bien sinistres toujours, ces terribles désastres des Océans, dont notre époque est trop souvent encore le témoin ému et frémissant.

NAUFRAGES MODERNES.

ÉTRANGE NAVIGATION ET NAUFRAGE DU NAVIRE INDIEN LA JUNON,

Sur les côtes d'Aracan, dans l'Inde transgangétique, en juin 1800.

On donne le nom d'Indes orientales à deux grandes péninsules de l'Asie méridionale, séparées l'une de l'autre par le Gange, fleuve sacré des Hindous, et qui sont appelées Inde *cisgangétique*, ou Inde en-deçà du Gange, et Inde *transgangétique* ou Inde au-delà du Gange, termes auxquels on a substitué ceux de Hindoustan et Indo-Chine.

C'est un merveilleux pays que l'Inde en général. Les gigantesques montagnes de l'Himalaya, les plus hautes du globe, y étendent de nombreuses ramifications. Il est sillonné en tous sens par d'immenses fleuves, dont les plus fameux sont le Gange et l'Indus, grossis chacun par une multitude d'affluents, l'Iraouaddy, le Godaveri, le Brahmapoutra, et beaucoup d'autres. Le climat de cette contrée varie selon la hauteur à laquelle on s'élève ; mais dès qu'on n'est plus sur les montagnes, il est généralement très chaud.

On ne connaît aux Indes que deux saisons, la sèche et la pluvieuse. Dans celle-ci, l'eau tombe par torrents, les fleuves couvrent la campagne. Deux moussons se partagent aussi l'année, celle du nord, qui souffle de mai en octobre; et celle du sud, qu'interrompent quelques vents moins constants. Dans cette contrée luxuriante, les orages sont épouvantables : le vent suffit pour déraciner les vieux arbres. L'air est généralement sain ; mais il survient fréquemment des épidémies, et spécialement le choléra, qui enlève alors de nombreuses portions de la population.

Le sol est d'une incomparable fertilité en grains, fruits, riz, coton, plantes odoriférantes et tinctoriales, sucre, indigo, safran, etc. On y trouve des forêts remplies d'arbres magnifiques et précieux, sandal, cocotier, gommier, manguier. Il y a des mines d'or, d'argent, de cuivre, d'étain, de zinc, etc. Nulle part ailleurs les diamants et les pierres précieuses ne sont ni plus nombreux ni plus beaux. Rubis, saphirs, améthystes, tourmalines, sont la grande richesse du Bengale et du Bendelkand.

Une foule d'oiseaux dont le plumage est d'une beauté ravissante y peuplent les immenses forêts. La mer fournit les perles les plus grosses et les plus pures; les rivières fournissent une pêche très abondante. Mais aussi les animaux les plus terribles sont les hôtes de cet Eden : scorpions, serpents venimeux, moustiques insupportables, gavials ou crocodiles d'Asie, lions énormes, tigres superbes, énormes panthères, hyènes, etc. Et puis des éléphants par troupes considérables.

L'Inde n'a été totalement explorée que dans le siècle dernier.

Dans l'antiquité, les Grecs, jusqu'au temps d'Alexandre, ne la connurent que de nom. D'après cette époque, diverses expéditions successives la firent de mieux en mieux juger et apprécier. Jusqu'au XVe siècle, notre Europe ne reçut des notions sur cette vaste et opulente contrée que par des écrivains arabes et par les récits isolés de quelques voyageurs. Mais en 1497, Vasco de Gama, ayant doublé le cap de Bonne-Espérance, vint aborder sur les côtes occidentales de la presqu'île cisgangétique. Pendant le XVIe et le XVIIe siècle, toutes les côtes de l'Inde furent explorées par les Portugais et les Hollandais. Cependant ces deux peuples ne possédèrent jamais que des places maritimes, et ne purent point pénétrer au sein du pays.

Je ne parlerai point ici de la splendeur des admirables cités de l'Inde. Il suffit de nommer les grandes cités de Pondichéry, Madras, Tranquebar, Chandernagor, Bénarès, Calcutta, Seringapatam, Haïderabad, Singapour, Bombay, Delhy, Rangoun, etc., dont plusieurs appartiennent à notre France, pour éveiller aussitôt dans l'imagination des souvenirs ou des idées de magnificence dignes des *Mille et une Nuits*.

La côte de Coromandel, but du voyage de la *Junon*, côte orientale de l'Inde, s'étend dans la partie méridionale du golfe de Bengale. Elle est capitonnée des brillantes cités de Madras, Pondichéry et Tranquebar. La navigation y est très dangereuse de janvier en avril.

Quant à l'Aracan, lieu du naufrage de la même *Junon*, c'est une province de l'Inde qui s'étend le long de la côte orientale du même golfe de Bengale. On y trouve une longue chaîne de montagnes et plusieurs rivières. Elle a pour chef-lieu Aracan, grande ville un peu déchue, de dix à douze mille âmes.

Enfin, Rangoun, le point de départ de la *Junon*, est la ville capitale de l'empire birman, dans l'ancien royaume de Pégou, et sur une branche de la belle rivière l'Irouaddy, grand fleuve qui prend sa source dans le Thibet, traverse cette contrée, franchit l'Himalaya, parcourt l'empire birman, et aboutit dans la mer des Indes, au golfe de Martaban, par plusieurs bouches.

Maintenant abordons le récit du naufrage.

Celui dont nous allons parler est entouré de circonstances tellement extraordinaires et si tragiques, que nous devons le faire figurer parmi les plus intéressants des drames de la mer que nous plaçons sous les yeux de nos lecteurs.

La *Junon* est un mauvais navire, et les calamités dont elle sera le théâtre sont la conséquence de l'imprudence des navigateurs qui lui confient leur existence.

Nous devons le récit qui va suivre au maître du navire, un Français, du nom de Jean Mackai :

« Nous partîmes de Rangoun, pour nous rendre à Madras, le 29 mai 1800, avec le commencement du flot, ayant vingt-cinq ou trente pieds d'eau, sur un fond de vase tendre. Mais vers six heures du soir, cette profondeur diminua tout-à-coup. On ordonna aussitôt de virer de bord, mais le navire passa sur un banc de vase dure. Vainement on brassa tout à l'arrière pour le dégager. Alors on mouilla deux ancres d'affourche pour l'empêcher de dériver davantage. Elles tiennent bon pendant quelque temps; puis, l'une ayant perdu fond et fait chasser l'autre, on laissa tomber la maîtresse ancre qui nous fixa.

» La marée allait cesser de monter, et l'on était sûr de dégager le bâtiment avec le reflux, pourvu qu'on pût l'empêcher de chavirer à marée basse. On amena donc les mâts et les vergues de perroquet pour débarrasser le navire de leur poids. Quand la mer fut basse, il donna à la bande d'une manière effrayante : mais il flotta avec le reflux. Alors nous levâmes nos ancres, et forçant de voiles, nous nous trouvâmes dans des eaux plus profondes. Comme la *Junon* ne faisait plus d'eau, nous espérâmes que tout danger était passé.

» Le 1er juin, il venta du sud-ouest grand frais. La mer fut très grosse. La *Junon* fatigua beaucoup et une voie d'eau se déclara. Ce coup de vent dura huit jours. Il fallut que tout le monde mît la main à l'œuvre : mais les pompes se dérangeaient souvent. Pour comble de malheur, on n'avait pas de charpentier, ni d'outils. On fit ce qu'on put cependant. Malheureusement le sable du lest engorgeait les tuyaux à chaque instant, et notre travail devenait alors inutile, car il fallait enlever les pompes pour les nettoyer.

» Aussi notre situation devenant d'heure en heure plus périlleuse, on ouvrit l'avis de retourner à Rangoun, dont nous n'étions pas encore très loin. Mais les dangers auxquels on est exposé en approchant de cette côte, qui est si basse qu'on ne l'aperçoit que quand on la touche, firent que l'on décida de continuer de cingler vers Madras.

» Cependant nos forces s'épuisaient et l'équipage commençait à murmurer, lorsque, un matin, le 6, le vent cessa de souffler, et la *Junon* fit moins d'eau. Il n'y eut plus besoin de tenir qu'une seule pompe en marche. Nous vîmes alors que la voie d'eau venait de l'étambot à la ligne de flottaison. Le premier jour de calme nous mîmes le canot dehors : nous clouâmes une toile goudronnée sur le trou qui fut bouché avec des étoupes, et le tout fut recouvert d'une feuille de plomb. Cet expédient eut un résultat si heureux que, tant qu'il fit beau, nous n'eûmes besoin de pomper qu'une fois par quart, ce qui nous fit présumer que nous avions réussi à fermer la voie d'eau. On se félicita donc du succès. Mais ces joies étaient prématurées, et il eût été beaucoup plus avantageux pour nous de retourner à Rangoun. En effet, nous étions fous de supposer qu'un morceau de toile et quelques étoupes fussent suffisantes pour remettre en bon état un navire déjà bien fatigué par la grosse mer.

» Néanmoins, le 12 juin, après des peines infinies, nous étions parvenus à réparer nos pompes, lorsqu'il commença à venter grand frais du sud-est. Dès l'instant que ce vent se fit sentir, la voie d'eau, elle aussi, recommença à se reproduire, et le sable, ayant engorgé nos pompes dès les premiers mouvements, rendit inutile leur secours. Nous en avions trois cependant, et de plus un seau de bois vidait de l'eau, sans interruption. Néanmoins, malgré l'ardeur que manifestaient l'équipage et les passagers, après quatre jours d'une fatigue inouïe, nous commençâmes à nous croire tout-à-fait perdus.

» Nous nous décidâmes alors à mettre toutes voiles dehors, afin d'arriver vent arrière, de manière à gagner la côte de Coromandel la plus proche, nous proposant de la prolonger ensuite jusqu'à Madras, ou de faire route sur le Bengale, selon les circonstances. En conséquence, on mit dehors les huniers et les basses voiles, en prenant tous les ris. Mais les pompes exigeaient un travail tellement assidu, qu'il ne fut pas possible de donner l'attention nécessaire aux voiles, de sorte que, avant le 18, le vent les eut enlevées, à l'exception de la misaine. Nous mîmes donc en travers jusqu'au 19 à midi.

» Nous étions alors à l'ouest du cap Negrais.

» Bientôt la *Junon* s'enfonça d'une manière effrayante, et il fallut renoncer à l'espoir de la voir s'élever de nouveau. Tout le monde, à bord, était si alarmé, qu'il fut très difficile de maintenir chacun à son poste. Vers midi, nous orientâmes la misaine, et nous marchâmes vent arrière à sec, en même temps que nous unissions tous nos efforts pour vider l'eau qui remplissait le bâtiment : mais c'était en vain.

» Les matelots qui étaient en bas remontèrent vers le soir, en disant que l'eau gagnait le premier pont. L'équipage, à ces mots, se livra au désespoir. Alors, comme on demeura généralement persuadé que le bâtiment ne pouvait se soutenir plus longtemps, la cale étant en quelque sorte remplie de sable en lest, tous demandèrent à grands cris que l'on mît les canots à la mer. Malheureusement ces canots étaient eux-mêmes en si mauvais état qu'ils ne pouvaient être d'aucun secours.

» Enfin, dans le but de retarder la perte de la *Junon* et la mort de tous ceux qui la montaient, ce même jour, 19 juin, vers neuf heures de la nuit, on coupa le grand mât : mais, par malheur, il tomba sur le pont, et, dans la confusion causée par cet accident, les hommes placés au gouvernail l'abandonnèrent, et le bâtiment présenta la hanche à la lame. Le choc fut si violent, que l'eau entra de tous côtés. Ce moment fut épouvantable.

» Madame Bremner, femme du capitaine, qui était couchée en bas, faillit être noyée dans sa cabine ; toutefois elle trouva moyen de sortir par l'écoutille, et le maître et moi, nous l'aidâmes à monter sur les lices de l'arrière. Nous la placions sur les haubans du mât d'artimon, lorsque le vaisseau, qui marchait alors très rapidement, s'arrêta tout-à-coup. La secousse fut si violente que nous pensâmes qu'il sombrait et que notre dernière heure était venue ; mais, dès que le pont fut sous l'eau, il ne s'enfonça plus. Nous grimpâmes tous dans les haubans pour échapper à la mort, et l'on montait plus haut, à mesure que les lames, qui se succédaient, enfonçaient plus profondément le navire dans l'eau. Le capitaine Bremner, sa femme, quelques autres et moi, nous gagnâmes la hune d'artimon ; tout le reste de l'équipage s'accrocha aux manœuvres de ce mât, à l'exception d'un homme, qui, étant à l'avant du navire, gagna la hune de misaine. Madame Bremner, qui n'avait sur elle que sa chemise et son jupon d'étoffe d'écorce, se plaignait beaucoup du froid ; comme j'étais mieux vêtu que son mari, j'ôtai ma jaquette et je la lui mis sur les épaules.

» Voyant alors que la *Junon* ne coulait pas au fond de la mer, comme nous l'avions craint tout d'abord, nous nous servîmes de nos couteaux pour défaire la vergue du mât d'artimon, de peur que le poids de tant de personnes qui s'étaient placées sur ce mât, ajouté à celui de la vergue, ne le fît tomber. Quoique le bâtiment roulât avec tant de force que nous avions beaucoup de peine à nous tenir, la fatigue, ou plutôt l'engourdissement de la terreur, endormit quelques-uns de nous : mais, pour moi, je n'étais pas assez tranquille pour pouvoir fermer l'œil.

» La perspective du sort affreux qui nous était réservé se montra tout entière à nous, quand le jour parut : notre situation était véritablement affreuse. Le vent soufflait avec impétuosité ; la mer s'élevait à une hauteur prodigieuse ; le pont et les parties supérieures du navire se disloquaient ; les manœuvres qui supportaient les mâts, et auxquels s'étaient cramponnés soixante-douze infortunés, cédaient sous ce poids et menaçaient à chaque instant de clore la scène. Les cris des femmes et leurs gémissements ajoutaient à l'horreur du spectacle. Quelques hommes cédèrent volontairement à leur sort, tandis que d'autres, hors d'état de se tenir fermes aux manœuvres, étaient violemment enlevés par les vagues; mais la plupart étaient réservés à des épreuves encore plus terribles.

» Le vent et la tempête continuèrent ainsi pendant trois jours, et chaque jour aggravait cruellement notre position. Nous comprîmes bientôt que nous pouvions rester ainsi sur le vaisseau : mais la faim était venue et nous n'avions rien à manger, puisque toutes les provisions étaient englouties sous le pont du vaisseau. Nous vîmes donc bien clairement que si la mer ne nous tuait pas, ce serait la famine qui terminerait nos jours : oui, la famine était la forme horrible sous laquelle la mort nous apparaissait ! J'avoue qu'en de telles circonstances mon intention et celle de mes compagnons fut de prolonger notre existence à l'aide du seul moyen qui semblait se présenter. C'est horrible à dire ! mais nous désirions, nous voulions manger le corps du premier d'entre nous qui mourrait. Seulement, on ne se communiquait pas cette terrible idée, mais elle se lisait dans les yeux et se devinait dans les attitudes. On s'observait comme le chasseur guette sa proie..... Ainsi le canonnier, qui était catholique romain, m'avoua qu'il était obsédé de cette fatale pensée, et me demanda si je croyais que la conscience permît d'avoir recours à un pareil expédient

» Le défaut d'espace dans la hune d'artimon la fit quitter à plusieurs hommes, dans l'intention de gagner à la nage la hune de misaine. Trois ou quatre périrent dans cette entreprise.

» A mon agitation succéda, pendant quelques instants, une sorte d'indifférence. J'essayais de sommeiller pour passer le temps ; je souhaitais par-dessus tout de tomber dans un état d'insensibilité absolue. Les lamentations inutiles de mes compagnons d'infortune m'aigrissaient, et, au lieu de sympathiser à leurs maux, j'étais de mauvaise humeur de ce qu'elles me dérangeaient. Durant les trois premiers jours, je ne souffris sap beaucoup du manque de nourriture. D'abord le temps fut couvert et un peu frais; mais, le quatrième jour, le vent s'apaisa, les nuages se dissipèrent, et alors nous eûmes à souffrir d'une nouvelle calamité, c'est-à-dire de l'ardeur dévorante d'un soleil vertical, dont les feux implacables ne nous laissèrent plus de repos.

» Le 25 juin, qui était le cinquième jour depuis que le navire avait coulé, nous perdîmes les deux premiers de nos compagnons d'infortune : ils moururent de faim. Quelle mort !.. Cette perte affecta vivement tous ceux qui leur survivaient. L'un expira tout-à-coup, l'autre eut une horrible agonie de plusieurs heures. Elle commença par de violents soulèvements d'estomac, suivis d'affreuses convulsions. J'observai que ces symptômes étaient le présage d'une mort prochaine et douloureuse.

» La journée fut très chaude et la mer fort tranquille. Aussi, comme le capitaine et le premier maître avaient toujours montré une grande confiance dans les radeaux, on rappela quelque peu son énergie et on s'occupa à en fabriquer un avec la vergue de misaine, celle de beaupré et de petits espars qui étaient traînés à la remorque. Le lendemain, 26, vers midi, le radeau était achevé et on commença à s'y embarquer. Quand le capitaine vit que le mouvement était général, il se hâta de descendre de la hune avec sa femme. Tout en désapprouvant ce moyen de sauvetage, je fis comme eux : mais alors le radeau ne se trouva pas assez grand pour nous contenir tous, et il en résulta une querelle, une rixe même... Les plus forts en chassèrent les plus faibles, et ceux-ci furent contraints de retourner sur la *Junon*. Alors, au moment même où on allait couper la corde qui attachait encore le radeau au navire, je demandai au capitaine Bremner dans quelle direction, d'après lui, se trouvait la terre, et s'il supposait qu'il y eût quelque probabilité d'en avoir connaissance ! La réponse étant évasive, je m'efforçai de lui persuader de regagner le vaisseau. Mais, assuré que mes paroles ne faisaient aucune impression sur lui, je ne le quittai pas. Nous nous mîmes à ramer vent arrière, et, pour ce faire, nous nous servions de morceaux de bordage que les matelots avaient taillés en pagaies, à l'aide de leurs couteaux.

» Avant d'avoir fait beaucoup de route, nous reconnûmes que nous étions trop nombreux pour le radeau : je saisis donc cette occasion de renouveler mes remontrances. Elles produisirent leur effet sur un des nôtres, qui consentit à retourner avec moi à la hune d'artimon. Le reste des naufragés, bien contents de voir que notre départ allégeait le radeau, nous aida à remonter sur la *Junon*.

» Au coucher du soleil, l'embarcation était hors de vue.

» Mais le 27, quel ne fut pas mon étonnement et celui de mes compagnons de revoir le radeau à deux pas de notre bâtiment, le long du bord, et sous la hanche opposée à celle d'où il était parti. Les infortunés avaient ramé toute la nuit, jusqu'à l'épuisement total de leurs forces, sans savoir de quel côté ils se dirigeaient, de sorte qu'ils avaient erré à l'aventure. Au point du jour, quand ils se virent si près de nous, ils quittèrent le radeau et nous rejoignirent sur les têtes de mâts.

» Bientôt le capitaine Bremner tomba dans le délire : les alarmes que son état causa à sa femme lui occasionnèrent des convulsions. Le capitaine était un homme robuste et bien portant, ayant déjà passé l'âge moyen ; sa femme, au contraire, était jeune et délicate. Dans les premiers moments de notre naufrage, il semblait que la vue de madame Bremner fût pénible à son mari, comme si elle eût eu l'air de lui reprocher de l'avoir entraînée dans l'abîme; il semblait en avoir peur. Mais lorsqu'il tomba dans le délire, il ne voulait pas un instant se séparer d'elle. Alors il s'imaginait voir une table couverte des mets les plus exquis et nous demandait pourquoi nous ne lui servions pas de tel ou tel plat. Il parlait sans cesse, dans sa souffrance, de manger et de boire. C'est la maladie des affamés que l'on nomme *calenture*.

» Dans la matinée du 28, un passager du nom de Wade déclara qu'il ne pouvait pas supporter davantage son état, et qu'il était disposé à aller encore sur le radeau, si je consentais à l'accompagner. Je rejetai cette proposition, et j'essayai infructueusement de le dissuader de son projet. Il me répliqua que toute espèce de mort était préférable à son existence actuelle, et que rien ne le ferait changer de résolution. Il persuada à deux Secoices, à deux Malais et à quatre Lascars de se joindre à lui. En quelques heures, nous les eûmes perdus de vue. Mais il s'éleva une bourrasque dans la soirée et sans doute elle leur fut fatale, tandis qu'elle nous apporta le soulagement dont nous avions le plus pressant besoin, puisqu'elle fut accompagnée d'une pluie très forte. Nous n'en pûmes retenir les gouttes qu'en étendant nos habits; il étaient si imprégnés d'eau salée, qu'ils en communiquèrent d'abord le goût à l'eau fraîche; mais la pluie tomba si abondamment, qu'elle eut bientôt emporté tout le sel. Dans la suite, nous réservâmes une partie de nos vêtements pour recueillir ainsi de l'eau fraîche, et l'autre pour tremper dans la mer quand les circonstances l'exigeaient.

» J'avais lu ou entendu dire que personne ne pouvait vivre que très peu de temps sans prendre de nourriture : au bout de quelques jours, je fus étonné d'avoir existé si longtemps, et j'en conclus que chaque jour qui suivrait serait le dernier. Je m'attendais qu'à mesure que les horreurs de la mort s'approcheraient, nous nous dévorerions les uns les autres. Cette perspective affreuse me faisait frissonner d'horreur, et peut-être que la crainte de l'avenir contribuait à me réconcilier avec le présent. Plusieurs de mes compagnons expirèrent dans le délire ; la terreur d'éprouver un pareil sort m'en faisait anticiper le tourment. Je suppliais avec instance le Tout-Puissant de vouloir bien épargner ma raison dans mes derniers moments. Je souhaitais que sa volonté fût de me délivrer de mes souffrances; mais quand je supposais que le moment arrivait, la nature se révoltait à la pensée de la dissolution de mon être.

» Un des Lascars dont le corps était couvert d'ulcères dégoûtants, mourut dans les trelinguages du hauban, précisément au-dessous de la hune : celui qui était auprès de lui essaya de le jeter à la mer : mais le corps se trouvait tellement engagé dans les manœuvres, qu'il ne put l'en retirer, de sorte que le cadavre y resta deux jours encore et finit par répandre une puanteur insupportable. Combien d'autres épisodes du même genre je pourrais raconter !

» Dans la matinée du 1ᵉʳ juillet, le onzième jour après notre désastre, madame Bremner trouva son mari mort dans ses bras... Nos forces étaient si épuisées, que nous eûmes bien de la peine à jeter son corps à la mer, après l'avoir dépouillé d'une partie de ses habits pour en revêtir sa femme.

» La même journée vit mourir deux hommes dans la hune d'artimon, et deux autres dans celle de misaine. Nous n'avions que bien peu de communication avec les hommes qui étaient dans cette hune, car nous n'avions pas la force de descendre, ni même de parler assez haut pour être entendus à cette distance.

» J'ignorais à peu près ce qui arrivait à ceux de nos gens qui n'étaient pas dans mon voisinage : leurs cris seuls m'en donnaient connaissance. Quelques-uns luttaient contre la mort, et avaient une agonie terrible. Ceux dont les forces étaient le plus abattues, n'avaient pas toujours une mort douce. Ainsi le fils du passager Wade, jeune homme robuste et bien portant, dont le père s'était enfui sur le radeau, mourut très promptement et presque sans pousser un gémissement. Un autre jeune homme, du même âge, mais qui avait l'air délicat, résista bien plus longtemps. Le père de ce dernier était sur la hune de misaine. Quand on lui dit que son fils était à l'agonie, il se hâta de descendre, et se traînant sur les pieds et sur les mains le long du plat-bord au vent, il alla trouver son fils sur les haubans d'artimon. Il ne restait plus que trois à quatre bordages du gaillard d'arrière, au-dessus des bouteilles. Ce père infortuné y conduisit son fils, qu'il appuya fortement contre la lisse, de crainte que les vagues ne l'enlevassent. Quand le malade éprouvait un soulèvement d'estomac, il l'enlevait dans ses bras et essuyait l'écume de ses lèvres ; s'il tombait une ondée, il lui faisait ouvrir la bouche pour recevoir les gouttes de pluie ou bien lui faisait avaler celles qu'il exprimait d'un linge mouillé. Ils restèrent dans cette triste position pendant cinq jours. Enfin, le fils expira... Alors le malheureux père souleva son fils et le regarda d'un air égaré, comme s'il n'eût pu croire à sa mort. Quand enfin il ne lui fut plus permis d'en douter, il resta près du cadavre sans dire un mot de plus. Puis, la mer ayant emporté le jeune homme mort, le pauvre père s'enveloppa dans un morceau de toile, se laissa tomber et ne se releva plus. Il vécut deux jours de plus que son fils, d'après ce que nous fit juger le tremblement de ses membres chaque fois qu'une lame venait se briser sur son corps.

» Dans la soirée du 10, et, autant que nous pûmes calculer, le vingtième jour depuis que la *Junon* avait coulé bas, quelqu'un dit qu'il voyait à l'horizon, à l'est, quelque chose qui ressemblait à la terre. Son annonce fut entendue sans émotion, et personne ne fit le moindre effort pour constater la vérité. Cependant, si elle ne produisit pas un effet visible, il parut qu'elle occasionna une certaine sensation intérieure ; car ayant, quelques minutes après, levé la tête pour observer ce que notre compagnon avait remarqué, je vis tous les yeux tournés du côté qu'il avait indiqué. Nous continuâmes tous à regarder cet objet, mais avec assez peu d'attention jusqu'au moment où les ombres de la nuit l'eurent graduellement dérobé à nos yeux. Alors, chacun fit ses observations, et l'on convint unanimement que c'était la terre. Madame Bremner et d'autres me demandèrent si je croyais qu'il y eût possibilité de se sauver. Je répondis que je ne pensais pas que ce fût la terre ; que pourtant, dans le cas contraire, nous avions la consolation qu'elle mettrait probablement un terme à nos souffrances parce que le vaisseau toucherait certainement bien loin du rivage et serait en quelques heures brisé en pièces. Cette opinion m'avait fait redouter la vue de la terre. Mais, dans ce moment, j'étais indifférent à tout et incapable d'aucune sensation vive.

» Je me rappelle qu'en m'éveillant le lendemain au point du jour, je ne songeai pas à regarder si la terre était ou n'était pas en vue. Mais alors un des hommes placés dans la hune de misaine agita un mouchoir pour nous indiquer que c'était réellement la terre. Enfin je sentis un désir de me lever et de regarder. Bientôt, tout le monde fut debout. Ce que l'on voyait me parut beaucoup ressembler à la terre en effet : néanmoins je n'en étais pas sûr ; je ne mettais pas même un grand intérêt à ce que cela fût vrai. Madame Bremner m'ayant demandé si je croyais que ce fût la côte de Coromandel, cette question me sembla ridicule.

» Toutefois, dans le courant de la journée, la chose devint si évidente qu'il n'y eut plus moyen d'en douter et l'inquiétude fut générale. J'avais quelque espoir de me sauver, quoiqu'il fût considérablement diminué par la crainte de voir le bâtiment toucher à une grande distance du rivage. Enfin, dans la soirée, nous fûmes assez près pour reconnaître, à notre inexprimable douleur, que c'était une plage déserte, sans aucune apparence d'habitants. Je m'attendais à chaque instant que la *Junon* allait toucher, et je me couchai, bien persuadé que c'était notre dernier jour. Je m'endormis néanmoins, et je fus réveillé avant le lever du soleil par le choc violent qu'éprouva le navire en touchant contre un rocher. Les secousses étaient si fortes chaque fois, que le mât en était ébranlé. J'avais prévu cet événement, et j'étais résigné à tout ce qui pourrait arriver.

» Au point du jour, la violence des secousses nous empêcha de nous tenir fermes ; la mer baissa de plusieurs pieds, et ce qui restait du pont se retrouva à sec. Nous y descendîmes, mais ce fut avec bien de la peine. Le canonnier et moi, nous prêtâmes notre secours à madame Bremner pour y arriver : mais nous fûmes obligés de la laisser sur les trelinguages, parce qu'elle était trop faible pour s'aider et que nous n'avions pas assez de force pour la porter. Enfin la mer baissa tellement, que le vaisseau ne remua plus et que l'entrepont fut mis à sec comme le pont.

» Les Lascars descendirent de la hune de misaine et se mirent à chercher des pièces de monnaie parmi les ordures. Je proposai à deux de ces hommes qui me parurent les plus forts de descendre madame

Bremner du trelinguage où elle était restée : mais ils refusèrent de lui rendre ce service, à moins qu'elle ne leur donnât l'argent qu'elle avait sur elle, à ce qu'ils prétendaient. Quand la *Junon* coula bas, elle avait heureusement mis environ trente roupies dans sa poche ; le soin anxieux qu'elle apportait à les conserver avait fait souvent le sujet de nos railleries, ne nous doutant guère que cette faible somme dût puissamment contribuer à nous sauver la vie. Les Lascars consentirent enfin à descendre notre malheureuse compagne sur le pont, moyennant huit roupies. A peine se furent-ils acquittés de leur promesse, qu'ils insistèrent sur le paiement. Ce fut le seul exemple de manque de compassion que ces hommes donnèrent, car jusqu'alors leur conduite avait été remplie de délicatesse vis-à-vis des femmes.

» Après nous être reposés quelque temps sur l'entrepont, nous observâmes que la tête du gouvernail avait été emportée, et que, par le trou qu'elle avait occupé, il y avait un passage à la sainte-barbe. Dès que la mer eut quitté le faux-pont, nous descendîmes donc par ce trou dans la sainte-barbe pour voir s'il restait quelque chose qui pût nous servir. Mais la mer avait tout emporté, à l'exception de quatre cocos, qu'après bien des recherches nous trouvâmes par-dessous le bordage. Mais ces fruits étaient si vieux, que leur eau s'était convertie en une huile rance et de si mauvais goût, qu'elle ne pouvait servir à étancher la soif.

» Dans l'après-midi, nous vîmes quelque chose sur le rivage, quelque chose qui ressemblait à des hommes, ce qui nous rendit plus d'espoir encore. Tous ceux d'entre nous qui pouvaient se mouvoir allèrent sur le couronnement de la *Junon* et tentèrent d'attirer l'attention de ces inconnus, en agitant des habits et faisant le plus de bruit possible : mais ces hommes ne prirent pas du tout garde à nous et ils passèrent leur chemin. Leur vue nous engagea néanmoins à faire quelques efforts pour gagner la terre, et nous descendîmes dans la sainte-barbe, où nous avions vu des espars. Nous en lançâmes une demi-douzaine à l'eau, avec des peines infinies. Mais il n'y en avait pas assez pour nous soutenir tous, et nos forces étaient si épuisées que nous ne pûmes en remuer un plus grand nombre. Le soir venu, six des Lascars les plus vigoureux se cramponnèrent sur ces espars, et la marée, qui commençait à monter, les eût bientôt poussés sur la plage, où ils abordèrent heureusement, quoiqu'il y eût un ressac très fort. Ils y trouvèrent un ruisseau d'eau vive dont ils burent abondamment, et ils se couchèrent ensuite à l'ombre d'un banc, sur la plage. Nous les vîmes le lendemain retourner encore au ruisseau pour boire, ce qui nous fit plaisir, car je craignais qu'ils n'eussent été dévorés par des tigres.

» Pour nous, qui restions, nous étions trop faibles et trop peu nombreux pour remuer un seul espars.

» Il ne restait plus à bord que deux femmes, trois vieillards, un homme d'un âge moyen alité depuis quelques jours, un jeune garçon et moi. Ces êtres débiles avaient supporté des maux qui avaient enlevé des hommes plus jeunes et beaucoup plus vigoureux.

» Vers midi, nous aperçûmes une troupe considérable de naturels marchant le long de la plage, vers l'endroit où nos gens étaient couchés. Ce fut alors que notre attention fut excitée au plus haut degré, pour savoir comment ils traiteraient nos compagnons. Ils allumèrent du feu, et nous conclûmes avec justesse que c'était pour faire cuire du riz. Bientôt après ils s'avancèrent jusqu'au bord de l'eau et agitèrent leurs mouchoirs comme pour nous faire signe de venir à terre. Décrire notre émotion en ce moment est absolument impossible : partagés entre l'espérance et la crainte, nous n'étions plus maîtres de nous. Nous voyions bien que ces hommes n'avaient pas de canots, et que lors même ils en auraient, le ressac les empêcherait d'en faire usage. Cependant nous espérions qu'ils inventeraient quelque moyen de venir à nous.

» La vie qui, si récemment, me paraissait un fardeau, me devint infiniment précieuse. Des bordages flottaient près du vaisseau : je les apercevais, mais j'appréhendais de me confier à ce frêle appui. Aussi proposai-je au canonnier et au contre-maître, hommes du pays, de nous aider le jeune homme et moi, à mettre un espars à la mer. Ils y consentirent d'abord, mais ensuite ils abandonnèrent la tentative. Enfin, nous parvînmes, ce jeune garçon et moi, avec des peines infinies, à jeter à l'eau un de ces espars, auquel nous avions attaché une corde. Je me saisis ensuite d'une portion de bordage qui flottait, et je le fixai de la même manière. Nous avions donc chacun un morceau de bois pour aider nos efforts. Cependant j'hésitais encore ; mais bientôt, encouragé par le jeune homme, nous convînmes de partir ensemble. A peine fut-il placé sur son morceau de bordage, que la résolution m'abandonna. Néanmoins, en réfléchissant que les naturels qui étaient sur le rivage pourraient le quitter dans la soirée et que j'aurais encore moins de force le lendemain, je me sentis déterminé à poursuivre la tentative. Je pris donc congé de madame Bremner, qui ne pouvait s'aider elle-même à aucune chose. Il m'était bien pénible de me séparer d'elle, mais j'espérais que, si je réussissais à arriver à terre, je parviendrais à engager quelqu'un du pays à aller à son secours. Elle me donna une roupie et accompagna ses adieux des vœux les plus ardents. Tandis que je me recommandais à la Providence, mon espars se détacha et s'éloigna. Recueillant aussitôt toute ma force, je m'élançai à l'eau. Un instant auparavant, je pouvais à peine faire jouer mes articulations. Mais à peine fus-je dans la mer, que mes membres recouvrèrent toute leur souplesse. J'eus bientôt ressaisi l'espars en nageant, toutefois sans pouvoir le tenir ferme. Si c'eût été un morceau de bois plat, il se fût tenu dans la même position : hélas ! l'espars était carré, tournait sur lui-même à chaque mouvement de la mer et roulait par-dessus moi, ce qui m'épuisa au point de mettre un terme à mes espérances. Je le laissai plusieurs fois aller de désespoir ; mais quand je me sentais couler au fond, je le ressaisissais de nouveau et je le serrais avec énergie. Je remarquais que je ne m'approchais pas du rivage, mais que la marée me poussait dans une direction presque parallèle à la côte. Prévoyant dès lors que je ne pourrais pas résister plus longtemps, j'essayai de tous les moyens pour empêcher l'espars de tourner. Je m'y étendis de tout mon long ; je passai une jambe et un bras par-dessus, tandis que de l'autre jambe et de l'autre bras je cherchai à la faire marcher sur le rivage. Cela me réussit assez bien pendant quelque temps ; mais tout-à coup une lame épouvantable vint se briser contre moi, m'accabla de son poids et emporta l'espars. Je crus que tout était fini, et, après quelques vains efforts, je commençais à aller au fond, quand une autre lame me jeta en travers de l'espars que la mer, en se retirant, ramena en arrière avec une force énorme. La secousse faillit m'ôter la respiration. Toutefois, par instinct, je me cramponnai des pieds et des mains à l'espars, et je tournai plusieurs fois en tous sens avec lui. Le sable et les coquillages que la houle entraînait de dessus la plage m'écorchèrent cruellement. Alors je pensai que c'était un signe de mon arrivée sur le rivage, quoique je ne le visse pas, et cela me rendit un grand courage. D'autres vagues me poussèrent avec violence contre des rochers. Je les saisis fortement des deux mains, de crainte que la lame, en revenant, ne me repoussât au large.

» Je n'avais sur moi, en quittant le navire, qu'un gilet de flanelle, une moitié de chemise et une culotte longue. Afin de ne pas être embarrassé par le gilet et la chemise qui tombaient en morceaux, j'en avais fait un paquet attaché sur mon dos; les vagues me l'arrachèrent. J'avais encore ma culotte longue, qui se trouva embarrassée dans les rochers quand la lame se retira, je la déchirai et j'essayai de me traîner sur les genoux et les mains, parce que je n'aurais pu me tenir debout, étant encore à la portée de la lame. Me trouvant donc tout nu, je souffris beaucoup du froid et me couchai à l'abri d'un rocher, sous lequel je m'endormis, quoique j'eusse vu plusieurs naturels s'avancer vers moi. Ils m'éveillèrent aussitôt et me parlèrent en indou, ce qui me combla de joie, car je craignais que nous ne fussions hors du territoire de la compagnie des Indes, sur les terres du roi d'Ava. Ces hommes me dirent que nous n'étions qu'à six journées de marche de Chittagong, qu'ils étaient des rayas ou paysans de la compagnie, et qu'ils auraient soin de moi si je voulais aller avec eux.

» Quelque misérable que fût ma condition, j'étais honteux d'être vu sans vêtements. Ces rayas ne s'en furent pas plus tôt aperçus, que l'un d'eux, un Birman, habitant d'Ava, détacha son turban de sa tête, et le noua autour de ma ceinture, suivant l'usage du pays. Quand ils virent aussi l'inutilité de mes efforts pour me lever, il y en eut deux qui me prirent par le bras et me portèrent. Nous rencontrâmes un petit ruisseau : je demandai que l'on me permît d'y boire. J'avalai de l'eau aussi vite que je pus, et je me serais certainement fait du mal, si l'on ne m'avait empêché d'en boire davantage.

» Cette eau me ranima si fort que je pus marcher alors, en m'appuyant sur les bras de mes conducteurs. Nous arrivâmes bientôt à l'endroit où ces gens avaient allumé du feu. J'y trouvai le jeune garçon, les six Lascars, le canonnier et le contre-maître indou. Les Lascars avaient gagné le rivage la veille, comme je l'ai dit ; le canonnier, le contre-maître et le garçon n'avaient quitté la *Junon* que bien peu de temps avant moi ; mais nageant mieux et étant plus forts, ils avaient atteint la plage longtemps auparavant.

» Le plaisir que j'éprouvais en retrouvant mes compagnons sains et saufs, et en écoutant ce qu'ils me racontèrent de l'humanité de nos libérateurs, me transporta à un tel point, que je crois que mon esprit en fut dérangé un moment. Toutefois j'étais aiguillonné par une autre pensée, celle de manger, et j'attendais avec impatience que l'on fît cuire du riz. Enfin j'eus le bonheur d'en mettre dans ma bouche ; mais, hélas ! il me fut impossible de l'avaler. Un des naturels, voyant mon embarras, me jeta de l'eau à la figure. Il en entra dans ma bouche quelques gouttes qui poussèrent le riz dans mon gosier et faillirent m'étrangler. Alors l'effort que cela fit faire à mes muscles me rendit la faculté d'avaler. Je fus néanmoins obligé pendant quelque temps de prendre une gorgée d'eau avec chaque bouchée de riz.

» Je représentai bientôt aux indigènes la position dans laquelle j'avais laissé à bord madame Bremner et d'autres personnes, et, comme je connaissais l'influence puissante de l'argent sur l'esprit de ces gens-là, je leur fis entendre que, s'ils lui sauvaient la vie, elle les récompenserait libéralement. Quelques-uns me promirent d'avoir l'œil au guet pendant la nuit, parce que la marée, qui montait alors plus haut que dans le jour, amènerait probablement la carcasse du navire plus près de la côte.

› Je me sentis grand appétit à mon réveil et j'importunai mes libérateurs pour qu'ils me donnassent encore du riz : mais ils me dirent qu'ils n'en feraient pas cuire avant le lendemain. Je me remis donc à dormir.

» Mais alors, vers minuit, on vint me réveiller pour m'annoncer que la dame du vaisseau était à terre, avec sa suivante. Je me levai sur-le-champ pour aller la féliciter. Je la trouvai assise auprès du feu après avoir mangé un peu de riz. Je n'ai jamais vu l'expression de la joie plus fortement peinte qu'elle l'était en ce moment sur le visage de madame Bremner. J'appris qu'elle devait sa délivrance à l'humanité du Birman. Les naturels avaient la pensée de l'exploiter ; mais le digue habitant d'Ava ayant entendu leur complot, guetta le moment convenable, et, avec le secours d'un de ses gens, il sauva madame Bremner sans stipuler aucun prix.

» Dans la nuit, le bâtiment se sépara en deux. Le fond resta sur le rocher, et la partie supérieure vint si près de la plage, que les deux vieillards, qui restaient encore à bord, purent arriver à terre, en passant à gué l'intervalle de mer. »

A quelque temps de là, les naufragés de la *Junon* étaient rendus dans leur patrie, les uns ici, les autres là. Madame Bremner, après avoir recouvré la santé et ses forces, fit un nouveau mariage, et le narrateur Jean Makai, venu à Calcutta, fut nommé capitaine d'un bâtiment marchand sur lequel il se livra de nouveau aux dangers de la mer.

NAUFRAGE DE LA FRÉGATE FRANÇAISE LA MÉDUSE,

Sur le banc d'Arguin, côte occidentale de l'Afrique, en juillet 1816.

Voici venir le drame maritime le plus horrible, le plus épouvantable qui ait jamais impressionné l'imagination de l'homme et fait le plus tressaillir son âme de terreur et d'effroi.

Dans les temps anciens, sur mer, rien qui approche des horribles scènes dont fut le théâtre le radeau des naufragés de la *Méduse*.

Au moyen-âge, dans nos temps modernes, rien, heureusement, rien qui en rappelle le souvenir.

Ce mot : naufrage de la *Méduse* ! à lui seul évoque ce qu'il y a de plus terrible dans ce drame, ce qu'il y a de plus varié, de plus cruel dans la mort. Tous les genres de mort s'y trouvent en effet, hélas !

Il n'est personne qui n'ait lu cette sanglante tragédie, personne qu'elle n'ait fait frémir, personne qui n'en ait rêvé, personne qui ne l'ait racontée aux autres.

Ce fut la triste épopée du commencement de notre XIX° siècle, et, dans les âges futurs, on citera encore le naufrage de la *Méduse* comme le plus formidable désastre de mer qui ait jamais éprouvé l'homme confiant sa vie à l'élément perfide, dont cependant Dieu l'a fait maître et souverain......

Les traités de 1814 et 1815 venaient de rendre à la France les établissements qu'elle avait possédés, avant la révolution, sur la côte occidentale de l'Afrique, depuis le cap Blanc jusqu'à l'embouchure du fleuve de la Gambie.

En conséquence, une expédition fut préparée pour conduire à Saint-Louis, au Sénégal, le nouveau gouverneur de la colonie.

M. Duroy de Chaumareys, homme sans valeur, car il n'avait que le titre de marin, sans en avoir jamais eu la pratique, fut nommé chef d'escadre, quoique ayant vieilli hors du service, et mis à la tête de l'expédition.

La flotte qu'il eut a commander, réunie dans la rade de l'île d'Aix, à Rochefort, fut composée de quatre beaux navires : la frégate la *Méduse*, la corvette l'*Echo*, le brick l'*Argus* et la gabarre la *Loire*.

La frégate, à elle seule, portait quatre cents hommes, marins, soldats et passagers.

La flotte mit à la voile le 15 juin 1816, de la rade de l'île d'Aix.

A peine en mer, un accident semble pronostiquer que la traversée ne sera pas heureuse : un homme tombe dans les flots, et malgré tous les efforts on ne parvient pas à le sauver.

Puis la *Méduse*, excellente voilière, au lieu d'attendre les navires qui lui font cortége, semble prendre à tâche de les devancer. M. de Chaumareys, en véritable enfant, mais en marin ridicule, prend à gloire d'arriver au but, et, sans souci des signaux des autres vaisseaux qui veulent lui faire comprendre qu'il s'égare, il dédaigne tout avis, fend orgueilleusement l'onde amère et s'engage étourdiment dans le golfe dangereux de Saint-Cyprien, envers et contre son lieutenant et ses officiers, qui cherchent à lui démontrer, la carte sous les yeux, que la ligne qu'il suit le conduit infailliblement sur le banc d'Arguin, réputé très difficile.

Rien ne triomphe de l'opiniâtreté du commandant : enchanté de se trouver le 1er juillet sur les côtes du Sahara, il passe le tropique, continue sa route qui le rapproche beaucoup trop de terre, sous prétexte que les vents alisés du nord-est laissent le commandant libre de sa manœuvre et que le moyen de faire une courte traversée est de serrer la plage d'aussi près que possible. A ce désir d'arriver avant les autres, se joint le sentiment de vaine gloire de paraître exempt de crainte et d'affronter le voisinage des terres avec plus de hardiesse que n'ont coutume de faire les autres marins. Ces imprudences devaient avoir leurs résultats.

Le croira-t-on? Le chef d'escadre est dans une telle illusion, que quand on passe la ligne, il veut absolument que son équipage se livre aux folies qui signalent d'ordinaire le Baptême de la Ligne, et c'est pendant que passagers, soldats et matelots se divertissent sur le pont, dans les costumes les plus bizarres et sous les travestissements les plus excentriques, que soudain un cri de terreur retentit, la frégate a touché !... La belle *Méduse* échoue, elle a échoué !...

C'en est fait! cette rapide frégate qui tout-à-l'heure effleurait à peine les vagues ; qui, après avoir marché de conserve d'abord, au sortir des eaux de France, avec les autres navires, les a si promptement laissés en arrière ; qui, tout-à-l'heure encore a dédaigné les feux d'appel que lui faisait l'*Echo*; la *Méduse* est arrêtée subitement dans sa course brillante. Immobile, réduite à une fixité déplorable, la voici clouée sur un rocher, blessée au cœur, ne pouvant plus se mouvoir et se couchant à grand'peine sur le flanc, étendue sur le lit de douleur que l'on nomme banc d'Arguin... Le banc d'Arguin ! ne l'avait-on pas annoncé à l'orgueilleux M. Duroy de Chaumareys...

Tout annonçait le voisinage de la terre, les poissons que l'on pêchait par masses, les herbes épaisses que sillonnait la frégate : M. de Chaumareys n'a rien voulu voir. Et il faut le cri terrible qui retentit sur le pont, le 2 juillet, à trois heures de l'après-midi, pour enfin persuader au commandant qu'il est en danger. Que dis-je, en danger ? que l'heure du trépas a sonné, et que la *Méduse* est à jamais perdue !...

Qui pourra peindre la consternation, la terreur des passagers, la colère sourde des gens de l'équipage, et l'irritation des officiers qui, tous, ont vu qu'ils couraient à leur perte ! Qui pourra dire le désordre qui règne sur le navire, les accents de terreur qui éclatent de toutes les cabines, et les gémissements et les pleurs des femmes et des enfants qui s'interrogent et s'étonnent de sentir sous eux la frégate qui talonne et semble frapper du pied comme si elle s'impatientait d'être subitement retenue dans sa course ? D'ordinaire, dans un naufrage, une chose rend le courage et l'espérance à tout ce qui vit et se meut dans les flancs du navire : c'est la voix mâle et sonore, c'est l'énergique commandement, c'est la fière attitude de celui qui préside aux destinées du bâtiment. Tous les yeux se fixent sur lui, et si sa physionomie exprime la confiance, la confiance renaît dans toutes les poitrines. Mais sur la *Méduse*, qu'attendre en fait de salut d'un homme qui a conduit à la ruine sans la voir et sans consentir à se laisser éclairer sur ses erreurs ? Aussi le désespoir est à son comble.

Cependant, comme pour racheter sa faute, qu'il reconnaît trop tard, M. de Chaumareys tâche de remettre sa frégate à flot. On tente les plus grands efforts : tout le monde fait son devoir avec courage ; la force de l'équipage est presque doublée par la présence des soldats passagers destinés à la garnison de Gorée ; on amène donc les voiles, on dépose les mâts de perroquet, on recale ceux de hune ; à l'aide d'ancres portées en mer par des chaloupes et à l'aide du cabestan, les efforts de cent hommes cherchent à soulever la *Méduse* de son rocher et à l'arracher à son lit de douleur. Peines inutiles ! La puissance humaine est bientôt mise à bout, et vainement elle lutte contre les vents qui gênent la manœuvre des embarcations en soulevant la mer, et contre la rapidité des courants qui paralysent l'exécution. On ne peut arriver à ramener la frégate sur les accores du banc où elle eût flotté de nouveau. Les canots, surchargés par les ancres, dérivent sous le vent, hors de la direction qu'il aurait fallu suivre pour les mouiller là où l'eût exigé le mouvement rétrograde que l'on voulait faire exécuter au bâtiment. De sorte que, après mille essais infructueux, mille peines, mille angoisses, mille espérances déçues, la fatigue, l'épuisement de l'équipage l'oblige au repos et le condamne à l'inaction.

Quelle triste nuit que celle qui suit un naufrage, alors que l'on ne sent plus les oscillations du navire ; alors que ce navire ressemble à un cadavre dans lequel la vie s'est éteinte ; alors qu'on entend la vague qui déferle d'une façon lugubre contre ses hanches et l'eau qui s'engouffre peu à peu dans ses profondeurs ; alors que la mort plane sur le bâtiment et menace de s'abattre dans une heure, quand les ténèbres seront tout-à-fait tombées, à l'heure fatale de minuit peut-être, peut-être au point du jour, au moment où d'ordinaire l'on revoit si volontiers l'aube et l'approche de la lumière ; alors que..... tout espoir de salut... s'est enfui...

Le soir du naufrage de la *Méduse,* il fit un temps beau et serein ; la brise souffla douce et fraîche. C'était une injure pour les naufragés ; dans une telle situation, on préférerait la tempête. Les trois quarts des gens de la *Méduse* couchèrent sur le pont, à la lueur des étoiles. Mais, vers minuit, le ciel se voila soudain, le vent commença à souffler par rafales, la mer devint grosse, l'ouragan s'agita, et la pauvre frégate, soulevée par moments, devint le point de mire du gros temps, qui la secoua avec rage sur sa couche funèbre : la *Méduse* ne fut plus alors qu'un rocher contre lequel les vagues se prirent à déferler violemment et qu'à chaque instant la lame recouvrait de ses cascades et de ses jets furieux. Tout le monde alors s'était réfugié au-dedans de la frégate ; mais là, autres horreurs : l'eau s'élevait d'étages en étages ; on l'entendait envahir progressivement toutes les parties du bâtiment, et c'était à mourir vingt fois de terreur et d'angoisses, avant d'être saisi par la véritable mort.

Cependant d'horribles tressaillements se font entendre dans les flancs caverneux de la vaste frégate, aux tressaillements succèdent d'épouvantables craquements. Hélas ! cent fois hélas ! c'est la *Méduse* qui s'entr'ouvre : l'eau la disjoint, l'écartelle, la sépare en deux, et s'empare de tous les vides du bâtiment.

Ce sont alors de nouveaux cris d'effroi, d'affreuses clameurs, d'indicibles convulsions de terreur, des imprécations, des gémissements, des adieux, toutes les angoisses de la mort. Et le soleil se lève sur cette scène de désolation ! un soleil rouge, blafard, enveloppé de couches de nuages sinistres. Quel tableau !

On songe alors à construire un radeau. Cette idée bonne, excellente, est reçue avec enthousiasme. Tout chacun se met à l'œuvre. On abat les mâts, on sape les bordages, on prend partout les matériaux nécessaires. Malheureusement la discipline manque dans ce travail ; l'obéissance fait défaut ; le désordre s'établit à bord parce que le caractère du chef n'inspire plus le respect si nécessaire dans des circonstances aussi graves, aussi solennelles.

Toutefois, au milieu de l'épouvantable lutte de passions qui fait son arène du pont de la *Méduse*, quelques hommes généreux tentent d'assurer le salut commun, en ralliant autour d'eux les plus intrépides et en cherchant à organiser le travail. Mais on manque de cet ensemble nécessaire qui assure le succès. Il en résulte que le radeau est mal calculé dans ses proportions, mal agencé, mal assujéti, mal lié, et que l'on ne tente pas tous les efforts voulus pour l'approvisionner d'une manière convenable. Au milieu de la précipitation qui est le grand défaut de ce moment pénible, plusieurs sacs de biscuit tombent à la mer, et seront vivement regrettés quand la disette commencera à se faire sentir.

Le radeau compte soixante pieds de longueur sur vingt de largeur. Composé de toutes les pièces de bois que l'on a pu détacher du navire, mais mal disposé, nu, ce radeau semble vaste; chargé, il est de beaucoup insuffisant. Il n'a pas de mâture; il est sans voiles.

Il doit être remorqué par le canot du commandant, le grand canot, le canot du Sénégal et la yole : mais combien il retardera leur marche !

Le radeau terminé, le sauvetage s'opère.

Comme pour tout le reste, le chef d'escadre, perdu dans l'opinion même du dernier des matelots, ne sait pas exiger l'ordre nécessaire, indispensable dans un pareil moment. Il tolère même l'égoïsme qui se produit de la part de ceux qui doivent donner des preuves d'abnégation. Pendant que la foule descend en hâte de la *Méduse*, et dans un affreux pêle-mêle se glisse le long des cordes, sautant des bastingages, et, en un mot, se précipite de tous les points dans les embarcations, pas un mot n'est proféré pour comprimer ce désordre.

Alors le gouverneur et sa famille prennent place dans le grand canot, qu'occupent aussi trente-cinq personnes du bord.

Le canot du commandant reçoit vingt naufragés.

Quarante-deux autres personnes, officiers de terre et de mer, prennent possession du canot major.

Le canot dit du Sénégal en reçoit vingt-cinq;

La chaloupe, misérable embarcation, donne place à quatre-vingt-huit matelots;

Et enfin la yole est occupée par le secrétaire du gouverneur et les siens.

Le reste, c'est-à-dire cent cinquante-deux passagers et soldats, auxquels on enlève leurs fusils, s'établissent sur le radeau. Mais, naturellement et par peur, la masse de ces gens s'agglomère au centre de ce radeau ; ils s'y entassent sur des morceaux de bois : beaucoup, tombant à chaque instant dans les intervalles vides, ont de l'eau jusqu'à la ceinture. Il est du reste impossible de s'asseoir et de se coucher.

Quelques matelots et passagers, au nombre de dix-sept, effrayés de l'inhabileté de leurs chefs, préférèrent rester sur le navire échoué plutôt que de se confier au radeau déjà trop chargé. Leurs camarades et amis leur promettent toutefois de leur envoyer du secours du Sénégal, aussitôt qu'ils y seront parvenus. En attendant, ces infortunés vont vivre comme jadis les moines dans leur monastère, chacun dans sa cellule.

Aussitôt commence la voie douloureuse de cette lugubre caravane d'embarcations livrées au caprice des flots.

Les embarcations, remorquant le radeau, s'éloignent de la *Méduse*. Tous les cœurs sont serrés. Cette *Méduse* était si fringante, si vaillante naguère ! Entre d'autres mains, elle serait entrée si triomphalement dans les ports du Sénégal ! Et voici qu'on l'abandonne comme une carcasse de baleine échouée. Il est sept heures du matin, le 5 juillet, lorsqu'on la perd de vue. Le drapeau blanc de la France flotte sur son mât d'artimon, c'est le drapeau de la patrie... La reverra-t-on jamais ? Aussi quel découragement ces pensées ne font-elles pas naître dans les âmes ? Il semble, en disant adieu à la frégate déchirée, dépecée, rasée comme un ponton, que c'est à la patrie même que l'on dit adieu, car la *Méduse* c'était la patrie pour les naufragés. Néanmoins, au moment où le squelette de la frégate, sur les agrès de laquelle on voit courir comme des ombres errantes les matelots et passagers qui ont mieux aimé en faire leur tombeau peut-être que s'exposer aux horreurs d'une navigation périlleuse sur le radeau, s'efface dans la brume, il sort de toutes les poitrines un cri national que la mer laisse sans échos :

— Vive le roi !

On est parti : on vogue lentement, péniblement. Le soleil est terne, lourd. Il y a quelque chose dans l'air qui est triste, comme les réflexions des âmes.

Le radeau est commandé par M. Coudein, aspirant de première classe.

D'abord trois canots le remorquaient : le canot major, le grand canot, et le canot du Sénégal. Mais successivement ces deux derniers larguèrent les amarres qui les retenaient au canot major. Le radeau, dès lors, n'eut donc plus qu'un seul canot pour remorqueur.

La nuit venue, la mer grossit et bientôt semble vouloir se livrer à ses fureurs des nuits précédentes. On se décide alors à mouiller. L'espérance est rentrée quelque peu dans les cœurs, car au coucher du soleil on a entrevu les côtes de l'Afrique ; vers minuit, en outre, les vagues se calment, et la lune se montre au firmament. On peut sommeiller dans les canots : mais, ceux qui sont debout sur le radeau, peuvent-ils bien dormir ? Eh bien ! la fatigue, une extrême prostration ferme les yeux de quelques-uns, et pendant qu'ils sont plongés dans l'eau de la mer jusqu'aux genoux, leur tête malade, assoupie par la faiblesse, rêve peut-être de revoir dans les brumes de l'illusion la patrie absente.....

Hélas! au petit jour, quelle ne fut pas la stupeur des infortunés navigateurs du radeau, lorsqu'ils s'aperçoivent que..... les canots ont coupé les amarres avec lesquelles ils remorquaient la lourde embarcation, et qu'ils se sont enfuis! Jamais plume ne pourra rendre le désespoir et la colère qui s'emparent de ces cent cinquante-deux victimes de l'humaine lâcheté dont on se rendait coupable vis-à-vis d'eux. Leur malheur était d'autant plus grand, que l'on ne découvrait plus la terre aperçue la veille. Mais ce fut en vain qu'ils firent entendre des cris de vengeance et de découragement: que pouvaient contre les éléments les cris de ces cent cinquante-deux infortunés?

Pour s'orienter et se guider sur l'Océan, nos malheureux délaissés eurent d'abord le secours d'une boussole trouvée entre les mains d'un matelot; mais bientôt ils la laissèrent tomber entre les pièces de bois du radeau, et il fut impossible de la retrouver. Le lever et le coucher du soleil eussent été les seuls moyens de diriger leur marche, si on avait pu diriger l'énorme masse du radeau sans avirons et sans voiles.

La première journée de navigation se passa assez tranquillement: un des officiers parvint à disposer une voile qui imprima quelque mouvement de marche à l'embarcation. Mais la nuit fut cruelle, car la mer se fit très grosse et le radeau fut horriblement agité. Ceux qui n'avaient pas l'habitude de la navigation ne purent se tenir debout, quelques-uns durent s'attacher aux bois du radeau, pour éviter de tomber. Cela n'empêcha pas que, au jour, on trouva dix ou douze infortunés qui étaient à l'état de cadavres, cadavres engagés, après des luttes sans nom, entre les pièces de bois qui formaient le fond de l'embarcation. D'autres avaient été enlevés par les flots et submergés.

Cependant deux embarcations gagnaient le Sénégal sans accident; ce furent celles que montaient le gouverneur de la colonie et le commandant de l'escadre. Leurs deux canots arrivèrent le 9 juillet, vers dix heures du soir, à bord de la corvette l'*Echo*, qui, depuis plusieurs jours, était en rade de Saint-Louis.

Un conseil fut tenu sur-le-champ; on y fit choix des moyens les plus prompts et les plus sûrs pour porter des secours aux naufragés abandonnés dans les embarcations, sur le radeau et même sur la carcasse de la frégate.

La chaloupe chargée de quatre-vingt-huit matelots, encombrée, mal jointe et par conséquent faisant eau, n'avait pu se servir de ses avirons; ses voiles n'avaient pu être utilisées, car à un vent assez frais avaient succédé des calmes persévérants. Les courants, qui, sur cette côte, sont d'une grande force, la firent rapidement dériver vers la terre. Une partie des hommes qui s'y trouvaient désirèrent débarquer plutôt que de continuer une navigation aussi incertaine. On mit donc à terre soixante-trois hommes; et on leur donna des armes et le plus de biscuit qu'on put. Ce débarquement eut lieu dans le nord du cap Mirick, à quatre-vingt-dix lieues de l'île Saint-Louis. Les débarqués, après toutes sortes de malheurs, arrivèrent enfin au lieu de leur destination.

La chaloupe reprit ensuite le large et rejoignit une heure après les autres embarcations. Mais l'équipage, tourmenté par la soif, se décida enfin, le 8, à se jeter à la côte. Le canot major et le canot du Sénégal avaient été forcés aussi de prendre ce parti. Ils furent imités par un autre canot qui avait suivi de près la chaloupe et par la yole. On était alors à quarante lieues de Saint-Louis. Tous ceux qui faisaient partie de ces diverses embarcations, et qui avaient ainsi gagné la côte, se réunirent en une petite caravane, qui se mit en route pour rejoindre le Sénégal. En traversant le désert, ils eurent beaucoup à souffrir de la fatigue, de la chaleur, de l'avarice et de la perfidie des Maures, aussi bien que de la disette des vivres. Il est probable qu'ils auraient succombé à tant de maux, s'ils n'avaient été rencontrés par l'*Argus*, qui les aperçut sur la côte, et leur envoya des secours. Ils furent ensuite rejoints par des Anglais, qui avaient envoyé à leur rencontre, par terre, avec des chameaux, des subsistances et tout ce qui était nécessaire pour continuer leur route. Ils arrivèrent enfin, le 12, à Saint-Louis, à sept heures du soir, sans aucun accident et sans avoir perdu aucun des leurs.

Mais revenons à ceux qui se trouvaient abandonnés sur le fatal radeau.

Lorsqu'ils eurent perdu de vue les embarcations, ils furent frappés de stupeur, et leur désespoir s'exhala en imprécations contre ceux qui les abandonnaient. Nous avons vu comment ils passèrent leur première journée et la nuit cruelle qui la suivit. Il y eut un matelot et des mousses qui, voulant éviter promptement une position aussi navrante, firent leurs adieux à leurs compagnons et se précipitèrent dans l'Océan, qui les engloutit.

Toutefois, la nécessité établit un peu de calme et de subordination. Un ordre fut établi pour la distribution du peu de vivres qu'il y avait; mais le biscuit, mouillé d'eau de mer, fut dévoré en un seul jour.

La seconde nuit passée sur le radeau fut encore plus terrible que la première. Les vagues venaient à chaque instant ensevelir les naufragés; elles les secouaient, les agitaient, et malheur à ceux qui ne se cramponnaient pas à temps à quelques pièces de bois ils étaient froissés les uns contre les autres, ils tombaient entre les intervalles des pièces mal jointes qui composaient le radeau, et souvent étaient précipités dans l'abîme. Tous ceux qui ne pouvaient se tenir au centre de l'embarcation étaient inévitablement entraînés : aussi, dans la presse qui se faisait autour d'une sorte de mât, beaucoup périrent étouffés. Le lendemain, à l'heure de la distribution des vivres, on s'aperçut que vingt hommes étaient en moins sur le radeau.

Pour mieux braver les approches de la mort, les soldats et les matelots cherchaient souvent dans le vin et l'eau-de-vie le courage qui les avait abandonnés. Quelques-uns résolurent même d'adoucir leurs derniers moments en buvant jusqu'à perdre la raison. Ils firent un trou au tonneau de vin, qui se trouvait un peu en arrière du groupe principal, sans que les officiers, qui partageaient leur découragement, les en empêchassent, et, avec de petits gobelets de fer blanc qu'ils avaient sauvés, ils burent à outrance. Toutefois, l'eau de la mer pénétrant par le trou qu'ils avaient pratiqué, les força de s'arrêter assez promptement : mais les fumées du vin ne tardèrent pas à porter le désordre dans ces cerveaux déjà affaiblis par des fatigues sans relâche, par la crainte de la mort, et par le défaut d'aliments. Devenus sourds à la voix de la raison, ils complotèrent de détruire le radeau, en coupant les amarrages, et de s'engloutir ainsi dans les flots avec leurs compagnons d'infortune. Ils manifestèrent hautement l'intention de se défaire de leurs chefs, qui pouvaient s'opposer à leur dessein. Les sabres furent tirés à l'instant, et une bataille commença sur cet étrange théâtre de guerre. Les soldats et les matelots ivres se précipitèrent avec furie sur les officiers et les passagers qui n'étaient qu'au nombre de vingt, mais forts parce qu'ils étaient de sang-froid. Aussi ces derniers remportèrent-ils la victoire. Le carnage fut épouvantable ; soixante soldats périrent ; les autres obtinrent leur pardon.

Cette lutte fratricide, dans les ténèbres, sur un sol balayé par la lame, au souffle du vent faisant à chaque instant chavirer le radeau, étroit champ de bataille de vingt pieds carrés au-delà duquel était l'abîme béant, eut quelque chose d'horrible qui se sent et ne peut se dire. Ce fut un combat inouï, où les sabres, les couteaux, les haches fixent leur œuvre de destruction d'une façon meurtrière ; où, quand les armes furent tombées des mains, on se saisit corps à corps, on s'accula jusqu'au dernier soliveau du trop mobile plancher ; où l'on s'enfonça les ongles dans les yeux, où l'on se mordit, où l'on se déchira, où l'on s'étouffa dans de féroces étreintes...

Ce qu'il y eut de plus terrible encore, c'est qu'aussitôt que l'exemple eut été donné, on ne s'arrêta plus. Nombre des hommes resserrés dans cet espace étroit étaient le rebut de la société, déjà flétris par elle et marqués du fer réprobateur. La position exceptionnelle où ils se trouvaient donnait un libre essor à leurs affreux penchants. Ceux qui, dans tous les temps, devaient avoir le droit de leur commander, se trouvaient en quelque sorte à leur merci. En les sacrifiant ils se procuraient, avant de mourir, la jouissance infernale de faire le mal impunément. Ils se révoltèrent donc et fondirent de nouveau sur les officiers et passagers qui, connaissant leur dessein, s'étaient retirés à l'autre extrémité du radeau. Ceux-ci, mieux avisés et forts de la justice de leur cause, se défendirent avec courage, repoussèrent leurs ennemis, jonchèrent le radeau de cadavres et les pécipitèrent dans les flots.

Mais alors la faim, le peu de provisions qui restaient, devinrent, entre ceux qui survécurent, d'autres et continuelles causes de désordres et d'hostilités.

L'exaspération et la fureur, causés par tant de souffrances, anéantirent dans ces malheureux naufragés tout sentiment d'humanité. La plume se refuse à dire ce qui va suivre. Exténués par un long jeûne, auquel les vagues de la mer, jaillissant constamment sur leurs sanglantes blessures, faisaient pousser à chaque instant des cris de douleur, ces infortunés en vinrent, pour prolong r de quelques heures une aussi triste existence, jusqu'à se nourrir de la chair de leurs compagnons qu'ils avaient tués. Oui, ils coupèrent par tranches plusieurs cadavres dont le radeau était couvert. Les plus affamés dévorèrent ces viandes crues, que les officiers refusèrent de goûter. Ces derniers préférèrent essayer de ronger le cuir de leurs chapeaux, de leurs baudriers et des gibernes.

Puis..... ils burent leur urine afin d'apaiser le tourment de la soif qui les dévorait.

Un petit citron trouvé par hasard, quelques gousses d'ail, une petite fiole d'alcool, un mince flacon d'essence de rose, furent des mets exquis que les officiers se partagèrent entre eux.

Plusieurs matelots et soldats, auxquels on avait pardonné leur première tentative, voulant accaparer l'argent et les bijoux des officiers que l'on avait mis en commun dans un sac pendu au tronçon du mât du centre du radeau, formèrent une nouvelle conspiration. Un troisième combat s'engagea ; le radeau fut encore une fois jonché de cadavres, et, comme toujours, la victoire resta aux officiers.

Ainsi la mort régnait en maîtresse souveraine sur ces planches du radeau.

De cent cinquante-deux qui avaient été embarqués sur le radeau, il n'en resta bientôt plus que trente, car par combien de tragédies, par combien d'épisodes ne fut pas signalée cette navigation livrée au souffle du vent, abandonnée à la fantaisie des lames ! Qui pourrait jamais raconter, sans faire frissonner d'horreur, les calamités sans nombre qui assaillirent les héros de ce drame, les scènes de meurtres, les suicides, les angoisses inimaginables, les tourments et les tortures de la faim, de la soif, des blessures, l'épouvantable supplice d'une chaleur torréfiante combinant ses aiguillons avec les morsures non moins aiguës de l'eau de mer sur ces membres dévorés par le scorbut, rongés par la souffrance d'une onde amère les engloutissant sans fin, brûlés, carbonisés par le climat ?

Oui, après six jours passés ainsi sur cet affreux radeau, trente hommes restaient seulement sur cent cinquante-deux..... Et quels hommes ! l'eau de la mer leur avait enlevé la peau des pieds et des

jambes; ils étaient noirs de coups de soleil et brûlés par les vents
dévorants d'une zone torride ; ils étaient couverts des blessures des
combats et des contusions que leur causaient des chutes perpétuelles
sur le radeau ; leurs vêtements ne tenaient plus sur eux, et la nudité
se montrait partout...

Puis, sur ces trente, deux ayant été surpris buvant en fraude, avec
un chalumeau, du vin de la seule barrique qui restait, furent jetés à
la mer.....

Puis, un jeune élève de marine, enfant de douze ans, l'objet de la
tendresse et des soins de tout l'équipage, par sa figure angélique, la
douceur de sa voix, son excellent caractère et son courage, s'éteignit comme une lampe qui cesse de brûler faute d'aliment.

Le nombre de ceux qui restaient se trouvait donc réduit à vingt-
sept. Mais comme sur ces vingt-sept il était quinze misérables, que
les souffrances avaient privés de raison et qui étaient devenus fous,
et que néanmoins ils avaient part aux distributions de vin, et pouvaient, avant leur mort, consommer trente ou quarante bouteilles de
vin qui étaient d'un prix inestimable en de telles conjectures, on dé-
libéra. Le résultat de cette exécrable délibération fut que les quinze
plus faibles seraient jetés à l'eau par les plus forts : ce qui fut
exécuté.....

Dans le nombre de ces victimes se trouvait une cantinière et son
mari. Cette femme s'était associée, pendant vingt ans, aux glorieuses
fatigues de nos troupes, sous le règne de Napoléon 1ᵉʳ ; elle avait
porté d'utiles secours et de douces consolations aux braves de nos
armées, sur tous les champs de bataille de l'Europe. Déjà l'infortunée
avait failli se noyer trois fois en tombant du radeau dans la mer, et
trois fois elle avait été sauvée par des officiers ou quelque passager ; mais enfin, ce ne fut plus une chute qui la fit périr dans l'abîme ;
ce furent les mains des mêmes officiers, tant de fois ses sauveurs,
qui la livrèrent à la mort, en la jetant au fond des eaux.

N'oublions pas de dire qu'un des spectacles hideux du radeau,
était celui de légions innombrables de requins avides qui accouraient
en foule et qui se pressaient autour en attendant la proie que chaque
heure leur donnait. Affranchis par la certitude de ne pas manquer
de vivres, que la mort leur envoyait trop régulièrement, ils étaient
là formant des bancs pressés à l'arrière de la frêle embarcation et au
même niveau qu'elle. On voyait leur grande nageoire dorsale pointer
au-dessus de l'eau comme la vergue d'une voile de perroquet, ou
fendre la mer ainsi qu'une lame d'acier, plonger un instant et repa
raître en se rapprochant toujours des malheureux qu'ils étaient assurés de saisir. D'après le nombre des nageoires que l'on pouvait
distinguer, il était facile de reconnaître que plusieurs centaines de
ces monstres entouraient le radeau, plus on regardait la mer, plus
on distinguait de ces voraces animaux dont la quantité s'accroissait

à chaque minute sur les côtés du radeau; ils s'avançaient par groupes de deux ou trois, côte à côte, ainsi que des bœufs attelés au même joug : leur audace augmentait à chaque instant. Quand il y avait un certain temps qu'un cadavre n'avait été jeté à la mer, les requins approchaient de plus en plus des pièces de bois qui portaient les naufragés, et semblaient réclamer leur proie. Tombait-elle en effet dans les vagues, aussitôt cette foule affamée se précipitait avec une fureur indescriptible, et pour le partager, s'enlever, se déchirer le corps, vivant ou mort, c'était une lutte effroyable, un inimaginable tourbillon, une trombe vivante qui se disputait le mort... Mais où la curée fut opulente pour ces terribles bêtes, ce fut quand on poussa dans les flots les quinze malheureux fous, et la cantinière dont nous avons parlé !..... Ici, la plume se refuse à rendre l'horreur de la scène.....

Un jour, vers midi, l'un des naufragés vit un papillon blanc qui voltigeait autour du tronçon du mât... Ce fut un cri de joie générale... Un papillon ! un papillon sur la mer ! Mais on n'était donc pas loin de la terre? A cette pensée, une lueur d'espoir pénétra dans ces poitrines si désolées... Mais le papillon était là, voltigeant, et toute autre chose disparut devant le désir de s'en emparer pour..... le manger. Oui, des regards et des mains faméliques se dressaient vers l'innocent insecte pour le saisir et le dévorer, lui, symbole d'espérance et de bonheur !... Déjà une lutte commençait, de la dispute on allait en venir aux coups : ne s'agissait-il pas d'un papillon ! Quel mets ! C'est égal, on allait se battre pour cette proie, quand le papillon s'envola et disparut.

Hélas ! la nature nous fait trouver quelquefois dans l'excès de nos maux un soulagement inespéré : pour les naufragés de la *Méduse*, ce soulagement fut une sorte de fièvre chaude, une aliénation passagère de l'esprit, une absence de raison enlevant temporairement le sentiment de la situation. Ainsi advint-il que plusieurs de nos infortunées victimes furent en proie à des illusions trompeuses. C'est pendant la nuit que cette sorte de fièvre, que l'on nomme *calenture*, s'empare de celui qu'un jeûne prolongé a jeté dans un affreux état de faiblesse. Il s'éveille entièrement privé de raison ; son regard étincelle, il s'échappe de sa couche, et croit voir autour de lui les forêts les plus belles, les prairies les mieux émaillées, les aliments et les fruits les plus délicieux. Cette erreur le réjouit ; sa joie se produit au-dehors par des rires, des causeries, des applaudissements à l'adresse des choses qu'il voit et qu'il admire. Lorsque cette maladie affecte un marin, il monte sur le pont, il témoigne le plus ardent désir de se jeter à la mer, parce qu'il lui semble que c'est dans un pré qu'il met le pied. M. Corréard, par exemple, un de nos naufragés, croyait parcourir les plus belles campagnes de l'Italie. Plusieurs de ses compagnons, dans leur délire, se persuadaient être encore sur la frégate, voguant à toutes voiles ; et d'autres s'imaginaient voir des navires sur la surface des vagues et les appelaient à leur secours.

M. Brédif, un autre naufragé, embarqué sur la chaloupe, raconte ainsi la vision que lui donnait la calenture :

« La lune étant couchée, excédé de besoin, de fatigue et de sommeil, je cède à mon accablement, et je m'endors malgré les vagues prêtes à nous engloutir. Les Alpes et leurs sites pittoresques se présentent à ma pensée ; je jouis de la fraîcheur de l'ombrage ; je me rappelle les délicieux moments que j'y ai passés ; le souvenir de ma bonne sœur fuyant avec moi, dans les bois de Kaiserlautern ; les Cosaques qui s'étaient emparés de l'établissement des mines, sont à la fois présents à mon esprit. Ma tête était penchée au-dessus de la mer ; le bruit des flots qui se brisent contre notre frêle barque produit sur mes sens l'effet d'un torrent qui se précipite du haut des montagnes ; je crois m'y plonger tout entier. Tout-à-coup je me réveillai ; ma tête se releva douloureusement ; je décollai mes lèvres ulcérées et ma langue desséchée n'y trouva qu'une croûte amère de sel, au lieu de cette eau que j'avais vue dans mon rêve. Le moment fut affreux et mon désespoir extrême. »

Enfin, le 17 juillet, au matin, comme le soleil dévorant annonçait une brillante journée, les quelques naufragés qui restaient étendirent une longue toile en forme de tente et se mirent à l'abri sous ses plis. Ils y étaient à peine depuis quelques minutes, lorsqu'un artilleur, retournant un instant au grand air, rentra subitement sous la toile, en s'écriant :

— Une voile ! une voile !

En effet, c'était un navire qui se montrait à l'horizon.

La joie de tous fut extrême. Mais, ô fatalité ! le radeau n'a pas d'élévation et ne pourra être vu en pleine mer. En effet, hélas ! les naufragés ont beau agiter leurs mouchoirs, les lambeaux de leurs vêtements, et pousser autant de cris que leur permettent leurs forces, afin d'attirer l'attention des navigateurs, peine inutile ! le navire s'éloigne et bientôt est hors de vue.....

L'espérance avait un instant ranimé le courage de nos infortunés ; mais cette fois leur désespoir est au comble.

Ils se croient perdus pour jamais !

Toutefois, les naufragés ont cru reconnaître l'*Argus*, ce brick qui avait quitté Rochefort en même temps que la *Méduse* et avec la même destination.

— Puisse l'*Argus* avoir pour nous des yeux d'argus ! dit un des officiers, toujours français par l'esprit, malgré le malheur. Car, c'est chose à dire aussi, nonobstant les indescriptibles calamités qui pèsent sur eux depuis bon nombre de jours, il s'est trouvé des hommes, assez maîtres d'eux-mêmes et assez supérieurs aux souffrances, pour chercher par leur gaîté, leurs causeries, leurs contes, leurs récits imaginés tout exprès, à distraire ceux qui les entourent et qui souffrent, et à les tirer de leur marasme physique, en occupant leur imagination et leurs pensées de choses riantes et agréables.

Donc, à la disparition du navire, les naufragés s'étaient crus perdus à tout jamais.

Mais la Providence veillait sur eux !

Deux heures s'étaient écoulées depuis que le vaisseau, un moment entrevu, s'était effacé dans la brume de mer, deux heures d'angoisses et de douleur ! lorsqu'un homme, se redressant avec effort sous la tente, passe la tête à l'air et regarde. Alors, l'œil fixe, le bras tendu vers l'horizon, haletant, convulsif, cet homme pouvant à peine parler, dit de nouveau :

— Là-bas, un navire ! Là-bas, un navire !

Tous regardent, et voient en effet un navire qui approche.

C'était l'*Argus*, c'était le brick envoyé du Sénégal à la recherche des naufragés, et qui, après les avoir inutilement cherchés depuis plusieurs jours, désespérait presque de les rencontrer.

A la vue du vaisseau libérateur, qu'on juge de la joie, des transports des malheureux qui allaient périr. Ils se hissaient les uns sur les autres, ils nouaient ensemble leurs mouchoirs pour en faire des signaux de reconnaissance, ils voulaient se jeter à la mer, ils battaient des mains, ils s'embrassaient, ils pleuraient en criant de toutes les forces de leurs poumons épuisés.

Car ce n'étaient plus des hommes vivants, ces infortunés, c'étaient des cadavres auxquels on aurait enlevé l'épiderme, et qui se trouvaient écorchés à vif par l'eau de mer.....

L'*Argus* approcha, et ses matelots rangés sur le bastingage répondirent à l'appel des naufragés par des hurras multipliés.

Ce fut alors un étrange spectacle.

Ces treize corps d'hommes défigurés, à peu près nus, excoriés par les coups et le soleil, amaigris, hâves, furent hissés un à un à bord du brick, où les soins les plus empressés leur furent donnés. De très bon bouillon avait été préparé à bord de l'*Argus* ; on y mêla un peu de vin, et cela fit un excellent cordial qui ranima un peu les forces des naufragés. On pansa leurs blessures, et il se trouva parmi ces hommes des constitutions si heureuses, que, le lendemain, plusieurs furent en état de marcher. Mais il n'en fut pas de même pour tous, car ces bons soins furent impuissants à sauver quelques-uns de nos infortunés héros. Six moururent après quelques jours de souffrance, et sept seulement survécurent... .

Après la découverte du radeau, on dut se préoccuper de la recherche des canots qui n'étaient pas arrivés à Saint-Louis, en même temps que le gouverneur. La position des naufragés dans ces embarcations, encombrées de monde, et où par conséquent peu de vivres avaient été embarqués, devait être fort triste également.

Ensuite on dut songer à délivrer de leur prison ceux des matelots, soldats et passagers, au nombre de dix-sept, qui étaient restés sur la *Méduse*, n'ayant pas trouvé ou ayant refusé place sur le radeau. Ces hommes étaient les moins à plaindre, car si la mer n'avait pas encore démoli la frégate, il était naturel de croire que les dix-sept malheureux qui avaient persisté à y attendre des secours, y avaient facilement subsisté des barils de salaisons qui s'y trouvaient en grande quantité.

En outre, une somme de cent mille francs, — que du reste on n'a jamais retrouvée, — ayant été embarquée pour les besoins de la colonie, on se décida, quoique tard, pour satisfaire aux devoirs de l'humanité, à envoyer une goëlette sur le lieu du naufrage. Elle était chargée de secourir les hommes qui devaient s'y trouver et de faire plonger dans l'intérieur du bâtiment, afin d'y découvrir l'argent qui y avait été déposé.

Cette goëlette, partie le 26 juillet, mais ayant été contrariée par des vents alisés d'une grande force, gagna si peu au vent, que huit jours après elle fut obligée de relâcher. Elle partit de nouveau et éprouva au large un coup de vent assez fort pour que ses voiles en aient été endommagées. Il fallut donc encore revenir au point de départ, après quinze jours de navigation complètement inutile. Enfin, la goëlette repartit une troisième fois, et atteignit la *Méduse* cinquante-deux jours après son abandon.

Les dix-sept personnes qui étaient restées sur cette frégate avaient rassemblé tous les vivres qu'elles avaient pu parvenir à extraire de la cale du bâtiment. Tant que les provisions durèrent, la paix régna parmi elles. Mais quarante-deux jours s'écoulèrent sans qu'elles vissent paraître les secours qu'on leur avait promis en partant. Alors, douze des plus impatients de ces hommes, et en même temps des plus courageux, se voyage à la veille de manquer de tout, résolurent de gagner la terre. Ils construisirent un radeau avec différentes pièces de bois qui provenaient de la frégate : hélas ! ils furent victimes de leur témérité, car les restes de leur radeau, qui furent trouvés sur la côte du désert de Sahara, par les Maures, sujets du roi de Zaïde, ne laissèrent plus aucun doute sur leur fin déplorable.

Un matelot, qui s'était refusé à s'embarquer sur ce radeau, voulut aussi gagner terre quelques jours après le départ de celui-ci ; il se mit dans une cage à poules, et, à une demi-encâblure de la frégate, le malheureux fut submergé.

Au reste, si ces infortunés n'eussent point péri dans les flots, il est certain qu'ils eussent tous succombé aux horribles tourments de la faim.

Les quatre naufragés qui restèrent sur la *Méduse* se décidèrent à mourir plutôt que d'affronter des dangers qui leur semblaient insurmontables,

Un de ces quatre abandonnés venait de mourir quand la goëlette arriva.

Les trois autres étaient très faibles, et, deux jours plus tard, on n'aurait trouvé que leurs cadavres. Ils occupaient chacun un endroit séparé, et n'en sortaient que pour aller chercher des vivres, qui, dans les derniers jours, ne consistaient qu'en un peu de suif, de lard salé et d'eau-de-vie. Quand ils se rencontraient, ils couraient les uns sur les autres et se menaçaient de coups de couteau. Tant que le vin avait duré, ainsi que d'autres provisions, ils s'étaient parfaitement soutenus ; mais, dès qu'ils eurent été réduits à l'eau-de-vie pour boisson, ils s'étaient affaiblis de jour en jour.

Enfin, ils se trouvèrent réunis à tous les infortunés échappés aux mêmes désastres, lorsqu'on les eut heureusement transportés à l'île Saint-Louis.

Ainsi qu'il a été dit plus haut, soixante hommes avaient débarqué, et pris terre à huit lieues au nord des Mottes d'Angel.

Ils confièrent le commandement de leur caravane à un adjudant sous-officier, nommé Petit, jeune homme de vingt-huit ans, ferme et intelligent. Avant de se mettre en route, on fit l'appel : hélas ! sur soixante individus qui avaient débarqué, il ne s'en trouvait déjà plus que cinquante-sept.

Six d'entre eux, en arrivant à terre, s'étaient écartés de leurs compagnons d'infortune. De ce nombre était le naturaliste Kummer, qui s'était éloigné dans l'espoir que les Maures lui donneraient de quoi satisfaire sa faim et sa soif.

Les cinquante-sept malheureux se mirent en marche. Le soleil était brûlant, et fatalement ils ne trouvèrent ni abris pour se reposer, ni sources pour étancher leur soif. Le soir, ils atteignirent trois collines de sable, — les Mottes d'Angel, — situées sur le bord de la mer. Ils y rencontrèrent quelques cabanes inhabitées, où l'on avait laissé de nombreux débris de sauterelles, restes de quelque repas.

Le 7, vers deux heures du matin, la caravane, profitant de la fraîcheur de la nuit, se mit en route. Quelques hommes voulurent étancher leur soif en buvant de l'eau de mer, mais elle leur causa d'horribles coliques, et des vomissements violents. D'autres burent de l'urine, mais cette triste ressource fut bientôt épuisée. Enfin, il y en eut qui eurent l'idée de creuser de petits puits au bord de la mer, ce qui leur procura une eau bourbeuse, mais moins salée, moins nuisible que celle de l'Océan. Malgré ce secours, la plupart désiraient que les Maures vinssent les réduire en esclavage. On ne trouva ni plantes ni animal qu'on pût manger, excepté des crabes, dont la chair, lorsqu'elle est mangée crue, donne de fortes et violentes coliques.

La troisième nuit se passa comme la précédente. Seulement on entendit siffler beaucoup de serpents, qui troublèrent souvent les rêves enchanteurs de ces malheureux étendus sur le sable, et dormant du sommeil de la fièvre. A deux heures du matin, on se remit encore en marche. Cette journée fut une des plus cruelles que nos Français passèrent sur ces côtes. La femme d'un caporal, exténuée de fatigue, se laissa tomber par terre, et déclara qu'elle ne pouvait aller plus loin. Son mari, désespéré, chercha à réveiller son courage en l'effrayant. Il menaça de la tuer, car il tira son sabre sur elle :

— Frappe ! dit-elle, au moins je cesserai de souffrir !

L'infortuné la traîna auprès d'une mare salée, où il eut la douleur de la voir expirer.

La caravane passa la nuit en ce lieu, et son repos y fut troublé par le cri des oiseaux, l'agitation des reptiles et le rugissement des lions.

Le 10, la moitié de la caravane ne put se relever. Des douleurs aiguës, accompagnées d'étourdissements, paralysaient ces malheureux. Ils demandaient, comme une faveur, qu'on les fusillât... La chaleur du soleil, en les réchauffant, leur rendit l'usage de leurs membres.

Pendant la nuit suivante, qui était la onzième passée dans le désert, le délire s'empara de toutes les têtes. Ils s'expliquaient entre eux par signes, car leur langue desséchée ne leur permettait plus de parler. L'un d'eux imagina de couper le bout de ses doigts pour en sucer le sang, et plusieurs l'imitèrent ; mais cet expédient n'empêcha pas quelques-uns de succomber pendant le cours même de cette nuit.

Le 11, vers deux heures du matin, l'adjudant Petit venait de se mettre en route avec l'avant-garde, lorsqu'ils découvrirent des cabanes d'où s'élancèrent aussitôt une quarantaine de Maures armés de poignards. Ces barbares s'emparèrent de la troupe ; mais l'adjudant Petit leur échappa et rejoignit le gros de la caravane. Il proposait alors des moyens de défense, lorsqu'une voix s'écria :

— Eh bien ! les Maures nous donneront à boire !

En même temps, celui qui parlait montra du doigt les Africains qui s'approchaient comme une meute cherchant curée. En un clin d'œil, les naufragés furent dépouillés de leurs vêtements. Sans force pour résister, ils se prêtaient eux-mêmes à cette honteuse spoliation, en suppliant qu'on leur donnât un peu d'eau ou de millet. Enfin, on les conduisit à un marigot, où ils burent à leur aise d'une eau amère et couverte de mousse, que leur estomac affaibli rejetait presque aussitôt après l'avoir bue.

Le chef de ces brigands prit la main de l'adjudant Petit et le fit asseoir auprès de lui. Il voulait savoir le pays des naufragés, d'où ils venaient, où ils allaient, comment ils étaient parvenus à la côte, ce que contenait le vaisseau et ce qu'il était devenu. Pendant cette interrogation, les femmes, de hideuses mégères, partageaient le butin, les guerriers dansaient et poussaient des cris par lesquels ils témoignaient leur allégresse.

Ce chef maure consentit à condirue les naufragés au Sénégal, à condition qu'on lui donnerait des toiles de Guinée, de la poudre, des fusils et du tabac. Il leur fit distribuer un peu de poisson et donna le signal du départ.

Le 12, après quelques heures de marche, on rencontra une seconde bande de Maures beaucoup plus forte que celle qui conduisait les naufragés. Celle-ci voulut résister et fut vaincue ; son chef fut renvoyé avec la barbe et les cheveux rasés.

Hamil était le nom du vainqueur.

— Je suis, dit-il en mauvais anglais, le prince des Maures pêcheurs et votre maître ; vous allez être conduits à mon camp...

On y arriva le soir, mais on n'y trouva, au milieu de quelques chétives cabanes, que des femmes et des enfants laissés à la garde des troupeaux ; on n'eut pour boisson que de l'eau bourbeuse et amère, et pour nourriture des crabes crus et des racines filandreuses. On contraignit les captifs à arracher des racines, à panser les bestiaux, à charger et décharger les chameaux. Lorsque le sommeil, plus fort que toutes les douleurs, venait fermer leurs paupières, les femmes et les enfants s'amusaient à les pincer jusqu'au sang, à leur arracher les cheveux et le poil de la barbe et à jeter du sable dans leurs plaies. Ils se délectaient surtout à entendre leurs cris et leurs gémissements.

Le 16, le prince Hamil distribua aux naufragés six gros poissons, avec à peu près deux verres d'eau pour chaque homme, et demanda ce qu'ils lui donneraient pour les conduire au Sénégal. On le pria de dire lui-même ce qu'il désirait ; on lui promit davantage, et sur-le-champ on se mit en route, lui enchanté de sa fortune, les captifs bien heureux de quitter cet odieux séjour.

Le 17, au lever du soleil, les captifs aperçurent un vaisseau qui approchait rapidement. Ils reconnurent bientôt le pavillon français. Déjà leurs cœurs palpitaient de désir et d'espérance, lorsque, tout-à-coup ils le virent changer de route, s'éloigner et disparaître. C'était l'*Argus*, qui cherchait les naufragés, pour les ramener au Sénégal ; mais, hélas ! il n'avait pas vu les signaux qu'on lui avait faits du rivage. Ce fut un bonheur pour les malheureux délaissés du radeau, car l'*Argus*, ayant continué sa route, les rencontra ce jour-là même, et presque au moment où ils allaient expirer de besoin.

La caravane reprit donc sa route, bien affligée de n'avoir pas été délivrée par les matelots du vaisseau français et enlevée aux mains des affreux Maures de ces parages.

Le 18 et le 19, on fut réduit à boire de l'urine des chameaux mêlée avec un peu de lait, et l'on trouva cette boisson préférable aux eaux du désert.

Enfin on rencontra, ce dernier jour, un marabout qui annonça l'arrivée prochaine d'un envoyé de la colonie. En effet, M. Karnet, en costume de Maure, monté sur un chameau, parut bientôt accompagné de quatre autres marabouts. Ce philanthrope, Irlandais de naissance, venait à travers de grands périls apporter aux naufragés des vivres qu'il leur distribua en arrivant. Personne n'ayant la patience de laisser cuire le riz, on l'avala tout cru, et au tourment de la faim succédèrent de dangereuses indigestions, qui n'empêchèrent pas cependant d'acheter un bœuf et de le faire cuire à la manière des Maures. Voici en quoi elle consiste :

On creuse un grand trou ; on y allume un feu de racines, seul combustible que présente la côte. Puis, on y étend l'animal ; on le couvre de sable, et par-dessus on entretient un feu ardent. L'adjudant Petit et quelques soldats contenaient les plus affamés, qui voulaient déterrer le bœuf et le dévorer sans plus attendre. Enfin, on le partagea. Cette chair coriace, mangée avidement, produisit de déplorables effets. Un Italien s'en gorgea au point de se faire enfler le ventre, et il en mourut le lendemain. D'autres, par suite de ce changement subit de régime, tombèrent en démence. L'un d'eux demandait qu'on ne l'abandonnât pas dans le désert, et prenait toutes les manières d'un enfant. M. Karnet se prit à le traiter de même, et lui donnait, pour l'apaiser, du sucre et de petits pains américains.

Le même jour, l'*Argus* reparut à une lieue environ. Ayant entendu quelques coups de fusil tirés par M. Karnet, il s'approcha du rivage autant qu'il put et envoya à terre une embarcation. Comme elle tentait en vain de franchir les brisants, M. Karnet, Hamil et son frère, passèrent à la nage, parvinrent au canot, et celui-ci les porta au brick. Le capitaine, M. Deparnajou, leur remit un baril de biscuit, avec quelques bouteilles d'eau-de-vie, et les renvoya dans un autre canot, qui ne put, non plus, traverser les brisants. Alors ils se remirent à la nage avec leur cargaison, et parvinrent à la pousser devant eux jusqu'au rivage. Aussitôt l'adjudant Petit fit une distribution de biscuit et d'eau-de-vie, et chargea le reste sur des chameaux.

Ce fut alors que la caravane apprit de l'*Argus* le malheureux sort des naufragés du radeau. On n'était plus alors qu'à une vingtaine de lieues de la colonie du Sénégal.

La caravane y arriva enfin le 24 juillet, à midi.

Malgré toutes les souffrances d'un si rude trajet, une femme et cinq hommes seulement avaient péri : trois s'étaient écartés dans le désert. Un d'eux, qui était soldat, fut enlevé par les Maures : il resta plus d'un mois parmi eux, et fut ensuite ramené à l'île Saint-Louis.

Le chef d'escadre, M. Duroy de Chaumareys, dont l'impéritie avait causé tant de malheurs, n'avait eu à souffrir en aucune façon de cet horrible naufrage. Embarqué l'un des premiers dans le meilleur et le plus grand canot, il avait débarqué à terre, à l'île Saint-Louis, après trois seuls jours de houle. A son retour en France, par une tardive expiation de la mort cruelle et de l'atroce agonie de tant d'hommes et de femmes, il fut traduit devant un conseil de guerre, qui le déclara déchu de son grade, et incapable à tout jamais de servir l'Etat.

NAUFRAGE DE LA CORVETTE FRANÇAISE L'URANIE,

COMMANDÉE PAR M. DE FREYCINET,

Sur les récifs des îles Malouines, océan Atlantique, en février 1820.

L'expédition de la corvette l'*Uranie*, qui dut naissance aux loisirs de la paix rendue à la France par le retour des Bourbons, en 1816, suivit de près le voyage et le drame de la *Méduse*, et faillit se terminer aussi par un grand malheur.

Son but, du reste, était scientifique.

Il s'agissait d'expériences de physique plutôt que de découvertes.

M. de Freycinet, capitaine de vaisseau, avait le commandement de l'*Uranie*, que l'on avait équipé avec toutes les précautions que prescrit un long et périlleux voyage. Secondé par des savants et des naturalistes de la plus haute distinction, M. de Freycinet, qui emmenait avec lui sa jeune femme sans crainte des dangers qu'elle allait affronter et des fatigues d'une longue navigation qu'elle allait endurer, mit à la voile de Toulon, le 17 septembre 1817.

Les vents contraires forcèrent l'expédition à relâcher à Gibraltar.

Il arriva ensuite aux Canaries le 22 octobre. Assurément l'île de Ténériffe, avec son haut pic et son curieux volcan, était un lieu propre aux observations : mais il ne fut permis à M. de Freycinet de descendre à terre qu'après une longue quarantaine : il préféra faire voile pour le Brésil.

En effet, l'*Uranie* entra, dans la nuit du 6 décembre, dans le port de Rio-Janeiro, et n'en ressortit que le 29 janvier 1818. Ce fut dans cette relâche que l'on se livra aux premiers travaux confiés à l'expédition.

L'*Uranie* toucha ensuite au cap de Bonne-Espérance, en traversant tout l'océan Atlantique de l'ouest à l'est, puis à l'Ile de France, que les traités de 1815 venaient de nous enlever et qui était devenue anglaise sous le nom d'Ile Maurice.

Là, le capitaine de Freycinet, avec l'autorisation des représentants de l'Angleterre, dressa un observatoire où l'on continua les études commencées à Rio-Janeiro, qui précisément se trouve sous la même latitude, bien qu'à plus de 100° de longitude de distance.

NAUFRAGE DE LA CORVETTE L'URANIE.

Alors l'expédition française se rendit directement sur les côtes de la Nouvelle-Hollande, et atteignit la baie des Chiens-Marins, de Dampier, dont les rivages n'offrent que d'immenses déserts de sable, sans aucune sorte de végétation. Toutefois, ces parages désolés laissaient voir quelques tribus sauvages, aux membres grêles, au ventre proéminent, aux cheveux noirs et crépus, race misérable et dégradée, à peine abritée sous quelques broussailles et vivant de la manière la plus misérable.

Après un court séjour sur cette terre de désolation, l'*Uranie* alla prendre quelque repos à Timor; mais en rangeant les îles de Dow et de Bernice, à une assez grande distance à l'est, par un fond médiocre, la corvette toucha sur un banc de sable. Il fallut revirer de bord et gagner le large. Le choc n'eut heureusement pour le bâtiment aucune suite fâcheuse.

On mouilla, le 23 octobre, dans la baie de Coupang, à Timor, où les Portugais jadis avaient un fort, que les Hollandais prirent sur eux en 1613. Les habitants étaient alors occupés aux préparatifs d'une guerre que les Hollandais allaient entreprendre contre un radjah de Timor, ce qui rendait les vivres si rares et si chers que l'équipage eut beaucoup de peine à s'en procurer. On y éprouva d'excessives chaleurs. Le thermomètre, au soleil, marquait 45 degrés, et 35 à l'ombre.

La corvette remit à la voile cinq ou six jours après, assez mal approvisionnée, et avec plusieurs hommes malades de la dyssenterie. Le calme et les vents contraires la retinrent longtemps entre l'île de Timor et celle d'Ombay, dont les noirs habitants sont très féroces et anthropophages.

Enfin l'*Uranie* fut pourvue de vivres frais et abondants, en faisant relâche à Dilly, un des grands établissements du Portugal, sur la côte septentrionale de Timor. M. de Freycinet y reçut l'accueil le plus flatteur du gouverneur don Jose Pinto. Dès lors, le bâtiment put s'acheminer vers le sud de l'Océanie.

Elle rencontra sur sa route plusieurs pirogues armées, qui appartenaient au *kimalaka* ou chef de l'île Guébé. Ce kimalaka vint à bord de la corvette et y passa tout un jour. Il fournit au capitaine de nombreux détails sur son pays et ses expéditions maritimes, et il le pressa beaucoup de visiter Guébé, où il l'assura qu'il trouverait un port excellent, une aiguade facile et des rafraîchissements. Mais le capitaine français ne pouvant se rendre à son désir, le kimalaka lui fit entendre qu'il irait le visiter avec son frère, à l'île Waighiou, où les Français ayant laissé de bons souvenirs devaient être bien accueillis par les naturels.

L'*Uranie* courut quelques dangers dans le mois de décembre, en traversant les détroits qui séparent les nombreux archipels de cette partie du globe. Les courants, la saisissant pendant la durée d'un calme, la poussèrent sur des bas-fonds. Ses ancres la retinrent heureusement jusqu'au moment où des vents favorables lui permirent de les relever et de vaincre le courant à force de voiles.

L'ancre fut de nouveau jetée, le 16 décembre, sur la côte de l'île Rawak, au nord de Waighiou. Aussitôt les savants de l'expédition firent élever un observatoire, dans l'une des positions les plus favorables qu'on put trouver pour les observations du pendule. On était perpendiculairement sous l'équateur, à une minute et demie de latitude sud. Après un certain séjour sur cette côte, les Français se disposaient à quitter leur mouillage, lorsque tout-à-coup ils entendirent une musique de tam-tams, de tambours, de timbales et d'autres instruments : presque en même temps, ils découvrirent, à la pointe de l'île, la flotte du kimalaka de Guébé, qui, selon sa promesse, venait rendre visite à l'expédition française et à son capitaine. Le kimalaka était accompagné de ses fils et de ses frères, au nombre de huit, se distinguant tous, aussi bien que lui, par leur bonne mine et leur physionomie spirituelle. La cour de Guébé demeura à bord jusqu'au départ de la corvette, qui eut lieu deux jours après. Le kimalaka fit présent à M. de Freycinet de différents objets et notamment de chapeaux de paille, entrelacés de lames de tôle, du plus curieux et du plus magnifique travail.

Mais la dyssenterie qui s'était fait sentir depuis Timor, n'avait pas cessé à bord. Au contraire, elle sévissait avec tant de violence, que le second lieutenant, M. Labiche, succomba à ses cruelles atteintes. On espérait arrêter ses progrès, en gagnant des climats plus tempérés; mais il fallut encore reconnaître auparavant plusieurs îles de l'archipel des Carolines, que les cartes ne portaient pas encore, et où les Français furent parfaitement reçus.

Enfin l'*Uranie* mouilla à Guam, la plus méridionale des îles Mariannes, où son équipage se rétablit entièrement, par suite des excellents soins du gouverneur de l'Archipel, don Jose de Medinello y Pineda.

De Guam l'expédition se rendit à l'archipel des îles Hawaï ou Sandwich. L'*Uranie* fut en vue d'Owhyhée le 5 août 1815. Malheureusement pour nos navigateurs, le chef de ces îles, Tamaamaha, venait de mourir, et en signe de deuil on avait tué tous les cochons de l'archipel, circonstance très fâcheuse pour la corvette, qui avait besoin d'être ravitaillée. D'autre part, le successeur du chef défunt, Rio-Rio, avait un ministre, Karai-Mokou, qui demanda à recevoir le baptême. Le chef vint en faire la demande à bord. Il était accompagné de ses femmes et d'une suite nombreuse. La cérémonie se fit sur le pont de la corvette, avec toute la pompe possible. Ce fut l'abbé de Quelen, cousin de l'archevêque de Paris en ces jours, qui donna le baptême, auquel assistaient toute la famille du chef et ses principaux officiers. Les femmes étaient surtout dans leurs plus brillants atours de négresses, et elles furent frappées surtout du costume splendide du chapelain et de la beauté de l'image de la sainte Vierge, qui était placée sur l'autel. L'équipage de l'*Uranie* et tout l'état-major de M. de Freycinet étaient revêtus de leurs riches uniformes. Quant au chef Rio-Rio, il demeura assis pendant la messe, et fuma sa pipe avec un sang-froid sans pareil.

Les savants firent sur ces îles les mêmes observations qu'ailleurs. Celles qui avaient pour but de découvrir les inflexions de l'équateur magnétique ne furent pas oubliées.

L'expédition gagna ensuite le port Jackson de la Nouvelle-Hollande. On y travailla de même selon le programme confié aux études des navigateurs. M. Macquarie, gouverneur de la colonie anglaise, se montra pleins d'égards pour les Français.

Le 20 janvier 1820, la corvette doubla la pointe méridionale de la Nouvelle-Zélande. Elle eut alors des vents favorables qui la portèrent rapidement sur les côtes de la Terre de Feu, dans l'hémisphère occidental. Cette Terre de Feu fut reconnue le 5 février à la hauteur du cap de la Désolation. Ces côtes présentèrent l'aspect le plus effrayant, et cependant on était en été dans ces parages.

Le capitaine dirigea la marche vers la baie du Bon-Succès, dans le détroit de Le Maire. Mais à peine la corvette y eut-elle mouillé, qu'il s'éleva une tempête furieuse qui le fit dériver. Il fallut à l'instant couper les câbles et forcer de voiles pour sortir de la baie. L'*Uranie*, en passant, rasa les brisants qui sont à la pointe du nord. Cette tempête, qui dura deux jours, emporta la corvette si loin dans le nord, que le commandant crut que la prudence lui commandait de relâcher aux îles Malouines.

L'*Uranie* avait doublé le cap Horn au milieu d'une tempête, et déjà à la hauteur des îles Malouines elle trouva une mer plus unie et des cieux plus sereins. Ce fut dans un moment où alors nul danger n'existait plus, et pendant qu'elle cherchait l'entrée de la baie des Français, sur les bords de laquelle, jadis, Bougainville avait créé un établissement français, que la corvette se trouva subitement arrêtée par les pointes d'un rocher.

C'était le 14 février.

La brise soufflait si fraîche et si douce que les perroquets étaient dehors. Aussi la secousse que le rocher imprima causa-t-elle d'abord plus de surprise que d'effroi. Dès qu'on eut touché, le cri général fut celui-ci :

— Aux pompes ! aux pompes !

Tout le monde y courut. Peine inutile ! l'ouverture faite au flanc de la corvette était trop large pour qu'on pût épuiser l'eau à laquelle elle donnait entrée. Il entrait plus d'eau dans ses flancs que dix pompes n'en auraient fait sortir. Douze heures se passèrent dans des travaux sans résultat et dans d'affreuses angoisses. Enfin le maître d'équipage monta sur le pont pour déclarer qu'il fallait renoncer à une fatigue infructueuse. La cale était pleine d'eau, le bâtiment allait sombrer.

Chose étrange ! cette nouvelle, au lieu de consterner les gens de l'équipage, appela le sourire sur ses lèvres. Selon la méthode et le caractère français, on y répondit par des quolibets.

Il était nuit cependant, et les ténèbres d'ordinaire font accueillir un événement d'une façon plus sinistre et avec des pensées plus lugubres. La terre, en outre, était à plusieurs lieues. On ne pouvait que difficilement sauver les hommes, et on l'espérait peu. Et cependant nos matelots riaient et devisaient sans soucis ; ils faisaient le plus étonnant échange de plaisanteries sur la mort, sur le plaisir de boire à la grande tasse, et pour s'y préparer et se mettre en goût, ils vidaient les bouteilles qui se trouvaient à leur disposition. Jamais naufrage ne trouva des victimes plus heureuses de leur sort. Personne n'avait de terreur dans l'âme, personne, pas même la jeune femme du capitaine de Freycinet, qui avait pris part à l'expédition avec ce courage, cet intérêt, cette curiosité qui signaleraient un homme d'étude et désireux d'acquérir des connaissances.

M. Duperré, qui depuis s'est rendu fameux, était, dans ce voyage, le second du commandant de Freycinet.

M. Duperré, nonobstant les ténèbres, alla à la découverte du lieu le plus propice pour y faire échouer le navire, et l'ayant trouvé, il y remorqua la corvette, qu'il fit abattre de façon que l'équipage pût attendre sans danger le jour suivant. L'*Uranie* se coucha donc sur le lit de rochers qu'elle ne devait plus quitter, et où on l'étaya avec le secours de vergues.

Enfin, le jour parut, et avec lui apparut une plage sablonneuse, à laquelle succédaient de larges plaines herbues, monotones, infinies, tristes à voir, que sillonnaient à peine quelques cours d'eau et que capitonnaient des étangs. L'horizon était borné par de hautes montagnes arides. Mais pas un arbre, pas la moindre végétation ne se montraient ni sur les monts ni dans la plaine.

Tel était l'aspect des îles Malouines.

Quant aux habitants, pas un d'humain. Seulement, des nuées d'oiseaux de mer, peu habitués à de semblables visites, tournoyaient autour du navire, par curiosité les uns, les autres par voracité, car ils plongeaient à qui mieux mieux et se disputaient les débris d'aliments que la vague emportait de la corvette.

Cependant la position n'était plus tenable à bord. En se retirant, la marée avait contraint le bâtiment à s'incliner davantage, et la mer entrait et sortait par le sabord de la batterie. On dut se résigner à abattre les mâts, et il fallut aviser à se réfugier sur la terre ferme.

Auparavant, l'équipage fut employé à porter sur le rivage tout ce qui devenait indispensable pour un établissement. Mais la nécessité de réserver un grand nombre de bras au maniement des pompes fit que l'on ne donna pas autant de soins qu'il eût fallu peut-être au sauvetage des objets utiles. On dut alors faire de fréquents voyages à la corvette et on en tira tout le biscuit et toute la poudre. Comme on avait remarqué que l'île était abondante en gibier et qu'on y avait vu errer des chevaux, des bœufs et des porcs sauvages, provenant de ceux que jadis Bougainville y avait amenés de France pour les besoins de la colonie française qu'il avait fondée aux Malouines, on se réservait d'en faire la chasse et de tuer, pour la nourriture de l'équipage, tout ce qui se trouverait à la portée du fusil. En outre, la côte fourmillait de phoques, d'oiseaux de mer, d oies, de canards. De sorte que, à peine fut-on débarqué, les matelots mirent à mort, dans le voisinage d'un petit étang, un énorme et vieux phoque, qui y passait ses derniers jours. Cet animal colossal ne pesait pas moins de deux mille livres; aussi fournit-il aux Français naufragés un aliment gras et huileux qui fut de longue durée. N'avait-on rien à manger? c'était dans cette masse énorme que l'on taillait le menu du jour.

Enfin, tout fut disposé pour le campement. Fort près de la plage, mais à l'abri de quelques dunes de sable, et le long d'un petit ruisseau d'eau douce, on dressa les tentes du commandant, de l'état-major et de l'équipage entier. On fit régner à terre le même ordre que si l'on eût été à bord; les rapports respectifs furent maintenus, la plus grande discipline fut gardée, et l'on aurait pu se croire encore sur l'*Uranie*.

Une fois installés, nos marins songèrent à se procurer des provisions, car les Français n'étaient pas moins de cent. Aussi les chasseurs et les pêcheurs se partagèrent les rôles. Comme je l'ai dit, le gibier ne manquait pas, et on revenait chaque jour chargé de butin.

On faisait alors tout cuire, tout griller, tout rôtir, albatros, pétrels, mouettes, labbes, vautours noirs, aigles, cormorans et pingouins, hôtes nombreux de ces îles brumeuses. Ces oiseaux étaient si peu habitués à l'homme, qu'ils ne le regardaient pas comme un ennemi A peine fuyaient-ils quand on arrivait à eux. Souvent même, quand les chasseurs venaient d'abattre l'un d'eux, tourbillonnaient-ils autour de la proie morte pour la disputer au légitime possesseur. Mais de tous ces oiseaux, celui qui fut du plus grand secours aux naufragés, fut le manchot ou pingouin. Cet oiseau-poisson est plutôt organisé pour nager que pour voler. Au lieu d'ailes, il a deux nageoires aplaties et son corps est recouvert d'un feutre serré ressemblant plutôt à de la soie qu'à de la plume. Vivant presque toujours dans l'eau, où ils se nourrissent de poissons, les pingouins occupaient en nombre immense la petite île fangeuse de la rade. C'était le moment où ces animaux élèvent leurs petits. Aussi faisait-on de fréquentes descentes sur l'île aux pingouins. On y trouvait, rangés à la file, comme des anachorètes vêtus de blanc et de noir, ces stupides volatiles, et on les assommait à coups de bâton, sans qu'ils se dérangeassent en aucune façon. Ils recevaient la mort presque sans s'émouvoir : tout au plus faisaient-ils quelques pas en poussant des cris assez semblables à ceux d'un ânon qui se plaint.

D'autre part, les matelots poursuivaient et tuaient beaucoup de phoques. Mais, en outre des phoques, une chasse plus belle encore fut réservée aux hommes de l'équipage. On signala l'approche d'une baleine. En effet, un énorme cétacé approchait et vint maladroitement, emporté par la lame, s'échouer entre deux rochers. Le monstrueux animal se prit alors à frapper la mer de sa queue et à lancer par ses évents des torrents d'eau en vapeur. Vingt coups de fusil furent bientôt dirigés contre la baleine, mais ils ne purent qu'effleurer la peau, sans l'entamer. Mais alors, un matelot entreprenant et aimant l'aventure, s'empressa de gagner le monstre gigantesque, en sautant de rocher en rocher, et une fois qu'il l'eut atteint, il grimpa sur son dos, une hache à la main, et alors il lui fit une entaille dans le flanc et y enfonça un grappin amarré d'avance au rivage. Ce fut un étrange spectacle de voir ce géant des mers se débattre avec furie, agiter la mer d'une façon épouvantable, et user de tous les moyens pour recouvrer sa liberté et regagner une mer plus profonde. Inutiles efforts et vain désespoir ! Echouée sur le rocher et hors de son élément, la baleine ne pouvait redoubler la terrible et formidable oscillation de sa queue et le jeu furibond de ses évents. Il advint toutefois que, à la marée montante, le gigantesque animal parvint à se dégager, rompit le câble qui le tenait attaché à la plage, et s'éloigna. Mais il avait reçu le coup de la mort, car, quelques heures après, elle fut rejetée de nouveau, mourante, sur la grève. A peine les oiseaux de proie eurent-ils vu cette proie magnifique, qu'ils se croyaient en droit de dévorer, qu'on les vit s'abattre comme des nuages sur la baleine, et la déchiqueter à coups de bec. A chacun de ces coups, jaillissaient des filets d'huile, ce qui couvrit bientôt la surface des eaux et rendit les abords des rochers glissants et inabordables.

Cependant, dans le campement, tout chacun avait son travail. On était loin de rester oisif, parce que chasseurs et pêcheurs s'aventuraient en courses et en recherches. A terre, comme à bord, chaque matin, la cloche appelait l'équipage au travail. Les uns s'empressaient d'aller arracher à la corvette ce qui était nécessaire pour construire un autre bâtiment ; les autres préparaient la tourbe qui devait servir à la cuisson des aliments. Charpentiers et ferronniers donnaient leurs soins au pontage de la chaloupe que, à la dernière extrémité, l'on devait envoyer vers le continent américain, en quête de secours. On songeait si sérieusement à cette entreprise bien difficile pourtant, que l'on avait fait choix des matelots qui tenteraient l'aventure.

Malgré cette position difficile, les savants de l'expédition ne restaient pas oisifs et travaillaient, de leur côté, à enrichir leurs études précédentes de nouvelles découvertes en botanique, en zoologie, etc.

Ce fut en explorant les plaines herbues et les collines chargées de plantes que M. Quoy, le médecin du bord, poussa ses investigations jusqu'au village que Bougainville avait fait élever par les colons français et qui avait reçu le nom de Saint-Louis. On n'y voyait plus que des ruines; les maisons étaient debout encore, mais sans portes, sans toiture. C'était à se sentir ému de douleur, car c'était un souvenir de la patrie, ce hameau désert! Autour des chaumières le docteur retrouvait çi et là des plantes potagères de notre France et toutes les traces d'une civilisation évanouie. M. Quoy, à son retour, fut très étonné de voir, à quelque distance du village, s'élever une colonne de fumée. Il s'approcha et trouva un feu de tourbe allumé depuis plus de deux mois, par l'équipage d'un navire anglais, ainsi que l'attestait une inscription écrite sur la muraille de la dernière maisonnette. Le terrain tourbeux brûlait peu à peu, et c'est ainsi que le feu s'entretenait depuis si longtemps.

Hélas! l'hiver approchait, l'hiver avec son cortége de vents, de neiges, de frimas et de mauvais jours. Les hommes de la corvette n'étaient plus aussi philosophes qu'au moment du naufrage. Encore quelques mois, et peut-être de ces cent hommes bien vivants ne resterait-il plus que des cadavres! Déjà les pingouins avaient dit adieu à leur île; les phoques commençaient à disparaître. Bientôt l'île ne pourrait plus suffire à nourrir autant de monde. La perspective était sinistre et les idées fort peu gaies. Qu'aucun navire ne paraisse sur ces côtes, et c'en est fait de tous les naufragés! Que l'on envoie la chaloupe à la découverte de l'Amérique; mais arrivera-t-elle jamais à si grande distance? Je vous laisse à penser quel était l'effroi de nos infortunés compatriotes...

Enfin, un jour, jour béni! c'était le 15 avril 1828, une voix de matelot fait entendre le bienheureux cri: Une voile! une voile à la mer! Officiers et simples gens de l'équipage accourent en hâte; en effet, un navire apparaît au large. Aussitôt la chaloupe est mise à la mer. On vogue avec rapidité, on atteint le vaisseau tant désiré. C'est un bâtiment américain, une goëlette en cours de pêche. On s'abouche avec le maître de la goëlette, on négocie l'achat de son embarcation.

Mais comme un bonheur n'arrive jamais seul, apparaît bientôt un autre navire américain, qui vient précisément à l'archipel des îles Malouines pour réparer une voie d'eau. On entre en pourparlers avec le capitaine, qui se charge de transporter à Rio-Janeiro l'équipage de la corvette et les produits de l'expédition.

En effet, tout fut prêt pour le départ, le 27 avril 1820.

On fit aussitôt voile pour les côtes du Brésil, où l'on toucha vers 1 mi-juin, à Rio-Janeiro.

Après une relâche dans ce port jusque vers la mi-septembre, le bâtiment américain fut acheté par M. de Freycinet, qui le pavoisa sous le nom de *Physicienne*, et l'expédition rentra au Havre, le 18 novembre 1820.

ÉCHOUAGE DE LA CORVETTE FRANÇAISE L'ASTROLABE,

COMMANDÉE PAR LE CAPITAINE DUMONT-D'URVILLE,

En face de Tonga-Tabou, dans le grand océan Pacifique, en avril 1827.

A peu près au centre de l'immense océan Pacifique, sous le tropique du Capricorne, il est un vaste archipel composé d'une centaine d'îles et d'îlots, qui a nom archipel des îles Tongas.

C'est un magnifique spectacle pour le navigateur de voir des haubans de son navire ces magnifiques nefs de verdure émergeant fort au large de la surface azurée de l'océan. Parmi toutes les autres, les trois îles de Tonga-Tabou, Vavao et Eoa se distinguent par leur étendue. Tonga-Tabou n'est qu'une terre basse ; Vavao et Eoa, auxquelles il faut joindre Namouka, sont d'une hauteur médiocre. Pangaï-Modou, voisine de Tonga-Tabou, est une petite île, basse également. Mais le sol y est partout d'une fertilité prodigieuse. On y jouit d'une température modérée, car les brises de mer qui y soufflent régulièrement, contribuent à réduire la chaleur. L'air d'ailleurs y est pur et serein ; le seul inconvénient est la fréquence des tremblements de terre.

Les insulaires tongas ont la peau noire, mais la physionomie agréable. Ils sont grands, bien faits, et parfaitement proportionnés. On leur reproche un certain embonpoint : cela tient à leur nourriture saine et abondante. Leur nez est aquilin et leurs lèvres minces, ce qui dénote quelque peu la fourberie de caractère. Leurs cheveux sont lisses. Les femmes tongas ont la taille noble, les traits délicats et le teint presque blanc. Ces insulaires se tatouent, notamment les reins et les cuisses, mais en laissant la peau dans son état naturel.

L'habillement des Tongas consiste, pour les femmes comme pour les hommes, en une pièce d'étoffe ou natte fine qui enveloppe le corps de manière à faire un tour et demi sur les reins, où il est arrêté par une ceinture. La coiffure varie selon le goût et les âges. L'habitude de se baigner tous les jours fait que ces sauvages sont très propres et sans aucune odeur.

Leurs cases affectent la forme d'un ovale de trente pieds de long sur vingt de large. Celles du peuple sont plus petites. Elles sont propres et solides. Les maîtres et les maîtresses couchent dans un espace à part : les autres membres de la famille dorment à terre, sur des nattes, sans avoir d'endroits fixes. Les esclaves se retirent dans de petites huttes voisines. Les vêtements servent de couverture. Les meubles se composent de quelques tasses de bois pour servir le *kava*, infusion de racines d'une saveur nauséabonde fort aimée dans la Polynésie, d'un certain nombre de gourdes pour contenir l'eau douce qui est rare à Tonga-Tabou, de coques de cocos pour renfermer l'huile dont les naturels se frottent les membres, et de coussinets et escabeaux pour tenir lieu de sièges. Les enfants pullulent partout au-dehors des cases et en-dedans, sur le bord de la mer et dans les plantations.

Les plus misérables des sauvages mangent les rats, qui abondent dans ces parages. La population supérieure se nourrit d'ignames, de varo, de bananes, de fruits à pain, de noix de cocos et de poissons et coquillages. Les cochons, la volaille et les tortues sont réservés au chef.

Les habitants des îles Tongas sont généralement généreux, hospitaliers, complaisants, mais en même temps cupides, audacieux, et profondément dissimulés. Ils sont susceptibles d'une grande fermeté de caractère et d'une rare énergie. On les trouve très modestes. Un refus ne les émeut pas, en apparence ; ils dévorent même un affront sans y paraître sensibles ; mais ce souvenir en demeure profondément gravé dans leur mémoire, et ils ne manquent jamais de s'en venger.

Du reste, les Tongas sont très attachés à leurs parents, à leurs amis et à leurs chefs, pour lesquels ils sont d'une obéissance complètement passive. Leurs relations entre eux sont aussi douces qu'affectueuses. On les voit pleins d'égards pour leurs femmes et de bonté pour leurs enfants. Ils respectent la vieillesse et lui prodiguent les plus tendres soins.

Le *Touï-Tonga* est un personnage sacré, le pontife suprême.

Les dieux des Tongas portent le nom générique de *Hotoua*.

Suivant les indigènes, l'âme humaine est une substance déliée et presque aériforme qui s'échappe du corps en même temps que la vie.

Le *tabou* existe aux îles Tongas. C'est une sorte d'interdiction que l'on met sur les personnes et sur les choses, et qui les exclut pour longtemps de tout usage. On taboue les champs, les pirogues, les arbres, les maisons, les hommes, les femmes et les enfants. On taboue les tombeaux, on taboue la mer, telle anse, telle rivière.

La danse et le chant sont les principaux amusements des Tongas. Ces chants sont des récitatifs qui ne sont pas dépourvus d'harmonie. Ils célèbrent les événements.

Outre les flûtes, les Tongas, ont des tambours formés de troncs d'arbres, de quatre, cinq, six et sept pieds de long.

Tel était l'archipel des Tongas, et tels étaient ses habitants, quand notre célèbre Dumont-d'Urville y aborda sur la corvette l'*Astrolabe*, en avril 1827. L'illustre navigateur faisait alors pour la seconde fois le tour du monde.

Dumont-d'Urville venait d'étudier les parages de la Nouvelle-Zélande, lorsque le 9 avril il eut connaissance de l'île d'Eoa, de l'archipel des îles Tongas, et le 10 on donna dans le canal qui sépare Tonga-Tabou de l'autre île appelée Pangaï-Modou, dans le but de mouiller l'*Astrolabe* en face de cette dernière. L'intention de Dumont-d'Urville était de n'y faire qu'une courte relâche pour régler ses montres marines et s'y procurer quelques provisions : mais la fatalité en ordonna autrement.

A peine engagé dans cette passe, au vent qui avait régné jusqu'alors succéda un calme plat. Celui-ci livra l'*Astrolabe* au jeu des courants, dans un chenal hérissé de rochers. La corvette, drossée par l'action des eaux, alla donner contre les brisants du nord. Une prompte manœuvre la releva bien, mais le vent, revenu au sud-sud-est, tint la corvette adossée contre un mur de coraux sous-marins, véritable rempart vertical, aux accores duquel on ne trouvait pas de fond à quatre-vingts brasses.

La situation était critique. M. d'Urville fit tout ce qui était humainement possible pour conjurer le danger. Des ancres à jet furent élongées ; mais le tranchant des coraux eut bientôt coupé les câbles, et les mêmes ancres furent perdues. Les deux chaînes seules résistèrent pendant trois jours et trois nuits. Qu'un seul de leurs anneaux se brisât, et l'*Astrolabe*, broyée par ces récifs dangereux, livrait ses lambeaux, comme une proie facile, aux cupides insulaires. Qu'on juge des angoisses du capitaine français et de tout son équipage.

Dès les premières heures de l'échouage, l'*Astrolabe* avait eu des visiteurs. Les premiers furent trois Anglais établis dans l'île Tonga-Tabou : Singleton, vieux colon, Read, et Ritchett. Tous trois offrirent leurs services à d'Urville, et, en effet, ils lui furent utiles comme messagers et comme interprètes. Mais, après les Anglais, parurent des chefs indigènes. Palou, un vieux sauvage, fut le premier de tous. Alors, pour s'assurer quelques garanties contre une surprise des sauvages, d'Urville demanda au vieux Palou de rester à bord, en qualité d'ôtage. Le chef accepta, et le commandant de la corvette l'installa dans sa propre cabine. Vint ensuite un autre chef, Tahofa, dont nous aurons à parler plus tard.

Vingt-quatre heures s'étaient écoulées déjà depuis que la corvette se maintenait dans son poste périlleux. Plus la situation se prolongeait, plus elle devenait horrible. Les chaînes avaient cédé, et, dans les profondes oscillations de la houle, le flanc droit du navire allait s'abattre à cinq ou six pieds, au plus, du mur de coraux. Trois ou quatre chocs contre cette masse d'aspérités auraient suffi pour briser l'*Astrolabe*. La coque eût été fendue, déchirée, puis livrée à la mer ; la mâture elle-même n'eût pas tenu. En supposant un désastre de nuit, le nombre des victimes était effrayant. D'Urville réfléchit à cette cruelle éventualité ; aussi, voulut-il au moins assurer, par une mesure de prévoyance, le salut d'une portion de son équipage. Encouragé par les protestations amicales des chefs des Tongas, enhardi par les rapports des Anglais, il se décida à envoyer la majeure partie de son monde sur la petite île de Pangaï-Modou, où elle camperait sous la protection de Tahofa, tandis qu'il resterait lui-même à bord, avec Palou, entouré de ce qui lui resterait de ses gens. Ce qui le faisait incliner pour cette résolution toute d'humanité, c'est qu'aucune manœuvre n'était désormais ni possible ni utile pour le salut commun. Il fallait attendre et faire seulement des vœux pour la bonne tenue des ancres. Si elles maintenaient la corvette jusqu'au changement de la brise, on pourrait appareiller et quitter ce funeste écueil.

La portion de l'équipage désignée pour le débarquement avait déjà préparé ses bagages, quand arriva à bord un artisan attaché à l'établissement des missionnaires anglicans. A la vue de la chaloupe prête à déborder, il interrogea les marins sur sa destination, et lorsqu'il la connut :

— Vous voulez donc faire périr votre monde ? dit-il à Dumont-d'Urville, ou tout au moins songez-vous à le faire dépouiller complètement ? Tant que ces matelots et officiers ne seront pas nus, ils courront danger de la vie...

Le capitaine répondit qu'il croyait pouvoir se confier aux bonnes dispositions de Tahofa et de Palou, en même temps qu'aux assurances des Anglais...

— Commandant, répliqua l'interlocuteur, ne vous fiez en aucune sorte à ces gens-là. Les sauvages et leurs chefs sont des hommes perfides, et les Anglais qui les soutiennent ne valent pas mieux. D'ailleurs, quand Tahofa et Palou seraient de bonne foi, leur autorité serait méconnue par les insulaires. On vous pillera tout, vous dis-je, et si vous vous défendez, on vous tuera.

Cet homme paraissait bien informé : aussi le chef de l'expédition réfléchit à ses paroles. Déjà, d'ailleurs, à la vue des bagages qu'emportait la chaloupe, les naturels, paisibles jusque-là, avaient fait entendre des murmures. Ils semblaient convoiter tant de richesses d'un œil farouche, et la crainte d'un péril était bien peu de chose pour eux à côté de la perspective d'un tel butin. En face de ce mouvement, Dumont-d'Urville n'hésita plus. A l'instant même, contre-ordre fut donné. Les matelots, déjà descendus dans les chaloupes, remontèrent à bord ; on hissa les bagages et les malles. L'équipage et l'*Astrolabe* ne devaient avoir désormais qu'une même fortune. Seulement, pour tout prévoir, pour sauver d'un sinistre possible les travaux de l'expédition, le commandant fit emballer, dans une caisse en tôle, les papiers, les journaux, les documents scientifiques, et les embarqua dans le bot. Un matelot du bord et l'agent des missionnaires, décidés non sans peine, se chargèrent de les transporter à Hifo, où ils devaient être mis sous la sauvegarde de MM. Thomas et Hutchinson. Ainsi, la partie du voyage qui devait intéresser le monde savant ne serait pas perdue. Le bot, d'autre part, frêle et petite embarcation, n'était presque d'aucun secours en cas de bris sur les écueils de la passe.

Le bot était à peine parti que la brise fraîchit et que le ressac augmenta. L'*Astrolabe* présentait alors l'aspect le plus sinistre : les matelots, jusque-là passablement confiants, ayant trouvé dans les échanges avec les sauvages une distraction aux périls qu'il couraient, ne pouvaient plus s'abuser sur l'imminence d'un naufrage. La nuit qui survint fut donc une nuit de transes cruelles. Le capitaine continuait à prendre toutes les mesures de précaution indiquées. Vers huit heures, on descendit dans la yole les montres marines, quelques instruments, les instructions officielles, les lettres de recommandation de divers gouvernements, et ce nouveau convoi d'objets fut dirigé sur la maison des missionnaires, sous la conduite d'un officier. En même temps, pour prévenir le désordre d'un embarquement nocturne, on ordonnait à la moitié de l'équipage de descendre dans les embarcations. Si l'événement funeste arrivait, toutes les mesures étaient prises, tous les ordres donnés.

Enfin, cette nuit horrible eut un terme, mais le jour revint sans que la situation fût changée. Au milieu de cette crise, les chefs Tahofa et Palou restaient toujours à bord, bien traités, bien repus, faisant honneur au vin et au rhum du capitaine. Le sort de la corvette semblait les occuper fort peu ; ils avaient l'air le plus indifférent en face du spectacle de ce beau navire se débattant contre la mer, et se roulant sur ses ancres, à quelques pas de l'écueil. On eût dit, à les voir, que ce drame ne pouvait les toucher en aucune sorte. C'était pour eux toutefois, comme pour d'autres chefs dont la joie se trahissait mieux, une question de pillage et de fortune. Mais nul symptôme ne décelait chez eux ni désir ni crainte. Ils se montraient toujours affectueux, graves, bienveillants, prêts à réprimer l'importunité des naturels qui voulaient à chaque instant forcer la consigne.

Un troisième chef qui survint, et que les Anglais présentaient comme le chef le plus puissant de l'île, témoigna d'une impassibilité bien plus grande encore. Il se nommait Lavaka.

Le missionnaire Thomas, qui parut à son tour dans la journée du 22, conduisit avec lui le chef Toubo, le seul qui chrétien-anglican de l'île. Toubo semblait se trouver mal à son aise vis-à-vis des trois autres chefs, ses rivaux. Il ne cessait de les dépeindre comme des hommes fort dangereux. Sa haine contre eux n'allait pas toutefois jusqu'à vouloir les affronter en face.

Réfléchissant à sa situation, Dumont-d'Urville comprit que s'il pouvait intéresser à sa cause un seul des chefs qui se partageaient Tonga-Tabou, avec son renfort d'hommes, de canons et de fusils, il pourrait, un malheur arrivant, se créer un parti dans l'île, avec des chances pour vaincre ou pour paralyser les autres. Il proposa donc à Toubo une alliance offensive et défensive. Il lui offrit de combattre pour lui ; de le réintégrer dans ses droits de chef suprême et de lui assurer la prépondérance sur ses voisins.

A de telles propositions il fallait voir le pauvre Toubo et son ami le missionnaire anglican se récrier d'étonnement et d'effroi :

— Ne songez pas à cela ! Tahofa et Palou sont trop puissants pour qu'on les brave... Nous nous perdrions sans vous sauver...

— Eh bien ! dit le capitaine français, en cas de sinistre, quelle conduite faut-il tenir ?

— *Keep your ship!* Conservez votre navire !... répliqua le missionnaire.

Et on ne put le sortir de son *keep your ship!* vingt fois répété.

Dès lors Dumont-d'Urville n'avait plus à prendre conseil que de lui-même. Il laissa le missionnaire anglican Thomas et le chef Toubo se livrer à leurs prudentes inspirations. Pour lui, affectant un air calme pour rassurer l'équipage, il parut s'absorber dans un travail de classement que faisaient alors les naturalistes du bord, comme s'ils eussent été dans leur cabinet.

Cependant, le 22, entre trois et quatre heures, le vent ayant paru varier, toutes les voiles hautes et basses furent mises dehors. Les canots agirent sur le devant de la corvette et l'on fixa les amarres par le bout. Un instant on crut que l'*Astrolabe* se détachait du récif ; mais quel rude mécompte, quelle consternation, lorsque, au bout de huit à dix minutes, la corvette donna sur l'écueil ! Elle n'avait que quatre pieds d'eau sous la poulaine... Cette fois, c'en était fait ! L'échouage, longtemps évité, se trouvait accompli. Il ne s'agissait plus que de forcer les sauvages à des explications décisives et catégoriques. En conséquence, et prenant sur-le-champ son parti, le commandant du navire fit descendre dans sa chambre les trois chefs, Palou, Tahofa et Lavaka. Là, il ne leur cacha pas la situation, leur demanda ce qu'ils comptaient faire, et les adjura de protéger l'équipage qu'une force majeure allait jeter sur leurs côtes. Les chefs écoutèrent avec attention, puis l'orateur du triumvirat, le vieux Palou, prit la parole. Au nom des chefs et au sien, il accéda à l'espèce de compromis du capitaine qui avait terminé en disant *qu'il leur abandonnerait la cargaison du navire, pourvu qu'on laissât aux Français ce qui leur serait nécessaire pour regagner leur patrie ;* mais il insinua que la bienveillance le guidait en eux bien plus que la cupidité, et *qu'il perirait plutôt que de laisser maltraiter ses amis les Français!*

En effet, au moment de l'échouage, une foule de pirogues s'étaient precipitées sur l'*Astrolabe*, comme sur une proie facile. Mais, bientôt monté sur le pont, Palou signifia aux sauvages de se retirer, et cela du ton le plus ferme.

Un heureux incident voulut que les bonnes intentions des trois chefs ne fussent pas mises à une plus longue épreuve.

Pendant que durait la conférence, on avait pu ressaisir les amarres filées par le bout au moment de l'appareillage. Quand Dumont-d'Urville reparut sur le pont, la corvette était à flot dans la même position que la veille, toujours exposée sans doute, mais non désespérée. Ce premier bonheur releva tous les courages. Dégagée d'une façon presque miraculeuse, l'*Astrolabe* n'était pas destinée à périr !

En effet, la nuit suivante se passa sans que la situation fût empirée. Le lendemain, 23, on s'écarta des récifs de quelques toises; et enfin, le 24, après quatre-vingt-quatorze heures d'angoisses, la corvette, au moyen de quelques risées folles du nord-est et de la touline des embarcations, put quitter les accores de ce triste récif et prendre lentement le chemin du mouillage, au grand désappointement de messieurs les sauvages de Tonga-Tabou. L'*Astrolabe* toucha bien encore dans l'intérieur des passes, mais avec infiniment moins de dangers. Puis elle fit deux ou trois haltes, et, en dernier lieu, elle jeta l'ancre devant l'île de Pangaï-Modou, le 26 au soir.

Pendant toute la durée de ce péril, les trois chefs tongas ne démentirent pas un seul instant leur conduite affectueuse des premiers jours, et, quand la crise fut passée, ils s'en réjouirent les premiers d'une façon qui nous parut sincère. Quelques présents faits à propos semblèrent les gagner mieux encore. Aussi un excellent accord ne cessa de régner entre l'équipage et les naturels. A diverses reprises, les officiers et les naturalistes se rendirent à terre; ils y passèrent même la nuit, sans qu'aucun acte de violence vînt autoriser le moindre soupçon. Néanmoins, malgré tous ces témoignages d'amitié, le commandant de la corvette continua son système de surveillance et de précaution. Les filets d'abordage demeurèrent toujours tendus et les sentinelles se relevèrent régulièrement avec des consignes rigoureuses.

Néanmoins des dangers d'un autre ordre se préparaient dans l'ombre.

Le chef Palou avait, à diverses reprises, témoigné le désir de recevoir les navigateurs français, et le jour de cette audience avait été réglé avec une sorte d'apparat. Le commandant de l'*Astrolabe*, avec ses officiers, en grand uniforme, s'embarquèrent, le 9 mai, dans le grand canot. Mais au lieu de trouver sur leur passage une foule empressée, et dans sa case un hôte affable et gai, des jeux, un festin, des danses, une fête en un mot, les Français ne rencontrèrent que quelques sauvages de basse classe, de pauvres femmes et des enfants. Le vieux Palou les accueillit avec un air sérieux et contraint.

Il offrit un misérable kava, — une sorte de thé, — à des hommes qui avaient besoin d'une politesse plus substantielle ; bref, il se tint sur la réserve, lui jusque-là cordial et communicatif. Pour pallier le mauvais effet de cet accueil, l'interprète fit savoir au commandant que Palou avait naguère perdu un de ses enfants et qu'il était menacé d'en perdre un second. Mais cette explication, vraie ou fausse, ne satisfit point d'Urville.

Les Français se retirèrent d'une façon assez maussade.

Livrés à leurs seules inspirations, peut-être les sauvages seraient-ils demeurés avec les Français dans les termes de la bienveillance simulée, et probablement de sourde convoitise qui les avait caractérisés jusque-là. Après trois semaines de relâche, l'*Astrolabe* serait repartie ayant plutôt à se louer d'eux qu'à se plaindre. Mais, la trahison s'en mêlant, l'attitude des Tongas cessa d'être la même ; de calme, elle devint agressive.

Pour expliquer cette transformation, il faut savoir que l'équipage de la corvette, hâtivement rassemblé à Toulon, comptait quelques mauvais sujets tirés des cachots pour finir leur temps dans un voyage de découvertes. Pour le malheur et le déshonneur de l'expédition, il y avait parmi les matelots des hommes capables de la trahir au profit des sauvages, sauf à partager ensuite les dépouilles des leurs avec les ennemis. Dumont-d'Urville savait cela, et il avait voulu éviter, autant que possible, tout rapport trop familier entre ses marins et les chefs de l'île. Il désirait surtout abréger son séjour, pour que le temps manquât à de mauvais desseins. Mais l'échouage et les travaux qu'il nécessita, la drague des ancres, le manque de munitions et de vivres trompèrent ses calculs. Il fallut s'attarder sur la rade de Pangaï-Modou, et ces délais furent utilisés par les déserteurs et les traîtres.

Un complot se forma. Il poussa de telles ramifications dans l'île que le capitaine en fut informé par un message des missionnaires. Son parti fut bientôt pris. Prévenu le 12, il résolut d'avancer son départ et d'appareiller le 13, et non le 14, comme il l'avait annoncé. En même temps, il fit redoubler de surveillance, afin que personne ne pût quitter le bord.

Le 13 donc, vers huit heures du matin, tout était prêt pour mettre à la voile. Il ne restait plus qu'à envoyer la yole à terre pour y prendre le chef de timonerie et quelques sacs de sable. On l'y expédia. En même temps, faisant ses adieux aux chefs venus à bord, comme de coutume, Dumont-d'Urville leur distribua les derniers présents. On se sépara avec tous les dehors d'une bonne intelligence. Les chefs semblaient regretter les Français, mais rien n'indiquait qu'ils voulussent les retenir par violence.

Les choses en étaient là, à neuf heures du matin, quand un bruit confus et subit s'éleva sur la plage. Les insulaires attaquaient la yole et cherchaient à entraîner les matelots qui la montaient. Ceux-ci, vaincus par le nombre, cédèrent. Aussitôt le commandant de l'*Astrolabe* ordonna que le grand canot fût armé : vingt-trois hommes s'y embarquèrent sous les ordres des officiers Gressien et Pâris. Le chirurgien Guaimard voulut se joindre à eux. Mais vainement cette petite troupe chercha-t-elle à couper la retraite aux ravisseurs ; les sauvages échappèrent avec leur proie. D'ailleurs le grand canot tirait trop d'eau pour pouvoir accoster la terre. A quelque distance il fallut que son équipage se jetât à l'eau et fît de là une guerre de tirailleurs contre les sauvages qui tiraient aussi de la grève. Quand cette petite troupe fut arrivée en terre ferme, tout avait disparu, sauvages et Européens. Tout ce qu'elle put faire, fut de recueillir trois hommes, le chef de la timonerie, l'élève de marine Dudemaine, qui avait passé la nuit chez son *ofa*, et un jeune matelot nommé Cannac. Les autres demeurèrent prisonniers.

Cette scène, rapidement accomplie, fut cependant caractéristique en ce sens qu'on ne put douter du concours de Tahofa dans cette surprise. Ayant rencontré l'élève Dudemaine, il lui asséna un gros coup de poing. Plus humain vis-à-vis de Cannac, et touché sans doute de son extrême jeunesse, il lui permit de rejoindre l'équipage du grand canot.

Le nombre des captifs se réduisait alors à neuf personnes, l'élève Faraguet et huit matelots.

Cette attaque subite des naturels fût restée une énigme pour les Français, si on ne se fût aperçu qu'un des matelots de l'*Astrolabe*, un mauvais sujet du nom de Simonet, avait déserté. D'après l'explication que recueillit plus tard le capitaine anglais Peter Dillon, Simonet, dont la fuite était méditée de longue main, se glissa, le 12 au matin, dans une des pirogues de Tahofa, et un des canotiers de la yole, nommé Reboul, étant à terre, déserta de même. Tahofa allait ainsi avoir deux Européens à son service, avantage très rare et fort apprécié dans Tonga-Tabou. La jalousie des autres chefs s'en était émue ; ils avaient voulu se ménager une compensation en enlevant les hommes de la yole. Telle fut du moins l'excuse donnée à Peter Dillon. Quant à la complicité de Simonet, elle était évidente, et il s'en cachait si peu que l'élève Dudemaine l'aperçut parmi les naturels, armé et habillé, tandis que les autres matelots étaient complètement dépouillés de tous leurs vêtements.

Après avoir incendié les habitations de Pangaï-Modou et Manima, le grand canot revint à bord vers trois heures et demie, et on repartit presque sur-le-champ, armé d'officiers, de maîtres et d'officiers mariniers, hommes sûrs et éprouvés. Dans l'impossibilité où l'on était d'attaquer Tahofa, dans sa forteresse de Bea, la petite troupe de vingt hommes devait marcher le long du rivage, brûlant les cases et les pirogues, tirant sur ce qui résistait, mais épargnant les vieillards et les femmes. Le but du commandant de l'*Astrolabe* était d'obtenir par la terreur la restitution de ses prisonniers.

L'expédition fut conduite avec intelligence. Les villages de Nongou-Nongou et d'Oleva furent livrés aux flammes ; cinq belles pirogues furent détruites ; puis le petit corps marcha vers Mafanga, village sacré des Tongas.

Mais à mesure que les Français approchaient du lieu saint, les sauvages, qui avaient fui jusque-là, se rassemblaient et commençaient à résister. Un caporal du détachement, Richard, s'étant malheureusement aventuré dans un taillis, à la poursuite d'un sauvage, se vit assailli par huit d'entre eux, cerné, assommé avec leurs massues, criblé de coups de baïonnette. Transporté à bord, cet infortuné mourut dans la nuit et fut enterré le lendemain dans l'île de Pangaï-Modou. Cette perte ramena les Français à des mesures de prudence. Engagés au milieu des halliers, ils recevaient la fusillade ennemie sans pouvoir lui répondre avec avantage. D'ailleurs, cette guerre d'embuscade n'aboutissait à rien. L'incendie du village suffisait pour jeter la terreur dans la contrée. Pour le premier jour c'était une représaille utile ; le lendemain, il fallut aviser à des moyens plus décisifs.

Le capitaine d'Urville savait que Mafanga était le lieu saint de l'île, et que, si on l'attaquait, Tonga-Tabou tout entière serait intéressée à la querelle. Ainsi, les divers chefs interviendraient dans une affaire où Tahofa jusqu'alors s'était trouvé seul mêlé, et les jalousies rivales, autant que le désir de sauver le sanctuaire indigène, pouvait amener la prompte restitution des prisonniers. Malgré tout le danger que présentait une côte bordée de récifs, le capitaine résolut de canonner Mafanga.

Pendant que l'on se préparait à cette attaque, contrariée par les vents du sud-est, une pirogue ramena à bord l'élève Faraguet et l'interprète, M. Singleton. L'officier français avait été le captif de Palou, qui, n'ayant pu le décider à se fixer auprès de lui, le renvoyait à bord de l'*Astrolabe*. Aucun doute ne resta dès lors sur le chef du complot. L'honneur en revenait tout entier à Tahofa et à ses *mata-boulais*. Singleton assurait même que les autres chefs avaient censuré sa conduite dans le conseil du matin. Mais Tahofa était le Napoléon, l'Achille de Tonga-Tabou ; il pouvait faire la loi, seul contre tous. Par une sorte de compromis, Singleton se disait autorisé à promettre que tous les hommes qui se refuseraient à rester dans le pays seraient rendus à l'expédition française.

Dumont-d'Urville crut une pareille transaction indigne de lui, car on y reconnaissait la main de Simonet, qui demandait presque une capitulation personnelle.

— Aucun des hommes que le roi des Français m'a confiés, dit-il à Singleton, ne restera à Tonga-Tabou. Si demain les captifs des insulaires ne sont pas à bord de ma corvette, Mafanga sera canonnée....

En effet, le 15, la corvette s'embossa, comme son commandant l'avait dit : elle hissa sa grande bannière et l'appuya d'un coup de canon.

Les naturels y répondirent en ajustant plusieurs pavillons blancs au bout de longues perches.

Dans l'espérance que ces pavillons étaient un signal de paix, on envoya le canot à terre : mais un coup de fusil qui perça cette frêle embarcation de part en part, trahit les véritables dispositions des insulaires.

Il fallait que la force coupât court à tant de perfidie.

Le canon tonna donc, le lendemain 16, dans la matinée. Trente coups de caronade furent tirés tant à boulet qu'à mitraille. La première décharge coupa en deux une branche d'un grand figuier qui ombrageait le *malaï*, la place d'armes de Tahofa. Sa chute fut saluée par des cris aigus et perçants, que suivit immédiatement un profond silence. Abrités derrière des remparts de sable, ou dans le creux de fossés improvisés, les sauvages ne souffraient pas beaucoup de ce feu et ils y gagnaient quelques boulets enterrés dans le sable.

Dans l'après-midi, l'*Astrolabe* se trouva si près du récif qui entoure l'île, qu'à la marée basse, les naturels pouvaient s'approcher d'elle à une distance de vingt toises au plus.

Pendant les trois jours qui suivirent, la corvette se maintint dans ce mauvais voisinage. Le temps, beau jusque-là, était devenu incertain et tempêtueux. Le vent soufflait par rafales violentes et menaçait de jeter le navire sur les récifs où la mer se brisait avec fureur. C'était une épreuve non moins périlleuse que celle à laquelle on avait naguère échappé. En cas de sinistre, on n'avait pas même de quartier à espérer cette fois. On était en guerre ouverte ; et peut-être l'ennemi avait-il des morts à venger. Secouée par le ressac, l'*Astrolabe* semblait à toute minute près de se détacher de ses ancres pour aller se heurter contre les pointes du banc. L'équipage paraissait inquiet et préoccupé. On eût dit qu'il regrettait le sort des captifs, que l'on apercevait de temps en temps sur la grève. Cette guerre, faite à deux pas d'un écueil, ces décharges d'artillerie, qui de temps en temps rompaient le silence de la terre et du bord ; cette obstination des chefs tongas, l'incertitude de l'avenir, tout saisissait et attristait la pensée. On en était venu à craindre un complot parmi les marins du bord, et Dumont-d'Urville allait peut-être renoncer à sa résolution, quand une pirogue déborda de la plage, dans la journée du 19.

Elle portait un des matelots, Martineng, qui venait de la part de Tahofa promettre au capitaine la restitution des prisonniers, s'il consentait à suspendre les hostilités. Le canon de retraite de la veille, chargé à mitraille, ayant tué un chef indigène très aimé des sauvages, déterminait ces ouvertures pacifiques.

Elles furent conduites à bonne fin.

L'un des mata-boulais de Tahofa, Waï-Totaï, vint, tout tremblant, expliquer qu'il était impossible de restituer les déserteurs Simonet et Reboul, alors en fuite, mais que les autres Français allaient être rendus. Désireux de quitter les accores de l'écueil, d'Urville passa sur cette difficulté, et il fit même semblant d'oublier aussi les objets enlevés dans la yole.

Un canot alla donc vers Mafanga pour recueillir les prisonniers. Ils arrivèrent dans le plus bizarre accoutrement, déjà revêtus d'étoffes indigènes, semblables à celles de ces Indiens, que Tahofa leur avait fait donner, après qu'on les avait dépouillés de leurs habits européens.

Tirée ainsi de ce mauvais pas, le lendemain, 21 mai, l'*Astrolabe* quittait l'île de Tonga-Tabou, après un mois de désastreux séjour, et entourée de périls de tous genres, le naufrage, la guerre et la révolte.

Dumont-d'Urville se dirigeait alors vers les îles Viti et Fidji, et se préparait à aller recueillir les débris du naufrage de la Pérouse.

Nous ne suivrons pas l'*Astrolabe* dans ses pérégrinations maritimes ; mais nous la reprendrons au moment où elle arrive devant Vanikoro, pour y trouver les preuves du cruel naufrage dont la Pérouse et ses compagnons avaient été les victimes infortunées contre les récifs de cette île.

Nous savons déjà, par l'histoire du naufrage de la Pérouse, toutes les péripéties de ce drame cruel.

Mais nous devons faire connaître au lecteur les dangers que courut elle-même la nouvelle *Astrolabe*, l'*Astrolabe* de Dumont-d'Urville, sur cette côte inhospitalière.

Il a été dit comme quoi Vanikoro est entouré d'une chaîne de récifs d'un diamètre de deux à trois milles, qui laisse libre et large de un à deux milles un bassin d'eau calme et paisible autour de l'île, tandis que la mer se brise avec fureur contre le récif de coraux circulaire, au-dehors de son enceinte.

Le capitaine d'Urville avait pris son mouillage dans la dangereuse et petite rade d'Ocili, à l'est de l'île, et en-dehors du récif, mais entourée par un autre récif ayant une large entrée sur la mer. C'était là qu'avait aussi jeté l'ancre le *Research* du capitaine anglais Dillon, quand il avait abordé à Vanikoro, pour y chercher aussi des preuves du naufrage des vaisseaux de la Pérouse.

Pendant que les canots de MM. Gressien et Jacquinot faisaient le tour de l'île et allaient de Vanou à Nama, de Nama à Païou, et de

Palou à Mannevaï, à Tevaï, et en quête d'indices et de renseignements, on vit bientôt que l'*Astrolabe* était en souffrance dans le mauvais hâvre d'Ocili. La houle fatiguait ses chaînes et menaçait de la jeter à toute heure sur une côte aux rochers verticaux, contre les parois desquels elle aurait coulé par quinze brasses de fond. Aussi le commandant songea-t-il à changer de station. A l'aide de grelins et d'ancres à jet, il se hâla jusque dans la vaste baie de Mannevaï, bassin calme et abrité contre tous les éléments.

Là du moins on rencontra des hommes plus sociables. Les naturels accoururent à bord de l'*Astrolabe*. Les chefs saluèrent le capitaine à la manière du pays, en baisant le dos de leur main, et l'un d'eux, le premier ariki et prêtre de Mannevaï, nommé Mohembe, se déclara son ami particulier. C'était un homme de cinquante ans environ, petit de taille, fort laid, bon homme au demeurant, d'un naturel paisible, et possédant presque du savoir-vivre au milieu de ses maussades compatriotes. Devenu l'ami du capitaine d'Urville, Mohembe vint souvent le visiter. Il répondait de son mieux à ses questions, n'interrogeait pas, attendait patiemment les cadeaux qu'on voulait lui faire et les recevait avec reconnaissance.

Nelo, le chef de Tevaï, ne s'était pas conduit ainsi quand l'*Astrolabe* était sur son hâvre d'Ocili. Insatiable quêteur, désobligeant, il recevait tout de mauvaise grâce et continuait de demander après avoir reçu. Un jour ses fatigants procédés faillirent dégénérer en une scène fort sérieuse. Le capitaine d'Urville était allé lui rendre visite à Tevaï, accompagné de quelques officiers sans armes. Le vieux Nelo reçut, d'un air assez bourru, les visiteurs, dans la Maison des Esprits, et entouré de ses guerriers armés d'arcs et de flèches. Comme à son ordinaire, il se plaignait d'abord de ce qu'on ne lui donnait rien ; il demanda, à diverses reprises, des haches, en disant que *Pita*, — Peter Dillon — lui en donnait beaucoup. A quoi le commandant français répondit que, s'il envoyait des vivres à bord, et surtout des cochons, il aurait des haches. Il stipula même que trois haches seraient livrées en retour d'un cochon, taux que Nelo agréa. Les cochons pourtant se faisant attendre, le commandant voulut retourner à bord ; mais alors les sauvages prirent une attitude si menaçante qu'on sentit bien qu'il y avait eu imprudence à s'engager sans armes au milieu d'eux. Afin d'éviter un malheur, il fallut biaiser. Allant vers Nelo, le chef de l'expédition lui offrit une grosse hache et un collier, en lui disant que c'était un à-compte sur le marché des cochons promis. Puis Dumont-d'Urville s'en alla. Nelo, surpris et charmé du cadeau, n'osa pas bouger, et ainsi cette sorte de guet-à-pens n'eut point de suite. Quant aux cochons promis par Nelo, on les attend encore.

Cependant les travaux scientifiques allaient leur train. Le naturaliste Guaimard avait obtenu du commandant de débarquer seul sur la partie occidentale de l'île. Cette excursion fort périlleuse, et bien méritante du reste, ne produisit aucun résultat utile. Au bout de cinq jours, le naturaliste revint avec une fièvre intense, ayant eu toutes les peines du monde à se défendre contre des hommes d'un naturel irritable et turbulent. Aucune confidence ne pouvait en outre être obtenue, et le village même de Nama resta interdit au Français débarqué : aussi M. Guaimard revint outré et fort malade.

Cette fièvre du naturaliste empira bientôt : le capitaine lui-même, à la veille d'aller visiter l'emplacement où les compagnons de la Pérouse avaient construit leur petit navire, fut saisi par des accès violents et dangereux. Alors le temps, de sec qu'il était, étant devenu tout-à-coup pluvieux et malsain, cette fièvre prit un caractère épidémique et frappa successivement plusieurs personnes de l'équipage.

Nous avons décrit, dans l'histoire du naufrage de la Pérouse, l'inauguration du monument que l'on éleva à sa mémoire et à celle de ses compagnons, quand on eut recueilli des débris et des preuves de leur désastre sur cette côte de Vanikoro. Ce jour-là, tout fut deuil sur cette terre néfaste, deuil dans le passé et les souvenirs, deuil dans le présent et les craintes qu'il inspirait. En effet, la fièvre tenait alors clouée sur les hamacs de l'*Astrolabe* la moitié de son équipage, et semblait menacer l'autre moitié. Les bras allaient manquer à la corvette pour se tirer des passes difficiles et dangereuses. Encore quelques jours de retard, et le mausolée debout sur le récif de Mannevaï, au nord de l'île, servait à constater deux catastrophes.

Dumont-d'Urville sentit l'imminence du danger. Frappé lui-même, il eut encore la force de donner des ordres pour sortir de cet endroit fatal. Chaque tentative augmentait le nombre des malades. Enfin, le 17 mars, on redoubla d'efforts.

Ecoutons M. Dumont-d'Urville rendant compte de cette critique et décisive opération :

« Quarante hommes sont hors de service, dit-il, et si nous laissons passer cette journée — le 17 mars 1828 — sans bouger, demain peut-être il ne sera plus temps de vouloir quitter Vanikoro. En conséquence, je suis décidé à tenter un dernier effort. A six heures du matin, on commence à virer sur les ancres et on les retire les unes après les autres, manœuvre longue et pénible, attendu que le câble, la chaîne et le grelin s'étaient entortillés les uns dans les autres, et que nous avions peu de bras valides.

» Sur les huit heures, tandis que nous étions le plus occupés à ce travail, j'ai été fort étonné de voir venir à nous une demi-douzaine de pirogues de Tevaï, d'autant plus que trois ou quatre habitants de Mannevaï qui se trouvaient à bord ne paraissaient en aucune manière effrayés à leur approche, bien qu'ils m'eussent dit, quelques jours auparavant, que ceux de Tevaï étaient leurs ennemis mortels. Je témoignai ma surprise aux Indiens de Mannevaï, qui se contentèrent de rire d'un air équivoque, en disant qu'ils avaient fait la paix avec les habitants de Tevaï, et que ceux-ci m'apportaient des cocos. Mais je vis bientôt que les nouveaux venus n'apportaient que des arcs et des flèches en fort bon état. Deux ou trois d'entre eux montèrent à bord d'un air déterminé, se rapprochèrent du grand panneau pour regarder dans l'intérieur du faux-pont et s'assurer du nombre des malades. Une joie maligne perçait en même temps dans leurs regards diaboliques. En ce moment, quelques personnes de l'équipage me firent remarquer que deux des trois sauvages de Mannevaï qui se trouvaient à bord faisaient ce manége depuis trois ou quatre jours. M. Gressien, qui observait depuis le matin leurs mouvements, avait cru voir les guerriers des deux tribus se réunir sur la plage et avoir entre eux une longue conférence.

» De pareilles manœuvres annonçaient les plus perfides dispositions, et je jugeai que le péril était imminent. A l'instant j'intimai l'ordre aux naturels de quitter la corvette et de rentrer dans leurs pirogues. Ils eurent l'audace de me regarder d'un air fier et menaçant, comme pour me défier de faire mettre mon ordre à exécution. Je me contentai de faire ouvrir la salle d'armes, ordinairement fermée avec soin, et, d'un front sévère, je la montrai du doigt à mes insulaires, tandis que de l'autre je leur désignais leurs pirogues. L'aspect de vingt mousquets étincelants, dont ils connaissaient la puissance, les fit tressaillir et nous débarrassa de leur présence.

» Alors j'exhortai l'équipage à redoubler d'efforts et de courage, et je pressai le moment de l'appareillage, autant que le permettaient mes faibles moyens. Les malades eux-mêmes prêtèrent leur débiles mains à l'ouvrage, et nous pûmes enfin élonger une ancre à jet dans l'est par trente brasses de fond. Quoiqu'elle fût surjallée, nous fûmes assez heureux pour qu'elle tînt jusqu'au bout.

» Ce fut sur ce frêle appui que, le 17 mars 1828, à onze heures quinze minutes du matin, l'*Astrolabe* déploya ses voiles et prit définitivement son essor pour quitter Vanikoro. Nous serrâmes d'abord le vent le plus près qu'il nous fut possible, avec une bonne brise d'est-sud-est assez fraîche. Puis nous laissâmes porter sur la passe. Mais au moment même où nous donnions dans l'endroit le plus scabreux, celui où elle est semée d'écueils, un grain subit vint nous borner notre horizon dans un rayon de soixante à quatre-vingts toises.

» Accablé par la fièvre, je pouvais à peine me soutenir pour commander la manœuvre, et mes yeux affaiblis ne pouvaient se fixer sur les flots d'écume qui blanchissaient les deux bords de la passe. Mais je fus secondé par l'activité des officiers, et surtout par l'assistance de M. Gressien, que j'avais chargé de diriger notre route. Il nous servit de pilote et le fit avec tant de sang-froid, de prudence et d'habileté, que la corvette franchit sans accident la passe étroite et difficile par où nous devions gagner le large. Ce moment décidait sans retour du sort de l'expédition, et la moindre fausse manœuvre jetait la corvette sur des écueils d'où rien n'aurait pu la retirer. Aussi, malgré notre détresse, après quelques minutes d'anxiété, nous éprouvâmes tous, en nous voyant délivrés des récifs de cette île funeste, un sentiment de joie comparable à celui qu'éprouve le prisonnier qui échappe aux horreurs de la plus dure captivité. La douce espérance vint ranimer notre courage abattu, et nos regards se tournèrent encore une fois vers les rives de notre patrie, à travers les cinq ou six mille lieues qui nous en séparaient... »

LE FŒDERIS-ARCA

PIRATERIE, ASSASSINAT DES OFFICIERS ET DESTRUCTION DU NAVIRE,

En mai, juin et juillet 1864.

Depuis que ces lignes dernières sont écrites, la mer est devenue le théâtre d'un abominable forfait, heureusement assez rare dans les annales de la navigation.

De quels crimes les hommes ne sont-ils pas capables quand ils rejettent aussi bien le frein de la religion que celui des lois ?

Nos lecteurs vont en juger, et ils conclueront comme nous, que, dans ce terrible drame, on voit nettement le doigt de Dieu, faisant d'un enfant l'instrument de sa Providence, pour punir les coupables et faire expier un crime épouvantable.....

Au mois de mai 1864, le trois-mâts de commerce *Fœderis-Arca*, armé à Marseille, se rendit au port de Cette pour y prendre un chargement de vins, charbons et spiritueux au compte de l'Etat et à destination de la Vera-Cruz.

Ce navire était placé sous le commandement du capitaine au long cours Richebourg, homme que tous les témoignages, ainsi que les déclarations des gens de l'équipage, représentent comme un caractère bienveillant, doux, peut-être même un peu faible dans le commandement.

Le second, le sieur Aubert, était exact et ferme dans le service, sans toutefois qu'on pût lui reprocher aucun excès de sévérité.

L'équipage se composait des nommés Pagès, qui, dans le principe, remplissait les fonctions de maître d'équipage et auquel, après son débarquement, succéda Lénard ; puis, Oillic, Thépaut, Carbuccia, Charles Pierre, Daoulas, Marnier, matelots ; Leclerc, Chicot, novices ; Tessier, matelot-charpentier ; Dupré, mousse ; plus enfin le cuisinier Müller, et un passager, Orsoni.

Comme par une affreuse ironie, le navire n'ayant que des démons pour matelots, ainsi qu'on va le voir, portant le nom de *Fœderis-Arca*, arche d'alliance ! une des plus douces dénominations de la Vierge Marie.....

Le travail du chargement fut poussé avec une telle activité que les dimanches même y furent employés; de là des murmures, puis un acte de désobéissance qui ne fut pas réprimé.

Après un refus général et formel de l'équipage de travailler pendant l'après-midi du dimanche qui précéda le départ, plusieurs matelots, au nombre desquels Oillic, Thépaut et Lénard, se firent conduire à terre, malgré la défense des chefs.

Déjà d'autres faits, graves en eux-mêmes et dont les conséquences devaient être funestes, se passaient clandestinement à bord.

L'équipage s'était ménagé les moyens de pénétrer dans la cale au vin, en dévissant un piston de fermeture de panneau, et il y puisait largement. Le vin, monté à pleins seaux dans le poste, était partagé entre tous, et d'abondantes libations excitaient l'esprit d'insubordination.

Telles étaient les mauvaises dispositions manifestées déjà par l'équipage, que le second, M. Aubert, écrivant à son frère, quelque temps avant le départ, lui exprimait à diverses reprises ses inquiétudes à la pensée d'une campagne avec un équipage *ramassé çà et là par le capitaine*, et, disait-il pour exprimer son profond mépris, *composé l'un tas de fatras*.

Mais l'urgence du départ était si impérieuse que le capitaine ne put même remplacer le maître d'équipage Pagès, qu'il se trouva obligé de débarquer à Cette, et qu'il lui fallut confier ces fonctions au matelot Lénard. Il refusa également de débarquer le matelot Thépaut, qui lui répondit d'un ton de menace « que ce ne serait pas à son avantage. »

Une fois en mer, les murmures allèrent croissant ; les réclamations contre la nourriture devinrent fréquentes, et cependant, au dire de la plupart des matelots, elle était suffisante à tous égards. Le second écoutait les réclamations et y fit même droit en remplaçant le bœuf par du lard.

Le seul grief que les hommes alléguaient contre cet officier, c'est que, sans nécessité, à leur avis, il les dérangeait de leur repas pour la manœuvre.

Personne n'a pu se plaindre d'un mauvais traitement de sa part.

Rien donc ne pouvait motiver les crimes qui n'allaient pas tarder à s'accomplir.

Le 29 juin, dans la journée, l'ordre est donné par le second de passer les drisses des bonnettes. Cet ordre, adressé à tout le monde même à la bordée qui n'est pas de quart, excite le mécontentement. Oillic et Thépaut refusent de l'exécuter. Le capitaine intervient et menace de se faire justice lui-même. Il part en annonçant qu'il va inscrire les récalcitrants sur le livre des punitions.

A dater de ce moment, les hommes s'excitent les uns les autres, et le vin qu'ils ont soustrait active leur effervescence.

Un nouvel ordre, donné par le second, pendant le souper, y met le comble.

Dès lors, un complot est formé ; des conciliabules s'établissent sur le pont, et l'arrêt de mort des officiers y est prononcé.

Les rôles y sont distribués :
Thépaut et Daoulas attaqueront le capitaine dans sa cabine ;
Oillic et Carbuccia se chargeront du second.

La nuit, qui s'était faite, rendait le moment favorable. Oillic est à la barre : on lui envoie le novice Chicot, qui le remplacera, sous un prétexte convenu, pour lui laisser la liberté d'agir.

Les couteaux sont préparés, choisis ; on en attache deux ensemble pour se faire une arme plus meurtrière.

Quelques instants après, le second, s'avançant pour donner un ordre de manœuvre, Oillic le saisit par derrière ; Thépaut, Carbuccia et Daoulas essaient de le jeter à la mer. Doué d'une vigueur peu commune, Aubert repousse ses agresseurs, qui le frappent alors de leurs couteaux à coups redoublés. En vain appelle-t-il à son secours le maître d'équipage Lénard, qui se promène sur la dunette et reste témoin impassible de cette scène de boucherie.

Pierre aussi refuse de lui venir en aide et se range du côté des assassins.

Aubert parvient cependant à leur échapper ; mais saisi de nouveau et traîné sur le pont, on le jette par-dessus la lisse. Deux fois il réussit à rentrer sur le navire. Les couteaux ne suffisant pas, on détache une lourde brinqueballe de pompe en fer, on l'en frappe. Il tombe presque inerte de la lisse sur le pont. Alors on s'acharne sur lui : on le frappe à tour de rôle ; on lui fracasse le crâne ; enfin, on peut le jeter à la mer, où l'on entend encore un long gémissement.

— Il coule comme un plomb... Il était criblé de coups de couteau et complètement défiguré... raconte Carbuccia.

Aux cris du second Aubert, le capitaine Richebourg était sorti de sa cabine, ses pistolets à la main.

Oillic, à sa vue, quitte la première victime et désarme le capitaine, avant qu'il ait pu se mettre en défense.

On lui met alors une corde au cou pour l'étrangler et on le conduit à la lisse, en lui portant aussi des coups de couteau. Il demande grâce ; on lui répond par des sarcasmes et des injures. Thépaut et Oillic veulent, par dérision, lui faire boire de l'eau-de-vie.

— Vous ne vouliez pas nous faire boire la goutte le matin, eh bien ! on vous en offre... C'est votre dernière heure, buvez ! lui dit-on.

Puis, une subite inspiration, que leur suggère, non pas, bien entendu, l'humanité, mais le soin de leur propre salut, leur fait demander au capitaine s'il est blessé. Sur sa réponse affirmative :

— C'est dommage, dit Thépaut, car nous l'aurions gardé deux ou trois jours...

Puis, s'adressant au capitaine :

— J'en suis bien fâché, mais vous irez à la mer...

Le maître Lénard, voyant cette hésitation, envoie Chicot leur dire qu'il ne faut pas le garder à bord ; que, puisqu'ils ont jeté le second, il faut qu'ils jettent aussi le capitaine, sans quoi ils sont tous perdus.

Et, pour hâter l'exécution, il leur crie de la dunette :

— A la mer ! à la mer ! jetez tout à la mer !

Le capitaine est aussitôt précipité par-dessus le bord. Il nage quelque temps et leur jette cette prophétie pour adieu :

— Que Dieu vous conduise !..... Mais tous vous aurez le cou coupé !.....

— C'est bien, va toujours... En attendant, ton affaire est faite... lui répond-on.

Et le navire continue sa route.

— Nous sommes les maîtres !... s'écrient les matelots.

Alors ils s'emparent des clefs du capitaine, pillent ses effets et ceux du second, et s'établissent dans la chambre, où ils se mettent à boire et à manger.

Cependant, les jours suivants, quand ces hommes incapables de diriger le bâtiment se voient seuls à bord, l'inquiétude les prend :

— C'est bien, disent-ils, mais qu'allons-nous faire ?

Les uns émettent l'avis : A terre. Mais comment ? Mais où ? puisqu'ils ne savent pas justement où ils sont.

Les autres, et leur avis est adopté, proposent de couler le *Fœderis-Arca*, de se mettre dans les embarcations en attendant le passage de quelque navire, et de se donner pour les victimes d'un naufrage accidentel. On convient d'un récit à faire dans ce cas, et on jure, sur un écrit rédigé par le cuisinier Miller, que celui qui trahira les autres sera chargé par eux de tous les méfaits communs et que l'on s'en vengera tôt ou tard.

Dans cet intervalle, le cuisinier s'enivrant constamment et se mettant ainsi dans l'impossibilité de faire son service, excita le mécontentement des autres. On exprima la crainte devant lui que, dans son ivresse à terre, il ne les compromît tous ; on parla même de le jeter à la mer. A quoi il répondit qu'il n'aurait besoin de personne pour cela, et qu'il le ferait lui-même.

Effectivement, ayant eu une dispute avec des matelots qui lui refusaient à boire, il serre la main du charpentier, et lui montrant silencieusement la mer, il s'y précipite.

— Va-t'en, lui dit-on; puisque tu t'y es jeté toi-même, on n'ira pas te chercher.

Alors les embarcations sont calfatées, des vivres sont préparés pour y être placés, et toutes les dispositions sont prises pour couler le navire. On perce des trous de tarrière dans la coque et l'on défonce toutes les barriques de la cale, pour que rien ne puisse flotter. Enfin, vers deux heures du matin, on descend dans les embarcations.

Le mousse Dupré, enfant de onze ans, était resté à bord. Il avait déjà été question de le faire disparaître, soit à terre, soit en le jetant à la mer, de crainte de ses indiscrétions. Il était enfermé dans une chambre, lorsqu'on se décida à le prendre dans le canot.

Oillic s'était chargé de les en débarrasser... disent les matelots.

Aussitôt l'équipage se répartit en deux embarcations.

A bord du canot: Oillic, Thépaut, Daoulas, Marnier, Leclerc et le mousse.

Dans la chaloupe: Lénard, Carbuccia, Tessier, Pierre, Chicot et le passager Orsoni.

On voulait constater *de visu* la disparition du *Fœderis-Arca*, en s'assurant qu'il n'en resterait aucun vestige accusateur.

Les deux embarcations restèrent donc amarrées dessus, à distance, jusqu'au moment où le bâtiment s'engouffra.

Ce fut le dimanche 3 juillet, vers neuf heures du matin.

Alors on mit à la voile, en se laissant pousser dans la direction du vent, naviguant de conserve. Le canot et la chaloupe s'accostèrent plusieurs fois, et, dans ces réunions, Lénard faisait réciter à chacun la fable convenue et reprenait quand on se trompait. On y complota de nouveau la mort du mousse. Il fut décidé qu'on le jetterait à la mer pendant la nuit, et l'on recommanda aux hommes de la chaloupe de ne pas le sauver. Ceux-ci trouvaient que l'on tardait bien. Aussi s'écrièrent-ils à plusieurs reprises aux hommes du canot:

— Qu'est-ce que vous faites donc? Vous perdez du temps... Débarrassez-vous enfin!

Hélas! le 4 juillet, vers sept heures et demie du soir, Marnier crie à Lénard, qui commandait la chaloupe, de laisser porter, qu'il allait délester..... Or, ce lest dont ils voulaient se débarrasser, c'était le pauvre petit mousse, qui, pendant ce temps, dormait sur l'avant.

En effet, sur l'ordre de Oillic, Leclerc réveille l'enfant, en lui jetant un seau d'eau à la figure, puis il le saisit « entre les jambes et le collet pour le jeter par-dessus le bord. » Mais le mousse se débat en criant. Leclerc le lâche, et Oillic, aussitôt, le saisissant avec violence, le précipite à la mer...

— Donne-lui des coups d'aviron, pour le faire déborder!... crie Lénard.

Mais cet ordre n'est pas exécuté.

L'enfant nageait bien et implorait ses assassins... Pendant dix minutes au moins, on l'entendit appeler à son secours et sa mère, et Dieu ! Puis sa voix s'éteignit...

Personne ne le secourut. Un seul de ces hommes, Tessier, éprouva un moment de pitié et prétend s'être bouché les oreilles pour ne pas entendre les cris. Voilà le seul éclair d'humanité qu'on rencontre pour opposer à tant d'atrocités.

Cependant une voile parut à l'horizon.

— Il était temps de nous débarrasser du mousse... dirent ces misérables.....

Cette voile était un bâtiment danois à bord duquel les soi-disant naufragés furent reçus et recueillis avec la sympathie naturelle que devait inspirer le récit, si soigneusement appris et répété, de leurs prétendus malheurs.

Débarqués aux îles du Cap-Vert, ils y furent rencontrés par la corvette à vapeur le *Monge*, qui les ramena à Brest.

Ici, leur fable eut le même succès, et tous ces matelots eurent la permission de se disperser.

Le silence semblait donc leur avoir assuré l'impunité.

Mais, des détails insignifiants en apparence, et qui par là même avaient passé inaperçus dans la première enquête, n'échappèrent point à la sollicitude d'un frère. Le sieur Aubert, frère du second du *Fœderis-Arca*, demanda une nouvelle enquête qui vint malheureusement échouer encore contre l'obstination du novice Chicot.

En outre, la crainte de se voir compromis par les variations que sa mémoire infidèle pouvait introduire dans le récit concerté sur la perte du *Fœderis-Arca*, la tristesse dont le souvenir de ces événements le pénétrait, enfin les exhortations de sa mère, déterminèrent ce jeune homme à dire enfin la vérité.

Chicot était devenu tout rêveur, et sa mélancolie augmentait de jour en jour.

— Qu'as-tu donc ? lui demandait sa mère.

Et il répondait :

— Je pense à mon pauvre capitaine !

Enfin, torturé par ses remords, obéissant aux incitations incessantes de sa conscience, Chicot révéla à sa mère, en la priant de prévenir le juge d'instruction, un des plus horribles drames dont les annales maritimes fassent mention.

Sur ses indications, la justice saisit les accusés, déjà répandus sur tous les points du globe.

Carbuccia fut trouvé à Marseille; Lénard à Anvers; Thépaut et Marnier au Hâvre.

L'un d'eux, Daoulas, retrouvé fort au loin, fut saisi et amené en France. Mais au moment d'atteindre les côtes, il échappa soudain, malgré les fers qui le couvraient; et sans qu'on puisse expliquer cette disparition, se jeta-t-il à la mer, ou son évasion, à l'aide d'un autre navire qui passa sans doute dans le voisinage fut-elle facilitée par quelque main amie, on ne saurait le dire, toujours est-il que le captif fut introuvable...

Un autre des coupables, Marnier, mourut à peu près dans le même temps.

Enfin, on demeura à tout jamais sans nouvelles du passager Orsoni, renvoyé des poursuites et seul témoin des faits.

Le nombre des accusés se trouve donc réduit à huit :

Jean Lénard, maître d'équipage ;

Pierre Oillic, François Thépaut, Antoine Carbuccia, Charles Pierre, matelots ;

Tessier, matelot-charpentier ;

Pierre Leclerc et Julien Chicot, novices.

Maintenant, si l'on recherche les mobiles qui ont poussé ces hommes à de tels actes de férocité, on doit reconnaître d'abord un grand esprit d'insubordination, de haine et de toute autorité, qui, par une fatale coïncidence, s'est rencontré à un haut degré chez les matelots du *Fœderis-Arca*. Le contact et le mauvais exemple l'ont propagé chez les autres, et enfin l'abus des liqueurs alcooliques, sous une température élevée, l'a excité jusqu'à la fureur.

On ne saurait méconnaître non plus, quoi qu'ils en disent, que la cupidité fut loin d'y être étrangère, puisque déjà ils avaient frauduleusement soustrait une partie du chargement des spiritueux du navire, qu'ils avaient le plus grand intérêt à masquer ces détournements, et qu'enfin leur premier soin, après qu'ils furent devenus les maîtres, par l'assassinat des officiers, fut de se livrer au pillage et de se partager les dépouilles de leurs victimes.

Que si, plus tard, ils ont coulé le navire et jeté à la mer les bijoux et objets précieux qu'ils avaient soustraits, c'est qu'alors le soin de leur sûreté parlait plus haut que la cupidité.

Mais, quels que soient ces mobiles, il ressort de la procédure que :

Le 29 juin 1864 et jours suivants, les accusés, alors qu'ils faisaient partie de l'équipage du navire de commerce français le *Fœderis-Arca*, s'emparèrent dudit navire par violence envers le capitaine, avec cette circonstance que ce fait fut accompagné, précédé et suivi d'homicides volontaires sur les personnes des nommés Aubert, second capitaine, Richebourg, capitaine, et Dupré, mousse.

En conséquence, les accusés furent envoyés devant le premier tribunal maritime permanent, sous l'accusation d'avoir commis les faits sus-indiqués, qui constituent le crime de piraterie.

C'est à Brest que le jugement dut avoir lieu.

Le tribunal maritime permanent se composait en cette circonstance de MM. Pichon, capitaine de vaisseau, président ; Riou, commissaire adjoint de la marine; Piot et Brindejonc, de Birmingham, lieutenants de vaisseau; le Guillou de Penauros, juge au tribunal civil; et Cléru, juge suppléant.

On avait cru d'abord qu'il n'y aurait pas de témoins dans cette affaire ; mais six furent assignés ; quatre seulement durent se présenter devant le tribunal.

Voici quelques détails sur la prison de Pontaniou, sise à Brest, dans laquelle furent enfermés les accusés du *Fœderis-Arca*. Je l'ai visitée, je suis en mesure d'en parler *de visu*.

Comme Pontaniou est placée dans le port de guerre, il fallut d'abord me faire autoriser à pénétrer dans l'arsenal, et pour cela je dus m'adresser à la préfecture maritime. Puis il me fallut aussi faire appel à l'obligeance du chef de service. Bref, vers midi, sous une pluie battante, je franchis la grille du port de guerre, et je montai à l'assaut de la plate-forme qui domine l'arsenal. C'est là qu'est la prison. Ma visite commença aussitôt.

Le rez-de-chaussée est pris par la cuisine, le parloir, le logement des gardiens, et des cachots que je ne croyais exister que dans le cerveau des romanciers.

Que le lecteur veuille bien se représenter un espace de douze pieds carrés, dallé de larges pierres, avec un lit de camp en bois, à l'extrémité duquel une grosse barre de fer retient les pieds des prisonniers. Pas la moindre fenêtre, la moindre lucarne, le moindre guichet pour éclairer ce lieu sombre, dont, la porte ouverte, on ne voit pas même les murs. On enferme là le détenu dangereux, indiscipliné. Il paraît qu'au bout de trois jours le plus robuste demande grâce.

Au premier, sont des cellules suffisamment éclairées et aérées, et quelques ateliers où les détenus font de l'étoupe et vivent en commun. Il ne doit y avoir à Pontaniou que des condamnés à moins de six mois. Les autres sont enfermés à bord de l'*Hercule*, ancien vaisseau qui sert de prison flottante, ou dirigés vers les pénitenciers des colonies.

C'est au second étage que sont les prévenus du *Fœderis-Arca*. Un factionnaire et un gendarme ne quittent pas le corridor sur lequel ouvrent leurs cellules. Carbuccia et Lénard, le maître d'équipage, sont ensemble. Oillic et Thépaut sont isolés. Les trois autres, Pierre, Tessier et Leclerc le novice, sont réunis. Quant à Chicot, le novice qui a tout révélé, il est à l'hôpital.

A part ces cachots rapidement esquissés, et dont on fait rarement usage, le régime de la prison est des plus humains. Les détenus ont la ration du matelot embarqué, moins le vin toutefois. Ils se promènent une heure ou deux par jour dans la cour de la prison. Il leur est permis de fumer à certains moments, et ils couchent dans des hamacs, comme à bord. Seulement, les livres sont rigoureusement interdits.

J'allais oublier la chapelle. Elle est au dernier étage de la prison. Les détenus y sont placés par catégories et séparés par les gardiens et les factionnaires.

Voici quelques traits de la physionomie des accusés en question.

Jean Lénard, le maître d'équipage, placé en première ligne par l'accusation, est un homme de belle taille. Ses yeux gris-bleu ont une expression calme ; il a une barbe blonde et n'a ni favoris ni moustaches. L'ensemble de sa physionomie annonce un homme réservé, prudent, mais énergique.

Pierre Oillic porte sur un front un peu bas des cheveux noirs et crépus. Oillic rit toujours en répondant aux questions qu'on lui adresse, il semble vouloir tout tourner en plaisanterie.

D'une taille moyenne, François Thépaut a un front peu développé, des yeux roux, un nez épaté, qui, joint à une large bouche, donne à son visage un aspect bestial.

Antoine Carbuccia, qui a des cheveux châtains, un front élevé, des yeux roux et un teint coloré, n'a pas une mauvaise figure. Il avait toujours vécu sur mer, aussi bien que Lénard. Quoiqu'il ne sache ni lire ni écrire, il a tant bien que mal formé sa signature au bas des interrogatoires qu'il a subis. Ses lettres sont tremblées. Ce prévenu ne compte que vingt-six ans.

Charles Pierre, dit Pierri, est un mulâtre né à la Guadeloupe. C'est le plus grand et le plus âgé des accusés. Sa tête est pleine d'énergie. Des sourcils épais, des cheveux longs et crépus, des yeux fauves d'une grande vivacité que son teint basané fait ressortir encore, donnent à sa physionomie un caractère d'expression toute particulière.

Le plus âgé des accusés, après Pierri, c'est Antoine Tessier, le matelot-charpentier. Il a une large barbe blonde, avec des favoris. Son front très developpé est proéminent à la naissance des cheveux. C'est lui qui prétend s'être bouché les oreilles pour ne pas entendre les cris du petit mousse qu'on avait jeté à l'eau.

Pierre Leclerc, novice, l'un des plus jeunes des accusés, a un front bas, une physionomie peu ouverte et insignifiante.

Vient en dernier lieu Julien Chicot, le révélateur des faits atroces reprochés aux accusés, l'instrument de la Providence, le doigt de Dieu. Il a un front déprimé, couvert par des cheveux châtains. Ses traits allongés, son visage ovale, ses joues creuses, ses yeux bleus et rêveurs lui donnent une expression de mélancolie très marquée.

Voici, à peu près, la déposition de ce Julien Chicot :

« — Je n'ai eu connaissance d'un complot formé par l'équipage contre le second et le capitaine, que le 29 juin, vers quatre heures et demie du soir. Le charpentier, qui était presque ivre-mort, était couché sur le pont. Je l'entendis murmurer en ces termes :

» — Cochon de capitaine, cochon de second, il faut les f..... à la mer !

» Il commençait à faire brun. J'étais au bossoir, j'allais et venais, et je vis Daoulas chargé d'une caisse de vermouth qu'il déposa dans le roufle. La caisse fut brisée et chacun prenait une bouteille, qu'il jetait à la mer, vide ou non. Le passager faisait comme les autres. Je dirai même qu'il avait une grande haine contre le capitaine, qui, prétendait-il, ne le traitait pas assez bien pour son argent.

» Le passager s'entretenait en langue corse avec Carbuccia. J'entendis murmurer à voix basse ; les matelots allaient et venaient, et je saisissais ces mots :

» — La mer... il faut le jeter... Quand le capitaine sera couché, on fera du tapage à l'avant; le second viendra, on le saisira, et on le jettera à la mer.....

» Lénard, pendant ce temps, était couché et ne se montrait pas sur le pont, non plus que le novice Leclerc. Je crois que tout l'équipage complotait, parce que, dans l'après-midi, sur les quatre heures, il y avait eu à bord beaucoup de mécontentement, manifesté surtout par Oillic, Thépaut et Carbuccia, qui, n'étant pas de quart, disaient-ils, avaient refusé de passer les drisses de bonnette, sur l'ordre du second.

» Le second était allé chercher le capitaine, et celui-ci était venu les sommer d'exécuter cette manœuvre.

» — Nous ne monterons pas, avaient-ils répondu, parce que nous ne sommes pas de quart.

» — Je suis trop bon pour vous, avait répondu le capitaine ; maintenant je vais vous mener plus rudement, et n'importe où il sera, je brûlerai la cervelle à celui qui ne m'obéira pas...

» Le capitaine entra dans sa cabine et inscrivit sur le livre de punitions Oillic et quatre autres. Je sais que le capitaine avait retranché un demi-mois de solde à Oillic, et peut-être aussi à Thépaut et à Carbuccia,

» Le capitaine alla parler au second et resta avec lui à l'arrière pendant une demi-heure. Il pouvait être cinq heures du soir. J'aurais bien voulu les prévenir du complot qui se tramait, mais ils avaient l'œil sur moi. Le charpentier était sur le pont ; Pierre était au bossoir, et deux autres matelots se promenaient sur le pont. Oillic tenait la barre. A ce moment il était bien décidé que le second serait jeté à la mer ; ils avaient l'intention de le faire disparaître, comme s'il était tombé par accident.

» Voyant que je ne pouvais rien faire pour le capitaine et le second, parce que, si j'étais vu, je serais jeté à la mer, je passai à l'avant et Thépaut ou Carbuccia, mais je crois que c'était Thépaut, me dit :

» — Tâche d'aller remplacer Oillic à la barre...

» Il me recommanda en même temps de ne pas me laisser voir du second, parce qu'il exigerait sans doute que Oillic fît son heure à la barre. Il pouvait être six heures ou six heures un quart quand je pris la barre, et Oillic me dit de dire au second, s'il le demandait, qu'il était allé à la poulaine.

» Nul ne pourrait donner des détails aussi bien que moi, car j'étais sur la dunette. Je voyais tout, et la plupart des hommes avaient bu beaucoup.

» Il y avait environ vingt minutes que j'étais à la barre, lorsque le second vint commander d'amener la bonnette de hune. Je crois que les matelots ne répondirent pas. Plusieurs s'élancèrent sur le second. J'entendis un cri, je quittai la barre et je m'avançai sur le bord de la dunette. A dix pas de moi, je vis quatre ou cinq matelots essayer de jeter le second à la mer. Il y avait Thépaut, Oillic, Carbuccia et Daoulas. Je ne sais pas si le matelot-charpentier, qui était ivre, leur a prêté main forte. Le cuisinier sortit de sa chambre, monta sur la chaloupe et regarda ce qui se passait.

» Le second fut jeté par-dessus la coupe ; mais comme il était le plus fort du bord, il parvint à rentrer sur le pont. Quand les matelots se précipitèrent sur M. Aubert, il commença par appeler Lénard à son secours. Ensuite il appela le capitaine, et puis Pierre, etc. Lénard sortit de sa cabine et se promena sur la dunette, sans rien dire ; il ne me parla même pas. Le second, étant remonté sur le navire, fut frappé à coups de couteau, par Daoulas, qui était le plus acharné de tous. Carbuccia était également acharné. Oillic et Thépaut avaient le couteau à la main. Le second fut encore précipité en dehors des haubans, auxquels il se retenait. Ce fut alors que Daoulas prit une brinqueballe de pompe, pesant environ dix kilogrammes, et lui en porta des coups sur la tête. Oillic, au moment où le second venait de retomber sur le pont, prit la barre des mains de Daoulas et acheva d'assommer M. Aubert, qui ne criait plus parce qu'il était étouffé par le sang, et qui ne faisait entendre que des plaintes...

» J'ai vu Daoulas, son couteau brisé à la moitié de la lame. Thépaut avait la lame du sien recourbée. Je lui ai entendu dire que c'était sur la tête du second que la lame de son couteau s'était ainsi couchée. Il avait une blessure à la paume de la main...

» Je ne puis pas dire combien M. Aubert a reçu de coups de couteau, car son corps en était criblé. Mais il n'était pas encore complètement mort lorsque le charpentier, Daoulas et Carbuccia l'ont jeté à la mer. En effet, je l'ai entendu pousser un long soupir.

» Le capitaine, ayant entendu du bruit, s'était levé et était sorti de sa cabine, tenant en main des pistolets. Oillic, qui finissait de frapper le second, s'élança vers lui, en lui disant :

» — Coquin, tu t'es armé de tes pistolets, tu mériterais que je te brûle la cervelle !...

» Il saisit aussitôt le capitaine, qui ne put faire usage de ses mains. J'arrivais de la barre que j'avais reprise pour mettre le navire en route, lorsque j'entendis Thépaut lui dire :

» — Tu vas être jeté à la mer, comme ton second...

» Déjà Oillic avait lancé par-dessus bord les pistolets du capitaine. Alors, aidé de Thépaut, ils conduisirent le capitaine à la coupée. Chemin faisant, Daoulas porta un coup de couteau au malheureux officier, et Carbuccia lui en porta deux dans le flanc gauche. En arrivant à la coupée, Thépaut dit au capitaine :

» — Etes-vous blessé ?

» — Oui, répondit le capitaine ; j'ai reçu deux ou trois coups de couteau.

» Et il porta la main à son flanc gauche.

» Il était, en ce moment, sept heures et demie du soir.

» Le capitaine reçut encore une nouvelle blessure.

» — François, dit-il, ne m'assassinez pas : vous m'avez promis de me jeter à la mer, jetez-moi à la mer.

» Il avait dit d'abord :

» — Mes amis, gardez-moi ; rien ne vous arrivera, et vous aurez tout ce que vous voudrez...

» J'oubliais de dire aussi que, au moment où Thépaut avait demandé au capitaine s'il était blessé, il s'était retourné vers ses camarades, et leur avait dit :

» — C'est dommage, car nous l'aurions gardé deux ou trois jours.

» Lénard, qui avait entendu ses paroles, vint me trouver et me dit :

» — Va leur dire qu'il ne faut pas qu'ils le gardent à bord ; que, puisqu'ils ont jeté le second, il faut qu'ils le jettent aussi, lui, sans quoi ils sont tous perdus.....

» En me retournant, j'entendis Lénard, qui était derrière moi, crier :

» — A la mer ! à la mer !

» Je leur ai dit à haute voix, devant le capitaine, ce que Lénard m'avait donné ordre de leur dire. Le capitaine ne prononça plus d'autres paroles que celles que je viens de rapporter. Les matelots l'entourèrent, excepté Marnier et Leclerc, et à deux ou trois ils le jetèrent à la mer sans qu'il fît résistance. Je vis Oillic porter la main sur lui. Lénard, lui, ne fit que donner le conseil de le jeter à la mer.

» Le capitaine, une fois à l'eau, nagea pendant quelques minutes, et les dernières paroles qu'il prononça d'une voix très forte, furent celles-ci :

» — Que Dieu vous conduise, mais vous aurez le cou coupé !...

» Je pense qu'il se laissa couler alors pour ne pas souffrir longtemps.

» En entendant les paroles du capitaine, deux ou trois matelots lui répondirent :

» — Oui, va toujours; mais, en attendant, ton affaire est faite !

» Le mousse, en entendant sortir le capitaine, avait lui-même quitté sa cabine et s'était mis sur le seuil à pleurer. Il avait grand'peur. Je le fis entrer dans sa cabine et je l'y enfermai.

» Le premier soin des matelots, après la mort du capitaine, fut d'entrer dans sa chambre, de s'emparer des papiers du bord, de les déchirer et de les jeter à la mer...

» Thépaut me demanda les clefs de toutes les armoires, parce qu'il savait que je connaissais la chambre, ayant fait le service du capitaine. Il me demanda, ainsi que plusieurs autres, où était le mousse. Je lui dis qu'il avait tout vu et que je l'avais enfermé dans sa cabine. Thépaut m'ordonna d'aller ouvrir la porte et de laisser le mousse en liberté.

» C'est dans la chambre que j'ai vu, encore armés de leurs couteaux, Oillic, Carbuccia, Thépaut et Daoulas. Je remarquai que Thépaut avait une blessure à la paume de la main droite. On pensait que c'était Daoulas qui, dans la lutte, lui avait fait cette blessure. Leurs vêtements étaient couverts de sang. Ils demandèrent à voir le livre des punitions, sur lequel figuraient Oillic, Daoulas, Thépaut, et peut-être le cuisinier. Ils voulurent aussi visiter le registre du bord ; puis ils allèrent changer leurs vêtements. Daoulas jeta son couteau à la mer, disant qu'il ne voulait plus manger avec, parce que cela le dégoûtait. Chacun regagna ensuite sa cabine, et le service se fit comme si rien ne s'était passé.

» Le lendemain matin, le cuisinier refusant d'allumer du feu et de travailler, je demandai à Carbuccia quelle cuisine il fallait faire :

» — Celle que tu voudras, me répondit-il ; maintenant nous sommes les maîtres.....

» Durant ce temps l'équipage buvait du cognac qu'on avait pris dans la chambre du capitaine. Quant au cuisinier, il avait passé la nuit à boire.

» Les gens du bord exigèrent alors que je leur servisse à manger dans la chambre du capitaine, en me disant :

» — Imbécile, crois-tu que nous allons manger sur le pont ? Nous sommes tous égaux, nous mangerons ensemble.

» Le pont fut lavé, et le charpentier jeta à la mer un bout de haume ensanglanté par la tête de M. Aubert.

» Thépaut se mit ensuite à visiter les effets du capitaine, les partagea entre les matelots, et jeta les chapeaux par-dessus bord, après les avoir foulés aux pieds. Les chronomètres furent brisés. Quant aux bijoux que possédait le capitaine, les matelots se les partagèrent. Mais tout cela fut jeté à la mer, parce qu'ils craignaient que cela ne vînt à les compromettre. Lénard prit la montre du capitaine et Thépaut celle du second. Les bottes et les chaussures furent gardées et échangées..... »

Telle est la déposition de Chicot, et c'est sur cette déposition que la justice s'est emparée des prévenus, et les cite à son tribunal.

L'arrivée des neuf accusés dans le port a mis toute la ville de Brest en émoi. La foule était immense, dans toutes les rues qui avoisinent et le port et le Pontaniou. Chacun de ces hommes était accompagné de trois gendarmes. Mais elle fut bien plus grande encore quand on conduisit les coupables de Pontaniou au palais de justice.

Il fallait qu'ils traversassent tout le port, sur une sorte de large passerelle placée presque à fleur d'eau, et qui fut construite sur les indications de l'amiral Trehouart, dont elle a pris le nom.

Or, parallèlement à cette passerelle, un peu plus près de la magnifique rade de Brest, est un pont de bateaux qui s'ouvre pour laisser passer les vaisseaux, et à cent neuf marches au-dessus est le pont Napoléon, sous lequel peut passer un brick-goëlette sans déranger sa mâture. Mais quand se présente une frégate, il faut bien lui faire passage, et alors ce merveilleux chef-d'œuvre se coupe par le milieu, Chaque moitié de cette masse énorme, et pourtant si légère à l'œil, tourne sur-elle-même, et deux hommes, manœuvrant une barre d'anspect, suffisent pour le faire pivoter comme une simple porte d'écluse du canal Saint-Martin, à Paris.

C'est là que s'était portée cette foule innombrable pour voir les accusés traverser la passerelle. On put alors juger de la solidité du pont qui résista sous le poids. En outre, une autre foule aussi compacte les attendait à leur sortie du port et formait sur leur passage une haie épaisse, jusqu'à la rue de la Voûte, où siège le tribunal maritime.

Cette rue de la Voûte ne paraît pas longue, car elle est subitement barrée par une voûte noire sous laquelle grimpe un large escalier de pierre, de quarante à cinquante marches, avec une rampe de fer de chaque côté. En haut de ces marches, la rue se prolonge, mais avec un tout autre aspect. On dirait que l'on vient de changer de quartier.

A gauche, avant d'arriver à la voûte, se trouve un bâtiment régulier qui est vieux d'un siècle tout au plus. On arrive par deux perrons à huit marches à une petite terrasse dont le parapet est dans l'alignement de la rue. La façade est en retrait de trois mètres environ. C'est là l'hôtel du conseil de guerre maritime et du conseil de révision.

Au premier étage est la salle d'audience. Elle est vaste, très large et surtout bien éclairée par six grandes fenêtres, cinq de chaque côté.

Celles de gauche ouvrent sur la rue de la Voûte. Des cinq autres, on domine l'arsenal et le port.

Au fond de la salle est une estrade circulaire. C'est là que siègent les juges autour d'une table en fer à cheval. Derrière le président, qui occupe le centre, se trouve un crucifix sculpté et au-dessous un buste de l'Empereur. Entre chaque fenêtre, et de distance en distance, sont des pilastres imitant le marbre blanc, et des rideaux de damas rouge éteignent un peu le double jour qui éblouit.

J'ai dit plus haut que le tribunal était composé de M. Plichon, capitaine de vaisseau, commandeur de la Légion-d'Honneur, président, de M. Leguillon-Penanros, juge au tribunal de première instance, Kernevez, juge suppléant, Riou, commissaire-adjoint, Piot et Brindejonc de Birmingham, lieutenants de vaisseau, Bienaymé, sous-ingénieur, et Lescop, greffier.

Au pied du tribunal, directement en face, sont les accusés, sur deux bancs.

Après la lecture de la déposition de Chicot, le greffier donna connaissance au tribunal des lettres de M. Aubert, frère du second du *Fœderis-Arca*. Alors on croyait encore à un simple accident de mer, et ces lettres, en demandant une nouvelle enquête, ont été le nouveau point de départ de l'accusation.

On ne peut trop admirer cette ténacité du frère et du marin, dont ni l'affection ni la sagacité ne sauraient être trompées par la fable mise en circulation par les accusés. Ce n'est pas en son nom seulement qu'il demande justice, c'est au nom de la marine tout entière. Les révoltés du *Fœderis-Arca* avaient prétendu d'abord qu'ils avaient quitté le navire en même temps que leurs officiers, mais que ceux-ci s'étaient embarqués dans la baleinière, pendant qu'ils se confiaient, eux, à la chaloupe et au canot. Ils avaient ajouté que la baleinière avait coulé, entraînée par le tourbillon, lorsque le bâtiment abandonné avait sombré. Cette version avait été admise. Mais M. Aubert démontre sa fausseté par des arguments logiques irrésistibles.

— Comment supposer un seul instant, dit-il, qu'au moment d'abandonner leur navire, le capitaine et le second se soient réservé la plus petite des embarcations, et ne se soient point partagé les commandements, l'un de la chaloupe, l'autre du canot? C'était en même temps leur devoir, leur intérêt et celui des prétendus naufragés, qui, sans officiers, allaient errer à l'aventure dans les parages les plus déserts du grand Océan.

Parmi les quelques témoins assignés, M. Aubert attire tous les regards, avec le plus vif intérêt. C'est un homme jeune, grand, à la physionomie ouverte, intelligente. Il est vêtu de noir. Tout en répondant aux questions du président, il a peine à quitter des yeux le banc des accusés, qui baissent la tête.

Je ne vais pas redire ici l'interrogatoire des prévenus.

Lénard prétend n'avoir rien connu du complot des matelots du *Fœderis-Arca*, dont il était le maître d'équipage, et n'être arrivé sur le pont qu'après le meurtre du second. Alors il a eu peur, et selon lui, il est resté spectateur épouvanté de l'horrible drame qui se passait sous ses yeux, à quelques pas de lui. C'est là un aveu honteux qui sort à voix basse de ses lèvres. Quant à l'ordre de noyer le mousse, que Oillic et Carbuccia disent lui avoir entendu donner de la chaloupe, il le nie formellement.

Après son interrogatoire, qui a été écouté avec des ricanements et des haussements d'épaules de ses coaccusés, Lénard reprend sa place en souriant à son avocat, comme pour lui demander s'il est content de lui.

Oillic s'avance alors, et, à sa vue, il se produit un mouvement dans l'auditoire. Son parti semble pris et il répond avec une certaine franchise. Il avoue presque tous les faits qui lui sont reprochés, sauf la mort du mousse, qu'il comprend être l'acte le plus cruel du drame où il a joué un rôle si important. Il le met sur le compte de Marnier, l'accusé qui est mort. Et, quand le président lui demande pourquoi il a tué le capitaine et le second:

— Je me suis vengé, voilà tout... répond-il. M. Aubert m'avait injurié, et le capitaine m'avait menacé de me brûler la cervelle.

Le croira-t-on jamais! Alors qu'il s'agit du pauvre petit mousse de onze ans, réveillé brutalement avec un seau d'eau pendant son sommeil, et jeté à l'eau, au milieu de l'Océan, pendant la nuit; lorsque l'on croit entendre encore la voix de ce malheureux enfant, qui luttant contre la mort, essaie d'éveiller la pitié de ses bourreaux en criant : Ma mère, à moi!... Mon Dieu, sauvez-moi! et que les accusés avouent qu'il nagea plus d'un quart d'heure. Quand ce crime leur est reproché, ils n'ont qu'un éclat de rire, les infâmes! Oh! le cœur est saisi de dégoût, on perd toute pitié, on se retrace toutes ces scènes de meurtre, de boucherie; on est saisi d'épouvante à cette pensée que, sans les révélations du novice Chicot, ce crime pouvait rester impuni.

Mais, grâces à Dieu, sa providence veillait, et elle a inspiré un autre enfant, afin de faire punir cet abominable forfait...

Un fait bizarre et bien rare dans les affaires où, comme dans celle du *Fœderis-Arca*, il y a un grand nombre d'accusés, c'est combien peu ceux qui sont présents chargent les absents. Cette façon d'agir semblerait devoir donner un certain air de vérité à leurs déclarations. On s'attendait à entendre nommer à chaque instant Marnier, qui est mort, et Daoulas qui a disparu. Daoulas! nom prédestiné, car en bas-breton ce nom signifie *double meurtre*... Il n'en est rien. Marnier et Daoulas n'ont que leur part dans la série des faits. Quant au passager

Orsoni, personne ne prononce son nom, et le rôle qu'il a joué à bord du navire est encore un mystère.

Nous avons dit que Lénard est un bel homme, avec un bouquet de barbe blonde au menton. Oillic, lui, est hideux à voir. C'est un homme de trente ans, petit, noir, avec une chevelure énorme qui lui tombe sur des yeux brillants profondément enfouis dans leur orbite.

Thépaut remplace Oillic devant le tribunal et n'y fait pas meilleure figure. Il a en effet une physionomie basse et repoussante. Son front est bombé, ses yeux caves, sa face blême, ses os maxillaires très développés. On dirait un nègre blanc. C'est le moins bien vêtu de tous. Il répond à voix brève au président :

— J'étais sous le coup de la boisson ; j'étais fou et je ne savais pas ce que je faisais.....

Il avoue avoir donné un coup de couteau à M. Aubert et avoir tenu le capitaine pendant qu'on jetait le second à la mer.

A l'appel de Carbuccia, un mouvement se produit dans l'auditoire. Chargé par ses coaccusés, il semble le chef du complot.

C'est un Corse, petit, trapu, à l'œil oblique. Il est rasé de frais, soigneusement coiffé et presque élégamment habillé, relativement s'entend. Devant le juge d'instruction, il a avoué assez franchement les faits qui lui sont reprochés, et il semble devoir confirmer ses aveux devant le tribunal. Mais son caractère sombre, défiant, reprend rapidement le dessus, et le président ne peut bientôt plus en obtenir que des phrases pleines de doubles sens et de restrictions.

Il a, comme tout le monde, refusé, à Cette, de travailler *non pas au navire, mais au chargement*. Il a également volé du vin dans la cale, et si personnellement il n'a jamais eu à se plaindre des officiers, il dit que le second les dérangeait toujours inutilement, et ne leur laissait pas le temps de manger. La révolte est venue, selon lui, d'un ordre de passer les drisses de bonnettes à ceux qui n'étaient pas de quart. Habilement poussé par le président, il ajoute :

— J'ai agi par vengeance, j'étais ivre, et alors j'ai donné un coup de couteau au capitaine et j'ai aidé à le jeter à la mer. Mais ce n'est pas moi qui ai voulu le faire boire, c'est Oillic. Je lui ai dit seulement, en lui montrant la coupée, que c'était par là qu'il allait passer.....

Ce n'est pas ce que disent ses complices. Ils prétendent qu'il frappait sans cesse, et que c'est lui qui a crié :

— A la manière dont ils nous mènent, ce qu'il y a de mieux à faire, c'est de nous en débarrasser.

Carbuccia, mis en face de Thépaut et d'Oillic, refuse de les regarder.

— Oh ! je le connais bien ! dit ce dernier au président.

Et on voit ces monstres prêts à rire....

Tessier, peu chargé par ses compagnons, a du reste une physionomie douce qui prévient en sa faveur, et de bons antécédents. Il est le premier qui semble comprendre la gravité de la situation. Après avoir avoué qu'il a désobéi comme les autres, sans avoir à se plaindre des officiers, il nie tous les faits de violence. Il a été simple spectateur du haut de la chaloupe, et s'il a fait des trous de tarrière dans le navire pour le faire couler, c'est sous la menace d'Oillic et des autres. Il raconte ensuite la mort du cuisinier et celle du mousse, avec une émotion qui ne paraît pas feinte. Continuellement menacé par l'équipage, le cuisinier était constamment en proie à une terreur profonde. Le surlendemain du meurtre, Tessier le trouva accroupi dans la chambre du capitaine et pleurant. Il lui raconta alors qu'on avait voulu l'empoisonner ; et, en effet, il avait auprès de lui une bouteille d'essence à moitié vide.

— Je l'emmenai alors sur l'avant, dit Tessier ; mais en arrivant par le travers de la chaloupe, il me tendit la main en disant :

— Adieu ! ça ne peut pas durer comme ça...

Et il se jeta à la mer avant que j'aie pu l'en empêcher... Il faisait nuit... Aussi je ne le revis plus.

Quant au mousse, j'étais dans la chaloupe et je dormais lorsque je fus réveillé par ses cris. On l'avait jeté à la mer du canot. On criait de prendre garde de passer dessus. Je me suis bouché les oreilles pour ne pas l'entendre, et si je n'ai pas essayé de le faire sauver, c'est que c'eût été me perdre moi-même.

Ce récit impressionne vivement les assistants et prévient évidemment en faveur de l'accusé.

Tessier est remplacé par le mulâtre Pierre, qui arrive en tremblant devant le tribunal. D'après lui, Pierre n'a rien fait. Il est monté sur le pont après la mort du second et est resté tout le temps de la lutte contre la porte de la chambre, auprès du maître d'équipage.

Au président qui lui reproche sa lâcheté, Pierre répond :

— Que voulez-vous que j'aille faire, sans armes, au milieu de tous ces gens-là qui étaient saouls et qui donnaient des coups de couteau ?

Et, en parlant ainsi, le mulâtre essuie la sueur qui inonde son visage crispé, blêmi par l'émotion.

Il donne des démentis formels et énergiques à ceux qui l'accusent, à Thépaut, à Oillic, qui ne peuvent le regarder sans rire, et comme, au moment où le président lui demande s'il connaît quelque motif de haine et de vengeance envers lui chez ses coaccusés, il répond :

— Oh ! non, je n'en connais pas... Mais ils veulent me noircir...

Le tribunal a peine lui-même à tenir son sérieux à cette réponse du nègre.....

Le verdict du tribunal devait être sévère, il le fut en effet.

Carbuccia, Thépaut, Oillic et Lénard furent condamnés à mort. Chicot, Tessier et Pierre furent acquittés.

Quand le commissaire impérial arriva avec le greffier et la garde, et que, devant le commissaire des prisons il lut aux trois derniers l'arrêt qui leur rendait la liberté, Tessier leva la tête et son œil brilla. Quant au pauvre mulâtre, il pensa devenir fou. Il se mit brusquement à danser et à chanter, prenant sa tête à deux mains. Ce fut un spectacle grotesque et triste tout à la fois. Une foule immense attendait les libérés à leur sortie de Pontaniou.

Lénard, Oillic, Thépaut et Carbuccia furent rangés à leur tour devant la garde, et ils entendirent alors la sentence qui les frappait. Thépaut, la tête haute, la poitrine bombée, l'écouta fièrement sans broncher, sans qu'un muscle de son visage tressaillît. Lénard, lui, laissa tomber ses bras; son visage était blême. Il avait conservé un peu d'espoir. Carbuccia parut de même accablé.

— Ce n'est pas juste que Lénard soit condamné, dit-il ; il n'a rien fait..... Il aurait dû être grâcié, comme Tessier.

Quant à Oillic, ses cheveux lui tombaient sur le front. Il a refusé seul de se pouvoir en révision.

— Pourquoi faire? dit-il. C'est fini, voilà tout. Avec cela qu'il y a quelque chose à espérer ! Maintenant, le plus tôt sera le mieux.

Ces malheureux auront la tête tranchée, selon la terrible parole du capitaine Richebourg :

— Vous aurez tous le cou coupé !...

PERTE DES VAISSEAUX DE GUERRE FRANÇAIS LE HENRI IV ET LE PLUTON,

DANS LA BAIE D'EUPATORIA, PENDANT LA GUERRE DE CRIMÉE,

en novembre 1854.

Nous laissons parler ici les acteurs du drame qui va se passer sous les yeux du lecteur. Nul ne peut mieux raconter un fait que celui qui en est le héros et surtout la victime.

« Kamiesh, le 21 novembre 1854.

» Monsieur le ministre,

» J'ai eu l'honneur de vous adresser les copies des rapports de MM. les commandants du *Henri IV* et du *Pluton*, sur les circonstances qui ont occasionné la perte de leurs bâtiments.

» En lisant ces douloureux détails, Votre Excellence remarquera que ce n'est qu'à la fatalité et à la fureur des éléments déchaînés que peuvent être attribués ces désastres. Ce n'est qu'après avoir cassé ses quatre chaînes que le *Henri IV* est allé à la côte, et le *Pluton* ne doit sa perte qu'à un abordage d'un transport anglais démâté, qui, un instant, a menacé de l'engloutir, et qui a fini par casser ses chaînes. Chacun, dans ces circonstances, a fait son devoir et s'est même distingué par un dévoûment digne d'éloges.

» On s'occupe du sauvetage.

» Je suis, avec un profond respect, Monsieur le ministre,

» De Votre Excellence,

» Le très obéissant serviteur,

» Le vice-amiral, commandant en chef l'escadre de la Méditerranée,

» HAMELIN. »

RAPPORT ADRESSÉ A M. LE VICE-AMIRAL COMMANDANT EN CHEF L'ESCADRE DE LA MÉDITERRANÉE PAR LE COMMANDANT DU HENRI IV.

« Baie d'Eupatoria, le 15 novembre 1854.

» Amiral,

» J'ai la douleur de vous annoncer que mon vaisseau est à la côte depuis hier au soir, à vingt milles au sud d'Eupatoria, et que je n'ai aucun espoir de l'en retirer, dans la saison où nous sommes.

» Ce triste événement est dû à la rupture successive de mes quatre chaînes, pendant la tempête que nous venons d'essuyer, et qui, bien que moins violente, dure encore au moment où j'écris.

» Toutes les précautions que conseillait la prudence avaient été prises. La bouée de l'ancre de bâbord, qui était celle qui travaillait avec les vents du large, était de cent vingt brasses, sur un fond de huit brasses, et je m'étais affourché nord et sud dès mon arrivée. De plus, chaque fois qu'il ventait un peu frais, je laissais tomber l'ancre de veille de tribord, qui était ma meilleure. Je n'avais pas manqué de le faire, hier, lorsque je vis la mauvaise apparence du temps. Je fis ensuite caler les mâts de hune, amener les basses vergues sur le porte-lof et mouiller ma seconde ancre de veille, ce qui m'en faisait quatre dehors, c'est-à-dire tout ce que je possédais, puisque j'en avais perdu une à Baltchick, par suite de rupture de chaîne en dérapant, et qu'une autre avait été cassée par un boulet dans le combat du 17 octobre.

» Je devais, amiral, me croire en sécurité avec quatre fortes ancres dehors, lorsque, dans une très forte rafale avec saute de vent, la chaîne de tribord cassa net au portage de la bitte. A onze heures, celle de bâbord, qui avait souvent filé, chaînon par chaînon, malgré les stoppeurs et les coins, et qui était arrivée à au moins cent cinquante brasses, en fit autant. Nous vîmes alors à l'appel de l'ancre de veille de tribord dont le levier de stoppeur se brisa; mais la chaîne ayant fait une coque à l'écubier du puits, elle tint bon au septième maillon — cent vingt-six brasses, — jusqu'à cinq heures dix minutes du soir, où elle cassa dans un violent coup de tangage.

» Celle de bâbord, travaillant alors seule, ne résista pas une minute, et ce fut avec terreur que j'entendis la double secousse qui m'apprenait que tout espoir de résister à la tempête était perdu, et qu'il fallait se résigner à aller à la côte, comme l'avaient déjà fait, sous mes yeux, dans cette journée fatale, douze ou quinze autres bâtiments, au nombre desquels se trouvent la corvette le *Pluton*, arrivée depuis quatre jours seulement, et un vaisseau turc portant pavillon de contre-amiral, qui ont, sans doute, aussi cassé toutes leurs chaînes.

» Certain de n'être plus tenu par rien, je fis hisser le petit foc pour faciliter l'abattage du vaisseau sur tribord, et éviter les navires mouillés à terre de moi; puis, après les avoir parés, je fis border l'artimon afin d'aller m'échouer le moins loin possible de la ville et de pouvoir communiquer avec elle par la langue de sable qui nous sépare du lac Salé, sans être inquiété par les Cosaques, qui ne manqueraient pas de venir rôder autour de nous.

» La nuit était très obscure quand nous commençâmes à toucher. Je fis en sorte d'échouer l'avant à terre perpendiculairement à la côte; mais d'énormes brisants, prenant le vaisseau par la hanche de bâbord, le portèrent petit à petit pendant toute la nuit, et même aujourd'hui dans la matinée, dans une direction presque parallèle au rivage, et le sable mouvant remplissant à l'arrière la souille à mesure que la carène se déplaçait dans son agitation continue, il en est résulté, chose incroyable, que nous sommes déjaugés de quatre mètres à l'avant, et que notre distance du rivage n'est que de soixante mètres au plus.

» La situation du *Henri IV*, au moment où j'ai l'honneur de vous écrire, amiral, est celle-ci : Incliné un peu sur tribord, presque parallèlement à la côte; le cap au nord-nord-est, la sonde indiquant trois mètres trente-trois centimètres à l'arrière, deux mètres trente centimètres à l'avant, quatre mètres par le travers à bâbord, et trois mètres vingt centimètres par le travers à tribord. Il a fait sa souille, et il n'éprouve plus les secousses qui l'ont tourmenté pendant dix-huit heures. Le vaisseau n'est pas défoncé, puisque les pompes ordinaires suffisent pour étancher l'eau de la cale et qu'elles ne fonctionnent pas toujours.

» Le gouvernail est démonté, et je crois ses ferrures brisées, de même que celles de l'étambot.

» Le vaisseau n'a plus d'autres ancres que celles à jet. Deux des bouts de chaînes restés à bord sont engagés sous la quille. La chaloupe est à la côte; je la suppose réparable. Le grand canot, le canot major et ma baleinière sont entièrement hors de service. Les deux canots moyens ont été aussi jetés à la côte à Eupatoria, où ils étaient occupés le 14 au matin pour l'embarquement des bœufs; mais ils peuvent être et ils seront réparés. Quant aux chalands, ils sont coulés et probablement en pièces. La mâture est intacte. J'ai fait déverguer les voiles, envoyer en bas les vergues et manœuvres courantes. Je ferai dépasser les mâts de hune dès que je le pourrai.

» J'ai pu, au moyen du youyou, établir un va-et-vient avec la terre; mais la mer est encore trop grosse pour entreprendre le sauvetage des cent dix malades que je porte à bord. Je me suis contenté de faire passer au commandant supérieur d'Eupatoria des munitions pour obusier de montagne en remplacement de celles qu'il avait consommées, avec succès, la veille, sur la cavalerie russe.

» Nos batteries sont restées chargées, et j'ai eu l'occasion, ce matin, de faire usage de nos caronades pour faire rebrousser chemin à une cinquantaine de Cosaques, qui s'avançaient au grand galop pour s'emparer des hommes de mon youyou restés à terre et qui ne pouvaient réussir à remettre à flot cette petite embarcation.

» Voilà, amiral, la situation actuelle du *Henri IV*, de ce beau vaisseau dont j'étais si fier... Elle est bien triste, et je ne vous parlerai pas de la douleur que j'en éprouve. Vous êtes fait pour la comprendre et pour me plaindre.

» J'espère que ma santé se soutiendra assez pour me permettre d'achever jusqu'au bout les devoirs que j'ai à remplir envers l'Etat et envers mon équipage; quant à mon courage, il ne faillira pas.

» Je n'ai pas encore pu communiquer directement avec le commandant du *Pluton;* mais il est venu sur la plage vis-à-vis de mon vaisseau et m'a fait dire par un de ses matelots que son bâtiment étant défoncé et son entrepont envahi par la mer, il l'avait évacué, ce matin, sans perdre un seul homme. M. Fisquet est à Eupatoria avec tout son équipage, qui a pu aussi sauver ses effets. Le rapport de cet officier supérieur vous fera connaître en détail les circonstances de son malheur, qui ne fait qu'ajouter au mien.

» J'ai signalé au *Lavoisier*, qui, lui aussi, a cassé une de ses chaînes, et n'a tenu sur l'autre qu'au moyen de sa machine, de faire route pour vous informer de notre fâcheuse situation, dès que le temps le lui permettrait.

» Je n'évacuerai pas mon vaisseau tant qu'il en restera un morceau pour me porter et y faire flotter les couleurs nationales. J'attends les secours qu'il vous sera possible de m'envoyer, amiral, afin de sauver, en fait de vivres et de matériel d'armement, tout ce que je pourrai. Ne pouvant déposer ces objets sur une terre ennemie, il me faut des bâtiments pour les recevoir et les porter aux autres vaisseaux de l'escadre.

» Mon équipage, affaibli considérablement par les détachements que j'ai fournis, tant pour le siége de Sébastopol que pour la garnison d'Eupatoria, se trouve réduit à un petit nombre de matelots valides, d'où il résulte que les moindres travaux sont pour nous très difficiles, et que ceux qui demandent beaucoup de force sont impossibles. Du reste, amiral, je suis heureux de le dire, mon équipage est admirable de zèle et de discipline ; chaque homme tâche de doubler sa force et vole à mon moindre mouvement. Quant à mes officiers, ils me secondent en tout, avec cette parfaite entente de service, ce courage et ce dévoûment de cœur dont je vous ai souvent entretenu dans d'autres circonstances, et qui ne pouvaient faillir en celles-ci. Tout le monde a fait et fera son devoir jusqu'à la fin, avec la plus entière abnégation, vous pouvez y compter, amiral ; et si la marine perd un de ses beaux vaisseaux, on ne peut s'en prendre qu'à la tempête qui a été plus forte que nous, et nous a jetés à la côte, malgré tous les moyens employés pour lui résister.

» Dans ma dernière lettre qui n'a que quelques jours de date, il me semble que je pressentais le malheur qui allait me frapper, lorsque je vous disais que « je me considérais comme en perdition sur la rade d'Eupatoria, lorsque viendrait un coup de vent de sud-ouest. » Ma crainte n'a pas tardé à se réaliser.

» J'aurai l'honneur de vous faire connaître plus tard les noms des personnes qui se sont plus particulièrement distinguées dans notre naufrage, et d'appeler sur elles la bienveillance du gouvernement. Je me borne, pour le moment, à citer M. André, enseigne de vaisseau, et le quartier-maître de manœuvre Joseph Gournay, qui ont fait le premier voyage à terre avec une faible embarcation que les brisants couvraient à chaque instant, pour aller établir le va-et-vient qui devait servir au salut de tous, si le vaisseau s'était ouvert.

» Je suis, etc.

» Le commandant du Henri IV,

» Jehenne. »

RAPPORT ADRESSÉ A M. LE VICE-AMIRAL COMMANDANT EN CHEF L'ESCADRE DE LA MÉDITERRANÉE, PAR LE COMMANDANT DU PLUTON.

« Baie d'Eupatoria le 16 novembre 1854.

» Amiral,

« J'ai à remplir le pénible devoir de vous rendre compte de la perte de la corvette à vapeur le *Pluton*, dont le commandement m'était confié.

» Le *Pluton* avait mouillé, le 10 octobre dernier, devant Eupatoria, par cinq brasses, relevant le moulin le plus à l'est, au nord 16° est, et la mosquée au nord 60° ouest.

» La ville était tenue en alerte continuelle par des milliers de Cosaques et menacée d'une attaque sérieuse. J'avais dû prendre ce mouillage le plus près de terre possible, quoique cependant encore à sept cents mètres du rivage, pour être à portée, avec l'artillerie du *Pluton*, de défendre les approches de l'est d'Eupatoria.

» Le bâtiment était affourché sud-est et nord-ouest. Il avait essuyé, dans cette position, un fort coup de vent du sud à l'ouest, dans la nuit du 10 au 11, et un second coup de vent dans la matinée du 13. Les ancres n'avaient pas cédé, et cette épreuve pouvait me rassurer sur la sécurité du navire. Ses mâts de hune étaient calés et les vergues sur les porte-lof.

» Le 14 au matin, la brise était du nord-est ; pas de mer. Tout présageait le beau temps. Un de nos canots est allé aux provisions, et, à sept heures et demie, sur le signal du *Henri IV*, j'ai envoyé nos deux autres canots et nos canots-tambours à terre pour l'embarquement des bœufs à bord du *Lavoisier* ; c'était quarante matelots hors du bord.

» Vers huit heures, un grain s'est élevé de l'est, avec mauvaise apparence. Le baromètre est descendu subitement à 0,740 millimètres ; le grain a donné avec pluie et grêle, par violentes rafales, qui ont varié au sud-est puis au sud.

» Nous avons filé six maillons de chaîne bâbord et quatre de celle de tribord, cette dernière ne faisait rien. Les feux ont été poussés prêts à mettre en marche.

» J'ai fait étalinguer un grelin sur l'ancre de la cale, mais cette ancre n'ayant pas passage entre l'ellipse et les tambours, il a fallu se disposer à la jeter par-dessus le bord à l'arrière des tambours. Pendant l'opération, j'ai vu un trois-mâts anglais en dérive, qui allait tomber sur nous.

» J'ai envoyé aussitôt tout le monde aux deux stoppeurs, prêt à filer l'une ou l'autre chaîne. Nous avons filé bâbord. La chaîne de tribord a rappelé et le trois-mâts nous a parés : il est allé à la côte. Plusieurs bâtiments y étaient déjà : d'autres coupaient leurs mâts pour tenir.

» La mer, tourmentée, grossissait toujours. Le vent avait tourné au sud-ouest et à l'ouest, et, malgré sa violence, nous restions évités au courant du sud, présentant le travers à la lame et à la mer. J'ai renoncé à faire jeter l'ancre de la cale ; elle eût risqué, en tombant sous le bâtiment, de le crever.

» Nous marchions en avant, doucement, avec la machine, de manière à soulager les chaînes, sans cependant les empêcher de travailler.

» J'avais pris des alignements à terre. Ils n'avaient pas varié depuis trois jours. J'étais assuré que nos ancres tenaient bien.

» Vers midi, un transport anglais démâté a cassé ses chaînes. Nous le relevions dans le sud-sud-ouest, à une encâblure, et ma'gré la force du vent d'ouest, le courant le portait sur notre bossoir de tribord. Nous allions être écrasés et couler sur place.

» J'ai fait établir la grande voile-goëlette pour éviter un vent est, fait faire machine en avant à toute vapeur. Notre avant a paré, mais cet énorme trois-mâts nous a élongés par bâbord, et à mesure que nous le dépassions, chaque lame alternativement nous lançait au-dessus de lui et nous laissait retomber sur son cuivre. Dans ces chocs, nos vergues ont été cassées, nos porte-manteaux et leviers en fer de mise à l'eau des canots-tambours tordus, le tambour de bâbord et l'arrière craqués. La machine a cependant pu continuer sa marche ; mais, sitôt dégagé, j'ai été obligé de stopper pour faire parer des manœuvres et des bouts de chaînes de balancines cassées qui se pressèrent dans les aubes.

» Un officier, M. Boulet, a reçu un morceau de bois sur la tête ; il a fallu le transporter sans connaissance.

» Sitôt les aubes dégagées, nous avons remis en marche, et tout danger semblait évité. Malheureusement la lourde chaîne de ce bâtiment raguait sur les nôtres. Celle de tribord a cassé, et celle de bâbord a été déchaussée. Malgré notre grande voile, malgré la machine, nous n'avons pu revenir au vent. Les alignements ont commencé à varier ; nous allions en travers de la côte.

» A midi et demi, nous avons commencé à tâtonner ; peu après, le gouvernail a été démonté. Les ébranlements du navire sont devenus terribles. Chaque lame nous couchait tantôt sur tribord, tantôt sur bâbord. J'ai essayé de tenter l'abattage sur bâbord en béquillant avec la vergue du grand hunier. Cette vergue dans ce sable mouvant n'a produit aucun effet. Le bâtiment s'est couché du large pour ne plus se relever.

» Dans ce moment une vive canonnade s'est fait entendre. La ville était attaquée par six mille Russes et seize pièces de canon. Des escadrons de Cosaques s'avançaient à l'est, du côté que nous devions appuyer avec notre artillerie. Le *Pluton* pouvait rendre encore un dernier service. Nous avons fait branle-bas de combat, chargé les petites armes et dirigé deux pièces du côté de l'ennemi. Nous étions prêts à commencer le feu dès que les Cosaques arriveraient à portée. Ils ont trouvé les dispositions de la ville trop bien prises et se sont retirés.

» Cependant l'eau gagnait rapidement. La soute aux poudres était pleine. J'ai fait monter tout ce qu'on a pu en tirer de munitions et fait mettre en réserve quelques sacs de biscuit et de l'eau.

» A la nuit, les lames balayaient le gaillard d'arrière. J'ai été obligé de faire évacuer complètement cette partie du navire et j'ai fait monter les effets de l'équipage dans les jardins du tambour de bâbord.

» La nuit a été longue et froide. Le vent n'a pas molli. La mer nous couvrait de plus en plus. A une heure, l'eau a gagné le faux-pont avant. J'ai fait placer les malades et les mousses sur l'avant du tambour de bâbord, et le reste de l'équipage s'est groupé bâbord devant.

» Le jour s'est fait sur ce désastre. Seize bâtiments avaient fait naufrage, et nous avons éprouvé le chagrin de reconnaître le vaisseau le *Henri IV* échoué.

» Les habitants du pays ne se rappellent pas avoir vu un pareil coup de vent. La moitié des moulins ont été renversés, et des maisons, situées au bord de la mer, ont eu des pans de murailles abattus.

» Le *Pluton* était complètement perdu, ensablé à quatre-vingts mètres de la plage, les bordages du pont disjoints, l'arrière se séparant de l'avant. Chaque lame en déferlant montait sur le pont jusqu'au bord opposé. Enfin, l'entrepont était plein d'eau.

» Il y avait urgence, pour la sécurité de la vie des hommes, d'évacuer le bâtiment ; je m'y suis décidé.

» J'ai fait mettre à la mer le youyou ; deux hommes s'y sont embarqués et ont nagé vers la côte, pendant que nous filions une ligne de loch dont ils avaient le bout. Une lame les a roulés à terre ; ils ont hâlé la ligne, nous avons filé un faux bras, et le va-et-vient étant établi, nous avons ramené à bord le youyou.

» Le débarquement s'est opéré quatre par quatre, en commençant par les malades, les mousses et les hommes qui ne savent pas nager. L'embarcation remplissait souvent à la dernière lame. Les hommes qu'elle transportait étaient enlevés aussitôt par les premiers débarqués et par M. Granderie, enseigne de vaisseau, que j'avais envoyé pour veiller au débarquement.

» Quand tous ceux pour lesquels le passage présentait des dangers ont été en sûreté à terre, M. André, commis d'administration, a descendu la comptabilité, et M. Pignoni, chirurgien, quelques médicaments.

» J'ai fait envoyer à terre les effets de l'équipage, les fusils, l'obusier de douze et quelques munitions.

» Le reste de l'équipage, les maîtres, M. Boulet, lieutenant de vaisseau, sont descendus successivement, et à une heure, après avoir fait une ronde dans le bâtiment, le maître d'équipage Gaubert et M. Bocher, mon second, se sont embarqués ; moi-même, dernier, j'ai quitté le *Pluton*, le cœur navré, mais avec la consolation, s'il en est une possible pour l'officier qui voit perdre le bâtiment qu'il commandait, de voir tout l'équipage sauvé et de pouvoir dire, avec une conscience nette, que tous ont bien fait leur devoir.

» Au milieu de ce coup de vent, un bâtiment malheureux avait entraîné le *Pluton* dans sa perte.

» M. d'Osmond, commandant de place, avec une sollicitude pour laquelle je ne saurais trop témoigner de reconnaissance, avait envoyé des chariots pour le transport des bagages, et avait fait préparer des logements dans lesquels les hommes ont pu, en arrivant, se sécher et se remettre d'une aussi rude épreuve.

» Dans ce désastre, amiral, les officiers et l'équipage du *Pluton* ont été admirables de sang-froid et de dévoûment. Veuillez me permettre de les signaler à votre estime et à votre bienveillance.

» Je suis, etc.

» Le commandant du *Pluton*,

» Fisquet. »

» Pour copie conforme :

» Le contre-amiral, chef d'état-major de l'escadre de la Méditerranée,

» Bouet-Willaumez. »

DÉCOUVERTE DE LA PERTE DES NAVIRES L'ÉRÈBE ET LA TERROR,

COMMANDÉS PAR SIR JOHN FRANKLIN,

Sur la Terre du roi Guillaume, de 1845 à 1847.

Depuis longues années, les Anglais avaient fait mille tentatives pour trouver un chemin vers les Indes à travers l'effrayant dédale d'îles, de terres, de canaux, de détroits, qui, au nord du pays des Esquimaux et dans l'océan Glacial arctique, sous le nom de mer de Baffin, détroit de Davis, détroit d'Hudson, détroit de Barrow, détroit de Lancaster, détroit de Franklin, détroit de Mac-Clintock, détroit de Melville, détroit de Mac-Clure, canal de Fox, canal du Prince Régent, golfe de Boothia, conduisant entre le Groënland et les îles de Cumberland, Cockbrun, aux îles Parry, à la Terre Victoria, à la Terre du roi Guillaume, et à une infinité de rivages, sans aucun habitant, parmi des bancs énormes de glaces, au pôle nord, sans avoir laissé trouver encore de véritable débouché sur la grande mer de l'océan Pacifique.

Dans ces derniers temps, un des plus intrépides chercheurs de cette voie tant désirée fut le commandant John Franklin. Excellent navigateur, il s'obstinait à trouver ce que la nature avait si précautionneusement caché et défendu d'une manière formidable.

Enfin, en 1845, il prépara une nouvelle expédition dans ce but. Elle se composa des deux navires l'*Erèbe* et la *Terror*. Le 25 mai, elle s'éloigna des côtes de l'Angleterre, suivie de tous les vœux des nombreuses familles qui comptaient des membres sur ces deux vaisseaux destinés à courir les plus grands dangers. Mais, dans ces familles, personne ne fit plus de vœux ardents pour le succès de l'expédition et personne ne pria davantage pour les intrépides marins qui la composaient que la femme du commandant, lady Franklin.

Hélas! malgré vœux et prières, il arriva pour sir John Franklin et ses deux vaisseaux l'*Erèbe* et la *Terror*, en 1847, ce qui était arrivé à notre la Pérouse et à ses deux frégates la *Boussole* et l'*Astrolabe*, en 1789. A un moment donné on n'entendit plus parler d'eux et jamais plus on n'en eut de nouvelles.

Le gouvernement anglais, ou plutôt l'amirauté britannique s'émut. Elle expédia navires sur navires à la recherche de sir John Franklin et de ses équipages : elle dépensa plus de vingt millions de francs, sans que le résultat de ces recherches produisît le moindre succès.

On crut désormais impossible d'obtenir connaissance du sort qui avait été le partage des marins de l'*Erèbe* et de la *Terror*.

Mais ce que les hommes se lassèrent de poursuivre, une femme délicate, mais une femme pleine de tendresse pour son mari, le reprit avec zèle et fut assez heureuse pour le mener à bonne fin. Lady Franklin équipa des vaisseaux à ses frais, fit choix des hommes éclairés et ardents auxquels elle voulait confier la mission de rechercher les traces du voyage de son mari, et peut-être son mari lui-même, car son cœur n'était pas sans espoir.

En dernier lieu, MM. Mac-Clure, sur l'*Investigator*, et Mac-Clintock, sur le *Fox*, s'enfoncèrent dans les profonds parages de l'océan Glacial arctique.

Le premier revint, découragé, sans avoir rien trouvé.

Le second, Mac-Clintock, plus heureux, rentra en Angleterre, muni de toutes les preuves de l'hivernage et de la perte des vaisseaux l'*Erèbe* et la *Terror*, mais aussi de la mort fatale de sir John Franklin et de tous ses compagnons.

Après des dangers sans nombre au milieu de glaces effrayantes, dans le voisinage du pôle, et là où l'homme ne demeure jamais ; après des souffrances inouïes qui faillirent être fatales à plusieurs des marins anglais, Mac-Clintock dut hiverner dans le détroit de Bellot, nom d'un jeune officier de marine Français, qui s'était associé aux Anglais, dans les recherches précédentes du sort de sir John Franklin, et que ses compagnons prirent en telle estime, surtout après sa mort cruelle, résultat de son dévoûment à la cause, que l'on donna son nom à un détroit, et qu'on édifia un magnifique monument à sa mémoire en Angleterre.

« Cet hiver, dit Mac-Clintock, fut le plus froid et le plus rude que j'aie jamais éprouvé dans ces régions. »

Puis il ajoute plus loin :

« Nos premières recherches du printemps commencèrent le 17 février 1859. Le 28, nous eûmes le bonheur de rencontrer quelques Esquimaux, dont le nombre s'éleva bientôt à quarante-cinq individus. »

Les Anglais étaient alors près de la Terre Victoria.

« Pendant quatre jours, nous demeurâmes en relation avec ces bonnes gens. Nous en en obtînmes plusieurs débris et la certitude que, plusieurs années auparavant, un navire avait été pris dans les glaces, au nord de l'île du roi Guillaume, mais que tout l'équipage, parvenu à descendre à terre sans danger, s'était dirigé vers la rivière du Grand-Poisson, où il avait péri, jusqu'au dernier homme.

» Ces Esquimaux étaient bien fournis de bois, tiré, dirent-ils, d'un bateau abandonné par les hommes blancs, sur la Grande Rivière.

» Le 2 avril, commencèrent nos recherches finales.

» Le lieutenant Hobson m'accompagna jusqu'au cap Victoria. Nous avions chacun, outre un traîneau tiré par quatre hommes, un traîneau auxiliaire tiré par six chiens.

» Avant de nous séparer, nous rencontrâmes deux familles d'Esquimaux, vivant sur la glace, dans des cabanes faites de neige. Elles nous informèrent qu'un second navire avait été vu près de l'île du roi Guillaume, et que, dans le courant de la même année, il avait été jeté et brisé sur la côte. Ce navire avait été pour eux une mine féconde de bois et de fer. »

Là, le lieutenant Hobson reçut l'ordre de son capitaine de faire des recherches sur le naufrage de l'*Erèbe* et de la *Terror*, en suivant toutes les traces qu'il trouverait au nord et à l'ouest de l'île du roi Guillaume.

Quant à Mac-Clintock, accompagné de sa petite troupe, il marcha le long des côtes de cette même île, visitant les cabanes de neige abandonnées, mais sans rencontrer d'indigènes jusqu'au 8 mai, où, près du cap Norton, il atteignit un village de neige contenant trente habitants. Ces Esquimaux vinrent à lui sans la moindre apparence de crainte ou d'agitation, quoique aucun d'eux n'eût encore vu aucun homme blanc en vie. Ils mirent beaucoup d'empressement à communiquer tout leur savoir et à échanger tous leurs produits : mais ils auraient tout dérobé aux Anglais si ces derniers n'y eussent pris garde. Les Esquimaux vendirent quantité de reliques des vaisseaux anglais, et ils en eussent livré bien davantage encore si les marins eussent eu des moyens de transport à leur disposition.

Les indigènes, en indiquant le nord-nord-est, affirmaient qu'à cinq jours de marche dans cette direction, dont un sur la mer glacée, on arrivait au lieu du naufrage. Mais aucun d'eux n'y était allé depuis 1858, parce que leurs compatriotes avaient enlevé tout ce qui restait de débris.

La plupart de ces informations furent données par une vieille femme. Elle apprit aux Anglais que le bâtiment avait été jeté à la côte, et que plusieurs hommes blancs avaient succombé sur la route de la Grande Rivière ; mais ce ne fut que pendant l'hiver suivant que leurs cadavres, découverts par les Esquimaux, instruisirent ceux-ci de la triste destinée des *Kablounas*.

N'ayant pas l'espérance de rencontrer de nouveaux indigènes dans cette direction, les Anglais repassèrent sur l'île du roi Guillaume, et continuèrent d'explorer les rives sud sans aucun succès, lorsque le 24 mai, non loin du cap Herschell, ils découvrirent un squelette blanchi autour duquel se trouvaient quelques fragments de vêtements européens.

Après avoir écarté la neige avec soin, on découvrit ensuite un petit portefeuille contenant quelques lettres, qui, quoique bien gâtées, purent encore se déchiffrer. Aux vêtements on put reconnaître un garçon d'hôtel ou domestique d'officier. Sa position confirmait le dire des Esquimaux, que les *Kablounas* avaient succombé, l'un après l'autre, sur le chemin qu'il avait pris.

Voilà quelles furent les découvertes de Mac-Clintock.

Mais voici ce que, de son côté, trouva le lieutenant Hobson :

A une petite distance du cap Victoria, il fut mis face à face avec des traces non douteuses de l'expédition de sir John Franklin, à savoir un très large *cairn* de pierres, et, tout près, une petite tente avec des couvertures, des habits et d'autres objets de voyage. Le cairn — amoncellement de pierres cimentées — ayant été ouvert, on y trouva un morceau de papier blanc, ainsi que deux bouteilles cassées qui gisaient au milieu des pierres, mais rien de plus, bien que l'on ait fouillé le cairn et la terre qui le portait à plus de dix pieds de distance tout autour.

A environ deux milles plus loin étaient deux autres petits cairns qui ne contenaient ni traces ni reliques, à l'exception d'une pioche cassée et d'une boîte à thé encore pleine.

Jadis, en 1839, sir John Ross, explorant ces mêmes parages, pour trouver un passage dans le labyrinthe de ces mers glacées, avait élevé un cairn à l'extrême pointe Victory.

Dix-neuf ans plus tard, sir James Ross, neveu du précédent, alors envoyé à la recherche de sir John Franklin, s'était efforcé d'arriver à cette même pointe Victory.

Enfin, dix ans plus tard encore, c'est-à-dire le 6 mai 1859, le lieutenant Hobson y arrivait heureusement, en quête de ce même sir John Franklin, selon le récit que nous en faisons.

Il s'empressa de faire fouiller ce monument, et parmi les pierres du sommet il trouva une boîte de fer blanc contenant un court rapport.

Ce document, écrit sur parchemin, apprenait que le 28 mai 1845, tout allait bien à bord de la *Terror* et de l'*Erèbe*; que dans le courant de la même année 1845, qui avait vu leur départ d'Angleterre, ces deux navires avaient remonté le chenal de Wellington jusqu'à la latitude de 77°, et qu'ils étaient revenus par l'ouest de l'île Cornwallis prendre leur quartier d'hiver à l'île Beechey. Le 12 septembre de l'année suivante — 1846, — ils étaient bloqués dans les glaces par 69° 05' de latitude et 98° 23' de longitude ouest — de Grenwich, — à environ quinze milles du rivage nord-ouest de l'île du roi Guillaume. Ce fut là le théâtre de leur profond hivernage.

Autour des marges du premier de ces parchemins, on remarquait plusieurs observations additionnelles, ajoutées onze mois plus tard, — avril 1848

Les navires n'ayant fait en vingt mois qu'une quinzaine de milles vers le sud, avaient été abandonnés trois jours auparavant. Sir John Franklin était mort depuis le 11 juin 1847, et neuf officiers et quinze hommes l'avaient déjà précédé ou suivi.

Les survivants de l'expédition, au nombre de cent cinq, avaient abordé sur ce point, sous le commandement du capitaine Crozier, et reconstruit sur l'emplacement du cairn de James Ross, détruit probablement par les Esquimaux, le cairn trouvé par Hobson. Leur intention était de partir le lendemain au matin pour la Grande Rivière de Back, et ce rapport, trouvé dans le cairn, était signé par Crozier, comme capitaine de la *Terror* et principal officier de l'expédition, et par Fitz-James, capitaine de l'*Erèbe*.

Il semble que les trois jours de marche écoulés entre l'abandon des navires et la date de cet écrit, avaient déjà épuisé les forces de ces malheureux, et il paraît qu'en se mettant en marche vers le sud, ils abandonnèrent en cet endroit une grande quantité d'habits, d'effets et de provisions de toutes sortes, comme s'ils avaient eu l'intention de se débarrasser de tous les objets qui pouvaient ne leur être d'aucune utilité. Après dix années écoulées, des pioches, des pelles, des ustensiles de cuisine, des cordages, du bois, de la toile et même un sextant portant le nom gravé de *Frédéric Hornby*, *R. N.* étaient encore épars sur le sol ou incrustés dans la glace.

Lorsque le capitaine Mac-Clintock, mandé par le lieutenant Hobson, l'eut rejoint, les deux officiers anglais se dirigèrent vers un grand bateau que le lieutenant Hobson, dans ses recherches, avait découvert quelques jours auparavant. Il paraît que ce bateau, destiné d'abord par les compagnons de Franklin à remonter la rivière du Grand-Poisson, avait été abandonné ensuite. Il mesurait vingt-huit pieds de long sur sept et demi de large. Sa construction était très légère, mais le traîneau sur lequel il était placé était fait de chêne brut solide et pesait autant que le bateau lui-même. Une grande quantité d'effets fut trouvée en cet endroit. Un squelette même était à l'arrière du bateau, desséché et tapi sous un monceau de vêtements. Un autre squelette, plus endommagé, probablement par les animaux, gisait non loin de l'embarcation. Cinq montres de poche, des cuillers, des fourchettes en argent, des livres de religion, y furent aussi recueillis. Mais on n'y trouva ni journaux de bord, ni portefeuilles, etc. Deux fusils à deux coups, chargés et amorcés, étaient appuyés sur les côtés du bateau, probablement à la place même où les deux marins momifiés les avaient déposés onze ans auparavant. Il y avait enfin tout autour des munitions en abondance, trente ou quarante livres de chocolat, du thé, du tabac, etc. On fouilla vainement les habits et les carnets.

Il n'arriva rien ensuite de remarquable aux navigateurs du *Fox*, dans lequel ils remontèrent le 19 juin 1859. Ils s'étaient bien assurés que les côtes de la Terre du roi Guillaume n'avaient pas été visitées par les Esquimaux depuis l'abandon de l'*Erèbe* et de la *Terror*, puisque les cabanes et les articles délaissés par leurs marins n'avaient pas même été touchés.

Désormais, il n'y avait plus de doute possible sur le sort de sir John Franklin et de ses infortunés compagnons.

INCENDIE DU NAVIRE ANGLAIS LE GOLDEN-GATE,

NON LOIN DE SAN-FRANCISCO, SUR LES CÔTES DE LA CALIFORNIE,

A la fin de juillet 1862.

Voici un affreux sinistre, dont nous devons la relation au capitaine Pearson, passager à bord du *Golden-Gate*, au moment où le navire s'éloignait des côtes de la Californie pour revenir en Angleterre :

« Le 27 juillet 1862, vers quatre heures quarante-cinq minutes du soir, nous venions de nous mettre à table pour dîner, lorsqu'on vint dire au capitaine Hudson que le feu était à son navire. Il s'empressa de monter sur le pont et prit le commandement pendant que j'allais combattre l'incendie. Tout l'avant de la division du navire consacrée à la machine était en feu. Déjà le mécanicien ajustait le tuyau de la pompe. Pendant ce temps, j'allai promptement au tambour des roues, appelant à moi ceux que je rencontrais pour faire agir les seaux à incendie, qui sont toujours en ce lieu.

» Je pus lutter un moment contre les progrès du feu, en répandant de l'eau tout à l'entour de la cheminée : mais bientôt la chaleur de ce foyer de combustion et la fumée me contraignirent à battre en retraite.

» Je montai sur la partie supérieure du pont, pour m'assurer de la manière dont fonctionnait la pompe. De là, j'allai donner quelques avis aux hommes qui mettaient l'une des embarcations à la mer. Le capitaine Hudson m'apprit alors qu'il avait dirigé le steamer vers la côte, dont nous étions à trois milles et demi.

» Je rentrai dans le navire et je vis clairement qu'il était perdu.

» En effet, les flammes avaient envahi toute la machine. M. Waddell me dit alors que des hommes étaient dans la cale, qu'ils y étaient cernés, et qu'ils allaient périr, si on ne les secourait. Nous parvînmes à leur ouvrir un passage, en sapant la chambre aux bagages. M. Waddell se trouva dans cet instant arrêté lui-même par le feu. Il ne put se sauver qu'en se jetant par les écoutilles dans la mer, d'où on le retira sain et sauf.

» La panique s'était emparée des femmes et des enfants. Je les fis monter sur les tambours, et j'emportai dans mes bras les deux enfants de M. Richard. La flamme nous atteignit et nous brûla au passage. A ce moment terrible, M. Hudson avait été repoussé à l'avant. Au risque de ma vie, je revins encore à l'arrière, par les tambours, et je m'emparai de trois appareils de sauvetage. Je retournai alors à l'avant à travers la fournaise, et je remis à MM. Flind et Wood, le comptable, deux appareils : mais je conservai le troisième pour moi, afin de l'utiliser, si j'y étais contraint par l'épuisement de mes forces. M. Wood remit le sien à une femme désolée qui perdit la vie, nonobstant ce secours.

» Cependant le *Golden-Gate* s'avançait vers la terre. Un moment il dévia dans sa marche, et prit la direction nord, comme s'il n'était plus possible de le gouverner : mais heureusement il revint bientôt à son impulsion vers la côte. Le feu gagnait les pompes néanmoins, et celles-ci ne lui cédaient le terrain que pied à pied. Je donnai avis à ceux qui ne savaient pas nager de s'emparer de tout objet flottant et capable de les soutenir à fleur d'eau, puis je leur recommandai de rester calmes jusqu'à ce que le navire touchât le rivage. Plusieurs le firent ; mais, hélas ! d'autres, égarés par la frayeur, se jetèrent à la mer.

» A cinq heures et quart, le premier pont s'effondra, et l'un des mâts tomba à bâbord. Peu après, le navire toucha. Aussitôt, je criai à ceux qui m'entouraient de sauter à l'eau et de faire de leur mieux pour atteindre le rivage. Les lames poussaient à terre et plusieurs purent se sauver. Ceux d'entre eux, à qui restaient quelques forces, prêtèrent assistance aux autres. Le capitaine Hudson et moi, nous restâmes seuls : les flammes et la fumée nous entouraient. Enfin le capitaine Hudson tomba à la mer et gagna terre. Quant à moi, j'étais épuisé moralement et physiquement. J'avais les mains et les épaules brûlées, et, quoique bon nageur, jamais je n'aurais pu atteindre le rivage sans le secours d'une épave qui me soutint. J'avais essayé d'attacher mon appareil sauveteur : ce fut en vain. Deux fois je fus culbuté et séparé de mon appui. Enfin j'arrivai... J'étais à bout de forces.....

» Beaucoup de nos infortunés compagnons avaient péri, car la plage se couvrait de cadavres. Aussi nous étions tous dans la plus sombre désolation. Ce qui rendit ce spectacle plus épouvantable encore, c'est que ce fut à la lueur sinistre projetée par les flammes qui dévoraient le *Golden-Gate*, que nous pûmes amener sur le sable, hors des atteintes des flots, les corps que la vague apportait. C'était une scène déchirante.

» Vers neuf heures, ce que le feu n'avait pas détruit s·brisa sous l'effort des lames, et une partie de notre navire disloqué fut jetée sur la rive.

» Le lendemain matin, plus rien de visible du *Golden-Gate*, si ce n'est un fragment de roue qui dominait le niveau de l'Océan... »

Parmi les scènes lugubres que décrivent les lettres des passagers échappés au sinistre, il en est une qui porte de grands enseignements philosophiques.

« L'or roulait de toutes parts sur le pont. Plusieurs hommes en eussent eu leur charge. Un passager, du nom de Brady, jeta pour sa part trois cents onces d'or enveloppées dans une chemise de laine et s'écria :

» — Si je vais au fond de la mer, nul ne pourra dire que c'est l'or que j'emporte qui m'a fait couler...

» Cet homme échappa à la mort. »

Un autre passager, M. Moreau, jetait son or sur le pont à pleines poignées. Il était comme hébété et disait avec un accent étrange :

— En voilà de l'or ! En voilà ! Qui en veut ?

Mais ce n'était pas à l'or que l'on pensait en ce moment : c'était à la vie, chose plus précieuse ! Nul ne ramassait l'or qu'il foulait aux pieds.

Voici, d'autre part, un beau trait de dévoûment :

L'un des passagers portait trois mille dollars cachés dans sa ceinture. Il était bon nageur et eût pu gagner la terre avec ce poids. Mais un enfant était près de lui, lorsqu'il dut se jeter à l'eau. Le pauvre petit être allait périr ! L'or fut aussitôt sacrifié, et le passager prit l'enfant sur ses épaules, et... tous deux échappèrent au trépas...

ABORDAGE DES NAVIRES FRANÇAIS CHINCHA ET SOLFÉRINO,

EN VUE DU HAVRE,

Le 4 septembre 1862.

Le navire français *Chincha*, capitaine de Katow, sorti du Hâvre le mercredi 3 septembre 1862, faisant voile pour l'île Maurice, rentrait en relâche le jeudi 4, à la suite d'un abordage avec un autre navire français, le *Solférino*, capitaine Laisné, sorti également du Hâvre, et cinglant pour Fernambuco et Géara.

Il résulte du rapport du capitaine de Katow que l'abordage a eu lieu dans la matinée du mercredi, à trois heures, pendant le quart du second, en vue des feux de Sainte-Elisabeth et de Noedle-Point. Les deux navires restèrent, après l'abordage, une demi-heure encore bord à bord, et lorsqu'ils se dégagèrent l'un de l'autre, onze hommes de l'équipage du *Solférino* sautèrent sur le pont du *Chincha*, tant ils redoutaient l'engloutissement de leur navire.

A huit heures du matin le *Chincha* perdit de vue le *Solférino* dans un grain, et, se sentant lui-même très avarié par le choc, il reprit la route du Hâvre, où il rentrait à six heures du soir.

Parmi les onze hommes du *Solférino* ramenés par le *Chincha*, se trouvait le second, M. Duriard, qui avait été blessé dans l'abordage.

Il ne restait plus à bord du *Solférino* que trois hommes et le capitaine, M. Laisné, un des officiers les plus appréciés de la place.

On comprend quelle anxiété ces tristes nouvelles répandirent dans la nombreuse partie de la population du Hâvre qui s'intéresse aux événements de mer. Chacun se demandait quel pouvait être le sort du *Solférino*, après un tel abordage, dans des parages difficiles, par un temps à grains, ainsi que le constatait le rapport de Katow, capitaine du *Chincha*.

Aussitôt le sinistre connu, le capitaine Dubourg, commandant l'*Eclair*, reçut l'ordre du directeur de la Compagnie des Paquebots, d'aller à la découverte pour porter du secours au *Solférino*, et, au besoin, le ramener au Hâvre, s'il le rencontrait. Parti du port à sept heures trois quarts, le jeudi 4, l'*Eclair*, après s'être enfoncé dans l'ouest-nord-ouest jusqu'à vingt-cinq milles, revint au Hâvre sans avoir rien trouvé.

Heureusement, le vendredi 5, on eut enfin des nouvelles du navire errant à l'aventure. Le *Solférino*, démâté de son mât de misaine, avait été rencontré par un vaisseau anglais qui lui avait donné la remorque et l'avait conduit sur les côtes d'Angleterre. Ces deux bâtiments avaient été aperçus le jeudi 4, à onze heures du matin, à trois lieues environ, au large, en face de Beachy-Head, courant tous deux à l'est et se dirigeant vers les Dunes. Ces détails étaient apportés par le steamer de New-Haven.

En effet, le lendemain, le capitaine du *Solférino*, M. Laisné, écrivait lui-même à ses armateurs, MM. Mazurier, du Hâvre :

« Ramsgate, 5 septembre 1862, onze heures vingt-neuf minutes.

» Le *Solférino* a relâché avec beaucoup d'avaries occasionnées par un abordage avec un navire de la maison Barbey. L'équipage, presque tout entier, a déserté le *Solférino* et se trouve sur le navire *Chincha*, qui nous a abordé. Le *Solférino* ne fait pas d'eau. Il a été conduit ici par un navire anglais... »

ABORDAGE DU STEAMER COTIER LE HAMBOURG AVEC LA JUANITA,

EN FACE DU HAVRE,

Le 17 octobre 1862.

Les tempêtes de l'équinoxe d'automne avaient rendu la navigation très difficile, pendant le mois d'octobre, sur les côtes de France et d'Angleterre.

Ainsi un terrible événement de mer avait lieu, le 17 octobre 1862, en face même du port du Hâvre, d'où l'on pouvait voir, sans s'en rendre compte, les mouvements et les péripéties du drame dont la Manche était le théâtre.

Dès le point du jour, le sémaphore de la Hève signalait au Hâvre qu'un trois-mâts, la *Juanita*, de Bayonne, venant de Montevideo, était mouillé à quelques milles de la côte, pavillon en berne, à peu de distance d'un steamer coulé par abordage, que l'on désignait sous le nom de *Hambourg*, faisant le service côtier du Hâvre à Brest. On indiquait que plusieurs personnes avaient péri.

Ces tristes nouvelles furent transmises de bouche en bouche avec une rapidité électrique. Beaucoup de personnes se rendirent sur la jetée, et pendant toute la matinée, à l'aide de longues-vues, les marins cherchèrent à distinguer sur le théâtre du naufrage quelque indice plus explicite que les nouvelles transmises par signaux.

On avait expédié du Hâvre sur le lieu du sinistre le steamer le *Jupiter*, un des remorqueurs du port, pour ramener le trois-mâts, qui devait avoir souffert des avaries, et le bâtiment de sauvetage pour établir un va-et-vient, l'état de la mer rendant périlleuses les communications d'un bâtiment à l'autre.

Pendant plusieurs heures, les spectateurs de la jetée suivirent, avec une anxiété facile à comprendre, les manœuvres du bateau de sauvetage, ainsi que celle du *Jupiter*, que l'on vit enfin, vers midi, donner la remorque à la *Juanita*, et faire route vers le port.

Ce ne fut que vers quatre heures, cependant, que ces deux bâtiments, l'un remorquant l'autre, effectuèrent leur entrée, et que aux suppositions et aux anxiétés succédèrent de navrantes certitudes sur les détails du sinistre.

Le *Hambourg*, capitaine Duval, était sorti le matin, vers trois heures, pour Brest, par un très mauvais temps, les vents soufflant du sud-ouest en tempête. C'est à six milles ouest du port qu'il fut abordé à tribord par la *Juanita*, avec une violence telle qu'en quelques secondes le steamer coulait bas, coupé à l'avant par le trois-mâts.

Un des chauffeurs fut broyé par le choc dans sa cabine.

En effet, peu après, le capitaine Duhart, commandant la *Juanita*, publia le rapport que voici :

« A quatre heures du soir, nous apercevions par bâbord de nous un bateau à vapeur qui venait avec ses feux de position en place : les nôtres y étaient aussi. Ses feux rouges paraissaient par bâbord. Je demandai au pilote si c'était un remorqueur ; il me répondit qu'il n'en savait rien. Tout-à-coup, je vis ce bateau qui avait mis la barre à tribord, et je découvris son feu vert. Il était si près de nous que l'abordage était inévitable. Je fis mettre de suite la barre dessous pour faire perdre l'air et amortir le choc ; mais, malheureusement, la *Juanita* avait beaucoup d'air, et le steamer également. Aussi je l'abordai par le travers tribord du mât de misaine.

» Le choc fut terrible. On commença à nous crier que le bateau coulait ; le bâtiment culait avec ses voiles masquées ! Aussitôt laissé tomber l'ancre et mis l'embarcation à la mer pour opérer le sauvetage. Mais avec la force du vent et de la mer, elle ne pouvait agir. Il ne lui fut donné de recueillir que quatre hommes, une femme et une petite fille. Elle retourna néanmoins, et put ramener encore quatre autres personnes. Une dernière fois l'embarcation visita la hanche du steamer, mais elle revint aussitôt ne voyant plus rien, n'entendant aucun cri.

» Au jour, cependant, j'aperçus un homme au sommet d'un mât et qui faisait des signaux avec son pantalon. De suite, envoyé l'embarcation pour le chercher. Hissé le pavillon en berne pour demander du secours. Vers dix heures du matin, le *Jupiter* vint près du bord, ayant à sa remorque un bateau de sauvetage.

» Dans le choc, la *Juanita* a eu son bout-dehors de grand foc cassé, son étrave endommagée, et, sous la joue de bâbord, quelques bordages écrasés. Vers midi, le *Jupiter* nous donna la remorque. La mer était si grosse, que j'ai abandonné l'ancre, avec deux maillons de chaîne, pour appareiller. A trois heures et demie, entré au port du Hâvre, où j'ai débarqué le capitaine Duval, du steamer le *Hambourg*, quatorze hommes de son équipage et huit passagers... »

Cependant la liste des victimes de ce désastre fut bientôt connue dans la ville. Elle contenait huit noms, parmi lesquels figuraient ceux du chauffeur, qui avait été broyé par le choc de l'abordage, dans sa cabine, et d'une femme de chambre, qui devait se marier au retour du voyage. Les autres noms appartenaient à des passagers engloutis avec le navire. Parmi eux figure le nom d'une malheureuse femme, qui avait avec elle son enfant.

Ce pauvre petit être a échappé à la mort. Il se nomme Victor Feuillet. Amené par la *Juanita* et déposé sur le quai du port, cet enfant faisait mal à voir. Rien ne pouvait le consoler de la perte de sa mère. Ses gémissements déchiraient l'âme. Heureusement sa grand'mère habite le Hâvre, et on s'est empressé de le conduire dans les bras de son aïeule, dont la tendre affection finira sans doute par triompher de cette cruelle et persistante douleur.

Un mousse, intéressante petite créature de onze ans, a été sauvé par le matelot breton Hervé Troadec, qui, avant de sauter lui-même sur la *Juanita*, après l'abordage et pendant l'engloutissement du *Hambourg*, a lancé l'enfant par-dessus les parois et est allé le rejoindre.

Les hommes du *Hambourg* qui ont échappé à la catastrophe ont été logés, vêtus et nourris, au Hâvre, par l'administration de la marine.

Dix-huit jours après l'abordage de ces deux navires, on savait que les rivages de Berville-sur-Mer et Contreville étaient couverts d'épaves provenant de ce cruel événement. Ces débris consistaient en portes de cabines à poignées de cristal et en morceaux de lambris plaqués en acajou avec dorures.

Au moment même où nous écrivons ces lignes, nous apprenons que la mer continue à restituer à la terre les victimes de ce naufrage. Le 30 octobre, les flots ont déposé à la pointe du Hoc le cadavre d'un homme de vingt-cinq ans. En outre, le vapeur *Impératrice-Eugénie*, patron Morgan, étant à cinq milles dans le nord de la Hève, a trouvé un cadavre d'homme qu'il a ramené dans le port du Hâvre. Ce dernier noyé paraissait âgé de trente à quarante ans.

DÉSASTRES CAUSÉS SUR LES COTES D'ANGLETERRE,

PAR LES TEMPÊTES DE L'ÉQUINOXE D'AUTOMNE,

En octobre 1862.

D'horribles tempêtes ont régné pendant une partie du mois d'octobre 1862, et ont causé d'affreuses catastrophes, non-seulement sur les côtes de France, mais plus particulièrement sur celles d'Angleterre.

Vers le 15, notamment, le vent qui venait de l'ouest-sud-ouest commença à souffler avec une force extraordinaire et atteignit bientôt une telle violence que l'on s'attendit aux plus grands malheurs. Une lourde pluie accompagnait l'ouragan.

L'aspect de certaines régions et celle de Dulwiche, Peckham et Camberwel surtout, était véritablement alarmant. Les eaux accumulées, en se précipitant des hautes terres, déracinaient les arbrisseaux déet truisaient les jardins. Les terres basses, adjacentes au chemin de fer des comtés de l'Est, au-dessous de Strafford, étaient inondées. Un grand nombre d'animaux furent noyés près de Tottenham. Les routes, dans le voisinage de Greenwich, devinrent inpraticables. De gros arbres, de hautes cheminées, des constructions massives furent jetés à terre. Les hôpitaux durent recevoir une foule de personnes blessées par la chute de tuiles et de toitures presque entières. La Tamise offrit un aspect horrible, et les petites embarcations ne purent se maintenir sur la surface des flots agités. Aussi enregistra-t-on un nombre considérable d'abordages.

Dans les Dunes, de nombreux bâtiments étaient à l'ancre. L'agent du Lloyd a fait savoir que deux navires avaient coulé bas et que le sort de leurs équipages était incertain.

Il en fut de même de l'*Elisabeth*, qui se rendait de Londres à Belise. On craint que sa perte n'ait entraîné celle de plusieurs hommes du bord. Le navire avait dérivé pendant la nuit et heurté le *Wellington* et l'*Amboisine* à l'ancre derrière lui.

Le *Trio*, allant de Saffi à Londres, que les vagues couvraient complètement, coula de même. L'équipage put heureusement se sauver dans des canots.

Beaucoup de navires, hors d'état de tenir la mer, ont gagné Ramsgate ; d'autres sont rentrés dans la Tamise.

Le schooner *Charlotte*, allant d'Oporto à Londres, eut son capitaine emporté par une lame irrésistible.

Le *Cupid*, ayant abordé le *City-of-Pékin*, à Folkstone, a sombré.

Un autre schooner, le *Weslyan*, allant de Portland à Londres, avec un chargement de pieres, a du être abandonné à la hauteur de Beachy-Head.

L'*Hellen-Horsfall*, venant d'Alexandrie avec un chargement de fèves, a été jeté à la côte, à Cowlees-Clime, île de Wight, où elle s'est perdue.

Le *Lotus*, se rendant de Demerara à Londres, a fait aussi naufrage, sur l'île de Wight, dans la nuit. Le capitaine, le contre-maître et six hommes de l'équipage ont été noyés.

Sur la côte de Norfolk, on n'a à regretter la mort d'aucun homme; mais l'*Hannah-Booth*, de Plymouth, s'était mise à la côte à Caistor et avait été abandonnée par l'équipage.

L'*Integrity*, de Hartlepool, a coulé après avoir touché sur le Barber-Sand. Là aussi l'équipage a pu se sauver.

Le *John*, de Hartlepool, a été abandonné et emmené à Great-Yarmouth.

La *Cambria*, de Shields, s'étant jetée sur le Scroby, a été fortement endommagée.

Le brick *Salonica*, de Sunderland, a coulé. On ignore le sort des hommes qui le montaient.

D'autres navires ont été démâtés, privés de leurs ancres ou abandonnés. On avait cependant pris toutes les mesures que peut suggérer la prudence, car, dès le samedi, les signaux de l'amiral Fitzroi avaient annoncé des vents dangereux du côté du sud. Avertis par ces signaux, ainsi que par l'apparence menaçante du temps, les capitaines de huit à neuf cent navires qui se trouvaient dans ces parages, se tenaient sur leurs gardes. Les remorqueurs avaient été appelés de bonne heure à conduire dans le port de Great-Yarmourth les bâtiments hors d'état de tenir la mer, et les bateaux de sauvetage étaient tout prêts.

A Sunderland, plusieurs maisons en constructions ont été renversées; beaucoup de navires dans les docks ont perdu leurs mâts. Un bâtiment américain allant à la dérive a heurté une machine à vapeur flottante, qu'il a fait couler.

Lundi, dans l'après-midi, on annonçait de Shields que les bords de la Tyne, au-dessous de Bill-Point, étaient couverts de débris. Nombre de navires avaient coulé ou étaient démâtés. Le soir, à huit heures, on télégraphiait que le vent passait au nord-est et qu'on s'attendait à un autre orage pour la nuit. La dépêche télégraphique ajoutait que les avaries subies par les bâtiments sont immenses.

Douze ont été endommagées dans le dock de la Tyne, et près de vingt dans le dock de Northumberland. Beaucoup d'autres avaient souffert dans le port de Shields.

Le brick *Mary*, de Woymouth, avait coulé dans ce port, et le *Sylph*, de Scarboroug, dans le dock de Northumberland.

Trente embarcations, appartenant à des pilotes de la Tyne, avaient été abîmées, et trois emportées à la mer et perdues.

Le brick *Hugh* avait coulé bas sur le Sizerwel-Bank et trois matelots avaient été noyés.

Les dégâts à terre sont considérables. Pour preuve, le clocher de Saint-Sauveur, à Shields, et celui de la chapelle de Tynemouth, ont été détruits.

On déclarait que le Lloyd de Londres avait enregistré déjà plus de cent pertes ou avaries de navires, et que de toutes les côtes arrivaient des détails d'épouvantables sinistres.

PERTE DU NAVIRE FRANÇAIS LE SUPERBE,

SUR LES ROCHERS DE L'ILE DE PAROS, DANS L'ARCHIPEL GREC,

En décembre 1833.

Voici l'un des plus grands désastres qui aient jamais jeté le plus de deuil dans la marine française. Nous en devons la relation à M. Jol, qui en a recueilli tous les détails et qui nous les a transmis.

Décembre 1833 était arrivé. C'était le moment de l'hivernage pour l'escadre française en observation dans le Levant. Presque tous nos bâtiments devaient regagner Toulon, et il ne restait bientôt plus dans la mer de Grèce que le trois-mâts la *Ville de Marseille* et un certain nombre de bâtiments légers.

Rendez-vous avait été donné par l'amiral Hugon à la partie de la division qu'il ramenait en France; elle avait ordre de se trouver à Nauplie.

Le 14 décembre, au point du jour, les vaisseaux le *Superbe* et la frégate la *Galathée* appareillèrent de la rade de Smyrne pour sortir du golfe. Déjà le mauvais temps s'annonçait; le vent s'élevait, le ciel se couvrait de nuages, la mer commençait à blanchir, et tout faisait présager un coup de vent. Toutefois ce n'était encore qu'une forte brise de l'est. Or, la traversée de Smyrne à Nauplie pouvait être très courte, à la faveur de cette circonstance. En effet, le *Superbe* et la *Galathée* dégolfèrent et furent bientôt portés au large par ce vent d'est; mais il ne tarda pas à prendre un caractère inquiétant.

Le jour baissait, et, avec les approches de la nuit, la brise, qui s'était carabinée, augmentait progressivement en violence. En effet, c'était à une tempête, et à une tempête horrible, que les deux bâtiments allaient avoir affaire.

La *Galathée* et le *Superbe* sont bientôt contraints de se séparer. Chacun des deux capitaines manœuvre de son côté, selon que les exigences de sa position le lui prescrivent.

La nuit est terrible. De petites avaries en signalent le commencement ; des avaries plus grandes succèdent à celles-là. La mer soulevée, ballotte la frégate et le vaisseau, qui ne peuvent même plus s'entrevoir depuis quelques heures, parce qu'ils ont fait route différente et qu'un épais brouillard voile l'horizon et pèse sur la mer. De l'arrière du navire on aperçoit à peine la partie de l'avant. Tout craque dans la mâture ; le vent brise le grand mât de hune du *Superbe* et celui de la *Galathée*. Les voiles éclatent, fouettent avec un bruit épouvantable, se déchirent en lambeaux et à la fin sont emportés par l'ouragan. On a ordonné de les serrer, mais les hommes sont effrayés de tout ce qui les entoure et la résolution leur manque. Ils cherchent à se rendre maîtres de cette toile qui se brise sous les efforts du vent, mais ils renoncent bientôt à des tentatives qu'ils sont désormais incapables de faire réussir. Tous leurs soins tendent à se maintenir comme ils peuvent sur les vergues, dont le balancement menace les jours de ceux qui pourraient y travailler peut-être, s'ils avaient plus d'habitude et le cœur de vieux matelots. Au surplus, si les équipages parvenaient à serrer les voiles, ils ne les sauveraient pas de la rage du vent, car celles qui adhèrent aux vergues par les rabans qui les y appliquent sont enlevées. Les dents et les ongles furieux du démon des tempêtes viennent les en arracher.

Si telle est la position des équipages, jugez quelle doit être celle des capitaines !

Cependant, par miracle, la *Galathée* a donné dans le passage entre les îles et le cap d'Oro. Il est midi, le 15 décembre. Le temps ne s'est pas amendé ; la brume est toujours épaisse ; les côtes qu'on doit raser de près sont imperceptibles à la vue, tant le brouillard est affreusement condensé. La mer prend de la frégate tout ce qu'elle en peut prendre ; elle bat ses murailles avec fureur ; heureusement elles résistent. Mais elle enlève et broie les canots suspendus autour du bâtiment. Enfin le pilote aperçoit Cerigo et il y cherche un refuge pour la *Galathée*. Elle y roule, elle y tangue, elle y est agitée ; mais du moins elle se tient sur ses ancres, elle y est en sûreté. Peut-être y souffrira-t-elle ; mais elle n'y périra pas.

Mais le *Superbe*, où est-il à cette heure ?

Le voilà dégarni de ses voiles, privé de son grand mât de hune, poussé par des vagues déchaînées. Il fuit aussi, lui, un vaisseau de premier rang. Il semble qu'un navire tel que le *Superbe*, grand édifice, vaste corps flottant, colosse naval, doit pouvoir résister à toutes les fureurs de la mer et des vents. Non, les vents et la mer sont plus forts que lui! ils lui commandent et le contraignent de céder. Cependant il a franchi le passage : où ira-t-il? C'est vers Paros, l'une des Cyclades, célèbre par ses beaux marbres dont on a tiré jadis tant de chefs-d'œuvre de la statuaire, qu'il va chercher un refuge. Au nord de Paros, il est une rade protectrice. C'est vers cette rade qu'il marche; c'est cette rade qu'il cherche. Mais l'obscurité est si grande, qu'on ne voit pas le port de Nausse, où le vaisseau devait trouver cet ancrage bon et sûr, ce refuge si désiré.

Heureusement, non loin de Nausse que l'on a manqué, il est une relâche, celle de Parekia, que l'on peut chercher encore. On la trouve et le *Superbe* y entre en hâte...

Il y entre, mais... tout-à-coup il s'arrête!... Qui le fixe donc ainsi? que se passe-t-il? quel trouble, quel tumulte éclate subitement sur le pont? Hélas! disons-le de suite : le *Superbe* vient de toucher; il talonne; il est échoué. La mâture, secouée par les chocs multipliés du vaisseau sur les rochers, se brise, un bas mât tombe, et, dans sa chute, il écrase un homme.

Bientôt le noble navire est défoncé, une ouverture, faite à sa carène, donne accès à l'eau, qui remplit promptement la cale, le faux-pont et la batterie. Le *Superbe* se penche alors sur bâbord, et reste dans cette position, appuyé par l'arrière, l'avant flottant encore. Le bâtiment s'étant rompu, il pouvait se partager en deux. Ce n'était pas là ce que le capitaine, M. d'Oysonville, redoutait le plus. Dans une des actions inégales des vagues, l'effort de la mer pouvait soulever le vaisseau, le tirer du berceau de rochers sur lequel il était appuyé, et le jeter au large du banc qui le portait. Alors le salut des hommes devenait problématique, car la batterie de dix-huit s'emplissait d'eau et le navire coulait bas. Que cette appréhension soit venue à quelques marins et qu'elle ait contribué à porter l'épouvante dans l'équipage, c'est ce que je ne puis dire : le commandant en fut tourmenté, cependant il ne le laissa point paraître. Son rôle était embarrassant; vous allez voir s'il le joua bien.

La terreur avait glacé tous les courages; chacun des matelots qui, pour la première fois, voyait la mer si horrible et le vent dans un accès de rage si furieuse, se croyait en droit de ne prendre conseil pour son salut que de sa résolution et de son désespoir. On se regardait comme dégagé des liens ordinaires de la discipline, tant le sauve-qui-peut semblait la seule loi naturelle. M. d'Oysonville et ses officiers s'aperçurent de cette disposition, où la malveillance et l'esprit de sédition n'entraient certainement pour rien, mais qu'inspiraient l'inexpérience et le délire de la peur. Le commandant assemble donc autour de lui tout ce qu'il y avait d'hommes sur le pont, et leur dit:

— Avant le naufrage, mes pouvoirs étaient grands, vous le savez :

14

maintenant, ils sont immenses. Je suis maître absolu. Je n'invoque cette puissance que me donne la situation grave où nous nous trouvons que pour arriver plus sûrement à vous sauver tous. La moindre confusion, la moindre hésitation peuvent tout perdre. Ayez confiance en moi, confiance en vos chefs ; obéissez promptement, ponctuellement, et ne craignez rien. Je compte aujourd'hui sur votre zèle et votre soumission, comme j'y comptais hier ; et je vous préviens que je ferai fusiller sur-le-champ quiconque aura désobéi...

Cette petite harangue, prononcée d'un ton paternel mais ferme, et le calme qui régnait sur les traits du capitaine, produisirent le meilleur effet.

— Non, commandant! C'est bien, commandant, nous avons confiance!... furent la seule réponse à l'allocution dont nous rapportons à peu près les termes.

M. d'Oysonville s'était armé et il avait fait armer l'état-major, plus pour ajouter à la solennité de la position que pour se défendre ou se faire obéir. Il portait à son côté un sabre d'abordage, et n'avait pas voulu mettre de pistolets à sa ceinture, parce que l'impatience aurait pu y trouver un moyen trop cruel de se manifester.

Le capitaine avait ordonné cependant qu'on tirât des profondeurs du vaisseau ce qu'on pourrait en extraire de vivres, de sacs, de munitions, d'effets propres à un campement, et qu'on montât ces différents objets dans la batterie supérieure. On y travaillait avec autant d'activité que permettait de le faire l'état de stupeur et d'atonie morale où l'on se trouvait ; l'énergie manquait, mais non ce sentiment du devoir. De fréquents coups de canon étaient tirés pour annoncer aux habitants de l'île la détresse du vaisseau et pour appeler des secours. Mais l'état de la mer était tel qu'il était impossible aux barques de Parekia de tenter l'aventure.

Un second maître d'équipage, le nommé Gigoux, s'était jeté à la mer, sans avoir averti personne, pour aller décider quelques patrons de caïques grecs à venir faire le sauvetage. Ce dévouement, auquel il faut d'autant plus applaudir que le maître connaissait tout le danger qu'il allait courir au milieu des rochers sur lesquels les lames devaient le précipiter, ne fut point fatal à Gigoux. Il arriva sain et sauf à terre, ce que l'on sut le lendemain matin.

Un officier, M. de Fropper, lieutenant de vaisseau, eut le même courage, mais non pas le même bonheur. Il se blessa et on put le remonter à bord. On cherchait à mettre des canots à la mer, moins pour satisfaire l'ardente impatience des hommes qui avaient hâte d'être transportés sur la côte, que pour leur bien démontrer l'impossibilité du succès dans de pareilles tentatives. Mais un petit canot fut brisé aussitôt qu'affalé.

Le canot du capitaine était déjà dans un état fâcheux, quand quelques bons nageurs proposèrent d'aller avec cette embarcation essayer d'établir un va-et-vient avec la terre. Ce canot partit donc avec son aventureux équipage. Hélas! il fut en quelques instants fracassé sur des récifs, et, grâce au ciel, les hommes échappèrent au péril.

Il était prouvé que rien ne devait réussir tant que la mer et le vent ne seraient pas calmes. M. d'Oysonville engagea donc l'équipage à prendre du repos pendant la nuit. Quel repos, grand Dieu!

Peut-on se faire une juste idée de l'état d'angoisses et de malaise dans lequel se trouvait l'équipage du *Superbe*, complètement démoralisé, exténué de fatigue et mourant de soif, parce qu'il n'avait pas été possible de monter une goutte d'eau dans la seconde batterie, et que la mer avait envahi si vite la cale qu'on n'avait pu vider avec la pompe quelques-unes des caisses à eau?

Néanmoins le capitaine n'a qu'une pensée, une pensée fixe: le salut de tous les hommes que la patrie lui a confiés. Il n'est pas de repos pour lui : sa responsabilité pèse sur lui comme le rocher mythologique sur Sisyphe. Sans cesse il a l'œil fixé sur le baromètre, dont la déplorable immobilité n'est que trop bien justifiée par la contenance du vent, par l'horrible manteau noir qui drape l'horizon, par cette mer affreuse dont chaque ondulation peut déplacer le vaisseau et le noyer. Il s'assied cependant pour donner à son corps un peu du calme que son âme ne peut trouver. A peine est-il assis, qu'un marin entre dans sa chambre. C'est un gabier, — matelot des hunes, — qui salue son commandant et qui ensuite demeure interdit.

— Que veux-tu, mon garçon? lui demande M. d'Oysonville.

— Je viens vous dire de ne pas vous inquiéter, commandant, répond le gabier; nous sommes douze lurons qui avons juré de vous emmener d'ici, et de ne pas nous sauver sans vous. Nous avons mis de côté de quoi faire un radeau, et, quand vous voudrez, nous partirons.....

— Je te remercie, mon ami, répond le capitaine; mais je ne veux et ne dois point partir...

— C'est ce que nous estimons, commandant; mais nous ne souffrirons pas que vous mouriez ici; car enfin nous savons bien que vous n'êtes pour rien dans ce naufrage. Ce n'est pas votre faute si ce gueux de pilote nous a conduits ici et si l'on a mouillé cette ancre damnée ! Nous vous aimons. Vous avez entendu comme l'équipage a crié: Vive le capitaine! lorsque le *Superbe* a doublé la pointe à droite de Nausse... Ainsi, à vos ordres, commandant!...

— Encore une fois merci, mon garçon. Ce que tu me dis là me prouve la confiance que vous avez eue en moi; j'en suis très reconnaissant et je vous en demande une nouvelle marque : c'est de faire, demain, tout ce que je vous ordonnerai pour la justifier... Va te coucher, et dis à tes camarades que j'ai bon espoir...

La nuit du 15 se passa sans accident. Au point du jour les travaux recommencèrent. Des barils vides, bien bondés, furent attachés à des lignes de loch, cordages très minces, qu'ils pouvaient facilement traîner après eux dans l'eau. On les lança à la mer dans l'espoir que la lame et le vent les pousseraient à la côte où les matelots qui y étaient parvenus la veille avec le canot du commandant pourraient les saisir. Une roche était derrière le *Superbe*, et l'on craignait qu'elle n'arrêtât ces bouées : il n'en fut rien. Le premier baril arriva à terre en contournant le rocher, aussi ce ne fut pas une médiocre joie pour l'équipage. Les matelots du rivage se saisirent de ce flotteur et tirèrent à eux la ligne de loch au bout de laquelle devait venir un cordage plus solide pour établir le va-et-vient si désiré. Mais, après quelques efforts, on s'aperçut que la ligne se prenait dans les rochers et ne pouvait s'en dégager. Un second, un troisième baril suivirent le premier. Ils furent suivis eux-mêmes de quelques autres, toujours avec le même résultat.

Pendant que quelques hommes s'occupaient de cette opération infructueuse pour le moment, mais qui avait appris cependant une chose intéressante, à savoir que des objets flottants pouvaient aller à terre sans être jetés sur la roche et arriver dans une petite anse favorable à leur échouage, le capitaine d'Oysonville faisait préparer deux grands flotteurs, pour le cas où le vaisseau viendrait à s'ouvrir ou à couler.

Au moment où le *Superbe* avait touché, deux des mâts étaient tombés ; le grand mât et le mât d'artimon étaient sur le pont. On les garnit de bouts de cordes terminés par des ganses, auxquels les hommes pourraient s'accrocher au besoin. Ce n'est pas tout : le chagrin des matelots, qui ne voyaient aucun amendement dans le vent ni la mer, était tel qu'ils demandaient la permission de se rendre à terre, à la nage, au risque presque certain de se noyer. Le commandant refusait, mais il s'ingéniait à trouver des moyens de sauvetage pour satisfaire l'impatience des naufragés. L'expérience des barils servit alors, et M. d'Oysonville permit qu'on établît une quantité de petits radeaux avec des portes, des tables, des cloisons, des caisses, etc. Il fit jeter successivement ces radeaux à la mer, et tout ce qui put sans imprudence se livrer au hasard de cette navigation, tout ce qui ne fut pas effrayé des continuelles passades que la mer, déferlant à plus de quinze pieds au-dessus de la tête des nageurs, donnait aux pauvres fugitifs, se rendit à la côte. Les hommes qui ne nageaient pas bien furent sauvés en se mettant entre deux bons nageurs. Le succès des radeaux fut complet et rendit un peu de courage à ceux qui étaient demeurés à bord du vaisseau ; ils entrevoyaient un moyen assuré de gagner l'île. Cette confiance était d'autant plus heureuse qu'un désappointement bien grand avait consterné tout le monde. Maître Gigoux était parvenu à faire sortir du port de Parekia une barque qu'il dirigeait vers le *Superbe*. Mais ce fut une lueur d'espérance qui s'effaça bientôt : la barque lutta en vain pour accoster le vaisseau, il lui fallut renoncer à son entreprise et retourner au rivage après avoir couru mille dangers.

Beaucoup d'hommes répugnaient naturellement à se servir de petits radeaux, soit parce qu'ils ne savaient pas nager, soit parce que, effrayés et perclus de froid, ils n'osaient pas se livrer aux chances périlleuses d'un trajet dans l'eau. Ils attendaient qu'on crût possible la mise à la mer de la chaloupe et du grand canot. Mais la mer était encore trop mauvaise. M. d'Oysonville ordonna cependant qu'on poussât dehors le grand canot. Un officier plein de résolution, M. Maisonneuve, s'y embarqua avec quelques canotiers, pensant pouvoir établir la communication qu'il importait tant d'obtenir avec la côte ; un cordage tiré du vaisseau tint quelque temps l'embarcation; puis, bientôt, elle fut contrainte de lâcher l'amarre. Le flot se rendit maître du canot et le lança sur les rochers de la côte, à droite de la roche qu'il espérait contourner moins malheureusement. Les canotiers se sauvèrent, mais l'équipage du vaisseau retomba dans ses accès de désespoir en voyant lui échapper ce moyen de salut.

— Il nous reste encore des ressources, mes enfants, dit le capitaine, ne vous découragez donc pas ! Travaillons à mettre la chaloupe à l'eau, et, peut-être, avec elle, serons-nous plus heureux qu'avec les autres embarcations. A l'ouvrage ! prenons notre temps ; rien ne nous presse... Le danger, loin d'augmenter, doit bientôt diminuer, car la tempête ne peut persister longtemps encore avec cette rage inouïe. Mettons-nous donc tous à la besogne. Allons, maître Jaconieu, disposez votre monde, et commençons !...

L'opération était difficile, elle fut longue ; elle ne dura guère moins de trois heures. Les auxiliaires de maître Jaconieu n'étaient pas les meilleurs matelots du bord. La plupart de ses hommes d'élite étaient descendus à terre. Les douze gabiers eux-mêmes qui avaient voulu sauver le commandant avaient fait leur radeau sur l'ordre que leur en avait donné M. d'Oysonville, et s'étaient rendus à la côte. Malgré tout, on parvint à mettre la chaloupe à la mer, du côté où le vaisseau penchait. Ici les tentations furent grandes pour ceux qui avaient hâte de se sauver. La chaloupe pouvait porter environ cent vingt hommes : ce fut donc à qui s'y jetterait le premier. On se pendait aux chaînes des porte-haubans et à tout ce qui tenait au plat-bord ; on guettait le moment où la vague apporterait l'embarcation assez près de soi, et on s'y lançait. Le capitaine était là, présidant à ce transbordement, nécessairement un peu désordonné. Alors, quand M. d'Oysonville voit quatre-vingts hommes dans la chaloupe, il s'écrie :

— Assez de monde, maintenant, assez !
— Mais, commandant..... murmurèrent quelques voix.
— Pas un homme de plus, entendez-vous ? Restez à bord, vous autres...

A cette parole ferme et impérative, tout ce qui aspirait à partir remonte avec docilité, comme si on avait commandé un exercice ordinaire, en rade.

La chaloupe s'éloigne, mais, hélas ! elle a le sort du grand canot. Nouveau désespoir pour les matelots du bord, car la nuit revient, et que peut être cette seconde nuit ? Un extrême abattement succède à l'effervescence bruyante de la douleur.

— Nous avons encore de quoi faire un grand radeau, dit M. d'Oysonville ; joignons donc à nos mâts de hune de rechange ce que nous avons de matériaux, et nous aurons un excellent moyen de transport.

La proposition du capitaine est accueillie avec faveur ; tout le monde comprend que c'est la dernière ressource. On travaille avec soin, avec courage. Le radeau est prêt ; M. d'Oysonville ne juge pas à propos qu'on le lance tout de suite ; il ordonne de le laisser où on l'a fabriqué, jusqu'à ce qu'il soit revenu de la chambre. Mais, quelques minutes après, on parle de s'en aller ; on veut mettre à l'eau le grand flotteur, qu'on voudrait déjà voir toucher la côte. Un officier court avertir le capitaine, qui monte aussitôt sur le pont :

— Le commandant ! le commandant ! disent, en se levant, les matelots, d'un ton qui n'a rien de menaçant, mais qui veut dire : Voyons, que veut-il que nous fassions ?

— Que vient-on de m'apprendre, mes amis ? s'écrie le capitaine. On dit que vous voulez jeter le radeau à la mer, sans mes ordres ? Eh bien ! non. Quand je croirai qu'il est temps de le lancer, je vous le dirai. Jusque-là, que pas un ne bouge !

Cependant, alors que le commandant fait mettre enfin le radeau à la mer, on voit arriver vers le *Superbe* un caïque grec loué à grands frais. Il a mouillé un grappin à gauche de la roche que le vaisseau a sur son arrière ; le câblot lui servira à s'établir comme va-et-vient entre le bâtiment et la plage. Le voici qui accoste, et ceux qui étaient si pressés tout-à-l'heure de se confier au radeau, tournent maintenant leurs regards vers la barque.

— Eh bien ! mes enfants, qui donc descend vers le radeau ? demande malicieusement M. d'Oysonville.

— Mais voici un caïque, commandant... disent joyeusement les matelots.

— Oui, mais il ne peut contenir que peu de monde, et qui sait si nous serons assez heureux pour qu'il fasse plusieurs voyages... Aille sur le radeau qui voudra...

Soixante hommes y descendent ; le flotteur part et arrive sans accident.

Le caïque accoste alors à tribord, et tout le monde est debout sur la préceinte du vaisseau pour se jeter dedans. Mais le capitaine arrête cette foule d'un regard.

— N'est-il pas des individus auxquels nous devons penser avant tout ? dit-il. N'avons-nous pas des malades et des mousses ?

Chacun se retire à ces sages paroles. On monte donc les malades et on embarque les mousses. Le caïque peut encore prendre trois ou quatre hommes; tous conjurent qu'on les laisse sauter dans la bienheureuse embarcation. Mais M. d'Oysonville place en faction, le sabre à la main, deux élèves de marine, et leur dit :

— Si quelqu'un veut partir malgré moi, passez-lui votre sabre au travers du corps... vous répondez de l'exécution de cet ordre.

Le caïque part. Mais alors c'est à qui demandera la faveur d'être du premier voyage : l'un, parce qu'il est marié ; l'autre, parce qu'il est le soutien de son père ; celui-ci, parce qu'il meurt de soif depuis trente heures; celui-là, parce qu'il a un enfant qui n'a plus de mère !

Bref, le caïque fait quatre voyages, et, chaque fois, il emporte quatre-vingts hommes désignés par le capitaine.

Cependant la nuit se fait, et, en même temps, la mer embellit : voici même que le vent tombe peu à peu.

Cent quarante hommes restent encore sur le *Superbe*. Mais il faut encore se résigner à attendre et remettre au lendemain le sauvetage de ces derniers naufragés.

La raison l'emporte sur la terreur; on se met à l'abri, et presque tous les infortunés Français, épuisés par la fatigue, dorment de tout leur cœur, dans l'espérance d'un heureux réveil.

En effet, le lendemain, beau temps, mer navigable ! Tout le monde est heureusement sauvé, et sauvé grâce à l'inépuisable énergie du capitaine d'Oysonville. Ce fut un prodige de discipline que celle qui régna à bord pendant ces trois mauvais jours, et, sans cette discipline admirable, comme sans le sang-froid du digne commandant, tout peut-être était perdu.

Une fois à terre, le service se fit comme si l'équipage était encore à bord. Enfin, après une attente de dix jours, les marins du *Superbe*, leurs tambours et leurs officiers en tête, partirent pour Nausse, où on leur avait envoyé, pour les prendre, le vaisseau la *Ville de Marseille*. Pas un homme ne manqua à l'appel. M. d'Oysonville n'avait perdu que neuf matelots dans les deux cruelles journées qu'il employa au débarquement : celui qui avait été tué par la chûte du mât de beaupré, et huit autres qui, impatients d'échapper au danger que courait le vaisseau de s'enfoncer dans l'abîme, se noyèrent par trop d'imprudence et pour avoir négligé quelques-unes des précautions qu'on leur avait recommandées.

M. d'Oysonville, traduit devant un conseil de guerre, selon l'usage en pareille circonstance, dut répondre de la perte de son vaisseau. Mais il se justifia complètement et fut honorablement acquitté de l'accusation portée contre lui. Aucun doute ne plana sur la capacité ni sur l'énergique dévouement de cet habile et généreux officier. Son épée lui fut donc rendue, et un nouveau commandement important lui fut confié depuis, pour le dédommager de sa mauvaise fortune.

NAUFRAGE DE LA CLÉOPATRA,

STEAMER AMÉRICAIN,

Sur les côtes occidentales de l'Afrique, en août 1861.

Un magnifique steamer américain, la *Cléopatra*, gagnait le cap de Bonne-Espérance, en août 1861, lorsqu'il fut assailli par une violente tempête, en face de la côte de Sierra-Leone, entre la Sénégambie et la république de Libéria, dans la Guinée. La force de l'ouragan poussa le navire plus au sud, à cent milles de Sierra-Leone, en face de la rivière Sherboroo, et sur son entrée basse. La nuit était venue noire et lugubre. C'était le 19 août, et il était neuf heures et demie lorsque la terre fut signalée. La marche du steamer fut immédiatement changée, mais cela n'empêcha pas la *Cléopatra* de toucher tout après, et quoique tous les moyens possibles aient été employés pour le tirer de son échouage, le navire ne put jamais se dégager de l'écueil sur lequel il venait de se clouer. Le seul parti à prendre fut d'attendre le jour, car l'exacte position du bâtiment ne pouvait être reconnue à cause de la profonde obscurité. Quoique le steamer restât immobile, les machines n'en marchèrent pas moins sans relâche à demi-vitesse, afin d'empêcher le navire de s'engager plus avant, car alors tout le monde avait encore l'espoir qu'on pourrait le sortir de là au jour à l'aide d'une ancre.

« L'aurore du 20 nous révéla notre véritable position, dit le narrateur de ce désastre. A six heures, le gig du steamer fut envoyé avec le second officier pour faire des sondages, et, peu après, le grand canot fut lancé pour aller porter une ancre et un câble dans le but de touer le bâtiment. Le grand canot faillit être coulé le long des flancs du navire, et on fut obligé de le conduire dans les eaux tranquilles pour le tirer d'affaire. Le gig revint alors, non sans difficulté. L'officier remonta à bord, mais le gig fut contraint de s'éloigner pour n'être pas brisé contre la coque. Comme les deux canots se trouvaient en ce moment éloignés du steamer, on leur fit signe de rallier ; mais ce signal ne fut pas aperçu. »

Cependant les passagers examinaient la côte, dès que le soleil commença à illuminer de ses rayons la terre d'Afrique. On n'apercevait ni port ni village, pas la moindre cabane ; la rive s'élevait à peine au-dessus du niveau de la mer, et semblait être couverte d'une forêt épaisse qui arrivait jusqu'au bord de l'eau. Mais on distinguait une petite nappe d'eau, avec un long filet d'argent, qui s'enfonçait dans les terres, en brisant la ligne du rivage, continue partout ailleurs. C'était l'embouchure de la rivière et la rivière de Sherboroo, que nous avons signalée plus haut. Les bords du fleuve étaient couverts de palmiers, qui se mêlaient à d'autres arbres énormes, d'une apparence singulière et d'une famille toute différente de ceux qui croissent en Europe et dans le nouveau monde. Pas un être humain ne se montrait sur les terres, et les naufragés se demandaient, non sans terreur, à quels habitants pourraient-ils avoir à faire, s'ils étaient contraints de débarquer. La réponse à cette question était pour eux un problème qui ne laissait pas de mettre leur imagination quelque peu à la torture.

« Le navire talonnait violemment depuis le matin, continue le narrateur du drame, et il était devenu indispensable, pour tenter les dernières ressources, de mettre dehors les ancres à touer. On se décida alors à lancer une troisième embarcation, sous les ordres du principal officier, pour rappeler les deux autres bateaux. Peu de temps après, nous fûmes obligés de couper le mât de misaine et le grand mât pour soulager le bâtiment. A ce moment, il n'y eut plus à douter qu'il serait impossible à aucune embarcation de rallier le steamer, à cause des chocs violents contre le bord et la violence de la marée qui montait ; ainsi nous nous trouvâmes réduits à une seule embarcation. Les machines s'arrêtèrent d'elles-mêmes, les bouilleries s'étant remplies de sable.

» La nuit revint de nouveau, celle du 20, et elle fut passée dans une extrême anxiété par tout le monde, à bord. Le talonnement de la *Cléopatra*, contre la barre, était effrayant, et il était évident que la barre devenait pire, à chaque moment. Nous étions désormais entre la vie et la mort.

» Le matin du 21 apparut. Alors, quand il fit jour, on n'eut plus aucune connaissance des embarcations mises à la mer, la veille. La pensée qu'elles avaient péri plongea tous les esprits dans une morne tristesse. Néanmoins nous restâmes à bord, dans l'espoir de recevoir du secours de quelque navire de guerre de Sierra-Leone. Nous découvrîmes aussi que, durant la nuit, nous avions dérivé considérablement vers le rivage, et que nous étions maintenant profondément engravés dans le sable de l'entrée basse de la rivière.

» Ainsi le navire, le beau steamer la *Cléopatra*, était totalement perdu.

» Les passagers, fort tristes et très découragés, inclinaient généralement à rester sur le bâtiment, dans l'espérance qu'il arriverait quelque aide, plutôt que de débarquer sur une plage où l'on ignorait si les indigènes ne seraient pas hostiles et cruels. L'aspect seul de la côte donnait à craindre de s'y arreter.

» Mais les événements de l'après-midi résolurent la question.

» La marée, combinée avec le ressac, venait sans cesse nous frapper avec une telle violence, qu'il devint manifeste que l'arrière du navire ne pourrait résister plus longtemps. On se détermina donc à lancer la dernière embarcation, un bateau de sauvetage.

» On était alors au 22, au matin.

» Il fut décidé qu'on n'embarquerait, dans le bateau de sauvetage, que les passagers et un équipage de choix.

» Le capitaine Delamotte, le reste des officiers et de l'équipage devaient construire un radeau et s'en servir pour venir à terre. Immédiatement les charpentiers se mirent à l'œuvre.

» Durant la nuit du 22, l'arrière donna passage à l'eau, et on fut obligé de faire des efforts constants, en tendant des voiles à l'arrière, pour empêcher le salon d'être submergé. Ce fut une terrible nuit pour tout le monde à bord.

» A six heures du matin, le 23, le seul bateau qui restait fut donc préparé pour les passagers, et, en une demi-heure, les femmes et les enfants furent installés en sûreté aux places qui leur avaient été assignées. Il avait été réglé que les hommes n'entreraient pas dans le bateau avant qu'il n'eût été lancé, des cordes de sauvetage ayant été disposées pour les y descendre au moment favorable. Enfin le bateau fut lancé, et tout le monde y descendit.

» Peu de temps après avoir quitté le steamer, l'embarcation faillit être submergée, ayant été complètement remplie d'eau. Cependant elle demeura à flot, grâce aux efforts que l'on y faisait constamment pour la vider, et dès qu'elle eut atteint les eaux tranquilles, elle jeta l'ancre afin de résister à la marée. Au commencement du flot, la barque se mit de nouveau en marche, et, peu de temps après, on rencontra un bateau de commerce où l'on plaça les femmes et les enfants. Quant aux hommes, ils se rendirent en canot à la factorerie de Telabana, que l'on ne voyait pas, mais qui était située à environ vingt-trois milles du lieu du désordre. Les naufragés y passèrent la nuit.

» Revenons au navire. Comme on avait remarqué du pont que le bateau de sauvetage avait rencontré une marée violente, on pensa qu'il y avait danger à lancer les radeaux. Néanmoins, vers une heure, on mit le premier à la mer, avec une grande partie des chauffeurs, et tous les kroomen s'y placèrent également. Malheureusement un krooman perdit la vie dans cette opération, et l'on découvrit en outre, en débarquant, que trois autres avaient été entraînés.

» Vers trois heures, l'arrière fut complètement démoli, et la *Cléopatra* se rompit en deux vers l'emplacement des machines, et commença à couler rapidement, nous donnant à peine le temps d'enlever les malles et l'argent. Le steamer était alors plein d'eau, à l'exception du compartiment de misaine. Nous occupions encore la cabine de misaine et le pont de ce côté ; malheureusement nous ne conservâmes pas longtemps ce dernier refuge, car nous y fûmes assaillis par l'eau, et nous n'eûmes bientôt que la dunette pour nous retirer. Les vagues du ressac frappèrent alors le navire avec tant de force qu'elles brisaient tout autour de nous, et nous firent passer la nuit la plus sinistre.

» C'était la nuit du 23 août, et le souvenir ne s'en effacera jamais de nos âmes !

» Enfin on se décida à déserter l'épave, et vers deux heures du matin, deux radeaux furent lancés et dix-huit personnes environ s'embarquèrent sur le plus grand. Malheureusement il chavira avant de quitter la hanche de la *Cléopatra*, et M. Webster, le mécanicien en chef, fut noyé.

» Le second radeau atteignit le rivage sans accident.

» Le capitaine et huit hommes étaient restés à bord pour construire un autre radeau. Ils utilisèrent dans ce but le mât de misaine et quantité d'autres pièces de bois empruntées au steamer, qui se disloquait de plus en plus. Le capitaine ne cessait pas d'espérer qu'il lui viendrait du secours de Sierra-Leone, pour sauver les malles et les espèces.

» Le 23, un bateau contenant M. Handson, agent du Lloyd, et cinq hommes, était en effet sorti pour se rendre au steamer : mais il fut renversé par le ressac, et tous ceux qui le montaient perdirent cruellement la vie.

» Bref, le 2 septembre, le capitaine et ce qui restait de l'équipage furent contraints de quitter le navire, et, après s'être confiés à un radeau, ils se rendirent aux factoreries, où ils reçurent l'hospitalité la plus empressée.

» Presque tout l'équipage et quelques passagers étaient déjà partis pour Sierra-Leone, sur un petit steamer envoyé pour les chercher. Alors un petit navire fut nolisé pour prendre les autres naufragés.

» Après une traversée ennuyeuse, qui ne dura pas moins de cinq grands jours, les infortunés voyageurs arrivèrent enfin à Sierra-Leone, le 8 septembre, la plupart malades de la fièvre.

» Equipage et passagers ont donné tous de grands éloges au capitaine du steamer la *Cléopatra*, pour le courage et l'énergie qu'il a déployés dans ce triste et douloureux événement... »

INCENDIE DU VAISSEAU FRANÇAIS LE TROCADÉRO,

DANS LE PORT MÊME DE TOULON,

En juin 1834.

En juin 1834, le vaisseau le *Trocadéro*, que le ministre de la marine, M. Duperré, amiral, avait prescrit de disposer à Toulon pour un armement immédiat, était entré dans le bassin, où on l'avait dédoublé pour le visiter.

Quand on a enlevé à un vaisseau son doublage de cuivre, il devient essentiel de le chauffer, pour l'assainir, le sécher et le radouber.

Le chauffage d'un vaisseau est une opération délicate et qui présente mille dangers. Déjà, précédemment, dans un semblable travail, le *Majestueux*, vaisseau à trois ponts, avait été brûlé dans le bassin de Toulon.

De sages précautions furent donc prises à l'endroit du *Trocadéro*.

La cloche du matin avait appelé les ouvriers du port aux travaux.

Ceux qui devaient être employés au chauffage du vaisseau s'acheminaient lentement. On remarquait même qu'ils étaient tristes.

Dès la veille, le génie maritime avait fait placer des fascines de bruyère autour du vaisseau, pour le flamber, des pompes étaient disposées pour l'arroser.

A sept heures, l'ingénieur de service était sur les lieux. On prépare les torches.

— Mettez le feu! s'écrie le maître calfat.

On allume, et cette triple ceinture de bruyère s'embrase comme un éclair. La flamme monte en tournoyant et s'attache au triple échafaudage. Le feu se communique aux planches; des flammèches, poussées par le vent, incendient la toiture en toile peinte. Les cris: Le vaisseau brûle! Au feu! au feu! se font entendre et pénètrent dans l'intérieur du vaisseau, où des ouvriers travaillent encore. Les malheureux se présentent, noircis et haletants, aux ouvertures des sabords, et sautent à terre au risque de se briser les membres. Les pompes à incendie fonctionnent avec une incroyable célérité; mais le feu ne peut être maîtrisé. Aussi le beffroi sonne; tous les ateliers rallient leurs hommes et se rendent par compagnies sur le lieu du sinistre. La chiourme sort en masse des bagnes et des chantiers, et va se placer à l'avant et à l'arrière du vaisseau; les forçats forment la chaîne et font passer les seaux de main en main. Les troupes de la ligne et les marins en armes bordent toutes les avenues; les autorités accourent au son de la cloche et au bruit du canon d'alarme. Les embarcations des bâtiments en rade glissent rapides sur la mer pour arriver les premières. Les marins, les ouvriers, les forçats même sont perchés à l'extérieur des sabords, d'où s'échappent des torrents de fumée. Leurs visages noircis, leurs vêtements trempés par les manchons des pompes qui se croisent et vomissent l'eau sur toutes les parties embrasées, les défigurent. On ne voit que des bras qui s'agitent; on n'entend que des cris; ce sont les commandements des officiers répétés par les maîtres et les ouvriers; c'est un écho sans fin de mille voix différentes.

La même agitation règne aux abords des édifices, des dépôts de bois, des bâtiments en chantier, des bâtiments amarrés. On veut les préserver de l'incendie; le directeur des mouvements du port veille à tout.

Le bruit se répand, en ville, que des ouvriers sont blessés, tués, brûlés. Aussitôt, pères, mères, femmes et enfants se précipitent en masse à la porte de l'arsenal. Ils font entendre des lamentations déchirantes. On les rassure, car c'est une fausse rumeur, et ce funeste événement n'a fait aucune victime.

Pendant cette scène de désolation, le *Trocadéro* continuait à brûler. La flamme s'étendait en nappes sur toutes les parties du vaisseau et s'effrangeait en lames ardentes qui montaient en tournoyant dans les airs. De temps en temps, des parties embrasées se détachaient et tombaient avec fracas, menaçant d'engloutir les travailleurs égarés par leur zèle. Enfin le troisième pont s'abîme sur le second : on n'aperçoit plus alors qu'un océan de feu qui s'étend de l'avant à l'arrière.

Quel spectacle effrayant et majestueux que ce colosse incandescent qui jette ses lueurs sinistres sur les monuments qui l'environnent et qu'une étincelle peut embraser. Tant de richesses peuvent s'ensevelir sous des amas de cendres !

Dans le bassin, que l'eau de la mer avait rempli, le beau *Trocadéro* ne présente plus qu'une carcasse hideuse toute déchiquetée. Le feu a consumé les trois ponts et la membrure ; on ne voit plus que quelques tronçons charbonnés qui se détachent à tout instant du corps du vaisseau. C'en est fait bientôt du navire qui quelques heures auparavant faisait la gloire de la marine française !

ENGLOUTISSEMENT DU NAVIRE LE SAINT-LOUIS

DANS LA MANCHE,

En octobre 1862.

Le *Saint-Louis*, navire de quatre cents tonneaux, affrété à Marseille pour prendre un chargement de grains en destination de l'Angleterre, après une heureuse navigation dans la Méditerranée et l'Océan, rencontra, le 18 octobre, un grand côtre qui lui donna un pilote de la Manche et prit le large.

Presque aussitôt le temps devint très mauvais, et ne s'améliora pas durant toute une semaine. Alors le navire commença à faire eau.

Le samedi 25, pendant un terrible ouragan du sud-ouest, les trois mâts furent brisés en même temps.

Pendant cette catastrophe, les pompes se trouvèrent endommagées de telle sorte que le navire devint innavigable. Le pilote avait été grièvement blessé par la chute de la mâture. Durant tout le jour qui suivit, les naufragés n'aperçurent pas de navires et ne purent espérer aucun secours. Mais à la tombée de la nuit, on vit paraître un steamer. Aussitôt tout l'équipage poussa des cris de détresse qui furent entendus.

Le steamer stoppa et alluma ses feux. Par malheur, la tempête épouvantable qui régnait en ce moment empêchait le capitaine du steamer de se rendre exactement compte de la position de l'épave, et, d'ailleurs, la perte des mâts du *Saint-Louis* rendait toute observation extrêmement difficile, sinon impossible. Le steamer, avec une grande persistance, fit jusqu'à trois fois le tour de l'épave ; mais après avoir perdu plusieurs heures en recherches vaines, il reprit sa course.

Ce triste drame s'accomplissait par 8° 40' longitude ouest, soit à mi-chemin entre Land's-End et le cap Clear. Le malheureux capitaine et son équipage, — vingt-huit hommes en tout, — se trouvaient donc abandonnés, sans espoir, à cent cinquante milles de la côte.

Depuis longtemps les pompes ne marchaient plus, et l'eau envahissant la cale, avait fait gonfler les grains dont se composait le chargement. Enfin, pendant la nuit, le navire s'ouvrit complètement de l'avant à l'arrière et sombra. La majeure partie de l'équipage réussit à se réfugier sur des épaves et sur ce qui restait du gréement.

C'est alors que M. Paul-Augustin Fabre, et le fils du capitaine, Louis Fabre, parvinrent à se cramponner à un tronçon de mât de misaine. Le premier, contusionné et meurtri par tout le corps, eut beaucoup de peine à retenir l'enfant, qui avait reçu une effroyable blessure au front et à la figure. Du reste, il lui est impossible de préciser ce qui s'est passé depuis ce moment. Ce qu'il y a de certain c'est qu'il a été ballotté sur son épave, tenant dans ses bras son pauvre enfant à moitié mort, pendant le reste de la nuit du samedi, toute la journée et la nuit du dimanche jusqu'au lundi, quatre heures du matin, moment où l'épave s'est échouée à la côte, près de Cornish, ce qui a permis à l'infortuné père de gagner la terre ferme.

M. Fabre ne parle pas anglais. Cependant il demanda du secours à un brave pêcheur qui, voyant sa détresse et celle de son petit compagnon, leur donna des habits. Le courageux capitaine reprit alors sa marche dans l'intérieur du pays, et après tout un jour de fatigue, il atteignit une station de chemin de fer, où un généreux voyageur lui ayant payé sa place, il prit le convoi, et put arriver enfin à Plymouth.

Nulle nouvelle d'aucun des hommes de l'équipage du *Saint-Louis*. Parmi eux se trouvaient quatre matelots grecs : tous les autres étaient Français.

NAUFRAGE DU BROTHER-JONATHAN.

Au mois de septembre 1865, les journaux signalèrent le naufrage du navire américain le *Brother-Jonathan*. Le *Courrier de San-Francisco* publia peu de temps après les particularités suivantes, extraites du rapport du quartier-maître de ce malheureux steamer.

Le dimanche, vers midi, quand cet officier se mit au gouvernail, la mer roulait des vagues comme des montagnes ; le navire se trouvait à environ quatre milles au-dessus de la pointe Saint-George. Le capitaine de Wolf pensa qu'il était plus prudent de retourner vers Crescent-City pour laisser passer la tempête. Il donna l'ordre de gouverner sud.

Le temps était clair autour du navire, mais brumeux près des côtes. Il était deux heures dix minutes quand il donna sur un rocher inconnu. Le choc fut si violent qu'il renversa les passagers sur le pont et décloua plusieurs planches.

Le capitaine arrêta la machine et essaya de faire reculer le bâtiment. Le steamer roula à peu près cinq minutes sur la roche, puis il donna un second choc effrayant : une partie de la quille se brisa et vint flotter le long du bord ; le mât de misaine s'abattit.

Alors le capitaine ordonna à tout le monde de s'occuper chacun de soi, promettant de faire ce qui serait possible pour sauver les passagers.

Après avoir raconté les détails de son embarquement dans une des chaloupes, le quartier-maître ajoutait :

« Nous nous éloignâmes du navire. En passant à l'arrière, nous aperçûmes une embarcation chargée de femmes et remplie d'eau, et une autre embarcation chavirée avec un homme au sommet ; nous en aperçûmes aussi une troisième brisée en pièces. La nôtre était si pleine que nous ne pouvions y admettre une âme de plus, sans quoi nous aurions été au secours de celle qui était chargée de femmes. Je crois que si les passagers avaient écouté le capitaine et laissé à l'équipage la direction des embarcations, on aurait pu sauver un plus grand nombre de personnes. »

Au moment où le steamer toucha, la plupart des femmes, indisposées par le mal de mer, étaient couchées dans leurs cabines.

Le capitaine N. C. Brooks, patron de la barque *Cambridge*, arriva trois jours après au lieu du naufrage du *Brother-Jonathan* : il cherchait, lui aussi, les traces de personnes chères à son cœur, sa femme, son enfant, sa sœur. Deux fois le *Cambridge* fit le tour de cet endroit fatal. La mer était calme, le temps admirable. La sonde, presque partout, accusait une profondeur de deux cents pieds ; la fatale roche contre laquelle s'était heurté le *Brother-Jonathan* semblait introuvable. Rien ne révélait plus le sinistre, et M. Brooks n'aperçut qu'un seau flottant sur la mer.

Dans la baie de Crescent-City, à quelques milles au-dessous de la ville de ce nom, c'était autre chose : les lames et les courants y avaient dressé de nombreuses épaves, une partie considérable du gaillard et des dunes hautes, un sac de correspondances anglaises, plusieurs malles, etc. Les lettres furent mises à sec ; elles étaient en assez bon état.

Trente-trois cadavres furent repêchés ; d'autres arrivaient incessamment à terre La plupart des hommes retrouvés purent être reconnus. Tous ces corps étaient recouverts d'appareils de sauvetage. Parmi les morts étendus sur la plage, il y avait trois femmes et deux enfants. Une de ces femmes portait sur elle une somme de 1,600 dollars en papier-monnaie ; une autre avait quelques bijoux dans sa poche ; la troisième avait un paquet de cuillers et de fourchettes attaché à la main.

Toutes ces personnes rejetées à terre par la mer étaient probablement sur le pont quand le bâtiment s'était enfoncé. On n'avait d'ailleurs retrouvé que des débris appartenant tous à la partie supérieure du navire. Le corps même du *Brother-Jonathan* devait être encore entier au fond de l'eau.

SINISTRE EN MER.

On lisait dans le *Courrier de Bayonne*, sous la date du 28 janvier 1867 :

Un sinistre terrible est arrivé sur nos côtes.

Une lanche de pêche du port espagnol de Liqueitio, l'*Eloïsa*, montée par vingt et un hommes d'équipage, et qui avait pour patron Domingo-Maria Eguia, était en mer depuis quatre jours, lorsqu'elle fut surprise par la tempête, pendant la nuit du 24 au 25 de ce mois. Poussée par le vent, la barque fut emportée dans la direction de Capbreton, et c'est devant cette côte qu'elle sombrait hier matin, vers neuf heures. L'équipage, précipité à la mer, essaya de gagner à la nage le littoral. Sur les vingt et un marins, dix seulement, après des efforts inouïs, purent aborder au rivage, dans un état de complète nudité. Le port de douane établi sur ce point leur porta secours, et, grâce à son intervention, plusieurs de ces malheureux matelots ont été arrachés à une mort certaine.

Au nombre des onze marins qui ont péri dans les flots, se trouve le patron de la barque. De tristes incidents ont marqué ce drame maritime.

Le premier des naufragés qui est parvenu à terre est un jeune mousse, âgé de 14 ans à peine : il a dû lutter pendant une heure et demie avant d'atteindre le rivage.

La côte est couverte d'une multitude de poissons, résultat de la pêche de l'*Eloïsa*, et qui promettait à l'équipage un réel bénéfice.

Dès que cette navrante nouvelle est parvenue à M. Arguch, consul d'Espagne à Bayonne, il a expédié aux naufragés, avec un louable empressement, des vêtements, ainsi que les divers secours dont ils avaient le plus pressant besoin. Les douaniers avaient dû partager avec ces malheureux le peu d'effets qui se trouvaient à leur disposition.

Les dix hommes de l'*Eloïsa* sont arrivés à Bayonne ce matin, et vont, par les soins du consul d'Espagne, être rapatriés.

UNE SCÈNE NAVRANTE A DOUGLAS (FINISTÈRE).

Une scène navrante se passa à Douglas pendant la tempête qui se déclara sur les côtes de France au mois de décembre 1868.

En face d'une jetée qui sert aussi de quai de débarquement, et sur un plan parallèle, se trouve une nouvelle jetée, qui était encore alors en voie de construction. Il en résulte que, lorsqu'un vent violent souffle de la côte, la mer s'engouffre avec une force horrible dans ce passage resserré, et y forme des remous où il est impossible à aucun bateau de s'engager.

Tel était le cas le samedi soir, 12 décembre, quand la goëlette les *Trois-Jeanne* vint à doubler la pointe de Douglas et à jeter l'ancre à quelques brasses de l'ancienne jetée. Mais le fond, qui est presque complètement de roche, offrit un ouvrage peu sûr. La goëlette chassa sur ses ancres et fut entraînée à l'entrée de la passe.

Des mariniers du port, voyant la position désespérée du navire, se jetèrent dans une barque, et, malgré la furie de la mer, parvinrent à aborder la goëlette. Tout l'équipage fut ramené à terre.

Encouragé par ce succès, le capitaine voulut encore tenter un effort pour sauver ainsi la goëlette et son chargement.

Il engagea cinq hommes du port et se jeta résolûment avec eux dans la même barque qui avait déjà effectué cet heureux sauvetage.

Toute la ville connaissait la situation de la goëlette et s'était portée sur le port. La nuit était fort sombre, mais la brigade de l'appareil à fusées éclairait la scène où se passait ce drame, et la foule en suivit toutes les phases avec la plus vive anxiété.

Après mille efforts, le capitaine et ses cinq hommes arrivèrent jusqu'à une dizaine de mètres de la goëlette, mais en ce moment une vague prit la barque par le côté, la souleva, et l'on crut qu'elle avait chaviré. Pendant quelques instants on ne put rien distinguer.

La brigade de sauvetage lança plusieurs fusées, et aux lueurs rougeâtres qu'elles projetaient sur la mer, on put apercevoir deux hommes assis dans la barque : quatre avaient sans doute été emportés par les vagues. Les deux qui restaient, ayant perdu leurs rames, brisèrent leurs bancs pour en employer les planches à guider leur barque.

C'est avec ce misérable instrument que ces deux malheureux luttèrent pendant vingt minutes contre les flots, qui les promenèrent dans tous les sens de la passe, avec un courage et un sang-froid inouïs. Mais enfin la mer eut le dessus. On vit tout-à-coup la barque assise sur la crête d'une vague, puis emportée comme un débris de paille dans la direction de la goëlette, où elle disparut.

On ne la revit plus, et la foule, après une longue attente, se retira. Le lendemain, la mer, devenue plus calme, déposa sur la digue le cadavre du capitaine et ceux des cinq marins qui l'avaient suivi.

MORT DE CENT TRENTE-TROIS PERSONNES.

Dans les premiers jours de janvier 1869, un sinistre maritime coûta la vie à cent trente-trois personnes. Voici dans quelles circonstances se produisit cet horrible événement.

Le steamschip le *Starry-Banner*, de deux mille tonneaux, était parti de Southampton pour New-York, portant à son bord, en équipage et passagers, cent soixante-quatre personnes. La traversée fut constamment mauvaise; le navire fut assailli par un des plus violents orages dont marin ait souvenir. Durant trois jours, bâtiment, équipage et passagers furent complètement à sa merci. Les bossoirs et les bastingages furent littéralement réduits en miettes; les bateaux de sauvetage se détachèrent de leurs amarres et furent lancés à la mer.

Dès le second jour, alors que le capitaine et deux de ses officiers étaient sur le pont, un coup de mer les enleva et les précipita dans les flots, d'où il fut impossible de les retirer. M. Lionel Vanburen, premier officier, prit le commandement du bâtiment. L'eau s'introduisit dans la chaudière et éteignit les fourneaux. Le troisième jour, la grêle se mit à tomber avec furie ; des morceaux de glace, gros comme des pommes de terre, d'après les survivants du désastre, vinrent s'abattre sur le pont, où personne ne pouvait demeurer.

Vers six heures du soir, les plaques de fer qui couvraient le steamschip s'en détachèrent. Le *Starry-Banner* résistait cependant encore à la tempête. Mais un coup de vent enleva le second officier, le gouvernail et les hommes qui le manœuvraient, et les jeta à la mer : un seul put en sortir sain et sauf. A dix heures, l'orage prit des proportions épouvantables ; le bâtiment faisait eau de toutes parts : il était perdu. M. Lionel Vanburen réunit dans le salon les matelots et les passagers ; il leur déclara qu'il avait fait tout ce qu'il était en son pouvoir d'homme et de marin de faire pour sauver le navire, mais qu'il n'y avait plus qu'à s'en rapporter à la miséricorde divine. Tous ces malheureux faisaient peine à voir. Les dames ne pouvaient dissimuler leur terreur ; les enfants se tenaient serrés à la robe de leur mère ; de vieux matelots se jetaient à genoux, implorant la pitié du ciel.

A minuit, les vagues se précipitèrent sur les parois du salon, brisant tout sur leur passage, emportant, en se retirant, les corps de nombreuses victimes. Un médecin, le major Jay, retira ses vêtements, et, malgré ses compagnons d'infortune, s'élança dans les flots et se mit à nager vigoureusement, cherchant à sauver quelques-uns des malheureux qui se débattaient contre la mort. Pendant ce temps, des matelots jetaient des cordages à ceux qui étaient les plus proches. Le major Jay parvint à retirer de la mer vingt-deux personnes, dont sept femmes et cinq enfants. Il en sauva une fois trois d'un coup : il en avait saisi deux avec ses dents et soutenait la troisième avec son bras gauche.

Le premier officier fut jeté sur le pont sans vie par la chute d'un mât. Soixante passagers disparurent sous une même vague. La nuit était profonde et l'ouragan allait toujours croissant ; on tira le canon de détresse ; on fit usage de tous les signaux qu'on avait à bord : aucun secours ne vint. Tous les officiers étaient ou morts ou dans l'impossibilité de prendre aucune mesure. Le major Jay fit construire des radeaux sur lesquels se placèrent les survivants ; il quitta le steamschip le dernier.

Ils avaient à peine quitté le *Starry-Banner* que ce bâtiment sombra. Les survivants de cet horrible sinistre demeurèrent deux jours et trois nuits sans nourriture et sans eau potable. Enfin ils furent recueillis par une barque française, qui les ramena à Boulogne. Le nombre des victimes était de cent trente-trois.

NAUFRAGE ET PERTE DE LA GORGONE.

Le 19 décembre 1869, une dépêche de Brest annonça une irréparable catastrophe, qui allait plonger dans le deuil quatre-vingt-dix familles. La corvette à vapeur la *Gorgone*, de la marine impériale, s'était perdue corps et biens, la nuit précédente.

La *Gorgone*, commandée par M. Mage, lieutenant de vaisseau, était partie de Cadix, se rendant à Cherbourg. Surprise par un coup de vent, pensait-on, elle avait relâché à la Corogne, sur la côte nord-ouest de l'Espagne. Le commandant Mage avait profité de cette relâche pour faire du charbon, et avait repris la mer le 17 décembre. Le 19, des épaves nombreuses furent remarquées dès le matin dans la rade de Brest. Après les effroyables coups de vent qui s'étaient abattus les jours précédents sur les côtes, les sinistres en mer avaient dû être nombreux. On pensa d'abord que ces épaves étaient des débris de quelque navire de commerce naufragé dans les environs. Mais bientôt la mer rejeta sur la plage un chapeau de toile cirée, comme en portaient les marins de l'État. Sur le ruban de ce chapeau, on lisait : *Gorgone*. A cette découverte, une terrible émotion s'empara de la population maritime de Brest. Ce fut avec une sorte de douloureuse frénésie qu'on se mit à la recherche de nouvelles épaves qui vinssent confirmer ou détruire les appréhensions. On trouva alors des planches sur lesquelles le nom de la corvette la *Gorgone* était peint ou gravé. Le flot rejeta encore des chapeaux cirés, des vêtements même, et toujours sur les chapeaux : *Gorgone*. Le doute n'était plus permis. La *Gorgone* avait fait côte. Mais une espérance pouvait subsister encore. Peut-être le navire avait-il échoué quelque part, en grand danger seulement. La frégate la *Belliqueuse* et l'aviso le *Flambeau* furent expédiés immédiatement par le préfet maritime de Brest pour explorer le lieu probable du naufrage. On ne trouva rien, rien que quelques planches flottantes. La *Gorgone* avait été engloutie avec les quatre-vingt-dix hommes qui la montaient, avec son commandant et tout l'état-major. Il n'y avait pas eu un seul homme de sauvé. La catastrophe était complète, irrémédiable. Depuis le naufrage de la *Sémillante*, il n'y avait pas eu pour la marine impériale de perte aussi douloureuse.

Voici comment cet affreux malheur avait dû arriver :

La *Gorgone*, se rendant à Cherbourg, passait probablement par le travers de Brest au moment même où l'horrible tempête faisait rage. Le commandant Mage, ne pouvant plus lutter contre la violence de la mer, qui, dans ces parages, se déchaîne avec une fureur inimaginable, avait voulu sans doute entrer à Brest par le goulet du grand fort. Mais la tempête était si terrible, cette nuit-là précisément, que l'écume des vagues enlevées par le vent, se changeait en une pluie ténue, serrée, offrant tous les inconvénients du brouillard et empêchant la vue de s'étendre à plus de cinq ou six mètres. Comment, au milieu d'un pareil désordre des éléments, diriger un navire ballotté, secoué, renversé, redressé par l'impitoyable Océan?

Quelques jours plus tard, M. Richard Cortambert, dans l'*Electeur du Finistère* du 7 janvier, complétait ce récit par les détails biographiques suivants, relatifs à M. Mage :

« Le commandant de la *Gorgone*, l'infortuné Mage, était un de mes amis ; aussi n'est-ce pas sans une bien triste émotion que nous vous retraçons aujourd'hui les principaux traits de la vie mémorable de ce brave marin. Officier d'un mérite exceptionnel, grâce à son énergie il avait su conquérir en peu d'années une place d'élite parmi les voyageurs contemporains. Songez ! il n'avait pas encore trente-trois ans ; il était officier de la Légion-d'Honneur depuis 1866 ; il allait être nommé capitaine de frégate. A quarante ans, il eût été amiral ! Son nom ne sera pas oublié : il appartient à l'histoire. Mage est, avec le général Faidherbe et quelques autres, un des hommes qui ont le plus fait pour l'avenir de notre colonie du Sénégal.

» Entré au *Borda* à l'âge de treize ans, il parcourut, en qualité d'aspirant, l'océan Pacifique, la mer des Antilles et la Baltique. Enseigne de vaisseau en 1857, il part de Brest pour le Gabon. Il y occupe les postes les plus périlleux ; il s'y dévoue avec passion aux intérêts de la France. Il est alors aisé de pressentir l'avenir qui lui est réservé. Cependant la maladie l'arrête, sans toutefois ébranler son âme vaillante. Miné par la fièvre, il est transporté à Saint-Louis (Sénégal). Il se rétablit peu à peu. Il pouvait dès-lors rentrer en France; mais il sollicite le dangereux honneur de tenter une campagne dans la haute Sénégambie. En vain le gouverneur lui représente qu'à peine convalescent, il ne supportera qu'avec difficulté les fatigues d'une pareille entreprise. L'énergie du jeune officier dompte pour ainsi dire les dernières traces de la maladie. Il obtint enfin la mission tant désirée et s'engagea en 1860 du côté de la Casamance, avec les colonnes de l'armée française.

» Par sa hardiesse, il fut d'un immense secours. Les colonnes s'étant éloignées du fleuve, mouraient de faim et de soif. Le pays n'offrait aucune ressource. Rien, absolument rien. Mage n'hésite pas : il se met à la tête d'une poignée d'hommes résolus, passe à travers les ennemis, rejoint les embarcations, leur demande secours, revient en toute hâte avec des provisions et sauve quelques milliers de nos soldats. Peu de mois après, notre généreux marin eut la conduite la plus brillante lors de l'expédition de Guemou, l'une des plus meurtrières du Sénégal. A cette époque, il fut décoré.

» Il se distingua également durant les années suivantes, et dut à plusieurs voyages audacieux, exécutés avec succès, sa nomination au grade de lieutenant de vaisseau. Il n'avait alors que vingt-quatre ans.

» Rentré en France, il fut de nouveau tenté par le démon des grandes explorations ; il brigua l'honneur de diriger une expédition dont M. Faidherbe traçait le plan. Il s'agissait de s'élancer du Sénégal au Niger, à travers des territoires mal explorés, souvent même inconnus. C'était là une entreprise à la fois scientifique et diplomatique des plus périlleuses.

» Mage partit avec le docteur Quintin. Il faillit bien des fois périr victime du climat et des naturels ; mais, en fin de compte, il triompha pleinement. Ce voyage demeurera une des gloires de notre histoire géographique. Notre Société de Géographie, en reconnaissant l'importance à tous les points de vue, a décerné une grande médaille aux deux voyageurs, comme autrefois à Caillé et à Livingstone.

» Il y a quelques mois, notre pauvre ami nous parlait de ses projets. L'inconnu l'attirait. Il avait l'ambition de fouler encore le cœur du sol africain. Aurait-il jamais donné suite à cette pensée ?

» Mage avait terminé ses deux années de commandement : un jour plus tard, il quittait la *Gorgone*. On l'attendait à Paris : sa jeune femme se réjouissait en apprenant son prochain retour. La nouvelle du désastre est venue la surprendre en pleine joie, en pleine espérance !

» La marine perd dans le lieutenant Mage un de ses officiers les plus légitimement appréciés ; la géographie, un voyageur de la plus haute distinction. »

ABORDAGE DANS LA MANCHE : 34 VICTIMES.

Le 17 mars 1870, une terrible collision eut lieu, à trois heures du matin, sur les côtes anglaises. Le steamer à roues *Normandy*, capitaine H. B. Harvey, parti de Southampton à minuit, pour Guernesey, s'aborda, à vingt milles de Neadles, avec le steamer à hélice *Mary*, de Grimbsy, capitaine Robert Stranach, allant du Danube à Londres, avec un chargement de maïs.

Au moment de l'abordage, une fumée épaisse couvrait la mer, et les deux navires n'avaient eu, paraît-il, connaissance l'un de l'autre qu'au moment où ils allaient se rencontrer. Les survivants de la *Normandy* rapportaient que les feux de la *Mary* leur étaient apparus soudainement ; le second, voyant qu'il était impossible d'éviter l'abordage, fit mettre la barre à tribord toute, afin de diminuer, s'il était possible, la force du choc. Cela n'empêcha pas que l'étrave de la *Mary* vînt frapper la *Normandy* par le travers, un peu à l'arrière de la machine, brisant et déchirant la muraille jusqu'au-dessous de la flottaison. Les cabines furent immédiatement remplies d'eau.

Le capitaine Harvey, dès qu'il put se rendre compte du triste état de son navire, cria au capitaine de la *Mary* de lui envoyer des embarcations pour sauver ses passagers et son équipage. Celui-ci fit aussitôt amener un canot et l'envoya vers la *Normandy*, sous le commandement de son lieutenant. En même temps, deux des embarcations de ce dernier navire s'éloignaient du bord avec tout ce qu'elles avaient pu embarquer de monde. C'était tout ce qui devait être sauvé de l'infortuné steamer, qu'il fut impossible de sauver au milieu de l'obscurité et du brouillard.

Le capitaine Harvey, commandant de la *Normandy* ; M. Ockleford, son second ; M. Richardson, charpentier ; M. Cox, chef mécanicien ; M. Marsham, second mécanicien ; sept chauffeurs, trois matelots étaient au nombre des morts. Avaient en outre disparu : trois des passagers de l'arrière ; MM. Westaway, le général Grantham, et Kindock, quatre ou cinq des passagers de la cabine de l'avant, y compris deux dames et dix passagers du pont. Le nombre exact des morts n'était pas connu, mais on supposait qu'il s'élevait à trente-quatre.

Toutes les passagères de la cabine arrière, au nombre de onze, avaient été sauvées, ainsi que sept passagers, le lieutenant, cinq matelots, le maître d'hôtel, quatre garçons de salle, la femme de chambre et un chauffeur. En tout, trente et une personnes.

Au moment où les embarcations quittèrent le bord, le capitaine Harvey était sur la passerelle, donnant des ordres à la machine afin de tenir à la lame. Tous les survivants s'accordaient pour rendre hommage au sang-froid et à l'intrépidité de l'infortuné commandant, qui était l'un des officiers les plus distingués de la compagnie, et que tout le monde aimait et estimait.

Les deux canots de la *Normandy*, après avoir embarqué les naufragés à bord de la *Mary*, revinrent sur les lieux du sinistre dans l'espérance de compléter le sauvetage ; mais ils croisèrent pendant plus de deux heures sans voir autre chose que des épaves flottantes, qui annonçaient trop bien le sinistre dénouement de ce drame maritime. Au reste, au moment où ils partaient pour cette exploration inutile, on entendit une explosion de cris déchirants, dernier adieu des naufragés que l'épave de la *Normandy* engloutissait avec elle.

Lorsqu'ils furent revenus à bord de la *Mary*, le capitaine de ce navire resta encore assez longtemps sur le lieu du sinistre. Cependant, comme l'étrave de son bâtiment s'était défoncée et qu'il menaçait de couler, il dut se résoudre à se rendre aux Neadles, où il entra au dock pour se réparer.

Les passagers survivants adressèrent au capitaine Stranack une lettre de remercîments.

SUR LA GLACE.

Cent soixante-dix personnes se trouvaient, par une froide journée du mois de mars 1871, sur la rivière gelée de l'Hudson, occupées à recueillir le poisson que les vagues jetaient sur la glace, quand, vers quatre heures et demie du soir, un cri de terreur s'échappa de toutes les poitrines. La glace venait de se détacher du rivage, et s'en allait à la dérive, emportant les cent soixante-dix pêcheurs.

La plupart coururent à l'extrémité de l'immense bloc de glace le plus proche du rivage, et atteignirent la terre ferme à la nage, au prix d'un ou de plusieurs membres gelés. Mais quatre d'entre eux, qui, sans doute ne savaient pas nager, étaient restés au centre du bloc flottant, faisaient retentir l'air d'appels désespérés.

Cependant des spectateurs de cette scène terrifiante avaient mis une embarcation à l'eau, et suivaient d'aussi près que possible, à force de rames, la glace mouvante, encourageaient les quatre malheureux à venir à eux ; mais ceux-ci ne répondaient que par des cris de détresse.

La glace avait parcouru un espace de deux milles, et la nuit était amplement venue, quand les cris des quatre pêcheurs cessèrent subitement.

Les hardis rameurs se regardèrent avec épouvante. Ce silence semblait présager la mort par congélation de ceux qu'ils avaient vainement essayé de sauver.

Sans hésiter un instant, ils résolurent de tenter un dernier effort, et, en risquant vingt fois leur vie en cinq minutes, ils réussirent à aborder le morceau de glace : ils s'élancèrent dessus et trouvèrent les quatre malheureux vivant encore, mais dans le plus effroyable état ; ils avaient les pieds, le nez, les mains et les oreilles gelés.

Les intrépides sauveteurs portèrent les victimes dans la barque, et atteignirent heureusement le rivage, à dix milles de l'endroit d'où ils étaient partis. Tous les soins possibles furent prodigués aux quatre pêcheurs, mais leur état laissait peu d'espoir de guérison.

NAUFRAGE AU CAP DES AIGUILLES.

Le navire le *Queen of the Tames* était parti de Melbourne, le 18 février 1871, à destination de Londres, avec un plein chargement de laine, viande en conserves, minerai de cuivre et poudre d'or. Le 10 mars, on reconnut la terre d'Afrique à toute distance. Comme la route suivie était peu inclinée sur la direction de la côte, le capitaine, pensant être encore le lendemain à bonne distance, profita de la brise pour établir ses voiles en augmentant ainsi la vitesse de son navire. A une heure vingt, dans la nuit du 17 au 18, un choc ébranlait tout le navire ; le *Queen of the Tames* venait de toucher sur un banc de sable.

Les passagers et l'équipage montèrent immédiatement sur le pont ; mais, en raison de sa vitesse, le navire s'était déjaugé de beaucoup, et tous leurs efforts pour le remettre à flot furent inutiles.

Au jour, on reconnut que le steamer était échoué sur un banc de sable, à quinze milles à l'est du cap Struyo. Le temps était beau, tous les passagers de l'équipage — en tout trois cent cinquante personnes — purent être mis à terre par les embarcations du bord. Le *Queen of the Tames* fut entièrement brisé. Ce beau navire avait été lancé dans la Clyde, le 11 août précédent, par M. Napier ; son tonnage était de deux milles six cent sept tonneaux, et la force nominale de sa marche, de quatre cents chevaux, pouvait développer une puissance de deux mille chevaux.

M. Moore, un des armateurs, qui était à bord au moment du sinistre, n'expliqua pas la cause de l'événement ; mais les marins du Cap et les capitaines, qui connaissaient cette côte, l'attribuaient à la position mal choisie du feu du cap des Aiguilles.

UN INCENDIE A BORD DU DON JUAN.

Le 4 juin 1871, le navire *Don Juan* partit de Macao, ayant à bord six cent cinquante coolies en destination de Callao. Le 11, ce navire se trouvant à soixante milles de Hong-Kong, un incendie y éclata. La cause en est restée inconnue. Le capitaine et l'équipage assuraient que le feu s'était déclaré dans la cale, parmi les passagers coolies ; ceux de ces derniers qui survivaient déclaraient qu'il avait pris naissance près de la cabine du capitaine.

Quoi qu'il en soit, l'incendie devint bientôt le maître, et les écoutilles furent fermées de manière à empêcher les passagers de se sauver pendant une heure. Ce ne fut que quand le capitaine et la plupart des hommes de l'équipage se furent échappés, qu'on les ouvrit. Cinquante à soixante passagers, placés près du pont, purent se jeter à la mer et se cramponner à un mât qui flottait; ils furent recueillis par une jonque de pêcheurs et ramenés à Hong-Kong : les six cents autres restèrent sur le bâtiment et périrent dans les flammes.

Tel est le simple récit que fit alors le *Chine-Mail* d'un crime plus horrible que toutes les atrocités qui figurent déjà dans les annales de la traite des coolies de Macao.

INCENDIE DU WILLEM III.

Dans la nuit du 19 au 20 mai 1871, le *Willem III*, paquebot de la Compagnie de navigation hollandaise, qui se rendait pour la première fois aux Indes Orientales, devint subitement la proie des flammes, au sortir du canal de la Manche ; heureusement, les passagers et l'équipage purent être sauvés.

Voici un extrait du récit détaillé de ce sinistre, communiqué au *Journal de Genève*, et fait par un des passagers, Mme P. de M., qui retournait à Java avec son mari et sa petite fille :

« Notre départ eut lieu jeudi, 18, à une heure. Nous nous étions aperçus que ni le navire ni l'équipage n'étaient prêts pour ce long voyage. Cependant le premier jour et la première nuit se passèrent sans inquiétude.

» Le vendredi, à dix heures du soir, nous entendîmes tout-à-coup un grand tumulte, et les cris : « Au feu ! au feu ! » retentirent à nos oreilles. Autour de moi on n'entendait que les cris de désespoir des femmes et des enfants. Mon mari vint avec la nouvelle qu'on avait l'espérance d'éteindre le feu, et il nous apportait en même temps des ceintures de sauvetage. Il fallut les dévisser, les gonfler, les passer autour du corps, préparatifs qui nous parurent bien longs dans un moment pareil.

» On entendait alors encore la machine marcher, ce qui nous donnait quelque espoir ; mais quand je l'entendis s'arrêter subitement et une voix s'écrier : « Voilà le *Willem III* arrêté pour toujours, » je compris que tout était perdu. Quel moment ! quelle sensation ! Impossible de le décrire.

» A tribord, on s'efforçait de faire descendre un canot ; mais, hélas ! impossible de le lancer à la mer. Nous courons à gauche, d'où l'on nous criait : « Voici un canot pour les femmes et les enfants ! » Le canot se remplit en un moment, car à chaque instant de nouvelles personnes s'y précipitaient, en sorte que l'on se demandait : « N'enfoncerons-nous pas tous ? » On s'efforça de mettre le canot à la mer ; mais, dans le désarroi général, on ne prit pas garde de le maintenir dans une position horizontale, en sorte qu'à chaque nouvelle secousse la pointe seule s'abaissait vers l'eau, qu'elle touchait déjà, et c'est nous qui justement nous trouvions là !

» Encore une secousse et nous étions perdus. Heureusement les cris désespérés : « Baissez de l'autre côté » eurent le résultat désiré. Enfin le canot fut mis à flot, à côté du bâtiment en feu, dont la fumée nous étouffait. En même temps cinq autres canots remplis de passagers étaient lancés à la mer. Les trois cent cinquante-quatre personnes qui se trouvaient à bord du *Willem III* furent ainsi toutes embarquées, y compris le capitaine et quelques marins restés d'abord sur le navire, qui ne furent sauvés que plus tard.

» Les six canots s'éloignèrent ; on espérait rencontrer un vaisseau ou gagner la terre.

» L'espoir d'être sauvés était bien faible, dans les conditions où nous nous trouvions. D'abord la terre la plus proche, l'île de Wigt, était à vingt milles (environ six lieues) ; pas un seul vaisseau en vue, et, circonstance terrible, le canot faisait eau, et très rapidement ; déjà nous étions dans l'eau jusqu'aux genoux.

» Notre situation devenait encore atroce. On nous jeta des seaux pour vider le bateau, et après avoir puisé, on parvint à découvrir le trou par lequel entrait l'eau. Les dames jetèrent leurs mouchoirs pour le boucher, et mon mari dut se coucher à plat au fond du canot pour le maintenir fermé ; notre vie en dépendait. Nous restâmes ainsi assez longtemps dans le voisinage du navire en flammes, et nous n'avions que deux rameurs pour faire mouvoir notre lourde et frêle embarcation. De temps à autre, une quantité de pétards venaient tomber sur nous ; c'étaient des signaux de détresse qu'on lançait du *Willem III*, et nous étions en danger, après tout, d'être incendiés de nouveau.

» Enfin, à une heure et demie de la nuit, retentit le cri : « Un navire en vue ! » Alors un peu d'espoir ranima nos cœurs, et les rameurs de s'épuiser à avancer de ce côté. Le navire signalé, et que nous parvînmes enfin à atteindre, était une chaloupe de pilotes. Grand Dieu ! quel moment ! Déjà d'autres passagers du *Willem III* s'y trouvaient. Ils se penchèrent hors de la chaloupe et hissèrent à bord les femmes et les enfants.

» Vu la petitesse excessive de la chaloupe, on mit les dames et les enfants à fond de cale, dans deux réduits où nous étions entassés comme des harengs, 16 d'un côté et 22 de l'autre. Impossible de remuer ! Le bateau balançait fortement, tous nos voisins étaient en proie au mal de mer.

» Imaginez-vous les horreurs et les dégoûts d'une pareille situation. Sur le pont, les hommes étaient tous pêle-mêle, la plupart sans habits et grelottant de froid.

» Nous restâmes dans ce déplorable état jusqu'à deux heures après midi. C'est alors qu'au bruit des acclamations sympathique de la population de Portsmouth, nous mîmes pied à terre, et que nous retrouvâmes les autres passagers du *Willem III*, qui, plus heureux que nous, avaient été recueillis par des bateaux anglais et français, et étaient arrivés à Portsmouth déjà, à dix heures du matin, après un prompt et heureux voyage.

» Tous les trois cent cinquante-quatre passagers et l'équipage étaient sauvés. Dieu soit loué ! C'était la grande nouvelle. Mais quel spectacle que ces naufragés, surtout les enfants, dont les uns étaient presque nus, les autres vêtus seulement d'une couverture attachée autour du corps, et marchant pieds nus. Les habitants ôtaient leurs souliers pour les leur mettre, tant ils en avaient pitié. Les dames aussi étaient dans un triste état, sans chapeaux et sans manteaux.

» On pense généralement que le feu a pris dans les soutes à charbon, dont il y avait à bord une quantité extraordinaire, qui a dû s'enflammer par le frottement combiné avec un peu d'humidité. En tout cas, le service du bateau était défectueux : les pompes à incendie ne jouaient pas, le canon ne pouvait pas donner les signaux d'alarmes, et l'équipage, n'ayant pas encore fait le service, n'en avait pas l'habitude. »

Abordage du yacht royal *Alberto* et du *Mistletœ*, sur la Manche. — Explosion du steamer espagnol *Express*. — Aventures de quatre marins français de l'*Elisa-Prosper*, de Cherbourg. — Incendie du vapeur *City of Vaco*. — Horribles détails. — Deux cents victimes. — Aventures du Squelette vivant, trouvé en mer. — Histoire d'Antonio. — Le *Centaur* et le *Toronto*. — Charmes et surprises des voyages maritimes. — Emergence d'une montagne du sein de la terre. — Apparition d'un nouveau volcan. — Périls de l'élément perfide. — L'Ile de la Nuit. — La goëlette le *John-Bull*. — L'homme blanc trouvé parmi les noirs australiens. — Aventures du Vendéen Pelletier. — Drame se rattachant à la terrible tragédie du *Saint-Paul*. — Dix-sept années d'un Français chez les sauvages. — Récits étonnants.

Quand on promène les yeux sur la triste litanie des sinistres maritimes qui se succèdent sans relâche, on est saisi d'une profonde mélancolie en voyant périr cruellement tant d'infortunées victimes des drames de la mer, et on se demande si quelquefois la vigilance humaine n'est pas en défaut dans ces déplorables aventures de l'Océan.

Voyez et jugez :

Hier, le yacht royal *Alberto*, ayant à bord la reine d'Angleterre, le prince Léopold et la princesse Béatrice, en faisant la traversée de l'île de Wight à Gosport, abordait un yacht privé, le *Mistletœ*, qui a coulé bas immédiatement. Trois personnes, appartenant à cette dernière embarcation, ont péri.

Aujourd'hui, un télégramme, daté de Barcelone et adressé au *Lloyd* de Londres, annonce que le steamer espagnol *Express*, qui prenait dans ce port un chargement composé de matériel de guerre, a fait explosion. Le steamer a sombré, et cinquante personnes ont perdu la vie dans les eaux et dans le feu.

L'autre jour, le brick anglais *Vanguard*, venant de la Nouvelle-Orléans, ramenait quatre marins français, trouvés en pleine mer, dans un canot qui errait à la merci des flots depuis huit jours. Ces malheureux appartenaient à l'*Elisa-Prosper*, de Cherbourg, capitaine Devoux, allant de Pensacola à Brest, et chargé de bois pour le compte du gouvernement français. Le navire éprouva de très-gros temps à la suite desquels une voie d'eau se déclara. Pendant plusieurs jours, l'équipage put, à l'aide des pompes, le maintenir à flot : mais comme il était prêt à couler, le capitaine, après avoir consulté son monde, ordonna de l'abandonner. Le péril était proche, en effet, et, dans leur précipitation, ces braves marins ne purent embarquer dans le canot ni eau ni vivres. Le capitaine fut enlevé par une vague, le mousse mourut de souffrances endurées. Quand le *Vanguard* recueillit les survivants au nombre de quatre, ils étaient sur le point de succomber de faim et de soif.

Une autre fois, c'est un incendie qui éclate contre toute attente, et sur lequel les feuilles maritimes du Hâvre nous donnent d'affreux détails. C'est le navire à vapeur *City of Vaco*, dont il s'agit.

Le *City of Vaco* était arrivé pendant la nuit à l'avant-port de Galvestone, où il avait jeté l'ancre avec d'autres bâtiments, à cause de la tempête qui soufflait et l'avait empêché d'entrer dans le port. Tout-à-coup des flammes jaillirent de son avant, et presque immédiatement le feu se propagea de la proue à la poupe. Aucune chaloupe ne put être lancée à l'eau, afin de lui porter secours, tant était grande la violence du vent et des vagues. A bord du malheureux navire, on ne put rien tenter pour le sauver. Le steamer *Abdiel*, qui était mouillé sous le vent du navire en feu, était exposé au plus grand danger. Néanmoins son capitaine fit chauffer et on prépara des embarcations pour arracher les victimes à la mort. Hélas! tout fut inutile! Au crépitement de la flamme se joignirent bientôt d'épouvantables cris de détresse. Or, c'était une masse de deux cents voyageurs, hommes, femmes et enfants, qui périssaient dans cette horrible catastrophe. Vainement on envoya des chaloupes à l'entour du vapeur incendié : aucun de ces nombreux martyrs de la mer et du feu ne put échapper à son triste sort...

A l'occasion de ces déplorables sinistres, une triste, bien triste histoire, à laquelle je puis donner le titre d'aventures du Squelette vivant.

Le brick *Centaur*, capitaine Stanley, partant de Greytown pour New-York, rencontra bientôt un bateau dans lequel se voyait un paquet dont il était impossible de déterminer la nature. Par ordre du capitaine, le bateau fut accosté et l'on reconnut que le prétendu paquet était un être animé, faisant de vains efforts pour se tenir debout. Il fallut un certain temps pour acquérir la certitude que cet être animé était, ou plutôt avait été un homme, car il ne présentait plus alors que les apparences d'un véritable squelette, dont la tête avait acquis un volume énorme, les chairs du visage étant gonflées au point de ne laisser apercevoir ni les yeux ni le nez, tandis que les cuisses avaient à peine la grosseur du poignet d'un enfant, et que tout le reste du corps était réduit à un degré d'émaciation proportionné. Toutefois, il restait une étincelle de vie dans cette créature exténuée. Elle était, bien entendu, hors d'état de prononcer une parole.

Une corde fut attachée autour du squelette, que l'on hissa sur le *Centaur*, et les soins les plus empressés lui furent prodigués, bien que, dans la conviction de chacun, ce dussent être des soins appliqués en pure perte. Personne ne supposait la possibilité de faire revivre cet homme plus d'aux trois quarts mort, et ce fut uniquement pour l'acquit de leur conscience que les matelots, chargés par le capitaine d'en prendre soin, lui administraient fréquemment des cuillerées de lait condensé, et d'autres aliments à la fois légers et nourrissants. Cependant, ce traitement réussit au-delà de toute espérance. L'excessive maigreur du patient disparut peu à peu, les chairs se dégonflèrent, le nez reparut, puis les yeux ; enfin, l'inconnu reprit progressivement figure humaine. Au bout de quatre ou cinq jours, l'infortuné fit des efforts évidents pour parler, mais sans y réussir : il était encore trop faible, et le son expirait dans son gosier. Tout l'équipage s'intéressait à cette résurrection inespérée et en suivait anxieusement les phases diverses.

Un beau jour, à l'étonnement et à la joie de tous, l'ex-squelette se mit sur son séant, et d'une voix faible encore, mais distincte, il demanda une pipe et du tabac. Un éclat de rire général accueillit ces paroles, les premières que le malheureux eût prononcées, car on vit dans ce désir qu'elles exprimaient un signe assuré que tout péril était conjuré.

En effet, à partir de ce jour, la convalescence fit les plus rapides progrès, et le paquet difforme, recueilli dans les pénibles circonstances que nous venons de dire, fut bientôt métamorphosé en un robuste gaillard de vingt-quatre ans.

Il put alors raconter son histoire. En voici l'analyse :

Le nom du squelette redevenu homme est Antonio Maximo. Il est natif de Manille et matelot de profession. En dernier lieu, Antonio faisait partie de la barque anglaise *Toronto*, qui était allée prendre un chargement de guano à Navassa, sur la côte d'Haïti. Or, dans la matinée du dimanche 3 octobre, une tempête s'étant élevée, le capitaine jugea qu'il y aurait danger à rester près de la côte, et ordonna de prendre la mer, ce qui fut fait. Mais l'ouragan redoubla de violence : tous les mâts furent successivement brisés, arrachés, et, vers le milieu de la nuit, les lames ayant commencé à démolir le *Toronto*, le capitaine fit embarquer précipitamment tout son monde dans une longue chaloupe. Les naufragés étaient au nombre de quatorze, dont dix Anglais, deux Italiens, un Africain, et Maximo, qui est de Manille, en Asie, avons-nous dit. Le nom du second lieutenant était Smith, et le prénom du charpentier John. Quant aux noms du capitaine et des autres hommes de l'équipage, Antonio Maximo ne les connaît pas, ce qui s'explique par le fait qu'il entend à peine quelques mots d'anglais et ne parle qu'une sorte de patois espagnol.

L'embarquement s'était opéré avec une telle hâte, qu'on n'avait pris ni eau ni provisions quelconques. A peine les quatorze infortunés eurent-ils pris place dans la chaloupe, qu'elle devint le jouet des vagues furieuses, et, en quelques minutes, Antonio vit ses treize compagnons successivement enlevés et engloutis. Il fut lui-même lancé à l'eau par la rafale, mais il eut la chance de pouvoir s'accrocher à une extrémité de l'embarcation, et, après des efforts prodigieux, il se hissa à l'intérieur de la barque, où il se maintint. Vers le matin, le calme succéda à la tempête, et Antonio se trouva seul en pleine mer, dans une embarcation fragile, à moitié remplie d'eau, sans rien posséder pour boire ou pour manger.

Néanmoins, au lieu de perdre courage et de s'abandonner à son sort, désespéré en apparence, notre Manilien s'occupa immédiatement d'améliorer sa position, autant que la chose se pouvait. Avec un vieux couteau ne trouva-t-il pas moyen de façonner quelques lambeaux de toile en une sorte de seau, qui lui servit à vider l'eau qui remplissait la chaloupe. Du reste des voiles il se fit des couvertures, dont il avait le plus grand besoin, car il n'avait pour tout vêtement que son pantalon, avec une chemise de flanelle, et on était à l'époque de la saison des pluies. Ce fut, du reste, cette circonstance qui le sauva, car, sans cela, le pauvre matelot fût infailliblement mort de soif. Un morceau de bois flottant, qu'il parvint à saisir, fut taillé par lui en forme de harpon, et, à partir de ce jour, Maximo eut à boire l'eau que le ciel lui envoyait constamment, et à manger les poissons qu'il harponnait. Quelquefois même, il trouvait assez d'adresse pour s'emparer des petits oiseaux de mer qui venaient, le soir, se poser sur son embarcation. Alors il profitait des courts intervalles où la pluie cessait de tomber, pour faire sécher au soleil, tant bien que mal, oiseaux et poissons, qu'il dévorait ensuite.

Quand oiseaux et poissons manquaient, il ne restait plus à ce triste solitaire de l'Océan que des herbes marines pour toute ressource. On comprend dès-lors qu'à pareil régime l'infortuné ne devait guère engraisser.

Ce fut ainsi que vécut Antonio Maximo pendant vingt-cinq jours, jusqu'à la rencontre du *Centaur*.

Tout récemment, ce navire était mouillé à Brooklyn, au dock Martin, près du *Fulton-Ferry*. Antonio a repris ses forces. Il paraît doué d'une grande vigueur et d'une robuste santé, et certes, à sa mine, personne ne se douterait qu'il vient de passer par d'aussi terribles épreuves. Il manifeste la plus vive reconnaissance pour le capitaine Stanley, qui l'a arraché à une mort certaine, et, jusqu'à présent, il a refusé de quitter son bord. Le *Centaur* a ramené aussi la chaloupe dans laquelle on a rencontré le squelette vivant, et sur la poupe on peut lire encore une partie du nom de *Toronto*.

Assurément les voyages ont leurs charmes, chers lecteurs. Un homme intelligent, plein de feu, désireux de s'instruire, se passionne facilement pour la recherche de l'inconnu dans les grandes investigations du globe, au milieu des explorations des contrées, et quelle n'est pas sa jouissance, lorsqu'il lui arrive de devenir le témoin d'événements pittoresques dans les régions qu'il parcourt, et de révolutions géologiques imprévues.

Ainsi, par exemple, jugez de la surprise que dut éprouver l'un de ces explorateurs, lorsque, tout récemment, en mai dernier, subitement, il se trouva en face de la petite île de Camiguin, près de la côte de Mindanao, groupe des Philippines, dans les mers de la Chine.

C'était le premier jour de ce beau mois des fleurs chanté par les poètes. Là, tout-à-coup, à la suite de commotions violentes, il voit sortir de terre une montagne, oui, vous lisez bien : une montagne ! Or, cette montagne, on ne l'avait jamais encore aperçue, et la voici qui grandit peu à peu, avec lenteur, avec majesté, comme il convient à la dignité d'une montagne qui prétend se faire admirer. Au bout de quatre mois, la nouvelle éminence n'avait encore que quatre cents pieds d'altitude, et un diamètre d'un tiers de mille : mais le poupon s'est développé, et actuellement la montagne ne compte pas moins de cinq mille trois cent trente-huit pieds d'élévation. Dans son centre, elle présente un cône irrégulier de mille neuf cent cinquante pieds, et un pic de quatre mille sept cents. Mais elle promet encore pour l'avenir, attendu qu'elle s'exhausse sans relâche, à l'aide des scories que vomit un volcan couronnant sa crête sourcilleuse, car la montagne n'est autre qu'un volcan...

Voilà une chance pour un explorateur : assister à l'enfantement d'une montagne dont s'ouvrent tout-à-coup les flancs pour exposer aux regards la lave incandescente tombant en cascade, et les rouges abîmes d'un insondable cratère !

De combien d'autres genres de surprises n'est-il pas souvent témoin, le navigateur qui sillonne les océans !

Le 11 avril dernier, — et nous sommes en mars 1876, — la goëlette anglaise *John-Bull* mouillait dans l'île de la Nuit. Où se trouve l'île de la Nuit?... allez-vous me dire. Au nord-est des côtes de la province de Queensland, à environ trois milles du continent australien. Là, un bateau fut dépêché vers l'île, pour y aller chercher de l'eau.

Subitement, les matelots employés à cette recherche aperçoivent dans les bois un groupe de noirs indigènes, et, avec eux, un blanc, qui était complètement nu comme les noirs, dont il paraissait avoir le langage et les habitudes.

De retour au *John-Bull*, nos Anglais firent part de ce fait au capitaine, lequel, croyant sans doute que l'homme blanc était retenu en captivité parmi les sauvages, résolut de le délivrer. Dans ce but, le lendemain, il envoya à terre une grande quantité d'objets divers, et l'on tâcha d'expliquer aux indigènes que ces objets leur étaient offerts en échange de leur prisonnier. En conséquence, on engagea et on décida le sauvage blanc à venir dans un des canots de la goëlette. Là, on lui donna du biscuit à manger; et on lui dit de s'asseoir tranquillement. En même temps, on tenait des fusils braqués sur les naturels de l'île ; on fit même feu au-dessus de leurs têtes pour les contraindre à se retirer. Mais les indigènes s'obstinaient à vouloir ramener avec eux le blanc, leur ami, et le conjuraient de s'en retourner à leur suite.

Evidemment le blanc n'aurait pas mieux demandé, ainsi qu'il le déclara postérieurement : mais les fusils des matelots lui faisaient peur, et il craignait d'être tué s'il quittait le canot, où on lui avait commandé de rester.

Eh bien ! chers lecteurs, cet homme blanc n'était autre qu'un Européen, et mieux pour nous qu'un Européen, car c'était un fils de notre France, c'était un de nos frères, c'était un infortuné que la Providence avait fait échouer sur ces rivages, et qui, lui aussi, était peu à peu devenu sauvage blanc, parmi les sauvages noirs ! Pauvre Français ! il avait même perdu la notion de sa patrie !

Bref, le *John-Bull* transporta à Somerset notre infortuné compatriote : on lui donna des vêtements, et il fut confié aux bons soins du magistrat anglais résidant parmi la colonie de la presqu'île du Cap-York.

Ce blanc, de petite taille et trapu, ne semblait différer des sauvages, au milieu desquels il vivait, que par la couleur de sa peau, d'une teinte rose rouge, bronzée à force d'être continuellement exposée au soleil. Il avait tout-à-fait leurs manières, leurs gestes, leurs mouvements. Pendant les premiers jours de son débarquement à Somerset, il se tenait, la plus grande partie de la journée, perché comme un oiseau sur la barrière d'un enclos, jetant de tous côtés autour de lui, et sur tous les objets qui étaient à la portée de sa vue, des regards rapides, curieux, soupçonneux. Il parlait rarement et paraissait incapable de se souvenir tout au plus de quelques mots de sa langue maternelle.

Néanmoins, il en dit assez pour faire comprendre qu'il était Français... Il finit même par tracer sur du papier, d'une écriture roide et droite, quelques phrases presque inintelligibles, où l'on a, plus tard, découvert son nom et un court récit de ses aventures. En effet, par les conversations que ce sauvage blanc eut avec le lieutenant de la marine royale britannique Connor, qui parle couramment le français, et qui arriva quelques jours après à Cap-York, on apprit qu'il se nommait Narcisse Pelletier, et qu'il était fils de Martin Pelletier, cordonnier à Saint-Gilles, département de la Vendée, France.

A l'âge de douze ans, Narcisse s'était embarqué à Bordeaux, en qualité de mousse, sur le navire français *le Saint-Paul*. En 1858, ce bâtiment faisait voile de la Chine pour l'Australie, ayant à bord trois cent cinquante coolies chinois, tel est le nom que l'on donne aux Indiens qui s'engagent pour être transportés dans les diverses colonies européennes, à l'effet d'y travailler librement, moyennant salaire convenu. Mais *le Saint-Paul* ne parvint jamais à sa destination, comme vous l'avez vu par le récit du naufrage de ce navire, par une nuit très-sombre, sur un récif près de l'île Rossel.

Ce drame terrible fait partie d'un des chapitres précédents.

Le pauvre enfant, à moitié mort de faim, de soif et de chaleur, exténué de fatigue, abandonné par le capitaine et ses hommes, demeura seul, sans connaissance, au pied d'un rocher de l'îlot, tandis que le reste de l'équipage parvenait difficilement, mais sain et sauf, à la Nouvelle-Calédonie, où le capitaine rendit bien compte de la perte de son navire et des souffrances que lui et ses compagnons avaient endurées, mais ne fit aucune mention de l'abandon du mousse Narcisse Pelletier.

L'existence déjà si cruellement éprouvée de l'infortuné Français eût eu sans nul doute un dénouement fatal, avant même l'arrivée du capitaine du *Saint-Paul* à la Nouvelle-Calédonie, sans un hasard que l'on peut appeler providentiel.

Il y avait trois jours qu'il gisait étendu à la base d'un rocher, sur l'îlot, près d'un trou d'eau vive, presque expirant, sans secours ni espérance d'en obtenir, lorsque commença son agonie. Tout-à-coup, l'intéressant enfant se sentit soulever doucement. Il ouvre les yeux, et se voit entouré de deux femmes et de trois hommes noirs, dont les physionomies, horribles, sinistres, expriment cependant la surprise et la commisération. Ces naturels lui firent manger quelque chose que Narcisse compare à des noisettes, pour la forme et pour le goût. Puis, le prenant par la main, les femmes le conduisent à leur campement dans l'île voisine, et il y fut accueilli avec non moins de cordialité par les sauvages de la tribu.

A partir de ce moment, Narcisse Pelletier vécut au milieu d'eux, de leur genre de vie, absolument comme un indigène, pendant dix-sept années !...

Dix-sept années chez des sauvages !

Le nom de la tribu dont fit partie notre infortuné compatriote est Macadama. D'après ce que raconte Narcisse, elle n'a ni rois ni chefs. Tous les hommes sont égaux. Ils sont forts, et cependant il se croit personnellement plus fort que les noirs ; mais il reconnaît que ceux-ci sont meilleurs nageurs et plongeurs que lui. Les femmes sont plus nombreuses que les hommes, et leur position est tout-à-fait subalterne. Quand un homme est mécontent ou las de sa femme, il la perce d'un coup de lance, et tout est dit.

Les naturels de la tribu Macadama ne portent aucune sorte de vêtement : les femmes se ceignent la taille avec des cordes formant une sorte de frange. Les deux sexes ont l'habitude de se tatouer la poitrine. La seule différence entre le tatouage des hommes et des femmes consiste dans la différence des dessins formés par des incisions et des cicatrices. Les uns et les autres se coupent les cheveux avec des tessons de bouteilles qu'apporte le flot. Leurs cheveux sont noirs et hérissés, et pas du tout crépus, comme ceux des autres races noires.

Ces insulaires n'ont ni maisons ni cabanes. Lorsqu'il pleut, ils se font des abris temporaires avec des branches, des feuilles ou des écorces. D'ailleurs, ils séjournent rarement dans un même endroit. Ils n'ont jamais froid, parce qu'ils font sans cesse de grands feux. Comme tous les sauvages, ils allument le feu en frottant deux morceaux de bois. Ils se nourrissent principalement de poissons, de tortues, d'œufs de crocodiles, de racines et de fruits. Les femmes s'occupent à chercher du miel, les hommes à pêcher. Ils n'ont ni filets, ni lignes, ni hameçons : ils harponnent les gros poissons du bord de leurs canots, et s'emparent des petits avec une pique à trois fourchons. Ils confectionnent leurs pirogues avec des arbres qu'ils taillent au moyen de cercles de fer pris aux barils provenant de navires naufragés. Ils se servent aussi de ce fer pour armer la tête de leurs lances et de leurs harpons. Ils n'ont aucun ustensile en pierre.

On ne découvre parmi ces sauvages aucune notion d'un être suprême, d'un monde invisible, d'une religion quelconque. Leurs morts sont ensevelis comme les momies, attachés avec des lianes dans les branches des arbres ou sur des rochers, exposés au soleil.

La tribu des Macadamas, dans laquelle vécut notre Français, n'est point cannibale. Jamais Narcisse n'a vu un membre de la tribu en tuer un autre. Toutefois des batailles s'engagent quelquefois entre deux tribus. Le caractère de ces sauvages est pacifique, doux et bienveillant. Notre mousse a toujours été bien traité. Il pense que tout autre blanc le serait de même. Ces naturels ne craignent pas les étrangers : ils ont seulement peur de leurs canons.

Pelletier est propre, comme le sont, dit-il, les noirs de la tribu. Mais son corps n'a pu échapper à la coutume du tatouage. Les cicatrices et boursouflures qu'ils se font ainsi à l'aide de tessons de bouteilles n'ont d'autre objet que l'ornement du corps. Quel ornement! L'infortuné Vendéen a le lobe de l'oreille droite percée : la chair en a été considérablement allongée à force d'être tirée. Quand on l'a trouvé, il portait dans cette ouverture un morceau de bois d'environ un demi-pouce de diamètre sur quatre de long, de la grandeur d'une pièce de cinq francs. Il a fait cadeau de ce joyau à un des matelots de la goëlette qui l'a amené à Somerset. Si on lui parle de l'allongement de ses oreilles, il répond qu'il y a, dans la tribu, des gaillards qui se les sont allongées jusqu'à toucher l'épaule. Dans les premiers jours, cette longueur d'oreilles paraissait lui causer un sentiment d'admiration. Il a aussi le bout du nez percé, et il avait coutume d'y porter un fragment d'écaille blanche, probablement d'écaille d'huître perlière.

Ces détails de la condition physiologique d'un homme rendu à sa vie primitive après dix-sept ans passés hors de la civilisation, ne sont pas sans intérêt.

Narcisse avoue que, dans les commencements, après qu'il eut été recueilli par les noirs, il se sentait très-malheureux. Il pensait souvent à son père, à sa mère, à ses frères, et il aspirait à s'enfuir. Mais, avec le temps, ses souvenirs devinrent plus confus, partant moins douloureux, et il finit par s'identifier complètement avec la tribu. Il n'essaya jamais de se sauver, parce que, à lui seul, il n'aurait pu mettre un canot à la mer. Il avait bien vu passer des vaisseaux près de la côte, mais on ne le laissait pas s'en approcher. Les indigènes l'envoyaient toujours dans les bois, quand ils allaient à bord. C'est un hasard qu'ils l'aient laissé voir par les matelots du *John-Bull*.

Quoique bien jeune encore avant de s'embarquer, Narcisse avait reçu quelques rudiments d'instruction. Or, ici, on ne saurait trop admirer les prodigieuses aptitudes de la nature de l'homme, la souplesse et la ténacité de l'intellect humain, la puissance des notions et de l'éducation primitive.

En effet, dans les premiers jours de son arrivée à Somerset, le sauvage blanc pouvait à peine se rappeler un mot de français. Mais on a été bientôt étonné de la rapidité avec laquelle il recouvra l'usage de sa langue maternelle. Actuellement, c'est la langue de la tribu Macadama qu'il oublie. Ce qu'il y a de plus remarquable, c'est qu'après être demeuré dix-sept ans sans voir un livre, sans écrire une ligne, il n'a pas perdu la faculté de lire et d'écrire.

Il montre beaucoup d'intelligence et surtout un grand penchant à l'imitation. Il suffit qu'il voie faire quelque chose pour qu'il tente de le faire aussi. Narcisse Pelletier est ordinairement de bonne humeur, mais parfois il paraît pris d'accès de bouderie, et cela sans motif. Il a encore quelques manières de sauvage : il tousse et crache fréquemment et avec force. Il s'accroupit à terre, et dans ses moments de tristesse il avoue qu'il regrette ces noirs de là-bas, quoiqu'il ait consenti à les quitter. Aussi ne paraît-il pas toujours heureux et content. Par contre, il parle avec tendresse de sa famille, dont il se souvient très-bien. Seulement, comme il n'a pas été à même de mesurer le temps, il se figure avoir passé un grand nombre d'années chez les sauvages et être lui-même déjà très-vieux. Il craint que ses parents ne soient tous morts, même ses plus jeunes frères. Il faut espérer qu'il sera désabusé sur ce point, car il doit être remis entre les mains du consul français de Sydney, qui, sans nul doute, s'empressera de le renvoyer en France, où il retrouvera sa famille.

Terrible collision du steamer *Strathclyde*, de Glascow, et du vapeur hambourgeois *Franconia*. — Récit de l'un des auteurs du sinistre. — Détails navrants. — Le *Strathclyde* s'enfonçant dans la Manche. — Nombreuses victimes. — Insurrection de forçats français, transportés par le *Rhin* dans la Nouvelle-Calédonie. — Un drame cruel sur l'étang de Maruguio. — Catastrophe de deux embarcations égyptiennes (l'*Auron* et la *Flora*), sur le Nil. — Lugubre situation d'une famille anglaise. — Le trépas sinistre de pauvres jeunes filles. — Où les crocodiles sont en fête. — Tempête épouvantable à l'ile de la Réunion. — Désastres. — Abordage du *Poulmie* et de l'*Austerlitz*, dans la rade de Brest. — Echouement de la goëlette française *Modeste et Marianne*, près de Cardiff. — Incendie, au Havre, du *Belgrano*. — Inimaginable explosion à bord de la *Moselle*, sur la mer du Nord. — Incendie du vaisseau-école le *Warspite*.

Puisque notre travail a pour but de placer sous vos yeux les trop nombreux drames de la mer, chers lecteurs, veuillez me permettre de continuer à vous raconter les sinistres les plus émouvants dont la ceinture des eaux de notre globe est beaucoup trop fréquemment le triste théâtre.

O voyageurs, ô spéculateurs, que d'accidents terribles n'avez-vous pas à craindre?... Et combien de périls imprévus, que de désastres inattendus, épouvantables, cruels, menacent vos fortunes, vos vies, et les découvertes dont vous avez pris la généreuse mission d'enrichir la science et votre patrie !

Nous sommes au 20 février 1876, à peine deux mois après le début de l'année, et voici que les journaux anglais nous apportent d'affreux détails sur une terrible collision qui a eu lieu dans la Manche, il y a quelques jours, à quatre heures de l'après-midi, entre le steamer *Strathclyde*, de Glascow, partant de Londres pour Bombay, et le vapeur hambourgeois *Franconia*.

Le *Strathclyde* avait débarqué un pilote dans la baie de Douvres, et se dirigeait vers l'ouest, lorsque le *Franconia* l'a heurté à bâbord avec une violence extrême, à un mille au large de la jetée de l'amirauté. En moins de dix minutes le *Strathclyde* coula bas : ses chaudières et le pont sautaient avec un fracas épouvantable.

Le *Franconia*, dont les plaques d'avant étaient sérieusement endommagées, dut être remorqué jusque dans la rade. Il paraît que cinq hommes de l'équipage du *Strathclyde* purent sauter à bord du navire hambourgeois et s'efforcèrent de mettre à l'eau les embarcations : mais l'explosion ne leur en laissa pas le temps.

Un des survivants, Charles Chescoë, steward à bord du steamer qui a sombré, raconte le fait ainsi qu'il suit :

« J'étais à l'économat et je lisais un journal, lorsque j'entendis un grand bruit sur le pont du *Strathclyde*; équipage et passagers, au nombre de soixante-dix, ces derniers, dont vingt-cinq de première classe et seize femmes, se précipitaient pêle-mêle en poussant de grands cris. Je montai en toute hâte et je pus apercevoir l'énorme coque noire du *Franconia* qui venait de nous heurter. Il y eut un instant de terreur et d'affolement. Les uns levaient les bras au ciel et appelaient au secours ; d'autres pleuraient, s'arrachaient les cheveux ; d'autres encore prenaient leur tête dans les mains en signe de désespoir.

» Je vis ce spectacle d'un seul coup d'œil et je compris que la seule chance de salut était de sauter par-dessus bord. Je m'élançai donc sur le *Franconia*, où je tombai sain et sauf.

» Là, je songeai à organiser sans relâche des secours à l'aide des canots. Personne n'essayait de les mettre à la mer. Notre maître d'équipage avait imité mon exemple. Il s'adressa aussitôt au capitaine et à ses hommes.

» — S'il y a quelqu'un, disait-il, qui comprenne l'anglais, qu'il vienne et qu'il nous aide à descendre les embarcations...

» Nous aperçûmes alors trois de nos compagnons d'équipage qui s'étaient hissés le long du *Franconia*, lesquels tentaient de démarrer les canots. Je saisis aussitôt une hache afin de couper les cordes, mais ce fut en vain. Avant qu'il eût été possible de détacher une seule chaloupe, le *Strathclyde* avait coulé et disparaissait dans les profondeurs de l'abîme... »

N'est-ce pas assez triste ?

Le capitaine et vingt-huit passagers survivants ont pu s'échapper et débarquer à Deal.

Au commencement de l'année, le bâtiment le *Rhin* partait pour la Nouvelle-Calédonie, transportant un convoi de forçats, et se trouvait en relâche à Sainte-Catherine. Tout était calme et en ordre à bord. Mais voici que, tout-à-coup, vers deux heures du matin, une tentative d'évasion se produisait simultanément dans les deux compartiments de la batterie basse.

Cette tentative fut arrêtée dès son début, et elle n'aurait été qu'un incident de discipline intérieure, et, de l'avis du commandant, n'eût pas été de nature à motiver un rapport spécial, si elle n'avait pas eu une fin tragique.

Le forçat Leroy, qui avait déjà mérité une répression à bord, pour cause d'insubordination, était le meneur de ce drame de la mer. Il fut arrêté au premier mouvement fait pour recouvrer sa liberté. Alors, exaspéré par l'avortement de son projet de fuite, le misérable tourna sa rage contre celui de ses compagnons qu'il supposait l'avoir vendu, et, croyant frapper ce dernier, Barbier, il assassina cruellement son ami et complice Pezeux, en lui coupant la gorge avec un rasoir, qu'il était parvenu à soustraire à la vigilance du surveillant de brigade.

La garde est aussitôt entrée dans le compartiment où se trouvait

Leroy et s'est saisie du meurtrier, qui n'a fait aucune résistance. Depuis ce moment, mis en cellule, Leroy ne cesse de donner des signes du plus violent désespoir.

Tous les autres complices, pris également au moment de l'execution, ont été punis disciplinairement.

Evidemment vous avez remarqué, lecteur, combien l'hiver de 1876 a été désastreux : froidure sévère, neiges amoncelées, rafales à tout rompre, pluies torrentielles, inondations immenses, tempêtes sur mer, affreux sinistres maritimes, rien n'a manqué à l'échelle de nos malheurs.

L'autre jour, c'était la *République du Midi* qui nous racontait que dans les premiers jours de janvier, quelques pêcheurs de l'étang de Maruguio virent une barque à la dérive. Ils l'abordèrent et découvrirent au fond de l'embarcation, étendus sans mouvement, les corps d'un homme et d'une femme. La femme était morte : l'homme respirait encore, mais ne put prononcer que des mots incompréhensibles.

Cette femme était une épicière de Mudaison, qui apportait, une fois par semaine, des provisions aux cabanes de pêcheurs qui se trouvent sur les bords de l'étang. Or, elle revenait des cabanes avec son fils, un homme robuste de trente-cinq ans, quand une violente tempête et une tourmente de neige assaillirent l'embarcation. La nuit surprit bientôt les voyageurs qui, exténués de fatigue et de froid, ne purent guider leur barque et errèrent sur l'étang démonté par la rafale.

La pauvre femme mourut dans ces premières heures de la tempête, et son fils est dans un état désespéré, car il porte aux jambes d'énormes enflures occasionnées par le froid excessif.

Dans le même moment on télégraphiait, du Caire, certains détails sur une terrible catastrophe dont le Nil venait de se faire le théâtre.

Deux grandes embarcations égyptiennes quittaient la ville du Caire pour remonter le fleuve du Nil. Dans l'une, l'*Auron*, se trouvait M. Russell-Gurney et sa famille. Le célèbre voyageur anglais allait entreprendre une nouvelle exploration sur le sol africain. A quelques heures d'intervalle, la seconde cange, la *Flora*, armée de tout son équipage, ayant à bord le frère de M. Russell, son fils et trois sœurs, faisait route pour le rejoindre.

Le voyage fut d'abord très-heureux : on approchait de Minieh. Mais là, beau jusqu'alors, le temps se couvrit, le vent de nord-ouest se prit à souffler avec force par grains très-violents. Malgré l'avis du patron, les voyageurs voulurent continuer leur route pendant la nuit, ce qui ne se fait presque jamais. Alors, à neuf heures du soir, les dames montèrent dans leurs cabines. Leur frère resta encore quelque peu dans le salon. Mais, en ce moment, en débouquant du mont des Oiseaux, l'embarcation, assaillie par une violente rafale, s'inclina soudain.

Aussitôt l'eau d'envahir les chambres, la chaloupe de sombrer et d'engloutir avec elle les passagers et la plus grande partie de l'équipage.

Trois hommes, un mousse et l'interprète purent s'accrocher à un petit canot détaché de la chaloupe, et réussirent à gagner la terre : mais les infortunés voyageurs payèrent de leur vie leur entreprise téméraire. De la famille Russell, il n'y eut pas un survivant!

Ut fur veniet!... dit l'Ecriture, en parlant de la mort...

On ne put retrouver aucun cadavre, et cependant les autorités égyptiennes ne s'épargnèrent point aux recherches...

Pauvres jeunes filles, dévorées sans doute par les crocodiles!

Dans les pages précédentes, cher lecteur, je vous parlais de la surprise de certains navigateurs, en présence desquels émergeait, de rivages transatlantiques, non-seulement une montagne, mais même un volcan, et là où jamais encore il n'y avait eu trace de montagne et de volcan.

Aujourd'hui, permettez-moi de vous présenter un tableau complètement opposé.

C'est à l'île de la Réunion, jadis Bambou, île française, sise entre Madagascar et l'île Maurice, dans la mer des Indes, que se passa le terrible événement. Déjà, en novembre 1875, elle avait été le théâtre d'un épouvantable cataclysme, car une montagne de trois mille mètres de hauteur s'était subitement écroulée et avait enseveli un village tout entier sous ses décombres.

Mais dans la nuit du 22 décembre, entre deux et cinq heures du matin, ce fut bien autre chose! Alors, sans que rien l'ait fait pressentir, une trombe d'une puissance indéfinissable, accompagnée de tonnerres, s'abattit sur l'île et y causa des ravages indescriptibles. Le chef-lieu, Saint-Denis, fut spécialement éprouvé par le météore...

Jugez de la consternation et de l'épouvante de toute la population, réveillée en sursaut par un incomparable déluge s'engouffrant par cent mille issues!

Pendant plus de trois heures, le vent, soufflant en tempête, devint la cause de désastres irréparables : les édifices publics, les habitations particulières furent déchirés et renversés les uns après les autres. Au lever du jour, la ville était littéralement saccagée. Et cependant, alors que les toitures étaient enlevées par la tourmente et retombaient lourdement, on n'eut à constater qu'une seule mort d'homme, celle d'un Indien écrasé par la chute d'un cabanon.

La cathédrale et le lycée furent mis à sac et décapités. Toutefois, la tempête ne sévit pas avec la même violence dans toutes les parties de l'île. On cite même des localités qui n'ont éprouvé aucun mal et où tout s'est réduit à un orage ordinaire.

Cinq vapeurs chargés de voyageurs avaient quitté, vers minuit, le village de la Possession. Ils se rendaient à Saint-Denis, distant d'environ huit kilomètres. Au moment du départ de ces bateaux, rien n'annonçait un gros temps : mais à peine entraient-ils dans la rade du chef-lieu, qu'ils furent assaillis par la tempête. Les navires à l'ancre ayant reçu l'ordre d'appareiller, vers quatre heures du matin, quand le jour se fit, la rade était vide, de sorte qu'on se trouva dans la plus anxieuse incertitude sur le sort de ces vapeurs, ignorant si leurs équipages et leurs passagers avaient pu se réfugier à bord des navires, ou s'ils avaient péri.

Enfin, le 24, le *Bernica* revint le premier au mouillage, avec quarante passagers et marins, qui montaient deux des chaloupes en détresse. Mais trois personnes avaient été englouties pendant l'opération du sauvetage.

Le 25, le *Globe* revint à son tour avec vingt naufragés du troisième vapeur. Ceux-ci avaient été recueillis par le *Peabody*, expédié la veille et faisant voile pour la France. Interrompant sa route, le brave capitaine Gauellen, un Breton! les avait sauvés et remis à bord du *Globe*.

Enfin l'*Amiral-Rigault-de-Genouilly* rentra, le 29, avec vingt autres marins et passagers du quatrième bateau.

Vous voyez que les ports même ont aussi leurs naufrages! Et la preuve, la voici :

Le 1er janvier de cette année 1876, la canonnière à vapeur le *Poulmie*, dans le port de Brest, conduisait le soir, vers quatre heures, à bord du vaisseau-école le *Borda*, les officiers et professeurs de ce bâtiment. Au même instant, une chaloupe du vaisseau-école des mousses, l'*Austerlitz*, quittait aussi la rade pour venir dans le port militaire. Arrivant simultanément à la pointe dite du Fer-à-Cheval, au sud des ateliers des subsistances de la marine, le *Poulmie* pour entrer en pleine rade, la chaloupe des mousses pour venir dans le port militaire, une rencontre eut lieu et le *Poulmie* vint aborder par le travers la chaloupe des mousses, brisant celle-ci et jetant pêle-mêle à la mer les quarante hommes qui s'y trouvaient.

Heureusement des secours furent organisés et on put sauver les naufragés. A lui seul, un matelot a sauvé trois mousses, qu'il alla chercher au fond de l'eau pour les déposer ensuite dans les canots de secours. Néanmoins, quelques-uns de ces infortunés enfants ont reçu des blessures plus ou moins graves. Deux marins permissionnaires, entre autres, blessés et presque asphyxiés, n'ont pu être rappelés à la vie qu'après bien des efforts et les soins intelligents qu'ils ont reçus sur le lieu du sinistre même, où une pharmacie de sauvetage est établie.

Pour dire la vérité entière, ajoutons qu'un caporal-fourrier a été la victime de cette collision.

C'est triste à dire, mais cela est, il faut l'avouer ! Il y a des jours où les pages des sémaphores sont remplies de sinistres nouvelles, tant la mer est un élément terrible. Ainsi, ce matin, je lis sur mes feuilles publiques :

« Une dépêche du *Lloyd*, en date de Cardiff, annonce que la goëlette française *Modeste et Marianne* s'est échouée à la côte, la nuit dernière. Le navire a coulé bas. »

« Un incendie s'est déclaré hier soir, au Havre, à bord du steamer *Belgrano*, de la compagnie des Chargeurs réunis, stationné à cale sèche. L'avant a été fortement endommagé. Un homme a été trouvé calciné... »

Et bien d'autres cruelles tragédies de cette sorte.

Mais un drame comme on n'en voit que peu, grâce au ciel, c'est l'épouvantable catastrophe de la *Moselle*, navire hambourgeois, à Bomerhafen, en plein port et alors que ce bâtiment était au repos le plus complet, sur les côtes de la mer du Nord.

Quand l'explosion formidable de ce vaisseau se produisit en plein jour, en janvier dernier, la ville tout entière oscilla sur sa base, les maisons s'agitèrent comme sous l'effort d'un tremblement de terre, et tous les habitants, consternés, se précipitèrent vers le port.

Cette explosion de la *Moselle* est un désastre unique, inouï, et ses effets ont été épouvantables. Celui qui contemple ce magnifique bâtiment détruit par la violence de la poudre, ne sait comment expliquer un pareil sinistre.

Dans les claires-voies du pont, il ne reste plus une seule fenêtre intacte : les compartiments de bâbord sont effondrés et fracassés ; les traverses et les planches ont été mises en pièces. A tribord même, les cabines ont été défoncées par la pression de l'air. Les plaques du flanc du navire sont crevées ; les vitres ont été projetées à l'intérieur, avec leurs châssis et leurs rivets, et tout est couvert de sang et de lambeaux de chair. Dans la cale et dans toutes les parties du bâtiment, on a trouvé des bras, des jambes et d'autres fragments de corps d'hommes. Il y avait, par exemple, dans les fonds de cale, des membres humains qui y avaient pénétré par les écoutilles.

Eh bien ! cette catastrophe indescriptible est le résultat d'un exécrable guet-apens. Oui, l'explosion de la *Moselle* est le crime d'un misérable bandit, dont l'imagination a cherché et trouvé une combinaison infernale, à l'aide de la dynamite...

Quel est l'auteur de cette monstruosité ? Voici ce qu'en disent les journaux allemands qui semblent le mieux informés :

« On sait maintenant, disent-ils, on sait par les aveux du passager américain Thomas, venu de Dresde, que l'explosion de la

Moselle, à Bomerhafen, est la conséquence non d'une négligence coupable, mais d'une invention diabolique, qui a éclaté plus tôt que ses auteurs ne s'y attendaient.

» On sait que ce Thomas, immédiatement après la catastrophe, s'était enfermé dans sa cabine, à bord du navire, et s'était tiré un coup de revolver dans la tête. Heureusement la balle a pu être extraite, et le coupable a subi déjà deux interrogatoires.

» Thomas a avoué qu'il était le propriétaire du baril de dynamite — poudre de récente invention, dont la violence et la force de projection dépassent toute mesure, — qui a fait explosion. Il l'avait fait embarquer à bord de la *Moselle*, dans le but prémédité de faire sauter le bâtiment. Il devait ensuite partager, avec quelques complices, *le produit d'une assurance contractée sur une partie de la cargaison*.

» Tout Brême avait été mis en émoi par le bruit qui circulait que d'autres caisses de dynamite se trouvaient encore parmi les colis de la cargaison de la *Moselle*. Ce bruit n'est pas fondé. Thomas n'avait préparé qu'un baril de dynamite, ce qui était, du reste, plus que suffisant pour la besogne préméditée.

» Le baril, acheté à Brême même, était divisé en deux compartiments. Dans l'un se trouvait la matière fulminante ; dans l'autre, la batterie qui devait déterminer l'explosion. Ce dernier appareil fonctionnait au moyen d'un mouvement d'horlogerie et était calculé de façon à ce que l'explosion se produisît postérieurement à l'escale que la *Moselle* devait faire à Southampton, alors que le navire serait en plein Atlantique, en route pour New-York. Alors Thomas aurait quitté la *Moselle* à Southampton et aurait disparu bien avant la catastrophe.

» A Southampton aussi, devaient être chargés à bord de la *Moselle* des colis d'une grande valeur, — mais valeur fictive ! — sur lesquels colis des polices d'assurances avaient été contractées pour un chiffre énorme.

» L'explosion, se produisant ainsi en pleine mer, anéantissait, avec le paquebot, tous les vestiges et tous les témoins possibles de la fraude. »

J'analyse aussi clairement que possible le long *factum* des journaux allemands : maintenant que vous avez compris la situation, ami lecteur, j'analyse plus rapidement la fin du drame.

Thomas et ses complices avaient d'abord choisi pour l'exécution de cet abominable complot le paquebot *Deutschland*, de la même compagnie le Lloyd allemand. Mais l'appareil mécanique d'explosion n'était pas terminé lors du départ du *Deutschland*. Par une fatalité singulière, ce steamer, qui semble décidément avoir été voué à la destruction, est allé périr, avec toute sa cargaison et une bonne partie de ses passagers et de son équipage, près de l'entrée de la Tamise. Ce fut dès-lors le steamer suivant, à savoir la *Moselle*, qui hérita de l'infernale combinaison Thomas et Cie.

Or, sachez ceci, et ne l'oubliez jamais, pauvres humains, mes frères, trop souvent voués au malheur par d'infâmes criminels, d'exécrables agioteurs et de maudits ambitieux, sachez ceci :

Le nombre des morts sacrifiés par la fraude coupable de Thomas, dans le but de s'enrichir, le nombre des morts de cette explosion mal calculée par son auteur, est de près de *deux cents,* sans tenir compte des blessés...

.... Quid non mortalia pectora cogis,
Auri sacra fames !

Ce qui veut dire : *A quels crimes ne conduit pas l'amour de l'or, l'amour infâme par excellence !*

Certes, Thomassen, — Thomassen est le vrai nom du misérable Américain que nous avons appelé Thomas, — certes, Thomassen paiera son horrible forfait de sa tête : mais, hélas ! sa mort rendra-t-elle la vie aux infortunées victimes de son ignoble cupidité ?

Oh ! quand l'homme ne croit à rien, de quoi donc est-il capable ?.....

Du reste, parmi les gens de mer, il se trouve quelquefois des misérables qui font très-bon marché de la vie de leurs semblables. L'Angleterre en fournit assez souvent la preuve, et il y a vraiment quelque chose d'étrange dans la fatalité qui s'appesantit, en ce moment même, sur la marine de la Grande-Bretagne.

Le 4 janvier, le vaisseau-école le *Warspite* était aussi la proie des flammes. Grâce à l'ordre et à la discipline de cette école, il n'y a pas, cette fois, de victimes à pleurer, mais l'incendie n'est pas dû à une cause éventuelle. Dans ce sinistre, il y a un mystère que l'enquête éclaircira sans doute, car ce que l'on connaît déjà permet de pressentir une vengeance de mousse puni de désertion.

L'école établie à bord du *Warspite* est une des plus anciennes de l'Angleterre. Fondée il y a près d'un siècle, elle a donné à la marine militaire et à la marine marchande près de soixante mille matelots, en faisant des marins de cette foule de vagabonds errants dans les rues de l'immense cité de Londres. Le *Warspite* servait de vaisseau-école, et, depuis quatre années, il était commandé par le capitaine Phipps, un des officiers les plus remarquables de la marine anglaise. Parfaitement secondé par ses officiers et les professeurs, il avait fait de cette école un véritable objet d'admiration. En général, le nombre des mousses existant à bord était de deux cents, tous reçus à l'âge de quatorze ans. Au moment de la catastrophe, on n'en comptait que cent soixante-trois, quelques-uns n'étant pas encore rentrés de leurs congés de Noël, d'autres se trouvant à l'infirmerie à terre.

Dans la nuit du dimanche au lundi, le service se fit à bord comme de coutume.

Les factionnaires furent mis à leurs postes. A une heure, ils signalèrent le feu. M. Weber, le professeur de service, vit alors la fumée sortir par les panneaux avant. Il voulut descendre, mais cette fumée devenait si épaisse qu'il fut presque suffoqué. Il remonta, fit les signaux d'alarme, ordonna de boucler les hamacs et appela tout le monde sur le pont.

Le capitaine Phipps, qu'on avait envoyé prévenir, arriva promptement à son bord et prit la direction des travaux. Il fit rappeler aux postes d'incendie. Les enfants, effrayés tout d'abord, se rassurèrent et coururent aux pompes. Mais il devint facile de se convaincre que tous les efforts étaient inutiles. Le feu, qui avait pris à l'avant, dans ces coquerons où sont entassées les matières grasses, fit des progrès tellement rapides, qu'il ne fut plus possible de combattre le fléau.

Ai-je besoin de dire que le *Warspite* est détruit?

Une enquête est ouverte, et cinquante livres sterling sont promises à celui qui fera découvrir le ou les incendiaires.

Situation des familles des infortunés navigateurs, aux jours de tempêtes. — Le désastre de la *Louisiane*, à l'entrée de la Gironde. — Choc épouvantable du paquebot contre le steamer la *Gironde*. — Dépêche terrifiante. — Lettre navrante. — Récit du drame. — Spectacle lugubre. — Où la nuit et les brouillards, sur mer, ajoutent à l'épouvante des sinistres maritimes. — La pudeur d'une infortunée victime. — Comment il suffit de quelques minutes pour accomplir la plus horrible des tragédies. — Dernières nouvelles de cet affreux abordage. — Une dépêche de Hong-Kong. — Perte totale du trois-mâts-barque l'*Amiral Devoulx*, dans les mers de la Chine. — Ce qu'était ce vénérable bâtiment. — Histoire du capitaine Carrique. — Les aventures du cuisinier de l'*Amiral Devoulx*. — La jeune Chinoise Marguerite. — Aventures du navire l'*Amérique*. — Comment se font les transbordements des passagers, sur mer, à l'heure du danger. — Le *China*.

Evidemment les hommes de mer, officiers et matelots, passagers et voyageurs, courent d'immenses périls sur l'élément perfide que l'on nomme Océan. Ils sont en un danger permanent de ne jamais plus se rencontrer avec leurs familles, père, mère, frères et sœurs, femme et enfants ; de ne jamais plus revoir le clocher qui a chanté leur naissance, le sol de la patrie qu'ils affectionnent... Mais leurs parents, eux aussi, ne sont-ils pas bien à plaindre, lorsqu'ils savent que leur fils, leur frère, leur époux, leur ami, est exposé sans relâche à d'épouvantables sinistres dont la mer se montre chaque jour le théâtre? Dans quelles anxiétés ne vivent-ils pas, lorsque le vent souffle avec violence, quant la tempête obscurcit les horizons, alors que les éclairs sillonnent les nuages noirs, aux heures de la tourmente?

— Où est-il? Que devient-il?

Telles sont les questions qu'ils s'adressent incessamment, et quelles réponses peuvent-ils se faire?

Leur unique ressource, leur seule consolation, est de feuilleter les feuilles publiques, les gazettes maritimes, et de recommander à Dieu le salut de leur intéressant navigateur...

J'en étais là, moi qui écris ces lignes, car j'avais un proche parent, très-affectionné, naviguant à la surface des mers lointaines, sur le paquebot la *Louisiane*. J'en étais là naguères, dis-je, et il n'était pas un sémaphore de Brest ou du Havre, un écho de Bordeaux ou de la Rochelle, un journal de Toulon ou de Marseille, que je ne lusse chaque jour.

Un soir, le 23 décembre dernier, 1875, ce nom de *Louisiane* frappe mes yeux à moitié endormis : je suis réveillé soudain sous le coup, et je lis, non sans une violente émotion :

« Une dépêche de Bordeaux nous annonce que, lundi soir, 20 du courant, un abordage a eu lieu, en rivière de Gironde, à Richard, petit port au-dessus de Pauillac, entre la *Louisiane*, paquebot de la Compagnie transatlantique, et la *Gironde*, paquebot des Messageries maritimes. La *Louisiane* a coulé, la *Gironde* a eu son avant brisé.

» La *Louisiane*, qui fait le service entre la France, les Antilles et Colon, apportait le courrier des Antilles et remontait la rivière.

» La *Gironde* avait quitté Bordeaux la veille, emportant le courrier pour le Brésil et la Plata... »

Suivait la dépêche que voici :

« Bordeaux, 11 heures du soir.

» On affirme que le capitaine de la *Louisiane*, un lieutenant et d'autres officiers auraient péri. Un petit vapeur a recueilli cent personnes. »

Précisément mon parent fait partie du cadre des officiers. C'est un jeune marin au début de la carrière. Sorti l'un des premiers de l'Ecole maritime, il a été immédiatement placé à bord de la *Louisiane*, en qualité de premier aspirant. Et voici que la fatale dépêche annonce la mort de plusieurs officiers !...

Couchez-vous donc et dormez après la lecture d'une aussi navrante catastrophe !

Heureusement j'habite Paris, et je n'ai rien de plus pressé, le lendemain, que de courir au ministère de la marine. J'analyse ici mon entretien avec le chef de bureau le plus directement en relation avec les capitaines des vaisseaux en sinistre.

En effet, le lundi soir, 20 décembre, un abordage a eu lieu, à l'entrée de la Gironde, au-dessous de Pauillac, entre le paquebot la *Louisiane*, appartenant à la Compagnie générale transatlantique, et la *Gironde*, propriété de la Compagnie des Messageries maritimes.

La nuit était très-noire : un épais brouillard couvrait la mer. Les deux vaisseaux, venant en sens contraire, se heurtèrent violemment. Le choc fut terrible.

A bord de la *Louisiane*, on a immédiatement renversé la vapeur et dégagé le navire. Mais il était déjà facile de voir qu'il coulait à pic. Il fallait donc procéder soudain au sauvetage. Alors on essaie d'amener des embarcations légères, et à l'aspect de l'agitation de l'équipage, l'anxiété monte à son comble. Les cris de détresse empêchent d'entendre les ordres donnés par le capitaine. Une trop grande précipitation paralyse les manœuvres, et en moins de trois minutes le navire disparaît, reposant sur un lit de vase.

L'eau a fait le niveau sur le pont : rien ne peut rendre l'horreur du spectacle...

Des cent vingt-huit personnes qui se trouvent à bord, passagers et équipage, le plus grand nombre s'est hissé sur les haubans, fuyant l'eau, qui gagne de plus en plus. Les épisodes tragiques se succèdent. Le capitaine se multiplie. Il vient de faire amener le canot de sauvetage et cherche à mettre de l'ordre dans l'embarquement des passagers ; mais voilà que, tout-à-coup, cet intrépide marin disparaît dans les flots...

Le troisième lieutenant, sortant à peine de son lit, est enlevé à son tour par une vague formidable, et l'infortuné est englouti.

Le mécanicien tombe du haut d'un canot, et s'enfonce à son tour dans l'abîme. Au milieu de la rade, deux ombres luttent contre la mort : c'est le premier lieutenant qui essaie de soutenir au-dessus de l'eau un jeune élève mécanicien, qui ne sait pas nager. Les efforts de l'officier sont inutiles : l'enfant est noyé dans ses bras. Neuf hommes de l'équipage et une passagère manquent déjà à l'appel.

Aussitôt le désastre connu, le steamer anglais *Iberia* a expédié deux canots qui ont sauvé quarante-cinq personnes, dont le deuxième capitaine, Husson et Connis, mécaniciens.

De son côté, la *Gironde* a envoyé deux canots avec lesquels on réussit à embarquer soixante-quatre personnes, au nombre desquelles se trouvent MM. Garlaud, premier lieutenant, Lacouture, deuxième lieutenant, tous deux trouvés sur une planche au centre de la rade ; Foucaut, sous-commissaire, qui s'est cramponné dans les haubans, avec le commissaire en chef Betserelle, et un mécanicien.

Les cris de désespoir qui sont poussés sur le navire en détresse sont d'une telle intensité, qu'ils sont entendus du steamer la *Martinique*, mouillé à trois milles du lieu du sinistre.

Les épaves encombrent la rade. Notre malheureux paquebot la *Louisiane* est au travers du chenal, à trois milles environ de terre.

La mer a gagné considérablement, et l'eau dépasse le pont de dix pieds.

L'abordage a eu lieu sur la rade de Richard, à dix-huit milles de Pauillac et à quatorze du Verdon.

La *Louisiane* arrivait de l'île Saint-Thomas et de Cuba...

Chers lecteurs, je vous laisse à penser comme ces détails me navraient l'âme. Néanmoins je repris courage, car le nom de mon parent ne se trouvait point sur la liste des morts.

En effet, deux jours après l'arrivée de la cruelle dépêche et mon entretien avec le chef de bureau de la marine, je recevais de mon cher aspirant une lettre qui me rassurait sur son sort et me disait :

« Rade de Richard, 22 décembre 1875.

» Mon cher ami,

» J'ai la douleur de t'annoncer un affreux accident survenu à notre paquebot la *Louisiane*. Je n'entre dans aucun détail, parce que tu les connais déjà certainement, occupé souvent que tu es à me suivre dans nos voyages transatlantiques.

» Mais je tenais sur toutes choses à te dire ceci : J'ai échappé au sinistre, grâce au ciel, que j'ai invoqué de toute mon âme.

» Notre *Louisiane*, revenant des Antilles, par suite d'une fausse manœuvre a pris la *Gironde* en marche pour un navire mouillé et à l'ancre, d'après le dire du pilote, et elle est allée brusquement sur bâbord pour passer devant le paquebot.

» La machine de la *Gironde* a été mise en toute vitesse en arrière, dès que la manœuvre de la *Louisiane* a été reconnue. Mais il n'était plus temps : ce dernier paquebot était abordé par le travers par la *Gironde*. La *Louisiane* a coulé immédiatement. Tous les canots de secours ont été aussitôt envoyés à la recherche des naufragés, dont les cris de détresse étaient épouvantables. On en a sauvé soixante-cinq. Les canots du paquebot anglais *Iberia*, qui arrivait sur le théâtre du drame, ont sauvé également quarante-six personnes.

» Il y a eu malheureusement des victimes, parmi lesquelles notre capitaine.

» La *Gironde* a des avaries très-graves. Son étrave est brisée et un énorme trou est ouvert devant.

» La première cloison étanche tient bon, mais laisse couler de l'eau dans la cale à vin, voisine de la caisse à eau. Au moment du sinistre, deux heures et demie du matin, avec les deux pompes à incendie à la pompe d'étrave, nous étalions la voie d'eau dans cette cale et nous montions des marchandises de la cale, que nous mettions sur le pont, derrière.

» Les hommes de la *Gironde* espèrent, à la marée du matin, pouvoir monter à Pauillac.

» Dans le choc, un chauffeur de la *Gironde* a été violemment blessé dans sa couchette, et est mort deux heures plus tard.

» Quant à notre *Louisiane*, elle est à jamais rayée du catalogue des paquebots transatlantiques...

» Je la pleure, car, pour un marin, son vaisseau c'est la patrie !

» Enfin nous nous reverrons, ami, et ce sera pour moi la plus douce des consolations, après notre affreuse catastrophe !... »

J'ajoute ces derniers détails, c'est que je sais que, à Bordeaux, les autorités compétentes ont entendu le rapport des officiers des deux steamers la *Louisiane* et la *Gironde*.

Des quêtes ont été organisées pour les familles des victimes.

La *Gironde* est hors de service ; les passagers que portait ce bateau seront embarqués sur l'*Equateur*.

La *Gironde* avait à bord le général Vassoigne, de l'infanterie de marine, qui se rendait en inspection au Sénégal ; le commandant Bichot et le capitaine Lemoine l'accompagnaient.

En dernier lieu, voici ce qu'écrivait un passager de la *Louisiane* à sa famille, quelques jours après le désastre.

« La *Gironde* s'était dégagée : nous ne la voyions plus dans le brouillard.

» Mais alors, bien que le capitaine de la *Louisiane* eut commandé de gagner les embarcations, c'était chose impossible, attendu qu'elles sont habituellement recouvertes d'une toile qui les préserve des coups de mer, de la pluie, etc., et en défend l'accès. Néanmoins, les officiers travaillaient à les dégager, et c'est à ce poste que les lieutenants Garlaud et Lacouture, qui avaient presque réussi à mettre à l'eau le *Life-Boat*, furent entraînés par la chute de ce canot. Les embarcations de la *Gironde* les recueillirent. Une vingtaine de personnes avaient été entraînées avec eux, par un courant de cinq nœuds à l'heure, au moins, car la marée montait. Les nombreux groupes de passagers poussaient des clameurs à fendre l'âme.

» Cet acte du grand drame dura vingt minutes...

» A ce moment les cris devinrent plus furieux. Nous venions d'apercevoir les feux d'un vapeur qui arrivait droit sur nous.

» — Au secours !... Sauvez-nous !... s'écrièrent cent voix affolées, et, pour ma part, je vous garantis qu'aucun ténor n'a poussé un *ut* plus retentissant que le : Au secours !... que je hurlai.

» C'était l'*Iberia*, de la *Pacific steam navigation company*, faisant le service entre l'Angleterre et le Pérou, par le détroit de Magellan. Il accourait à notre aide, nous passa à cent mètres, et mouilla au plus près de notre avant, à deux cents mètres environ. Ses embarcations arrivèrent bientôt, en même temps que se montraient celles de la *Gironde*.

» Notre agonie avait duré une grande heure! Mais enfin nous étions sauvés...

» Les embarcations prirent les dames, d'abord, puis les naufragés se trouvant sur les derniers échelons des haubans. La plupart des marins, chauffeurs, soutiers, ainsi que les passagers d'entrepont, s'étaient en effet cramponnés en grappes dans les haubans de la misaine. Presque tous furent recueillis par les canots anglais.

» La passagère que nous avons perdue était couchée dans sa cabine, au moment de la collision, tout près du pont d'abordage. Le garçon de service ne la voyant pas sortir, appela un collègue. Ensemble, ils enfoncèrent la porte de la cabine et enlevèrent l'infortunée, qu'ils portèrent, sans autre vêtement que sa chemise, dans le salon du pont. Hélas! la pauvre jeune femme, par pudeur, ne voulut plus quitter ce salon, et elle y fut noyée... »

Que d'affreuses péripéties dans un drame de la mer, alors que règne la plus horrible obscurité!...

Mais, assez sur ce triste chapitre.

Dans le moment où la *Louisiane* s'enfonçait ainsi dans les abîmes de l'Océan, une dépêche de Hong-Kong annonçait à la France la perte totale, dans les mers de Chine, du trois-mâts-barque français **Amiral Devoulx**.

C'était l'un des plus anciens bâtiments à voile. Il avait été construit à Java, en 1818, pour la marine de guerre hollandaise, et était tout en bois de teck, — à la fois le plus solide et le plus cher des bois de construction.

L'*Amiral Devoulx* portait gaillardement ses cinquante-sept ans.

Ce navire avait cessé depuis assez longtemps d'appartenir au gouvernement hollandais, lorsqu'il fut acheté, il y a quelques années, par le capitaine Carrique, un de nos compatriotes que n'ont point dû oublier tous les Français qui ont résidé en Chine depuis une douzaine d'années. La vieille corvette navigua dès-lors sous pavillon français, et reçut de son nouveau commandant le nom sous lequel elle vient de périr.

Le télégramme qui annonce cette catastrophe ne parle pas de l'équipage : il est donc permis d'espérer que celui-ci n'a pas eu le même sort que le bâtiment. Nous le désirons vivement, car le capitaine Carrique était le type accompli du bon marin et de l'homme de cœur. Né à Bordeaux, il avait toute la gaîté du méridional, et rapportait de chacun de ses voyages quelques bonnes histoires qu'il racontait avec une verve et un entrain incomparables.

Il lui arriva, l'année dernière, une aventure assez curieuse : le brave capitaine devint le complice involontaire d'un enlèvement.

Pendant que l'*Amiral Devoulx* était en chargement dans l'un des ports du Céleste-Empire, le cuisinier chinois du commandant fit la connaissance d'une jeune Chinoise, et la décida à partir avec lui pour le Nord, où il l'épouserait. Notre Chinoise quitta donc sa famille, qui avait, disons-le, refusé son consentement au mariage, et courut se cacher à bord de la corvette française. Là, au risque d'étouffer, elle se laissa descendre au fond de la cale, pendant que sur sa tête on entassait un énorme chargement de bois.

Le courage de cette jeune femme fut récompensé, car la police chinoise, mise sur ses traces, fouilla en vain tout le navire, pour la retrouver, et les parents de la fugitive ignorèrent ce qu'elle était devenue.

Une fois le bâtiment en pleine mer, le cuisinier fit sortir de sa cachette la dame de ses pensées, et avoua tout au capitaine.

Mais celui-ci se fâcha tout rouge et fit promettre au coupable d'épouser la jeune fille au port le plus proche, ce qui fut fait; et à l'heure du désastre de l'*Amiral Devoulx*, sous le nom de Marguerite, la belle Chinoise figurait sur les rôles de l'équipage comme lingère du bord.

Je ne termine pas l'histoire de ces tragédies de la mer par quelque récit bien sombre, bien déchirant, bien terrible, vous le voyez, chers lecteurs. A ce qui précède, je vais même ajouter le récit des aventures sur l'Océan et de la mystérieuse disparition d'un paquebot français.

Vous n'avez pas été sans entendre parler du navire français l'*Amérique*, car, tout récemment, il n'était pas un journal qui ne s'occupât de son sort. En effet, ce steamer, à destination de la France, à sa sortie de New-York, et dont, après le départ de cette ville, l'arrivée au Havre ne pouvait tarder, puisque le trajet de l'un de ces deux points du globe vers l'autre se fait maintenant en quelques jours, ce steamer, dis-je, n'arrivait point. Or, son retard, qui se prolongeait sans fin, ne pouvait être expliqué que par un accident très-grave, une collision peut-être, un incendie, une famine, la perte du vaisseau, que sais-je?

Point. Voici ce qui était advenu :

L'*Amérique*, parti de New-York le 13 novembre 1875, à destination du Havre, avait à peine, au bout de cinq jours de marche, dépassé les Açores, lorsqu'il fut assailli par un affreux coup de vent.

Toutefois l'ouragan sembla se calmer durant trois jours, et l'on continuait d'avancer, lorsque soudain le vent reprit avec une épouvantable violence.

Dans la nuit, vers trois heures du matin, un horrible fracas se fit entendre. On eût dit que les flancs du navire se déchiraient. Tout le monde se leva et courut se renseigner. On ne tarda pas à apprendre que l'arbre de couche s'était brisé. Il devenait impossible d'avancer, surtout dans la saison où l'on se trouvait, et avec des voiles insignifiantes.

Dès-lors, les passagers commencèrent à craindre que les vivres ne vinssent à manquer.

Par bonheur, un navire anglais aperçut le télégraphe de détresse de l'*Amérique*, et quelques passagers purent être transbordés. C'était le steamer *China*. Il faisait une grosse mer et le vent soufflait avec impétuosité. Le vapeur demanda si les passagers voulaient monter à son bord. Quinze acceptèrent, mais les autres durent refuser devant la fureur de l'Océan, et quand ils eurent vu que l'échelle de communication, cet escalier commode que tout chacun sait, ne pouvait être appliquée contre le navire à cause de la fureur des vagues, qui sautaient en tout sens. On ne pouvait employer que l'échelle de cordes. Les femmes et les hommes qui se risquèrent furent attachés et descendus, par cette échelle, dans un canot.

Aussitôt le canot se dirigea vers le *China*, et là on dut attacher de nouveau hommes et femmes. On les prit sans distinction par les jambes, par les pieds, par la tête, et on les hissa tout ficelés par une drisse attachée à une vergue.

Devant ce transbordement tout-à-fait difficile et qui devait impressionner les témoins de cette tragédie maritime, les autres passagers demandèrent à rester sur l'*Amérique*. Le capitaine espérait toujours que la remorque allait arriver et disait qu'on n'en avait plus pour longtemps...

Hélas! on en avait encore malheureusement pour vingt-cinq jours, et les épreuves ne faisaient que commencer!...

La grande anxiété, au Havre, où l'on connaît toutes les péripéties de pareils voyages, c'était de savoir si l'*Amérique* aurait assez de vivres pour aller jusqu'au bout. En effet, sans un hasard providentiel, il faut dire que les vivres auraient peut-être manqué, et que les passagers eussent été, dans tous les cas, singulièrement rationnés. Mais ce hasard providentiel a fait que la cargaison du paquebot se composait de viande salée, de riz et de saindoux.

Les transatlantiques prennent ordinairement, du reste, double provision de vivres, soit pour vingt-quatre jours, puisque la traversée de New-York au Havre est de douze jours en moyenne.

Tout a dû aller bien jusqu'au vingt-quatrième jour : mais de vingt-quatre à trente-cinq jours que dura ce voyage, il y a onze journées, et, pendant cette période de temps, les passagers ont dû se nourrir de salaisons, de riz et de saindoux.

Quelle perspective, en outre, que celle de voir diminuer chaque jour les provisions et de ne savoir si on arrivera à temps pour les remplacer!

Enfin, les choses se sont relativement bien passées, puisque « tout allait bien à bord... » quand l'*Amérique* fut retrouvée par le steamer la *Ville de Brest*.

NAVIGATION PÉRILLEUSE DE D. GIOVANNI MASTAÏ

S. S. LE PAPE PIE IX

Se rendant dans l'Amérique du Sud, en 1823.

Mission apostolique demandée à Rome par le Chili. — D. Giovanni Mastaï, devenu le pape Pie IX, membre de cette mission. — Départ du brick génois l'*Eloysa* pour Buenos-Ayres. — Calme plat. — Difficultés que doit subir un navire à voiles, quand le vent ne souffle pas. — L'île Minorque. — Première tempête. — Emprisonnement des missionnaires à Palma. — Côtes de la Castille. — Pic de Ténériffe. — Un corsaire de la Colombie. — L'*Eloysa* se rachète du pillage moyennant une... bouteille de Malaga. — Passage de la Ligne. — Rencontre d'un négrier. — Mal de mer. — Eau corrompue. — Nouvelle tempête. — Les *âmes perdues*. — Manière de mesurer la vitesse du vent. — Un homme à la mer! — Aventures tragiques. — Le cœur de D. Giovanni Mastaï. — Fureur des éléments. — Inimaginable ouragan. — Effets de tempêtes. — Nuits épouvantables. — Noël. Messe de minuit. — Fête au milieu du déchaînement de la nature. — Terre! terre! — Le Banc des Anglais. — Nouveaux dangers. — Le pampero. — L'Ile des Fleurs et le récif. — Autre ouragan — Le Rio de la Plata. — Montevideo. — La coque d'une frégate. — Buenos-Ayres. — Où la mission met pied à terre, sur les rivages du Chili.

Une mission apostolique devant résider à Santiago était demandée au pape Pie VII par la chambre représentative du Chili. Divers prélats, et notamment D. Giovanni Maria Mastaï, furent élus pour accomplir cette mission, et ce fut sur un brick de construction française, doublé en cuivre et marcheur sans rival, que les membres de la mission s'embarquèrent à Gênes, le 4 octobre 1823. Trente-quatre marins, ayant pour capitaine Antonio Copello, un homme fort expérimenté, composaient l'équipage.

L'*Eloysa*, tel est le nom du brick, franchit à merveille les premières distances : les vents étaient favorables et la mer ne faisait pas un pli. Pourtant, survint un calme plat. C'est alors une horrible situation, surtout à bord d'un navire à voiles, car n'avançant plus, mais ballottant en tout sens, le bâtiment excite de cruelles nausées que l'on nomme mal de mer, et on en souffre tout autant que d'une cruelle maladie. D. Giovanni Mastaï fut le plus cruellement éprouvé de tous les représentants du Saint-Siège. Heureusement le vent fraîchit de nouveau, et l'*Eloysa* se reprit à filer dix nœuds à l'heure.

On eut bientôt connaissance de la petite île de Minorque, une des Baléares, et ce fut avec admiration que les voyageurs contemplèrent les dentelures à pic du mont Serrat, ses rochers grandioses et ses plaines plantureuses.

Tout-à-coup le *libeccio*, un vent redoutable du sud-ouest, se prit à souffler, et le navire ayant dépassé les côtes de la Catalogne, devint le jouet de la tempête, en face du port de Valence. La fureur de la tourmente ne cessa de s'accroître, et il fallut chercher un abri dans les anfractuosités des côtes de l'Espagne, que la mission aurait voulu éviter.

Les voyageurs durent entrer dans le port de Palma, et on espérait y trouver le repos; mais, tout au contraire, ce fut là que commencèrent les luttes pénibles et les ennuis les plus graves. Ainsi les commissaires apostoliques furent emprisonnés dans le Lazareth, et ils durent subir à tour de rôle l'interrogatoire le plus grotesque dont les annales des peuples fassent mention. Car le point de départ des juges de cet aréopage était celui-ci : Faire tous leurs efforts pour arrêter une mission contraire à la souveraineté de leur gouvernement, et nier que le pape eût le droit d'envoyer des secours spirituels dans l'Amérique du Sud.

Enfin l'évêque de Palma intervint, et la mission apostolique put bientôt reprendre la mer. Mais si les passions humaines se calmaient, il n'en était pas de même de l'état de l'Océan. Le bâtiment fut refoulé dans les eaux d'Iviça et on fut contraint de longer à nouveau les côtes de la Catalogne. C'était perdre un temps bien précieux.

Cependant vint l'accalmie, et l'on put jouir du magnifique panorama que déployaient les côtes de la Castille, Malaga et ses merveilleux vignobles, ses villes parées de fleurs et de palmiers, Gibraltar et ses formidables remparts.

L'*Eloysa* marchait bon frais, et une fois dans l'Océan atlantique, on perdit rapidement la vue de la terre. Mais, une fois encore, voici que la mer devint grosse et de nouveaux dangers menacèrent les jours des envoyés du pontife de Rome. Le navire fut même sur le point de sombrer, sous la violence d'un grain subit. Mais le 4 novembre, on arriva en présence du Pic de Ténériffe.

Je n'essaierai même pas de vous donner la peinture de ce vieux volcan, que La Pérouse vit fumer encore dans le fameux voyage qu'il fit autour du monde par l'ordre de Louis XVI. Tout a été dit sur ce grand cône de neige et de verdure. Mais là, à la tempête succéda un nouveau calme plat, et les vents cessèrent de souffler. Aussi la chaleur devint intolérable. En outre, entraîné par des courants inconnus du capitaine, peu à peu le bâtiment allait à la côte, lorsqu'un nouveau grain le fit bondir, et l'*Eloysa* reprit sa marche normale.

Tous les genres d'aventures devaient éprouver nos intéressants voyageurs. Voici que, dans la nuit du 5, le brick dut s'arrêter sur l'ordre d'une frégate armée en guerre. Que voulait cette frégate aussi fâcheusement rencontrée? Tout simplement piller l'*Eloysa*, car c'était un corsaire de la Colombie. Heureusement, avec les corsaires il est des accommodements possibles. Ici, le talisman qui eut raison de ces loups de mer fut une simple... bouteille de délicieux Malaga. Les Colombiens n'étaient pas difficiles, ils se contentèrent de cette prise, et la mission atteignit les îles du Cap-Vert, sans y relâcher.

Le 27 du même mois, on avait dépassé la ligne, quand il fut donné à nos pieux voyageurs de juger par eux-mêmes des souffrances imposées à la race noire par notre race blanche. On était en présence d'un bâtiment dont la cargaison entassée dans l'entrepont, la cale et partout, grouillait à faire peur et excitait par ses souffrances une commisération qu'était loin de partager l'équipage. Ce négrier comptait par centaines d'infortunés Africains, du plus beau noir, complètement nus, liés deux à deux, exposés aux cruelles ardeurs du soleil, de jour et de nuit, grelottants sous la froidure. Le capitaine du navire allait vendre à Rio ces pauvres victimes de l'injustice humaine.

Un temps horrible succéda au calme plat, et les missionnaires couraient les plus grands dangers, car, en outre du mal de mer, l'eau emmagasinée dans la cale de l'*Eloysa* était corrompue, et les vivres commençaient à manquer. Cela devait être, car la traversée se prolongeait au-delà des limites ordinaires.

Un soir, après une journée charmante, un vent effroyable qui a son point de départ au cap Horn, se prit à souffler avec une furie qui dénotait que l'on approchait de l'Amérique, mais aussi qui secouait le navire avec rage, réduisait les voyageurs à toute extrémité. Par bonne fortune, le 17 décembre, ce vent furieux se calma, et l'*Eloysa* put faire jusqu'à neuf nœuds à l'heure. On vit alors sillonner les airs, des oiseaux que les Portugais appellent des *âmes perdues*, et dont on croit que l'apparition est le signal d'effroyables tempêtes.

Le fait est que les officiers ne cachèrent point aux passagers que l'*Eloysa* était sur le point de subir un grain, ou, si vous voulez, des coups de vent épouvantables et fort dangereux.

Souvent il arrive, quand le vent fait rage dans notre France, ou dans Paris, que l'on ne peut passer sur un pont ou sur un quai sans voir quelque chapeau s'acheminer au fil de l'eau ou décrire dans l'air d'étranges paraboles. Naturellement Français et Parisiens s'imaginent avoir affaire à une véritable tempête.

Ah! s'ils allaient à un Observatoire quelconque, comme on les désabuserait bien vite!

Les savants, en effet, mesurent la vitesse du vent avec une précision inimaginable. Ils ont pour cela deux instruments aussi simples qu'ingénieux, à savoir : l'Anémomètre et l'Anémographe. Ce sont tout simplement de petits moulinets, munis d'un compteur, lequel compteur inscrit le nombre de tours faits à la minute.

Or, grâce à ces joujoux très-sérieux, on constate que le vent le plus faible parcourt environ *trente mètres par minute*, soit dix-huit cents mètres à l'heure.

Le vent le plus fort, l'ouragan, celui qui règne aux Antilles, souffle avec une violence de deux mille sept cents mètres à la minute ! Il balaie tout sur son passage, et produit des cataclysmes dont la météorologie anecdotique a enregistré des cas trop nombreux.

A terre, dans notre pays, nous sommes heureusement loin de là, et tout au plus si le vent le plus rapide parcourt de deux cent cinquante à trois cents mètres à la minute.

Ajoutons que le baromètre nous annonce la tempête : c'est donc à nous à nous tenir cois dans nos logis, si nous redoutons trop fort les escapades du vent.

Donc, en conséquence des prévisions du capitaine de l'*Eloysa*, le vent se prit à souffler au matin du 21 décembre; l'Océan grossit tout-à-coup et la vague devint tumultueuse. Mais la tempête réservait ses véritables fureurs pour le 22.

D. Giovanni Mastaï, ange de piété dès sa plus tendre enfance, et ses vénérables acolytes, faisaient la prière en commun dans l'une des cabines du brick, quand, tout-à-coup, un épouvantable coup de mer, prenant le bâtiment en écharpe, jeta notre futur bien-aimé pontife contre la paroi opposée de l'endroit où il était agenouillé, et cela avec une véhémence incroyable et tellement brutale que l'on regarda comme un prodige qu'il n'ait pas brisé le crâne du P. Raymondo Arce, qui se trouvait priant contre cette paroi. Heureusement, ce choc violent n'eut pas d'autre suite, si ce n'est que le maître du navire et le médecin du bord, docteur Cienfuegos, furent passablement maltraités par le tangage.

Le soir de ce sinistre 22 était venu, que la rafale soufflait encore. Néanmoins, les passagers étaient réunis à la table commune et mangeaient tant bien que mal, comme on mange lorsque le roulis d'un navire vous fait tourner ainsi qu'une toupie, quand subitement une voix glapissante, celle du capitaine Copello, s'écria vibrante et triste :

— A la mer, vite un canot à la mer !

Décrire l'épouvante du cercle, en partie composé des prêtres de la mission, n'est pas chose possible.

Que se passait-il donc?

L'abbé Sallusti, plus jeune et plus agile, saute sur le pont. Déjà toutes les voiles avaient été carguées, et le navire ne marchait plus. On mettait en travers, et l'homme du gouvernail s'efforçait de maintenir l'*Eloysa* sur le point de l'Océan qu'elle occupait.

C'était à croire que la dernière heure du brick et de ceux qui le montaient était venue. Tout chacun de s'élancer vers son gîte habituel pour s'emparer d'un vêtement chaud quelconque et se jeter dans le canot de sauvetage : par bonne fortune, on eut raison de la situation critique. L'émotion causée par la sinistre clameur du capitaine Copello, se calma : il s'agissait tout bonnement de cet épisode si commun sur les Océans :

Un homme à la mer !

En effet, Paolino Canalla, le maître d'équipage de l'avant du navire préparait la sonde et allait la plonger dans l'abîme, quand un ras de mer, l'arrachant à son poste, l'entraîna soudain à une distance énorme du bâtiment.

Ras de navire ou de mer, se dit d'un vaisseau qui a très-peu d'élévation au-dessus du niveau de l'eau, ou dont la mâture est abattue, soit par un coup de vent, soit dans un combat.

En ce moment fatal, il s'agissait de sauver le maître d'équipage. Une cage à poulets, la cabane d'un dogue, un tronçon de mât, tous les objets qui peuvent flotter, en un mot, lui furent lancés sans relâche. Mais, hélas ! ces épaves flottaient, en effet, sans aller droit à la victime, que l'on entrevoyait à peine à un tiers de mille. On croyait l'infortuné à tout jamais perdu... Point.

D. Giovanni Mastaï était le seul des missionnaires qui eût vu le maître d'équipage s'engloutir dans ce tourbillon ; aussi s'écriait-il avec âme :

— O mon Dieu ! ô mon Dieu !...

En même temps, par ses paroles, par ses prières, le saint homme accélérait le sauvetage.

Mais dans un tel tumulte, qu'il est facile de se représenter, le bruit des voix, l'agitation des passagers, les manœuvres des matelots, faisaient que le désordre ne pouvait que s'accroître.

— On a crié : *Tierra ! tierra !* s'écriaient les uns.

Or, ce mot espagnol voulait dire : Terre ! terre !

— On a dit : *Guerra ! guerra !* hurlaient les autres.

Et cet autre mot évoquait l'idée de corsaires et de forbans se mettant en demeure de capturer le navire.

Rien de tout cela. Le canot de sauvetage mis à la mer, enfin, trois intrépides marins y descendaient bientôt, nonobstant la rage de la tempête, et manœuvraient avec une telle habileté, qu'ils retrouvèrent assez vite le maître d'équipage exténué, n'en pouvant plus. Paralysé dans tous ses mouvements par la mort qui le violentait, le pauvre Paolino eut beaucoup de mal à passer par-dessus bord : néanmoins, les matelots le saisirent à temps et l'arrachèrent au péril. Après une heure de cruelles angoisses, la victime était rendue à la vie, et tout chacun la serrait dans ses bras.

Le fait est que la terre était proche, à cette heure fatidique, et c'est pour cela que le cri : *Tierra! tierra!* avait été lancé dans l'espace.

Cependant, la nuit était complètement venue. Avec elle, le vent, loin de cesser, étendait ses rugissements, et sa colère redoublait. Afin d'éviter d'autres coups de mer, on fit réunir tous les passagers dans la plus grande des chambres. Puis on ferma l'écoutille à l'aide du capot : hélas! autre danger. Ainsi enclos comme en un tombeau, les passagers subirent les inconvénients du manque d'air, et la chaleur devint telle, que les émanations de tant de personnes faillirent en asphyxier un certain nombre.

Toutes les voiles étaient carguées, avons-nous dit, et on était toujours à la cape, c'est-à-dire que le brick était arrangé de manière à supporter les coups de vent, toutes les écoutilles étant fermées, et avait sa barre au vent, le bâtiment faisant ainsi pour ainsi dire tête à la tempête.

La précaution était bonne, car, si on était poussé à terre, n'avait-on pas à craindre de se jeter sur un écueil quelconque? Aussi l'*Eloysa* courait les plus grands périls.

Ajoutons qu'il tombait une pluie diluvienne; que la rafale ne cessait un instant de mugir, de rugir, de répandre l'épouvante, et qu'il y avait danger partout : vers la côte, au zénith de la mer, au nadir du vaisseau.

C'est qu'on était alors à l'époque de l'hivernage, temps de chaleurs intolérables et de tempêtes inconnues. Alors les terres des zones torrides semblent être encore sous le coup des déchirements primitifs. Le ciel verse des pluies dont rien n'exprime la fougue et la densité. Des vents venus de tous les points, à terre, arrachent les arbres les plus forts, et en jonchent les fleuves lancés hors de leur lit. Quant ces vents et ces pluies accordent une trêve de quelques heures, le soleil reparaît, dans cette sérénité trompeuse, plus ardent que jamais. On dirait qu'il se rapproche de la terre pour la sécher : mais non, c'est pour la préparer à de nouvelles et plus terribles immersions.

Le vent d'est tombe sur le sable, rebondit comme s'il avait frappé le fond d'un miroir parabolique, et se déploie dans l'air en atomes corrosifs. L'air est chaud, la terre brûlante, la rivière tiède. Tout ce que l'on touche sue ou bouillonne.

A chaque instant on s'attend à voir s'embraser les maisons de paille des nègres accroupis, haletants sur leurs nattes. Les toiles et les pierres se calcinent, tombent en poussière : les glaces et les carreaux se fendent dans leurs cadres desséchés. Nu, on étouffe; couché, on fond de chaleur; debout, l'eau ruisselle de votre corps; dedans le feu, dehors le feu.

Malheur à l'Européen qui sort alors en plein jour, ou le soir au serein, si bienfaisant en apparence. Malheur à celui qui, sur la foi d'un ciel étoilé, demande à la nuit, aux ravissantes nuits du Nouveau-Monde, plus ravissantes pendant l'hivernage, le calme et une compensation aux douleurs aiguës de la journée. Il respirera les haleines mortelles dégorgées par les lacs et les résidus des forêts, ses organes se tremperont dans le venin d'une vaste terre morte ou en putréfaction.

Telle était la force de la tempête, sur les flots de la mer, de nos infortunés missionnaires, que le capitaine Copello, un marin blanchi parmi les plus terribles épreuves, et un certain Pietro Plomer, à sa quatrième traversée de l'Ancien Monde vers le Nouveau, affirmaient n'avoir jamais été témoins d'aussi épouvantables bouleversements de la nature.

Je ne vais pas vous peindre les horreurs de la nuit : tout chacun resta debout, en prières. Cette fois ce n'était plus un simple mal de mer qu'éprouvait D. Giovanni Mastaï : le saint homme était malade et prêt à rendre l'âme. On espérait que l'approche du jour modifierait les violences de cette tourmente. Il n'en fut rien : elle devint plus cruelle encore. Des vagues semblables à des montagnes s'abattaient constamment sur le pont : le navire était secoué par le flot en rage, et pour ne pas tomber, glisser et se briser les membres, il était de toute urgence de se tenir fortement accroché aux meubles fixés contre les parois de la grande chambre. On ne pouvait même essayer de manger. D'abord l'estomac refusait toute nourriture, et puis l'innocent cuisinier du bord, agité par l'inexprimable déchaînement des éléments, ne pouvait rien préparer, et se croyait même menacé de la colère des officiers de l'*Eloysa* et du fond de la cale comme punition.

Vint un moment, enfin, où le vent suspendit ses fureurs et se mit à souffler avec une moindre véhémence. Les flots eux-mêmes se faisaient lisses, et la nature paraissait vouloir se reposer.

C'était le jour de Noël, car on arrivait au 25 décembre.

La messe de minuit fut célébrée à bord par monseigneur Muzi. Célébrée est certainement le mot, quand il s'agit du saint sacrifice de l'autel : mais de quelle pauvreté ne se trouvait pas entourée cette grande solennité, sur un navire battu des vents et jouet des vagues!

Au lever de l'aurore, D. Giovanni Mastaï offrit à son tour l'humble agneau du Calvaire au Maître des mondes, et avec quelle tendre et brûlante piété n'invoqua-t-il pas le Sauveur de l'humanité pour ses frères souffrants de toutes les parties du globe!

La troisième messe fut dite par le P. Raymondo Arce.

Certes, rien de brillant dans cette solennité si pompeuse d'ordinaire. Et cependant, au monde peut-être, n'y eut-il pas une fête de Noël où la foi fut plus vive et l'amour plus ardent. Assurément l'auditoire était des plus humbles, comme la chapelle de bord. Mais avec quel saint recueillement l'assistance, placée entre la vie et la mort, entre le ciel en larmes et les vagues en fureur, ne pria-t-elle pas le Roi de la terre et de l'empyrée !

On approchait sans doute d'une terre quelconque, car, le 26, la fraîche brise des côtes souffla doucement, sans bruit, avec une sorte de caresse. Et cependant on était en pleine mer, car la sonde ne révéla point le voisinage d'aucune région. Alors, comme passe-temps, on fit la guerre aux oiseaux de mer, appelés faucons, et ce fut chose amusante de voir l'un de ces faucons, le port majestueux, la tête haute, le regard qui semblait défier, aller et venir, sans terreur, à l'entour du navire, d'où les coups de fusils crépitaient, pour se laisser capturer enfin au lasso, c'est-à-dire à la corde adroitement lancée pour le saisir.

Plus tard, la sonde annonçait quarante-sept brasses et un fond de sable : puis, au milieu de la nuit, trente-sept brasses, et enfin, le vingt-sept, dans l'après-midi, le matelot de quart huché sur la hune, poussa le cri désiré :

— Terre ! terre !

Aussitôt les gens de l'équipage de jeter en l'air leurs bonnets, les officiers de saluer la terre, et les passagers, ecclésiastiques et autres, de répondre à cette allégresse par cent cris de joie.

Cette première navigation venait de durer trois mois !

Il devint bientôt facile de voir une île, et, sur cette île, de petites cahuttes disséminées çà et là. On était en présence de l'île aux Loups, et on avait devant soi le cap Sainte-Marie. Cette terre était à peu près inhabitée : tout au plus y rencontre-t-on des pêcheurs venus du voisinage pour y chasser, à l'aide de simples bâtons, ces pauvres phoques que vous connaissez pour en avoir vu des spécimens aux fêtes foraines de notre France.

S'ouvrait ensuite un vaste espace de mer, creusé dans les terres, que les géographes désignent sous le nom d'Embouchure de la Plata, et qui semble plutôt un golfe profond, bordé de l'autre côté, en face du cap Sainte-Marie, par un autre cap, le cap San-Antonio.

Dans ces parages, la sonde ne donnait plus que quatorze brasses, et la navigation devenait périlleuse. Il eût été dangereux de pénétrer plus avant dans le golfe, sans le secours d'un pilote. Aussi l'*Eloysa* mit-elle à l'ancre. Et certes, elle fit bien.

En effet, malgré le calme absolu qui avait succédé à la tourmente, une nouvelle tempête plus terrible que jamais se produisit le soir du 27. La position devint alors tellement effrayante, et les eaux, sans profondeur, étaient si peu sûres, que toutes les terreurs, calmées depuis si peu de temps, s'emparèrent de nouveau des âmes consternées des tristes missionnaires.

Dans le voisinage se trouvait un récif, connu sous le nom de Banc des Anglais, nom que lui a valu la perte de nombreux navires de la Grande-Bretagne. Or, l'*Eloysa* en approchait peu à peu, rien que par l'effet du remous, lorsque, subitement, une haleine violente de vent souffle et répand la consternation parmi les gens de l'équipage.

— *Le pampero!* s'écrient-ils.

Le pampero? C'est un typhon redoutable, un vent maudit qui, venant des plaines de l'Amérique, plaines appelées *pampas,* détruit tout sur son passage.

Aussitôt le navire de rétrograder sous la puissante manœuvre des matelots. Le capitaine donne l'ordre de se réfugier derrière une certaine île, dite île de Flores, à l'abri de laquelle le salut est encore possible, parce qu'on y est garanti contre le courant de la Plata, souvent, trop souvent irrésistible.

Notez que cette île de Flores, nom qui signifie fleurs, île des Fleurs, n'est autre chose que la réunion, l'accouplement de deux écueils sans aucune trace de végétation. Là aussi se trouvent quelques huttes misérables de pêcheurs. Mais enfin, derrière cet écueil, il y a sept brasses d'eau, et c'est dans cette profondeur que l'on plonge la maîtresse ancre.

Assurément les deux rochers protègent l'*Eloysa,* mais ils ne peuvent arrêter les fureurs de l'ouragan.

On définit le *pampero* de la façon suivante : Ouragan des Antilles et Tourbillon du Sahara!

Or, qui dit : Ouragan des Antilles, exprime le *nec plus ultra* des convulsions de la nature, et qui dit : Tourbillon du Sahara, résume en trois mots d'inimaginables violences de simoun et de tempête.

Un Français nous raconte ces tempêtes du pampero de la manière que voici : « J'ai vu souvent s'élever en plein midi un nuage opaque, semblable à un immense rideau, lequel, après avoir communiqué au soleil une couleur livide, grandissait, s'élargissait soudain sur l'horizon, et obscurcissait tellement l'atmosphère qu'il devenait impossible de distinguer les objets les plus voisins : c'était le signal de la tourmente... Alors le nuage crevait et se résolvait bientôt en tourbillons qui ne laissaient, au lieu de pluie, qu'une poussière blanchâtre, semblable aux cendres d'un volcan... »

Ainsi soufflait le pampero soulevant l'*Eloysa,* et la laissant ensuite retomber sur la vague agitée.

Il devint donc nécessaire, indispensable, de regagner la haute mer. Mais voici que c'est l'ancre à son tour qui s'obstine à résister aux efforts des matelots. Couper le câble! tel est l'unique moyen de salut. L'ancre est abandonnée au fond de la mer, et l'*Eloysa* est livrée à l'impétuosité de l'ouragan.

Alors le brick paraît emporté par une violence qui n'a d'égale que la foudre... Et, en effet, au point du jour, il se trouvait en-dehors du courant de la Plata, à quatre-vingts milles peut-être de l'île de Flores, en un mot, en pleine mer. Mais au moins l'*Eloysa* n'avait plus rien à craindre des côtes.

Vous croyez sans doute que tout est fini?... Hélas ! non. Le calme remplace l'ouragan : et quel calme ! Néanmoins les marins espéraient pouvoir avancer quelque peu, lorsque l'infernal pampero revient à la charge.

— Le monde va-t-il donc finir?... s'écrie l'excellent et découragé Copello, le capitaine du bâtiment. En tout cas, tout est fini pour nous... ajoute-t-il.

Le ciel en avait décidé autrement. Le pampero cessa de souffler vers midi, et bientôt une brise heureuse gonfla les voiles du brick, et l'*Eloysa* reprit le Rio de la Plata.

Cette fois, c'était avec joie que les navigateurs suivaient la route qu'ils avaient parcouru peu auparavant.

On passa près du Banc des Anglais sans encombre ; — disons ici entre parenthèse que, sur ce Banc des Anglais, devaient bientôt périr trente-six passagers, avec le *Courrier de Montevideo*, — et enfin l'*Eloysa* mouilla dans le port de cette dernière ville, au matin du 1er janvier 1824.

La Nouvelle-Troie ! tel est le surnom qu'a valu un siége de dix ans, comme à l'ancienne Troie, à cette ville charmante, résidence de nombreux Français. Mais Montevideo, dont le nom vient d'une montagne affectant les formes du chapeau espagnol, dit *sombrero*, était encore, en ce moment même, bloquée par une escadre brésilienne. Cependant la mission apostolique fut en grande fête de voir cette cité, qui ne valait pas Gênes assurément, la ville aux merveilleux édifices, et qui ne comptait guère que quatorze mille âmes. Mais ses élégantes habitations, dressées sur le penchant des collines, et ses rues spacieuses et tirées au cordeau, flattaient admirablement le regard de nos infortunés voyageurs, si épouvantablement éprouvés par ces lamentables tragédies de l'Atlantique qu'ils venaient de traverser...

Le brick l'*Eloysa* ne s'arrêta guère devant la rade de Montevideo que le temps d'admirer les magnifiques perspectives qui se déploient tout à l'entour de la rade. C'était un cadre merveilleux pour les visites et processions de la ville, qui vinrent jusqu'au rivage saluer la mission apostolique, que l'on savait à bord du navire.

Le soir venu, le brick se mit en mouvement, poussé par un excellent vent. Aussi la nuit fut parfaite, de sorte que le 2 de ce mois de janvier, l'*Eloysa* quitta les eaux salées pour entrer dans les eaux douces du fleuve.

Bientôt les voyageurs se trouvèrent entre Montevideo et Buenos-Ayres. Mais le Rio de la Plata offrait bien des dangers. Il fallait sonder à chaque instant, tant sont nombreux les bancs de sables. On avançait donc lentement. Du milieu des eaux, on vit alors émerger la coque d'une frégate, qui rompue par l'un de ces bancs de sable, s'était engloutie, en ne laissant plus rien de visible que la hune et l'extrémité de ses mâts.

Le mouillage pour la nuit se fit près de ce triste débris, et, le lendemain, à son départ, le brick eut l'heureuse chance de sauver, à l'aide de ses signaux, deux bâtiments anglais qui, ne voyant pas la frégate coulée, arrivaient directement sur cette dangereuse et formidable épave.

Il semblait dans les destinées de l'*Eloysa* de ne pouvoir se soustraire à aucun genre des innombrables calamités qui mettent à mal les navires sur les mers et dans ces parages.

En effet, une nouvelle tempête se déchaîne tout-à-coup : il faut larguer les voiles, il faut jeter l'ancre. Aux rugissements de la rafale se joint la grande voix du tonnerre, et la foudre sillonne l'air en couvrant les rivages du fleuve de ses jets de flammes. Néanmoins, le 5 janvier, le bâtiment marchant vent arrière, on aperçut au loin se dessiner une grande cité sur les rampes verdoyantes de splendides collines.

C'était Buenos-Ayres.

Le ciel était redevenu serein : mais il manquait aux tribulations de l'*Eloysa*, ou plutôt du personnel qu'elle transportait, il manquait, dis-je, un des plus cuisants désagréments de ces contrées, à savoir les moustiques. Hélas ! les moustiques ne se firent pas attendre, et un nuage, des nuages épais de ces insectes diptères, appelés aussi maringouins. Pour juger l'intolérable souffrance qu'imposent ces atroces petites bêtes, il suffira de dire que les flancs, les bastingages et les mâts du navire étaient littéralement cachés sous l'épaisse couche de ces animaux, et la couleur du bois disparaissait sous leurs affreux entassements. Vous comprenez dès-lors ce qu'avaient à endurer les mains, les poignets, les jambes et la tête des infortunés voyageurs...

De grands préparatifs avaient été faits dans la ville pour recevoir la mission apostolique, enfin arrivée au but. De splendides embarcations attendaient les prélats et les abbés. Un *Te Deum* devait être chanté à la cathédrale. Les musiques, les milices, le gouvernement, la foule innombrable des habitants étaient là sur les rives du fleuve.

Hélas ! prélats et abbés, la mission apostolique, en un mot, était dans un tel état de délabrement, de souffrance et de maladie, qu'il fallut remettre à plusieurs jours plus tard la solennité de cette réception grandiose.

Mais je m'arrête : comme l'*Eloysa* atterrit sur le sol du Chili, moi j'atteins le but de mon travail, qui était de rendre compte des longues et malheureuses pérégrinations de notre très-vénéré et bien-aimé Pie IX, alors qu'il était jeune et dans la force de l'âge. C'était là un détail de sa pieuse vie, si bien remplie, que vous ignoriez sans doute, chers lecteurs, et je suis fier d'avoir été chargé de vous en faire la rapide analyse.

Il me serait agréable de vous raconter ses aventures à travers les pampas, à la suite de la mission apostolique; mais ma mission, à moi, était de vous raconter les choses de la navigation, c'est-à-dire les *Tragédies de la mer*. J'ai rempli ma tâche et je me soumets à la consigne qui m'impose le silence sur le reste.

Adieu donc à D. Giovanni Mastaï, le père de la catholicité!

LE CANNIBALISME DANS LA MÉLANÉSIE

ET

DRAMES CHEZ LES ANTHROPOPHAGES DE L'ILE ROSSEI

Aventures du lieutenant Krusenstern, sur la mer de Kara.

Départ de Hong-Kong du trois-mâts français le *Saint-Paul*. — Vingt hommes d'équipage et trois cent dix-sept ouvriers chinois se rendant en Australie. — Rapide esquisse de Hong-Kong. — Les jonques chinoises. — Calme plat. — Les dangers. — Où le *Saint-Paul* change de route. — Navigation aventureuse. — Entrée dans la Mélanésie. — Région des anthropophages. — L'heure fatale des ténèbres. — Périls des récifs de coraux. — Echouement du *Saint-Paul*. — L'écueil du refuge. — Campement dans une île inconnue. — Apparition de sauvages noirs et hideux. — Lutte furibonde. — Où le sang coule. — Les blancs, exquise nourriture pour les noirs. — Nouvelles attaques des cannibales. — Décision du capitaine. — Comment les Chinois consentent à être abandonnés jusqu'après recherche de secours. — Départ du canot du *Saint-Paul*. — Trois cents lieues sur mer. — Mort de matelots. — Autres sauvages. — Délivrance. — Arrivée à Sydney. — Départ de l'expédition pour sauver les Chinois. — L'île Adèle. — L'île Rossel, théâtre de la perte du *Saint-Paul*. — Où l'on retrouve les sauvages, mais de Chinois point! — Comme quoi un jeune coolie se montre dans l'ombre. Son récit. — Triste sort de ses compagnons. — Fourberie des anthropophages. — Massacre partiel et général. — Négociations. — Ruses des cannibales. — Représailles. — La goëlette russe *Iermak*. — Le bateau l'*Embrio*. — Aventures du lieutenant Krusenstern. — Mer de Kara. — Glaces et banquises. — Terribles épreuves. — L'échouement du *Iermak*. — Mer polaire. — Tragédies. — Dénouement.

Hong-Kong est une île de la baie de Canton. Elle fut occupée par les Anglais en 1842, après le traité de Nankin. A cette époque, tout au plus ce rocher sans végétation comptait-il quelques cabanes de pêcheurs : maintenant, Hong-Kong est une ville considérable, que décorent de somptueux monuments et qui n'a pas moins de quatre-vingt mille habitants.

Ainsi la civilisation européenne a produit ce prodige, que à l'entour de ce récif, près duquel de mauvaises jonques chinoises se mettaient en garde contre de rapaces pirates, où des pêcheurs misérables gagnaient à grande peine quelques sapèques par chaque année, actuellement des navires de toutes les nations se rangent les uns contre les autres pour trouver un gîte, et le son des dollars retentit sans relâche.

Pour entrer ou sortir du port, on est obligé de traverser de longues flottilles de jonques, disposées en longues lignes et traînant de vastes filets de pêche. La mer en est couverte au loin, et c'est une vie, un mouvement, une agitation dont rien sur nos côtes de France ne peut donner une idée. Chacune de ces jonques porte, entassée pêle-mêle, sur ce frêle esquif, la nombreuse famille à laquelle elle appartient. C'est l'avoir, le gagne-pain, la maison de ces braves Chinois.

Au mois de juillet 1858, à huit heures du matin, le capitaine du *Saint-Paul*, trois-mâts français, donnait l'ordre, dans le port de Hong-Kong, d'appareiller, pour se rendre à Sydney, dans l'Australie, en doublant les îles Salomon. Un sombre brouillard dérobait la vue de toute terre, et les ondes jaunes d'une mer très-tourmentée disparaissaient à tous les regards. Heureusement, peu à peu la brise se leva, enlevant la nappe de brouillard; en même temps le flot tomba, le ciel se remit au beau et le voyage commença sous d'excellents auspices.

Mais fiez-vous donc à l'élément perfide! Un calme plat, puis un autre, puis un troisième, — c'est la plaie du voisinage de l'équateur, — arrêtèrent bientôt la marche du trois-mâts. C'est une chose terrible, l'ouragan, la tempête! Mais c'est chose presque aussi redoutable, le calme plat! Pas une ride sur la surface de l'Océan; pas une brise soufflant sur les hunes, gonflant les voiles, se jouant dans les agrès, courbant les enfléchures. Le navire, dont la vapeur n'aide point la marche, devient immobile comme la statue de sel de Loth, comme le pic de Ténériffe, comme la chaîne des monts Rocheux. Avec cela, le soleil, un soleil implacable, ruisselle sur le vaisseau, brûle le pont, échauffe sans relâche ses parois, embrase l'air des cabines, des soutes, de la cale, et détermine de dangereuses maladies, telles que le typhus et la peste. Et cependant, le jour succède à la nuit, et la nuit au jour, les semaines remplacent souvent les semaines, et le bâtiment n'oscille pas, ne marche pas, n'avance pas d'une ligne : il semble se mettre d'humeur à refuser de glisser sur les vagues alourdies. La conséquence du calme plat, à savoir l'épuisement des vivres, la sinistre disette, est là qui guette sa proie, et le navire inanimé menace de devenir le tombeau de tous ceux qui lui ont confié leur fortune et leur vie...

Or, le *Saint-Paul* ne comptait pas moins de vingt hommes d'équipage et de trois cent dix-sept passagers chinois, de ces individus appelés coolies, qui vendent leurs bras pour aller travailler dans les colonies européennes, moyennant salaire convenu et à la condition d'être ramenés dans leur pays, après un temps déterminé.

Figurez-vous donc trois cent trente-sept bouches à nourrir, sur place, sans qu'avance le moins du monde le bâtiment, et vous comprendrez avec quelle rapidité les vivres s'épuisent et menacent de la famine, sans qu'on ait espoir de se ravitailler quelque part, à raison du calme plat qui vous cloue, comme un écueil immobile, au sein des vagues et à la surface des flots.

Aussi le capitaine du trois-mâts se décide-t-il à s'écarter de la route fixée, et de se diriger le plus directement possible vers Sydney, le port qui lui est désigné comme but de son voyage.

Mais alors il devait passer entre les îles Salomon et l'archipel de la Louisiade; mais alors il s'exposait beaucoup en franchissant des parages où foisonnent les anthropophages!

Néanmoins il regarde comme impérieuses les circonstances présentes, et, pour s'y soustraire, il s'engage dans une voie hérissée de dangers de toutes sortes.

A peine a-t-il tourné la proue du *Saint-Paul* vers ce sillon qu'il veut suivre désormais, que, comme par enchantement, cesse le calme plat, mais aussi, hélas! surviennent d'épais brouillards, ce qu'on nomme les *gros temps*, qui ne permettent pas de relever avec certitude le point très-exact qu'occupe le navire sur notre sphère, et cela à l'aide de l'examen et de l'observation de l'astre du jour.

C'est donc par *à peu près* que l'on navigue, et cet à peu près, en trois jours, pousse le *Saint-Paul* à la côte. Sur quelle côte? On l'ignore, on ne peut préciser, on est incertain. Mais ce dont on est fâcheusement trop assuré, et cela à première vue, pour un œil bien exercé, c'est que le bâtiment fait route en pleine Mélanésie.

Or, la Mélanésie est la portion de l'Océanie que fréquentent les noirs les plus cruels, et les îles de cette partie de l'Océan équinoxial sont occupées, toutes, par les plus farouches des anthropophages, c'est-à-dire des mangeurs de chair humaine. En outre, les abords de ces îles et îlots, sans exception, résultats de larges émergences volcaniques ou de la formation de coraux, sont on ne peut plus dangereux.

En effet, une nuit, un choc violent eut mis contre des récifs à fleur d'eau, et le *Saint-Paul* fut en échouement complet.

Jugez du contraste de cette scène terrible, avec les splendeurs de nature qui l'environnent. A droite d'une île encore confusément estompée, le croissant de la lune montre ses cornes animées; apparaissent ses étoiles sans nombre, à travers lesquelles une comète voyageuse fait briller son lumineux panache. Le soleil se lève peu après dans des teintes ardentes, et déjà, sur les plus hautes branches des arbres de l'île, les perroquets curieux et les geais babillards regardent ce tableau de désolation du trois-mâts échoué.

Il est bien sinistre, en effet, ce tableau, sur la mer, si la terre et le ciel présentent des perspectives aussi charmantes! C'est sur la pointe extrême d'un très-long banc de corail, se déroulant à perte de vue à l'entour d'une île montagneuse, capitonnée des plus beaux arbres, et sans doute occupée par des sauvages, que le pauvre bâtiment s'est encloué... Que seront les naturels de cette île si gracieuse à contempler aux premiers rayons du jour?

O terreur! secoué par le flot, démembré par le récif aux aspérités aiguës contre lequel il est constamment heurté par les vagues, le *Saint-Paul* s'entr'ouvre, et l'eau de mer prend possession avec fracas de toutes les parties du navire.

Trois cent trente-sept hommes à sauver! Où sont les canots d'un navire de commerce suffisants pour charger une telle foule, et la rapidité de l'échouement et de la ruine du trois-mâts est celle de la foudre.

Par bonheur, l'eau qui couvre le récif de corail est très-peu profonde, et c'est même sans nager que ces infortunés passagers et l'équipage peuvent aller prendre possession d'un îlot qui occupe le milieu entre le théâtre du drame et l'île verdoyante et hérissée de montagnes qui se montre au-delà.

Enfin, c'est un refuge, cet îlot. On s'y installe, et, pour ne pas y mourir immédiatement, voici que la marée pousse à la côte quelques misérables provisions arrachées aux soutes du bâtiment entr'ouvert : salaisons de toutes sortes, boîtes de conserves, muids remplis de farine, etc.

Mais trois cent trente-sept homme à nourrir! Et pas une seule barrique d'eau douce!...

Cependant, suivi de l'équipage et d'une partie des coolies, le capitaine se fait conduire sur l'île fort peu éloignée du récif, et là, sur le bord du ruisseau, tout près du rivage et en face de l'écueil où sont restés de nombreux Chinois, se trouve un emplacement où les naufragés pourront facilement s'établir et camper.

Hélas! ainsi qu'on l'a prévu, ainsi qu'on le craignait, l'île est habitée, et habitée par les plus noirs, les plus repoussants, et les plus nus des sauvages. Par bonne fortune, toutefois, ils semblent réservés, pas hardis, nullement entreprenants. On obtient même de plusieurs d'entre eux quelques fruits et des cocos.

Mais ces bonnes dispositions ne sont pas de longue durée. Tout-à-coup, alors que le soleil rutile à l'horizon, une horde nombreuse de ces naturels, si timides tout-à-l'heure, s'avance résolûment, et brandissant des massues et des lances, les voici qui fondent sur les naufragés et veulent engager la bataille.

La lutte a lieu en effet, peu longue, mais furieuse. Les Français, appuyés de quelques coolies, ripostent à l'attaque inopinée des sauvages, qui, rusés comme le sont les naturels de ces parages, et jugeant bien vite de leur supériorité numérique par comparaison, n'hésitent plus à se jeter dans la mêlée, avec des cris épouvantables, et à commencer le massacre. Le sang coule, et huit de nos marins et quelques Chinois, ou mordent la poussière, ou sont entraînés par les sauvages, ou s'enfuient.

S'ils ne meurent pas tous, quand on compte les absents, il se trouve que ce nombre manque à l'appel. Se sont-ils enfuis sur les côtes de l'île? on ne peut pour cela se trop presser d'aller à leur recherche, car le rivage devient noir sous les pas pressés de ces hordes de Mélanésiens, qui hurlent à faire peur et défient les blancs avec rage.

Les blancs! Ce sont là, pour ces noirs, des êtres fantastiques, et que cette chair blanche doit être savoureuse à leurs yeux! Aussi craint-on que déjà plusieurs des victimes ne soient livrées aux tortures du supplice, pour être ensuite rôties et dévorées.

D'autre part, l'exiguité et le petit nombre des canots détachés du bord englouti, ne permettent pas de s'aventurer sur la plage, pour tenter de délivrer les captifs, s'il y a des captifs.

On temporise donc ; on avise. Aviser en face d'un navire que la violence de l'échouement fait s'engloutir peu à peu, en face de nuées de noirs sauvages glapissant comme des tigres affamés, en face d'une première lutte qui compte déjà des victimes... On avise cependant...

Mais, préliminairement, les nouvelles attaques des sauvages sont repoussées à coups de fusils. Seulement les capsules des armes faisant défaut, par suite du lamentable échouement, il faut enlever les cheminées des fusils, et c'est à l'aide d'une corde à feu que l'on enflamme la poudre.

Cependant, un matin, avant le lever du jour, le capitaine se rend mystérieusement du récif à la plage de l'île, ou il avait établi le campement que vous savez. Tout est à l'état de ruines : nulle trace des martyrs de la première bataille.

Sur ce, revenu à l'îlot du Refuge, le capitaine explique aux coolies qu'il va s'éloigner, dans le plus grand canot, avec les marins de son équipage, et aller à la recherche de la terre la plus proche, afin d'en ramener un navire et de venir les prendre ensuite pour les conduire à leur destination. On leur abandonnera les provisions que la mer rejette : tout au plus emportera-t-on quelques boites de conserves et de l'eau douce. Enfin, on leur laissera les armes, les balles et la poudre. C'est un voyage de trois cents lieues peut-être ; mais à la grâce de Dieu, il faut agir!

En effet, le capitaine, fort de l'assentiment des Chinois, s'éloigne dans le grand canot, avec les onze hommes de l'équipage qui lui restent, et, après quelques jours bien pénibles, ils atteignent un promontoire sur les rivages d'Australie, le cap Flattery.

La côte est déserte, et à peine peuvent-ils y recueillir des fruits amers et quelques moules. Mais ils y font provision d'eau douce, ce qui devient pour eux un grand soulagement.

Le canot se dirige ensuite vers le sud : on est en quête d'un port anglais, mais on n'arrive pas à le rencontrer. Chaque nuit, on stationne sur un des nombreux îlots déserts de ces parages et on y cherche une nourriture qui fait presque toujours défaut. On y cherche surtout à boire, et l'eau douce est encore plus rare que les vivres.

Qu'elles sont navrantes et souvent répétées les péripéties d'un pareil voyage, dans une pauvre petite nacelle, à travers les flots de l'Océan austral ! A ces calamités, se joint le manque de discipline, car tel et tel matelot ne veut plus agir que selon son caprice.

Un soir, à l'heure de se réunir à la chaloupe, le mousse ne se présente pas à l'appel. A l'heure du départ, le lendemain, le pauvre enfant ne paraît pas davantage : on est obligé de reprendre la mer sans lui.

Remarquez cette dernière circonstance, car dans un autre de nos drames de la mer, *nous avons parlé de ce mousse.*

A quelques heures de là, un des matelots, épuisé, n'en pouvant mais, rend l'âme entre les bras de ses compagnons.

Cependant, octobre est venu, et le 3 de ce mois on change la direction de la chaloupe et on essaie de gagner le détroit de Torrès, entre la Nouvelle-Guinée et l'Australie.

Là se trouve Timor, but de nos tristes naufragés. Mais, avant Timor, le détroit de Torrès devient une Providence pour nos infortunés. Ils aperçoivent un mât très-élevé, planté sur la côte, et ce mât laisse flotter à son sommet un pavillon anglais. On débarque, on se précipite vers ce signal, et, au pied du mât se montre une large boîte, sur laquelle on peut lire : *Post-Office.* C'est une invitation aux voyageurs de placer là leurs dépêches, que prendra le premier navire qui passera. Hélas ! où et comment écrire ? Par bonheur, la charité industrieuse des Anglais a déposé dans la boîte des provisions pour ceux que la mer aurait éprouvés : sucre, thé, tabac, etc. En cherchant bien aux alentours, on trouve aussi, placés sous terre et à l'abri, des salaisons, du rhum, du biscuit, de l'eau douce.

Le courage rentre dans l'âme de nos chers compatriotes.

Le surlendemain, 5 octobre, l'îlot, que l'on aborde pour y passer la nuit, semble désert comme les autres, et on y amarre le grand canot ; mais au point du jour, plus de canot ! L'îlot est donc habité ? Il est habité, en effet, et les terribles naturels de cette côte arrivent en foule, entourent les misérables marins, en font leurs captifs et les entraînent sur la grande terre du voisinage.

Un autre matelot succombe sur ces entrefaites.

Alors, jusqu'au 11 du même mois, les Français, surveillés de près, privés ou à peu près de tout aliment, se trouvent rapidement réduits à la dernière extrémité.

Qu'ils sont hideux, ces affreux sauvages! Énorme tête crépue, aux traits immondes; peau noire et luisante; membres grêles, mais longs comme des échasses; abdomen saillant. Plus repoussantes encore sont les horribles mégères qui leur tiennent lieu de compagnes. Et pourtant ces femmes semblent avoir autorité sur les hommes. Ajoutons de suite que cette tribu paraît moins cruelle.

Le ciel fait souvent trouver à l'homme malheureux des moyens de salut à l'endroit même où il croit sa perte assurée!

Voici que, le matin du 11, une goëlette anglaise se montre en vue de l'île. Nos captifs joyeux, de faire aussitôt tous les signaux possibles. On les aperçoit du bord, on envoie une embarcation, on les recueille sans retard, et le capitaine anglais, du nom de Mac-Farlane, qui se rend à peu de distance, au cap Grenville, rachète des indigènes les heureux naufragés, et obtient même que leur canot leur soit rendu.

Cette goëlette est le *Prince of Danemark*. Le 25 décembre, elle déposait à Port-de-France les tant éprouvés marins français.

Port-de-France! Puisse ce nom devenir un bon augure pour l'équipage du *Saint-Paul*!

Le capitaine français ne perd pas une minute : il frète un bâtiment de guerre venant de la Nouvelle-Calédonie, et dès le 27 décembre l'expédition se mettait en marche pour aller à la recherche de l'île où l'on avait laissé les Chinois.

On supposait que cette île avait nom Adèle, à l'extrémité de l'archipel de la Louisiade, qui regarde le soleil levant.

Le 5 janvier 1859, on était en présence de cette île Adèle. Mais point. Pas le moindre vestige du *Saint-Paul*, pas la moindre apparence de coolies. Cette terre est inhabitée.

Ne serait-ce pas plutôt cette haute terre qui, plus loin, émerge des flots, et que l'on voit couronnée de montagnes boisées?

Oui, c'est bien cette île, l'île Rossel...

En effet, à peine en vue de l'île, on voit sortir de l'eau, contre l'îlot du Refuge, la poupe et le beaupré du *Saint-Paul*, et on reconnaît que, sans les ombres épaisses de la nuit du drame, il eût été facile, en se portant un peu plus loin, d'éviter le lamentable échouement de ce navire.

Mais pas un être en vie sur l'îlot, et la côte de l'île Rossel semble absolument déserte.

Néanmoins un officier aborde l'îlot. Il y trouve une tente qui avait été dressée à l'aide de deux arbres, complètement déchirée, des lambeaux de toile dispersés à terre, des coquillages qui ont donné de la nourriture, deux cadavres enfouis sous des pierres, des arbres creusés comme pour recevoir l'eau du ciel, etc.

On remit au lendemain toute autre exploration, et au lever du soleil, l'intelligent commandant du bord imagine, par l'expérience qu'il en a acquise, de faire mouiller le navire de guerre dans le seul point du récif de corail qui entoure l'île, où ce récif ne se continue pas, grâce à une rivière qui descend de l'île, l'eau douce étant peu agréable aux madrépores constituant les enceintes de corail. Là, le vaisseau est parfaitement à l'abri et en toute sûreté contre le récif.

Le mouillage mis à fin, des chaloupes de guerre sont immédiatement envoyées en reconnaissance. Pas de sauvages ! Pourtant voici deux pirogues et six indigènes qui se hâtent d'aborder à l'île, à l'aide de perches. Les insulaires s'enfuient dans les végétations de la côte, mais on s'empare de leurs pirogues.

Tout-à-coup, on signale un homme, un enfant nu, à demi caché dans l'eau, et qui, dans le plus profond silence, s'évertue à faire des signaux d'appel. C'est un naufragé du *Saint-Paul*, c'est un jeune Chinois qui, à peine dans la chaloupe allant à sa rencontre, se jette dans les bras du capitaine qu'il reconnaît, et lui dit en pleurant :

— Tous, tous morts !...

Trois cent dix-sept hommes victimes de ces cannibales ! Telle est la pensée navrante qui émeut toutes les poitrines. Et, en effet, dans son mauvais anglais, le coolie explique qu'il n'y a plus dans l'île que quatre de ses compagnons, y compris le maître charpentier de l'équipage du *Saint-Paul*.

Bref, par le jeune Chinois, on sait bientôt que ce charpentier se trouve sous l'œil vigilant des insulaires, qu'on lui a ouvert le nez pour passer dans le cartilage un morceau de bois, suprême degré de la coquetterie rosselienne, qu'il est l'homme le plus malheureux, et que le pauvre naufragé ne peut tarder à mourir.

Quant à lui, adopté par un des chefs de la tribu, le coolie arrache et foule aux pieds des colliers de corail qui lui ont été mis au cou par ses protecteurs, et il les repousse au loin.

En ce moment, trente à quarante sauvages s'approchèrent, ne se doutant pas que les marins avaient des armes cachées, et, souriant au Chinois, ils lui faisaient mille avances pour le rappeler à eux, lui promettant une existence charmante, des vivres en abondance et des plus recherchés.

Cependant les matelots faisaient miroiter à leurs yeux toutes sortes d'objets bien capables de les séduire, verroteries, étoffes de couleurs vives, pipes, tabac... Tabac ! ces brutes n'en connaissaient pas même l'usage.

On en était à ces pourparlers, quand soudain on vit les sauvages évoluer de manière à cerner les Français : mais, à la façon dont agirent les matelots, sous le commandement d'un chef, ils comprirent qu'ils avaient affaire à plus forts qu'eux.

Alors, ils changèrent de tactique, et parurent inspirer aux marins qu'ils s'exposaient à un grave danger, en restant dans le canal : aussi faisaient-ils signe de se mettre à l'écart. Leurs avances ne furent point admises, et les choses en étant là, les embarcations s'éloignèrent pour aller à la découverte sur un autre point.

Elles se postèrent en face du courant, où le capitaine du *Saint-Paul* avait formé son campement, à l'heure du naufrage.

Horrible spectacle! Là, dans tout le bassin du camp, le sol est jonché des longues chevelures nattées que les Chinois aiment à porter; on en compte un grand nombre, plus de trois cents. Là, des entassements d'habillements arrachés aux infortunés coolies. On avise, au milieu de l'enceinte, un tronc d'arbre, rouge de sang, et taillardé de coups de lances : il a dû servir au supplice des infortunées victimes de l'anthropophagie...

Les Chinois s'étaient-ils donc rendus aux sauvages? Ils étaient pourtant en assez grand nombre pour vendre chèrement leur vie! Point. Les coolies avaient résisté à toutes les avances hypocrites qu'avaient pu leur faire les insulaires, et, attaqués, ils s'étaient défendus. Mais vint un moment où le manque de vivres et d'eau douce leur enlevèrent ce qui leur restait de forces. Entraînés par les invitations réitérées des naturels, qui ne cessaient de rôder à l'entour de l'îlot du Refuge, et séduits par leurs sourires et la vue des aliments qu'ils désiraient, deux et trois consentirent à monter dans les pirogues rosseliennes, et conduits à terre, au campement, que voilait une longue frondaison de palétuviers, et d'où les cris des victimes ne pouvaient se faire entendre, les trois martyrs eurent à subir le plus affreux supplice. On leur arracha leurs chevelures, on les saigna à coups de lances, comme de vils animaux : on les immola pour s'en repaître.

Egarés par l'air de satisfaction des sauvages et leurs airs béats de compassion, trois autres Chinois furent amenés à suivre l'exemple de leurs compagnons, dont, hélas! ils partagèrent le triste sort. Ainsi des trois cents coolies...

Quelle douleur dans l'âme des marins français en présence des cadavres, aux ossements déjà blanchis, des malheureux Chinois!

On reprit place dans les embarcations de guerre, et on revint au mouillage, en fixant les yeux sur une haute colonne de fumée qui s'élevait dans les bois et désignait le point sur lequel devaient être concentrées les forces des sauvages. Ce fut là que se dirigèrent les embarcations françaises, au moyen d'un cours d'eau peu large, mais d'une certaine profondeur. Cette voie était rendue fort obscure par l'épaisse végétation d'un grand bois de l'aspect le plus romantique. Mais cette poésie ne rendait que plus dangereux le parcours de la rivière, car les sauvages pouvaient être embusqués dans les branches de ces admirables fourrés.

En effet, des pierres, lancées avec une violence inouïe, ne tardèrent pas à pleuvoir sur les marins, et en même temps la forêt retentit de féroces hurlements. Aux pierres, les matelots répondirent par des coups de feu, et quoique les insulaires pussent facilement se mettre à l'abri derrière les troncs d'arbres des pentes montagneuses des bois, ils s'éloignèrent en hâte, avec accompagnement de cris sauvages.

Malheureusement la rivière ne permît bientôt plus aux chaloupes d'avancer : d'ailleurs, attaquer le village qui devait être assez près n'était pas chose autorisée par le commandant du navire de guerre, qui voulait temporiser. Il fallut donc reprendre la direction de la plage.

Durant les ténèbres de la nuit suivante, les clameurs les plus sinistres et des accents horribles émis à l'aide de coquillages, ainsi qu'on les représente aux lèvres des Tritons, ne cessèrent de frapper les oreilles des navigateurs. En outre, sur les talus de la plage, on voyait briller de grands feux, qui peut-être éclairaient les orgies de ces cannibales.

Une seconde attaque des embarcations armées en guerre n'eut pas plus de succès, quoiqu'elle eût pris pour point de bataille le lieu où l'on avait trouvé le Chinois.

Alors on dirigea l'expédition vers un groupe de huttes placé sur une autre plage. On y trouva nombre de hideux rosseliens, qui ne parurent pas vouloir combattre, mais lesquels cependant n'accueillirent les Français qu'avec des pierres.

Du moment qu'on ne pouvait lutter avec eux, on dut songer uniquement aux représailles, car enfin leur horrible anthropophagie devait avoir son châtiment. L'expédition s'empressa d'atterrir, et comme des nuées d'indigènes étaient là sur le rivage, on courut quelque danger à s'exposer à leurs décharges de pierres, fort dures, car elles étaient en basalte. A peine deux des matelots furent-ils atteints. Les femmes, véritables Erynnies, se plaçaient au premier rang, et exhortaient leurs guerriers à la lutte. Mais, tout-à-coup, les embarcations s'étant disposées en cercle sur le bord de l'eau, l'une d'elles, armée d'un obusier, vomit ses projectiles, et en entendant l'explosion, et surtout en voyant tomber, sanglants, plusieurs de leurs frères, les sauvages, effrayés, s'enfuirent sans déguiser leur terreur extrême et en poussant des rugissements de détresse. Alors les matelots, pourvus de fusils, débarquèrent, en faisant un feu de tirailleurs, et les Rosseliens se dispersèrent fort au loin.

L'expédition envahit sans retard le village, qui se trouvait sur un mamelon, dans une position charmante, et on le livra aux flammes, après avoir dépouillé les huttes des sauvages des objets plus ou moins étranges qu'elles renfermaient.

Enfin, les embarcations furent chargées des habits des infortunés Chinois : on emmena le jeune coolie, et le lendemain, le navire de guerre retournait à Sydney, avec le capitaine du *Saint-Paul*, ce qui restait de son équipage et le pauvre petit Chinois, l'unique survivant des trois cent dix-sept infortunés embarqués à Hong-Kong.

De ce déplorable drame de la mer, je passe à un autre naufrage non moins lamentable.

Cette fois, le théâtre de la tragédie change, et nous voici en pleine mer de Kara, dans les glaces du pôle septentrional.

Le héros est le lieutenant Krusenstern, de la marine russe, en exploration sur les côtes de la Sibérie.

Il mettait à la voile en août 1862. Sa goëlette *Iermak* et un moindre bateau, l'*Embrio*, avec un équipage de trente hommes, avait pour mission d'étudier le fleuve Tenissée.

Le ciel était des plus beaux, et le voyage promettait un plein succès. Néanmoins le vent tourne bientôt, et dans la tourmente l'*Embrio* ne peut suivre qu'à grande peine. Puis, la mer devint si épouvantable que l'écume volait jusqu'aux plus élevées des enfléchures.

On ne tarda pas à se trouver en présence des premières glaces, peu épaisses, mais contre lesquelles il était difficile de ne pas se heurter. Toutefois, du haut des mâts on voyait la mer libre s'étendre au loin.

Les navires s'avancèrent sur le détroit de Vaigatz, et comme il était dégagé de banquises, on doubla les voiles, dans le but de le franchir pendant la nuit. Au passage des deux bâtiments, des Samoyèdes, hissés sur leurs iourtes, poussaient des cris et semblaient profondément étonnés.

Enfin on entra dans la mer de Kara, qui parut envahie par des glaces bien différentes des premières. Il fallut mouiller sous le cap Kaninn. Point de courant, mer très-calme. Mais, peu après, la marée fait irruption dans le détroit de Vaigatz, entraînant avec elle des banquises monstrueuses. La lutte des deux navires devint épouvantable. A peine arrivait-on à se débarrasser de ce dangereux voisinage, que survenaient d'autres îles flottantes, plus redoutables. L'*Embrio* fut dominé par un si énorme bloc de glace, que sa mâture se déroba sous lui, et on le crut anéanti.

Le lendemain, l'*Iermak* s'empressa de rechercher le bateau, et après des manœuvres passablement incertaines, soudain la voilure de l'*Embrio* se trouva en vue. On se dirigea vers lui, dans le but de le secourir. Perforé au-dessus de la flottaison, ce bâtiment sembla ne courir encore aucun danger. Et, comme le passage par la mer de Kara se montrait avec d'insurmontables difficultés, on s'éloigna de ces formidables banquises, qui interceptaient la navigation, et on prit la route qui s'étend entre la Nouvelle-Zemble et l'île de Vaigatz.

Il faisait un temps magnifique, le ciel était clément, le jour limpide. Néanmoins, peu à peu les glaces se prirent à entourer la goëlette de manière à l'emprisonner : pour la préserver de tout choc, on lui mit une chemise de pièces de bois : mais les glaçons l'enveloppèrent à leur tour, et l'infortuné bâtiment d'exploration se trouva bientôt immobilisé par ces ennemis farouches de la navigation.

A quelques milles de là, l'*Embrio* se trouvait dans une aussi sinistre position. Cependant, ce moindre navire parvint à se dégager, et le 13 de septembre, son capitaine rentrait dans le port du départ, racontant à qui de droit la situation critique de l'*Iermak*.

A la vue, les côtes de l'île de Vaigatz s'effaçaient petit à petit, et les matelots de la goëlette voyaient s'étendre au loin d'immenses horizons, hérissés de banquises. Toutefois, le 20 d'août, s'étant dégagée lentement, elle se trouva en regard d'une grande terre. Puis, la glace s'agitant avec violence, d'affreux craquements parurent annoncer la perte de l'infortuné bâtiment. Heurté par les banquises dans tous les sens, on le vit s'incliner à bâbord et rester ainsi dans cette position navrante.

Je ne vais pas vous faire passer, chers lecteurs, par toutes les péripéties que dut subir l'*Iermak*. Entourée, pressée par des blocs gigantesques de glaçons, écrasée par la violence de leur choc, désemparée, mutilée par la véhémence de la mer, suspendue un moment au-dessus de l'abîme par les banquises qui la soulevaient, puis retombant sur elle-même et fléchissant à bâbord sous la pression des obstacles, du 22 août au 1er septembre elle se trouva peu à peu disloquée.

Le 1er septembre, le vent se prit à souffler en tempête. Alors la goëlette fut emportée vers le nord-ouest avec la rapidité d'un mille à l'heure. Comme on craignait d'aller se heurter contre la grande terre, et que l'*Iermak*, comprimée par une horrible pression, craquait de manière à faire croire qu'elle était éventrée, le 2 de ce nouveau mois, le lieutenant Krusenstern donna l'ordre de quitter le vaisseau.

On dressa une tente sur le rivage, on la remplit de provisions et on amoncela le bois et le charbon à l'une de ses extrémités, afin de ne pas périr de froid.

Il s'agit alors d'atteindre la côte qui se montrait à l'est.

Fort heureusement on avait enlevé à la pauvre goëlette, devenue le jouet des vents et des glaces, une grande chaloupe bien doublée en cuivre. On lui imposa un chargement en biscuits, salaisons, sucre, rhum, instruments d'observation, livres, cartes, manteaux, pelisses, couvertures, etc. Chacun des matelots enferma du linge, des vêtements et des vivres pour bon nombre de jours, dans son bissac, puis tous les hommes de l'équipage, munis d'une pique pour sonder la glace et s'appuyer, afin de franchir les crevasses, chaudement vêtus, bien bottés, on s'éloigna, le cœur brisé, de la goëlette, le 8 septembre.

Enfin, on pria Dieu solennellement et avec âme, et on se mit en route.

Prier Dieu! n'est-ce pas le véritable moyen de trouver le courage pour affronter les périls, quand les plus sinistres événements et les plus sombres circonstances vous pressent, vous dominent et vous mettent en géhenne?

Et la preuve, c'est que, au moment où le lieutenant Kruseustern, en tête de sa caravane, scande les escarpements glacés, franchit les crevasses, on vient lui dire que l'un des ouvriers de l'expédition, Sitnikoff, un forgeron, ivre de rhum, s'est arrêté au milieu des glaces et refuse d'aller plus loin. Le brave officier court à sa recherche, le trouve endormi sur les glaçons balancés par les flots de la mer, veut l'entraîner, mais en face de sa résistance le livre à son malheureux sort.

Le vent souffle et la neige tombe.

C'est alors un matelot qui glisse dans un laquet d'eau douce et qu'on a grande peine à rappeler à la vie.

C'est ensuite la chaloupe et les traîneaux, disloqués par les glaces, qu'on est contraint d'abandonner.

Puis vient une nuit où les malheureux voyageurs sont obligés de dormir sous la neige, et la chaleur de leurs corps fait fondre si bien la glace, qu'ils se réveillent dans un bain.

O surprise! le forgeron Sitnikoff rejoint l'expédition, à la grande satisfaction de l'équipage.

Maintenant on rencontre des glaçons mouvants qui peuvent servir de flottille pour se rapprocher de la terre. On s'installe, deux par deux, sur ces navires d'un nouveau genre, et l'expédition s'avance vers l'est.

Enfin la terre, la grande terre, fait son apparition, et la joie est si grande que le courage revient dans le cœur de tous nos Moscovites.

Après le repas du 11, on pénètre dans une clairière, et, à quelques mètres de la flottille de glaçons, trois, cinq, six morses viennent audacieusement à la rencontre des marins. L'un de ces animaux, plus entreprenant que les autres, est immolé d'un coup de feu, et ses compagnons n'ont rien de plus pressé que de fuir.

Le 12, le lieutenant escalade le glaçon qui le porte, et, à l'aide de sa lunette, découvre parfaitement la mer libre.

L'espérance renaît une fois encore, car du haut de cet observatoire on peut s'assurer que l'eau qui se présente de nouveau est bien la dernière à franchir.

Le lendemain, les banquises portant les voyageurs se désagrègent avec un formidable bruit d'artillerie. En effet, le temps s'adoucit, le vent et la mer tombent, le coucher du soleil se fait splendide.

Toutefois, la nuit du 14 est froide, plus que froide, glaciale. Puis la côte disparaît dans la brume. Un renard passe sur les glaçons : mais comment envoyer après lui les chiens de l'équipage ? ils sont haletants, épuisés, les pauvres animaux !

Le 16, tombe une pluie diluvienne. Les gens de l'équipage sont trempés. On leur donne double ration, pour les reconforter.

En dernier lieu, on atteint la terre. Hourrah général !

Aussitôt le docteur Maticen, braquant sa longue-vue, s'écrie :

— Des tentes, des tentes sur le rivage !

En effet, ce sont des Karachins, les plus doux et les plus débonnaires des hommes, qui font aux naufragés la plus cordiale réception, mettent leurs traîneaux et leurs chiens à la disposition de la caravane, et donnent une nourriture fraîche aux Russes exténués de fatigue.

Bref, le 1er octobre on arrive sur les bords du fleuve Obi, et, quelques jours après, à Kouia, d'où la malencontreuse expédition était partie, il y avait à peine deux mois.

Mais rien du but de ce voyage n'était obtenu, à savoir l'observation du fleuve Tenisséi.

L'Ile Maurice, autrefois Ile de France. — Rapide description. — Le Peter-Booth. — Cascade de Tamarin. — Une pierre tumulaire. — Tombeau d'une jeune fille. — Où l'on évoque le souvenir de Paul et Virginie. — Histoire véridique. — Le *Saint-Géran*. — Retour de Virginie. — L'Ile d'Ambre. — Navire en détresse. — Où l'on chemine dans les bois. — Le quartier de la Poudre d'Or. — Canon d'alarme. — Tempête de mer, vue de la terre. — Périls que court le *Saint-Géran*. Un matelot sauveur. — Apparition de Virginie sur le navire en perdition. — Naufrage du *Saint-Géran*. — Mort de la jeune fille. — Dangers des voyages sur mer. — Le *Cosspatrick* et ses quatre cent vingt passagers. — Départ pour l'Australie. — Vue de Madère. — Le rocher de Tristan d'Acunha, en plein Atlantique. — Incendie du steamer le *Cosspatrick*. — Tableau du dénouement. — Les survivants du drame.

Vue de la mer, l'Ile Maurice, appelée autrefois Ile de France, offre les aspects les plus pittoresques. Elle est couronnée de belles chaînes de montagnes, et ses vastes plaines s'étendent le long de la mer. Les montagnes se distinguent par leurs formes aussi hardies que variées. Les unes présentent de larges parois verticales, les autres s'élèvent en pyramides. Quelques-unes sont couvertes jusqu'au sommet de bois touffus; d'autres ne le sont qu'à moitié, et la pointe du rocher sort tout-à-coup, lisse et nue, d'un verdoyant océan de feuillage.

Le Peter-Booth, surtout, est un dyke de la plus belle venue, que surmonte encore une grande lame de pierre, en forme de grenade. Ce rocher magnifique est du plus original aspect.

Ces montagnes sont entrecoupées de belles vallées et de gorges profondes, au-dessus desquelles rutile un ciel bleu, presque toujours sans nuages.

Cette île est située dans l'hémisphère austral, et tout en appartenant géographiquement à l'Afrique, elle est arrivée à la France, qui lui donna son nom d'Ile de France; puis elle fut prise par les Anglais, qui, gardant toujours ce qui est une bonne fois à eux, l'occupent encore et lui ont rendu le nom d'Ile Maurice.

Elle passe pour avoir été découverte par le Portugais Mascarenhas, qui avait déjà découvert les îles Mascareignes, dont elle fait partie.

Mais les Hollandais lui donnèrent le nom de Maurice, en l'occupant à leur tour, jusqu'en 1712, qu'ils l'abandonnèrent.

Ce fut alors que les Français s'en emparèrent et l'appelèrent Ile de France, comme ils appelèrent Ile Bourbon une des autres îles Mascareignes, qui n'en est éloignée que de trente à trente-cinq lieues, laquelle déjà leur appartenait, et leur appartient encore, mais sous le nom d'Ile de la Réunion.

La cascade de Tamarin, dans le district des Pamplemousses, vue d'un plateau élevé de quatre cents mètres au-dessus de la mer, est du plus admirable effet. On voit s'ouvrir une gorge de plus de deux cent soixante-cinq mètres de profondeur et de cent soixante-cinq de largeur, qui va se rétrécissant de plus en plus vers la mer. C'est dans cette gorge que se précipite une rivière, en formant sept cascades charmantes, dont deux ont plus de trente-quatre mètres de hauteur. L'eau court avec impétuosité dans la vallée, au milieu de la plus riche végétation, et termine dans l'Océan sa course vagabonde.

Je ne vous citerai pas les noms de toutes les montagnes, le Morne Brabant, le Piton de la Rivière, les Trois-Mamelles, etc. Mais je vous dirai simplement que le nom de Peter-Booth, donné à l'une d'elles, que je vous ai signalée, est celui de l'audacieux amateur des beautés de la nature qui en fit le premier l'ascension.

L'île a aussi un cratère de volcan, le Trou du Cerf; mais la végétation a remplacé la lave, et une végétation luxuriante. On ne découvre le cratère éteint qu'en atteignant ses lèvres. Quoique les pentes soient escarpées, on peut descendre dans le trou, qui est rempli d'eau pendant la saison des pluies.

Je ne dois pas omettre de dire ici que le chef-lieu de l'île se nomme Port-Louis. Bien que cette ville soit assez grande et qu'elle compte cinquante mille habitants, elle n'a de beaux édifices que le Bazar et le palais du Gouvernement. Les maisons, en général, sont petites, faites en bois, peintes en jaune, et n'ont qu'un étage.

Le pont qui passe sur la grande rivière, où il y a souvent si peu d'eau qu'on la traverse à sec, serait construit avec assez de goût, si on n'avait pas économisé sur la largeur, car une seule voiture peut passer à la fois.

Je dois mentionner une curiosité que l'on trouve dans la région des Pamplemousses.

C'est une pierre tumulaire qui ne recouvre aucune cendre humaine, mais que la légende populaire rattache à l'histoire de Paul et de Virginie.

D'aucuns se persuadent que cette touchante histoire de Paul et Virginie, racontée d'une façon si charmante par Bernardin de Saint-Pierre, l'homme le plus courageux de son siècle, car à l'époque de la Terreur il fut le seul qui osa prononcer publiquement le nom de « Dieu! » est un simple roman.

Il n'en est rien. L'histoire de Paul et Virginie est une histoire véridique, et surtout le triste et fatal dénouement de cette histoire, le naufrage du *Saint-Géran*.

Virginie avait été envoyée en France pour y parfaire son éducation. Mais après quelques années de séjour dans la patrie de sa famille, elle revenait à l'Ile de France, pour se réunir à sa mère, madame de La Tour, et ne plus la quitter. On l'avait confiée au capitaine du *Saint-Géran*, un vaisseau français, et Paul était en grande joie à la pensée de son retour, car ces deux enfants avaient été élevés ensemble, avaient reçu ensemble les mêmes secours, et ensemble devaient passer leur vie au milieu des ombrages et dans leur domaine de l'Ile de France, qui les avait vus naître.

En effet, un matin, au point du jour, le 24 décembre 1744, Paul, en se levant, aperçut un pavillon blanc arboré sur la montagne de la Découverte. Ce pavillon était le signalement d'un vaisseau que l'on voyait en mer.

Paul courut à la ville pour savoir s'il n'apportait pas des nouvelles de Virginie. Il y resta jusqu'au retour du pilote du port, qui s'était embarqué pour aller le reconnaître, suivant l'usage. Cet homme ne revint que le soir. Il rapporta au gouverneur que le navire signalé était le *Saint-Géran*, du port de sept cents tonneaux, commandé par un capitaine nommé M. Aubin ; qu'il était à quatre lieues au large, et qu'il ne mouillerait au Port-Louis que le lendemain dans l'après-midi, si le vent était favorable.

Or, en ce moment il n'y avait pas le moindre vent.

Le pilote remit au gouverneur les lettres que ce vaisseau apportait de France.

Il y en avait une pour madame de La Tour, de l'écriture de Virginie. Paul s'en saisit aussitôt, la mit dans son sein et courut à l'habitation. A peine cette lettre fut-elle lue, que toute la famille, transportée de joie, s'écria :

— Virginie arrive, elle est arrivée !

Madame de La Tour dit à Paul :

— Mon fils, allez prévenir notre voisin du retour de Virginie.

Aussitôt le nègre Dominique alluma un flambeau de bois de ronde, et Paul et lui s'acheminèrent vers mon habitation, raconte le narrateur du drame, dont voici le récit :

Il pouvait être dix heures du soir. Je venais d'éteindre ma lampe et de me coucher, lorsque j'aperçus, à travers les palissades, une lumière dans les bois. Bientôt après, j'entendis la voix de Paul qui m'appelait. Je me lève, et à peine j'étais habillé que Paul, hors de lui et tout essoufflé, me saute au cou en me disant :

— Allons, allons, Virginie est arrivée : allons au port ; le vaisseau y mouillera au point du jour.

Sur-le-champ, nous nous mettons en route. Comme nous traversions les bois de la Montagne-Longue, et que nous étions déjà sur le chemin qui mène des Pamplemousses au port, j'entendis quelqu'un marcher derrière nous. C'était un noir qui s'avançait à grands pas. Dès qu'il nous eut atteints, je lui demandai d'où il venait et où il allait en si grande hâte. Il me répondit :

— Je viens du quartier de l'île appelé la Poudre d'Or : on m'envoie au port avertir le gouverneur qu'un vaisseau de France est mouillé sur l'île d'Ambre. Il tire du canon pour demander du secours, car la mer est bien mauvaise.

Cet homme, ayant ainsi parlé, continua sa route.

Je dis alors à Paul :

— Allons vers le quartier de la Poudre d'Or, au-devant de Virginie : il n'y a que trois lieues d'ici.

Nous nous mîmes donc en route vers le nord de l'île. Il faisait une chaleur étouffante. La lune était levée : on voyait autour d'elle trois grands cercles noirs. Le ciel était d'une obscurité affreuse. On distinguait, à la lueur fréquente des éclairs, de longues files de nuages épais, sombres, peu élevés, qui s'entassaient vers le milieu de l'île, et venaient de la mer avec une grande vitesse, quoiqu'on ne sentît pas le moindre vent à terre.

Chemin faisant, nous crûmes entendre rouler le tonnerre; mais ayant prêté l'oreille attentivement, nous reconnûmes que c'étaient des coups de canon répétés par les échos. Ces coups de canon lointains, joints à l'aspect d'un ciel orageux, me firent frémir. Je ne pouvais douter qu'ils ne fussent les signaux de détresse d'un navire en perdition.

Une demi-heure après, nous n'entendîmes plus tirer du tout; et ce silence me parut encore plus effrayant que le bruit lugubre qui l'avait précédé.

Nous nous hâtions d'arriver sans dire un mot, et sans oser nous communiquer nos inquiétudes. Vers minuit, nous arrivâmes tout en nage sur le bord de la mer, au quartier de la Poudre d'Or. Les flots s'y brisaient avec un bruit épouvantable : ils en couvraient les rochers et les grèves d'écume d'un blanc éblouissant et d'étincelles de feu. Malgré les ténèbres, nous distinguâmes, à ces lueurs phosphorescentes, les pirogues des pêcheurs, qu'on avait tirées bien avant sur le sable.

A quelque distance de là, nous vîmes, à l'entrée du bois, un feu autour duquel plusieurs habitants s'étaient rassemblés. Nous fûmes nous y reposer en attendant le jour.

Pendant que nous étions assis auprès de ce feu, un des habitants nous raconta que, dans l'après-midi, il avait vu un vaisseau en pleine mer, porté sur l'île par les courants; que la nuit l'avait dérobé à sa vue; que deux heures après le coucher du soleil, il l'avait entendu tirer du canon pour appeler du secours; mais que la mer était si mauvaise, qu'on n'avait pu mettre aucun bateau dehors pour aller à lui; que bientôt après, il avait cru apercevoir ses fanaux allumés; et que, dans ce cas, il craignait que le vaisseau, venu si près du rivage, n'eût passé entre la terre et la petite île d'Ambre, prenant cette île pour le Coin de Mire, près duquel passent les navires qui arrivent au Port-Louis; que si cela était, ce qu'il ne pouvait toutefois affirmer, ce vaisseau était dans le plus grand péril.

Un autre habitant prit la parole, et nous dit qu'il avait traversé plusieurs fois le canal qui sépare l'île d'Ambre de la côte; qu'il l'avait sondé; que la tenure et le mouillage en étaient très-bons, et que le vaisseau y était en parfaite sûreté.

— J'y mettrais toute ma fortune, ajouta-t-il, et j'y dormirais aussi tranquillement qu'à terre.

Un troisième habitant dit qu'il était impossible que ce vaisseau entrât dans le canal, où à peine les chaloupes pouvaient naviguer. Il assura que si le vent venait à s'élever au matin, le navire serait le maître de pousser au large et de gagner le port.

Pendant qu'ils contestaient entre eux, suivant la coutume des créoles oisifs, Paul et moi nous gardions un profond silence.

Nous restâmes là jusqu'au petit point du jour; mais il faisait trop peu de clarté au ciel, pour qu'on pût entrevoir aucun objet sur la mer, qui d'ailleurs était couverte de brume. Nous ne pouvions distinguer au large qu'un nuage sombre, qu'on nous dit être l'île d'Ambre, à un quart de lieue de la côte.

Vers les sept heures du matin, nous entendîmes dans les bois un bruit de tambours : c'était le gouverneur, M. de la Bourdonnais, qui arrivait à cheval, suivi d'un détachement de soldats et d'un grand nombre d'habitants et de nègres. Il plaça ses soldats sur le rivage, et leur ordonna de faire feu de leurs armes, tous à la fois. A peine leur décharge fut faite, que nous aperçûmes sur la mer une lueur, suivie presque aussitôt d'un coup de canon.

Nous jugeâmes que le vaisseau était à peu de distance de nous, et nous courûmes tous du côté où nous avions vu son signal. Nous aperçûmes alors à travers le brouillard le corps et les vergues d'un grand vaisseau. Nous en étions si près, que, malgré le bruit des flots, nous entendîmes le sifflet du maître qui commandait la manœuvre, et les cris des matelots qui crièrent trois fois *vive le roi!* car c'est le cri des Français dans ces dangers extrêmes, ainsi que dans les grandes joies.

Depuis le moment où le *Saint-Géran* aperçut que nous étions à portée de le secourir, il ne cessa de tirer le canon de trois minutes en trois minutes. M. de la Bourdonnais fit allumer de grands feux sur la grève, et envoya chercher des vivres, des planches, des câbles et des tonneaux vides, dans toutes les habitations.

Un des plus anciens habitants du voisinage s'approcha du gouverneur et lui dit :

— Monsieur, on a entendu toute la nuit des bruits sourds dans la montagne. Dans les bois, les feuilles des arbres remuent sans qu'il fasse de vent. Les oiseaux de mer se réfugient à terre : un terrible ouragan se prépare.

— Eh bien! mes amis, nous y sommes préparés, et sûrement le *Saint-Géran* l'est aussi... réplique M. de la Bourdonnais.

En effet, tout présage une tempête, une horrible tempête.

Vers neuf heures, on entendit des bruits formidables, comme si des torrents d'eau, mêlés à des tonnerres, eussent roulé du haut des montagnes. Tout le monde s'écria : — Voilà l'ouragan! et, dans l'instant même, un affreux tourbillon de vent enleva la brume qui couvrait l'île d'Ambre et son canal. Le *Saint-Géran* parut alors à découvert, avec son pont chargé de monde, ses vergues et ses mâts de hune amenés sur le tillac, son pavillon en berne, quatre câbles sur son avant, et un de retenue sur son arrière. Il était mouillé entre l'île d'Ambre et la terre, en-deçà de la ceinture de récifs qui entoure l'Ile de France. Il présentait son avant aux flots qui venaient de la pleine mer, et à chaque lame qui s'engageait dans le canal, sa proue se soulevait, de sorte qu'on en voyait la carène en l'air : mais dans ce mouvement, sa poupe venant à plonger, disparaissait, submergée. Dans cette position, il lui était impossible de s'en aller, ou d'échouer sur le rivage. Chaque lame s'avançait en mugissant jusqu'au fond des anses, et y jetait des galets à plus de cinquante pieds dans les terres; puis, en se retirant, elle découvrait une partie du lit du rivage, dont elle roulait les cailloux avec un bruit rauque et affreux. La mer, soulevée par le vent, grossissait à chaque instant, et tout le canal n'était plus qu'une vaste nappe d'écume blanche, sillonnée de vagues noires et profondes. Cette écume s'amassait dans le fond des anses à plus de six pieds, et le vent qui en balayait la surface la portait par-dessus l'escarpement du rivage à plus d'une demi-lieue dans les terres. L'horizon offrait tous les signes d'une longue tempête; la mer y paraissait confondue avec le ciel. Il s'en détachait incessamment des nuages d'une forme horrible, qui traversaient le zénith avec la vitesse des oiseaux, tandis que d'autres y paraissaient immobiles comme de grands rochers.

Dans les balancements du vaisseau, ce qu'on craignait arriva. Les câbles de son avant rompirent; et, comme il n'était plus retenu que par une seule ansière, il fut jeté sur les rochers à une demi-encâblure du rivage. Ce ne fut qu'un cri de douleur parmi nous. Paul allait s'élancer à la mer, lorsque je le saisis par le bras.

— Mon fils, lui dis-je, voulez-vous donc périr?

— Que j'aille à son secours, ou que je meure! répondit-il.

Comme le désespoir lui ôtait la raison, pour prévenir sa perte, Domingue et moi, nous lui attachâmes une longue corde à la ceinture, et nous en saisîmes les extrémités. Paul s'avança aussitôt vers le *Saint-Géran*, tantôt nageant, tantôt marchant sur les récifs. Quelquefois il avait l'espoir de l'aborder, car la mer, calme, dans ses mouvements irréguliers laissait le vaisseau presque à sec; mais revenant sur ses pas avec une nouvelle furie, elle le couvrait d'immenses voûtes d'eau, qui le rejetaient sur le rivage, l'infortuné Paul, les jambes en sang, la poitrine meurtrie, à demi noyé. Puis, à peine avait-il repris ses sens, qu'il se relevait et retournait vers le navire. Tout l'équipage, désespérant de son salut, se précipitait à la mer, sur des vergues, sur des planches, sur des cages à poules et des tonneaux.

On vit alors un objet digne d'une éternelle pitié : une jeune demoiselle parut sur la poupe du *Saint-Géran*, tendant les bras vers celui qui faisait tant d'efforts pour la joindre. C'était Virginie... Elle avait reconnu Paul à son intrépidité. La vue de cette charmante jeune fille, exposée à un si terrible danger, nous remplit de douleur et de désespoir. Pour Virginie, d'un port noble et assuré, elle faisait des signes de la main, comme nous disant un éternel adieu. Tous les matelots s'étaient jetés à la mer. Il n'en restait plus qu'un sur le pont, qui était sans vêtements. Il s'approcha de la pauvre enfant avec respect : nous le vîmes se jeter à ses genoux et s'efforcer même de lui ôter ses habits : mais elle, le repoussant avec dignité, détourna de lui sa vue. On entendit aussitôt ces cris des spectateurs :

— Sauvez-la, sauvez-la! Ne la quittez pas!

Mais, dans ce moment, une montagne d'eau d'une effroyable grandeur s'engouffra entre l'île d'Ambre et la côte, et s'avança en rugissant vers le *Saint-Géran*, qu'elle menaçait de ses flancs noirs et écumants. A cette terrible vue, le matelot s'élança seul à la mer, et Virginie, voyant la mort inévitable, posa une main sur ses habits, l'autre sur son cœur, et levant en haut des yeux sereins, parut un ange qui prend son vol vers les cieux.

O jour affreux, hélas ! tout fut englouti. La lame jeta bien avant dans les terres une partie des spectateurs, qu'un mouvement d'humanité avait portés à s'avancer vers Virginie, ainsi que le matelot qui l'avait voulu sauver à la nage. Cet homme, échappé à la mort, s'agenouilla sur le sable en disant :

— Mon Dieu, vous m'avez sauvé la vie, mais je l'aurais donnée de bon cœur pour cette jeune fille...

Domingue et moi, nous retirâmes des flots le malheureux Paul, sans connaissance, rendant le sang par la bouche et les oreilles. On le transporta dans une maison voisine, pour lui donner des soins.

Cependant des noirs nous dirent que la mer rejetait beaucoup de débris de vaisseaux sur le rivage. Nous y descendîmes, et un des premiers objets que j'aperçus dans la baie, fut le corps de Virginie. Elle était à moitié couverte de sable, dans l'attitude où nous l'avions vue périr. Ses traits n'étaient point altérés. Ses yeux étaient fermés, mais la sérénité était encore sur son front. Seulement les pâles violettes de la mort se confondaient sur ses joues avec les roses de la pudeur.

Nous portâmes ce corps précieux dans une cabane de pêcheur où nous le donnâmes à garder à de pauvres femmes.

Je ne puis vous peindre la douleur de madame de La Tour.

— Où est ma fille?... ne cessait-elle de dire.

On enterra la charmante Virginie près de l'église des Pamplemousses, sur son côté occidental, au pied d'une touffe de bambous, où, en venant à la messe, avec sa mère et Marguerite, elle aimait à se reposer...

Quant à Paul, au bout de trois semaines il fut capable de marcher : mais il était devenu insensible à tout. Ses regards étaient éteints ; il fallait lui laisser faire ce qu'il voulait, et sa seule consolation fut bientôt d'aller pleurer et prier sur le tombeau de Virginie, près de l'église des Pamplemousses...

Certes, l'Océan est admirable avec ses *mirabiles elationes maris*, comme dit l'Ecriture sainte. Mais quel perfide élément!... Je vais vous en donner une dernière preuve, en plaçant sous vos yeux les sinistres péripéties du drame de la mer qui ait jamais le plus éprouvé les navigateurs.

Ah! c'est que tout n'est pas rose, dans la vie humaine, et tout n'est pas agrément dans les voyages ! Ce livre, martyrologe des navigateurs, nous en apporte de trop sérieux et trop graves enseignements. En effet, on part, et tout d'abord on se trouve en extase en présence des magnificences du firmament, des splendeurs des paysages, de l'admirable immensité des Océans, de la variété des rivages et des côtes. Oui, on salue avec enthousiasme, au lever du jour, le ciel emplissant tour à tour de ténèbres et de lueurs les vallées profondes, les sauvages ondulations des forêts, les osseuses charpentes des montagnes plongeant leur base jusque dans la mer et faisant ressortir vigoureusement le bleu dur et poli des flots, et leurs bouquets d'îles rocheuses émergeant de nappes tantôt sombres comme du lapis en fusion, tantôt étincelantes comme de la poussière de diamants. On part, dis-je, la joie au cœur, l'éblouissement dans les yeux... On va, on vient sur le pont, on examine avec intérêt le jeu des agrès, les manœuvres des matelots, etc. On part, mais, hélas! sait-on quand on reviendra, sait-on même... si l'on arrivera?

Et combien qui n'arrivent pas? Combien qui sombrent en chemin?

En effet, l'élément perfide, les eaux de la mer et des Océans, à la direction de qui on livre tout un monde de matelots, d'officiers, de passagers, et la fortune que renferme un navire, ne sont-ils pas les plus dangereux ennemis de la vie des hommes et du salut des flottes? N'a-t-on pas à craindre, sans relâche, le vent qui fait rage, les rafales qui sifflent et qui grondent, les vagues qui bondissent en montagnes et se creusent en abîmes, les raz de mer, les coups des tourbillons qui font pirouetter le bâtiment, les nappes d'eau fouettées, tordues, déchirées par la violence des ouragans, des trombes, des tempêtes et des cyclones?

Ne se fait-il pas, souvent, trop souvent, des voies d'eau dans les coques des vaisseaux, et alors la cale d'abord, l'entrepont ensuite, et puis les cabines, les unes après les autres, sont envahis par l'élément liquide, qui s'infiltre en bouillonnant, qui monte, qui monte encore, monte toujours, avec un sinistre et indomptable murmure, et qui, enfin, emplit tous les espaces vides de la nef de son inondation incessante, frémissante, et l'engloutit, et avec elle engloutit tout ce qui a vie, hommes et femmes, enfants et vieillards, officiers et matelots, et les colis de marchandises, et les bagages de voyageurs, et toute la cargaison, pour faire couler le paquebot, le vapeur, le trois-mâts, la goëlette, le brick, l'aviso, etc., peu importe le nom du bâtiment, dans les profondeurs de l'Océan ténébreux?

Ou bien les passagers et l'équipage ne se trouvent-ils pas abandonnés par les brises et livrés au fléau du calme plat, qui ne permet ni d'avancer ni de reculer, mais qui cloue le navire sous les rayons de feu d'un soleil implacable, comme il arrive fréquemment sous l'équateur, et dans le remous d'une mer semblable à de l'huile sans mouvement, ne laissant que la ressource d'attendre, et d'attendre longtemps pour continuer la navigation?

N'arrive-t-il pas que, de jour ou de nuit, mais de nuit surtout, et alors l'obscurité rend ces sinistres plus terribles, plus épouvantables, n'arrive-t-il pas que le navire est abordé, soudain, contre toute prévision, par un autre navire, qui perfore le premier, le fracasse, le coupe en deux, le lacère, le déchire, le détruit, déchiqueté par parties qui se détachent en frémissant, et l'abandonne à la fureur des flots, à jamais enfoui en des gouffres qui ne rendent point leur proie?

Et les famines? Ne sont-elles pas à craindre sur les vaisseaux, quand l'amoncellement de provisions est épuisé, que soutes et cambuses sont vides, que le pain manque, que l'eau douce fait défaut, que tout est soustrait à la faim?

Et les pestes, et les fièvres jaunes, que n'aurions-nous pas à en dire? N'est-ce pas ce qui se produisait jadis, et se produit encore quelquefois sur les navires qui ont l'audace de faire la traite des nègres, nonobstant la vigilance des croisières et malgré les lois de toutes les sages nations du monde, alors que les infortunés esclaves sont entassés en trop grand nombre dans les moindres recoins des bâtiments?

Et enfin l'incendie?

Hélas! quelle plume peut peindre les horreurs de l'incendie d'un steamer, d'une tartane, d'un cutter, d'un navire quelconque, en pleine mer, au milieu des eaux, il est vrai, mais alors que dans le vaisseau tout est en bois et présente un aliment des plus dangereux et des plus favorables à l'avidité des flammes?

Dieu nous préserve, si jamais nous voyageons, des tempêtes, des voies d'eau, des calmes plats, des abordages, etc.

Mais qu'il nous préserve plus encore de l'incendie!

L'eau et ses envahissements sont de formidables sinistres, certes; néanmoins, on peut encore leur échapper au moyen des chaloupes, des canots, des radeaux, des bouées de sauvetage.

Mais l'incendie!... Comment le fuir, comment s'y soustraire? Être brûlé vif, et ne pouvoir échapper à la cruelle morsure du feu, à ses horribles étreintes, n'est-ce pas là un bien autre supplice?

Qu'il est beau de voir un grand navire s'élancer avec orgueil des bassins du port et prendre son élan pour aller braver les flots et traverser les mers, en accomplissant un voyage de mille cinq cents, trois mille, quatre mille lieues, comme pour mettre en communication les extrémités du monde les plus reculées!

Tel était le spectacle qui était donné à l'un des ports de la vieille Angleterre, au mois de novembre 1874!

Le *Cosspatrick*, tel était le nom du navire, le *Cosspatrick* s'éloignait de la mère-patrie, emportant dans ses flancs, campés dans l'entrepont :

Quatre-vingts pères de famille;

Quatre-vingts femmes d'un âge mûr;

Cent dix-neuf enfants, dont seize encore à la mamelle;

Quatre-vingt-dix-sept adolescents;

Et quarante-cinq filles.

Tous allaient chercher aux antipodes de notre hémisphère, c'està-dire en Australie, dans la Nouvelle-Zélande, etc., un sol plus généreux que celui de l'égoïste Albion.

En effet, désespérant trouver sur la terre qui les avait vus naître un salaire suffisamment rémunérateur, ces quatre cent vingt et un pionniers du travail avaient accepté les offres séduisantes du gouvernement anglais pour les régions éloignées.

La navigation des premiers jours fut parfaitement heureuse. Les passagers, joyeux de gagner désormais plus facilement l'existence de leurs familles, si pénible jusque-là, tout en contemplant tour à tour les grands effets d'ombre et de lumière dont l'Océan atlantique leur présentait le tableau grandiose, les levers et les couchers de soleil sur les flots, les aspects sublimes du firmament constellé des feux célestes, pendant les nuits, et enfin les magnificences de spectacles auxquels ils n'étaient pas habitués, devisaient sur le pont, et se faisaient mutuellement part de leurs impressions et de leurs projets d'avenir.

Le *Cosspatrick* approchait du groupe des îles Madère, et bientôt la vue de cette région fortunée fit le bonheur des colons anglais.

Le fait est que Madère est un véritable jardin. Tous les fruits d'Europe et ceux des tropiques y viennent à merveille. On y jouit de la température la plus saine du monde : les médecins y envoient leurs malades dont on n'espère plus la guérison.

On est ensuite en présence du pic de Ténériffe, dont le sommet paraît noir. Le reste est couvert de neige ; plus bas les brouillards ne permettent pas de juger l'aspect du pays.

Le steamer se trouvait à quelque distance des rochers déserts connus des navigateurs sous le nom de Tristan d'Acunha, dont on voyait les sinistres dentelures se profiler sur le ciel bleu. Là, le merveilleux Océan rutilait sous les flèches d'or que le brûlant soleil du midi faisait ruisseler sur les vagues.

Appuyés sur les bastingages du navire, les passagers se livraient au plaisir de voir s'ébattre les marsouins à la surface des lames. C'est chose curieuse, en effet, que les jeux de ces mammifères, de la famille des dauphins, que l'on surnomme cochons de mer. On les voyait venir de l'ouest, se dirigeant vers l'est, et formant un banc de trois à quatre kilomètres de longueur. Ces joyeux cétacés, rangés en ligne droite semblable à un bataillon d'infanterie, émergeaient, ici et là, dans un mouvement de rotation, des eaux qui les amenaient. Ce mouvement de rotation est particulier au marsouin. Donc, ils s'avançaient en ligne droite, par groupes de cinq et six, ce qui donnait à toute la colonne l'aspect de barils attachés les uns aux autres et pointillant la mer d'une ligne noire. Tout chacun, parmi les novices des choses de l'Océan, de rire en face des évolutions de ces habitants des eaux.

Mais, tout-à-coup les rires de la foule des badauds anglais sont couverts par un cri formidable s'échappant par tous les sabords et toutes les écoutilles :

— Au feu ! au feu !...

En même temps, s'élancent de toutes les ouvertures du navire de nombreux matelots appelant à eux le capitaine, son second, les officiers du bord, et répétant en chœur, d'une voix étranglée par l'épouvante, cette sinistre exclamation :

— Au feu ! au feu !...

A cette horrible clameur, tous les passagers, naguère si joyeux, hommes, femmes, jeunes filles et adolescents, de se lamenter, de pleurer, de s'arracher les cheveux, de se livrer au désespoir. Vainement on leur dit, on leur répète que le danger peut être conjuré... Rien n'arrête l'élan de leur douleur, l'expression de leurs sinistres impressions. Les jeunes filles surtout se pressent contre la poitrine de leurs mères, dans les bras de leurs pères, invoquent le Seigneur, le visage inondé de larmes, et conjurent le ciel de veiller à leur salut.

Puis les hommes, robustes travailleurs habitués à la fatigue, se précipitent et disparaissent dans l'entrepont, espérant et allant s'assurer que déjà on a commencé à éteindre l'incendie. Ils vont, ils viennent, offrant leurs bras et leur courage, afin d'arrêter et de comprimer l'essor des flammes, car de toutes les calamités dont on puisse être frappé sur un bâtiment en pleine mer, il n'en est pas de plus épouvantable qu'un incendie.

Hélas! l'incertitude n'est pas possible!

Voici qu'une épaisse, une horrible fumée s'échappe par toutes les fissures et les huis du navire. Evidemment le feu entame, accélère et développe son œuvre de destruction. En outre, comme pour enlever le moindre doute, une explosion subite se fait entendre dans les flancs caverneux du steamer. L'effroi se peint sur toutes les physionomies, car la coque et la carène du vaisseau sont ébranlées. Il semble qu'elles se disloquent. D'affreux craquements se font entendre : le pont s'agite sous les pieds... On dirait que le bâtiment s'enfonce petit à petit sous les eaux de l'Océan.

Ce sont des barriques renfermant des alcools qui, gagnées par le feu, éclatent soudain, et répandant au-dehors leur liquide qui s'enflamme, propagent davantage encore l'incendie dans la cale, où on cherchait à le concentrer, pour le vaincre, et la convertit en une affreuse et incandescente fournaise. L'activité des flammes et leur violence deviennent telles que toutes les autres parties du navire prennent feu à leur tour et crépitent sous l'étreinte des flammes.

Cependant les passagers anglais, écossais et irlandais, tous les travailleurs du bord, les matelots et les officiers s'empressent de réunir et de combiner leurs efforts pour entraver les progrès du fléau. On apporte sur le pont tous les seaux emmagasinés dans les cambuses : on monte les pompes enfouies jusque-là dans leurs étuis. On les met en mouvement, sans tarder, et voilà que coulent à profusion des flots d'eau de mer, au point d'inonder la cale, l'entrepont, les cabines, etc. L'eau ruisselle par toutes les ouvertures, mais elle ne produit pas sur le feu l'action qu'on en attend : elle déplace le foyer de l'incendie, voilà tout, et la flamme devient de minute en minute plus vive et plus menaçante, comme pour se jouer des tentatives acharnées qu'on lui oppose.

Tous les gens de l'équipage sont disposés en grappes vivantes, et s'agitent à outrance, sur les agrès, le pont, les bastingages. Mais déjà nul n'ose plus pénétrer dans les profondeurs du steamer, où la fumée suffoque, où les parois de bois se convertissent en brasiers. Par bonheur pourtant, dans ce moment suprême, les marins ne s'abandonnent pas absolument au découragement, tant qu'il leur reste une chance de salut. Aussi leur exemple soutient quelque peu le moral et rend quelque espoir aux passagers, à leurs femmes, à leurs filles et aux enfants en pleurs.

Tout-à-coup les pompes s'arrêtent et cessent de fonctionner : leurs tuyaux s'engorgent et s'affaissent; l'eau ne coule plus.

Et puis, voici qu'un nuage de fumée noire enveloppe tout l'arrière du *Cosspatrick*, s'élevant avec lenteur et planant au-dessus du théâtre du lamentable sinistre.

Il fait si peu d'air, et l'atmosphère devient tellement brûlante, que la sombre colonne qui se dégage à l'entour du mât d'artimon le rend complètement invisible.

Toutefois les flammes ne se montrent pas encore au-dehors du steamer. Mais un bruit sourd, accompagné de craquements formidables, qui éclatent par intervalles, dit assez, dit beaucoup trop que l'incendie gagne les parties hautes et qu'il fera bientôt son horrible apparition, dans toute sa hideuse et fulgurante splendeur.

Aussi, chez les pauvres femmes, chez les jeunes gens, quelles navrantes angoisses, quelle inexprimable épouvante, quel deuil, quelle douleur, quel immense désespoir !

Les bras des travailleurs ne sont plus occupés : aucun d'eux, les pompes refusant leur service, ne cherche plus à entraver la marche et les progrès toujours croissants de l'incendie. L'œil morne, la tête inclinée sur la poitrine, ils errent à l'aventure, sur le pont, comme des âmes en peine; ils ne cherchent même pas à consoler leurs compagnes de misère et de peine. Ils semblent plutôt songer à se précipiter dans les vagues, pour en finir avec la catastrophe qui va dévorer leurs familles et eux-mêmes, en détruisant l'avenir qui se présentait à eux, si beau, si doré, si souriant!...

On en est venu à ce point de détresse, que l'unique moyen de salut qu'il soit possible d'aviser est de se soustraire au sinistre par la fuite. Alors une immense clameur retentit sur le pont :

— Les embarcations à la mer!...

Le *Cosspatrick* possède, en effet, et heureusement, plusieurs embarcations. On les descend en toute hâte de leurs palans, et chacun des hommes, parmi les passagers, s'occupe avec ardeur de disposer ces chaloupes, afin d'y entasser femmes, jeunes filles et enfants, dans le but de les arracher à une mort cruelle, devenue inévitable.

Mais quel désordre! Et, dans ce désordre, comment réussir à trouver place pour plus de quatre cents personnes, lorsque le moindre mouvement gêne les travailleurs et compromet les manœuvres? D'ailleurs la chaleur qui se dégage du foyer en combustion devient intolérable, et on est asphyxié par l'épouvantable fumée rousse qui jaillit en torrents de toutes les parties du bâtiment.

Aussi devient-il impossible d'organiser le sauvetage. Tout concourt donc à favoriser le dénouement fatal de cet affreux événement.

Voici les mâts, rongés par les feux intérieurs, qui s'agitent sur leurs bases, s'inclinent et s'effondrent, entraînant avec eux la chute des agrès, des haubans, des enfléchures. C'est un tohu-bohu inextricable. Enfouis sous les cordages et les débris, nombre de femmes, de travailleurs et d'enfants, sont cruellement blessés. Mais que sont les blessures, en présence du supplice du feu, des morsures des flammes, de l'indicible trépas qui menace?

Bientôt un premier jet de flammes, d'une violence d'autant terrible qu'elle a été longtemps comprimée, se dégage des colonnes de fumée qui s'échappent de toutes parts. Il est suivi d'un second, plus rapproché encore, et d'autres plus rouges et plus intenses. Et alors une large et incommensurable nappe lumineuse envahit tout le pont, le couvre de feux crépitants, et s'élance en gerbes dévorantes vers le ciel, d'une manière continue, épouvantable.

Le jour est obscurci; le soleil s'éclipse sous les vomissements de la fumée : on ne le voit plus que comme un bouclier de bronze, rougi au feu d'une fournaise, derrière les nuages amoncelés de vapeurs rousses et noires.

Un cri de désespoir s'échappe de toutes les poitrines...

Plus d'espoir désormais : il faut mourir, mourir dans le feu!

Aussi on crie, on prie, on pleure, on gémit, on se lamente. Cris, pleurs, gémissements, lamentations et prières, fléchiront-ils le Dieu du ciel? Hélas! non. Pas un de tous ces infortunés ne pourra s'échapper de l'incandescente fournaise qui monte, s'étend, bouillonne, comme une marée de feu.

Des cratères s'ouvrent, dans le parquet du pont miné par l'incendie, sous les pieds des malheureuses victimes pantelantes. Les flammes les entourent, les enveloppent, les dévorent, et voici qu'une nauséabonde odeur de chair brûlée se répand et infecte l'air. Déjà les pauvres animaux, attachés aux bordages du steamer et destinés à l'alimentation de l'équipage, ont succombé, en bêlant, en mugissant...

Les scènes qui se passent sont indescriptibles.

Il ne reste plus qu'à mourir, car l'incendie s'est emparé de tout l'édifice flottant. Le *Cosspatrick* n'est plus qu'un immense charbon rouge se soutenant encore à la surface des flots...

Qui pourrait peindre cet inimagible spectacle?

A la lueur sinistre qui rayonne autour de toutes ces désolées créatures vivantes, saisies par l'implacable fléau, hommes, femmes, filles, garçons, officiers, matelots, tous se recommandent à Dieu, tous s'embrassent une fois encore, les enfants pleurent dans les bras de leurs parents, et leurs silhouettes se détachent en noir sur le fond rouge de ces feux de volcan!... C'est épouvantable!

Que votre imagination, comme la mienne, lecteurs, se représente, si possible, la terreur atone des yeux égarés des suppliciés, de ces patients, qui brûlent! Qu'elle voie l'écume sanglante de leurs bouches convulsives; les effroyables contorsions d'un désespoir sans nom; les horribles rictus de visages affolés poussant d'inexprimables clameurs! Désolées jeunes filles! Malheureux adolescents! Femmes infortunées! Pauvres enfants!

Et ce drame d'un réalisme incomparable se passait au milieu de l'Atlantique, en plein midi, le 17 novembre 1874!...

Des télégrammes venus de Madère sont loin d'atténuer le sentiment d'horreur produit par l'incendie du *Cosspatrick*.

Le sinistre, dont la cause est restée inconnue, éclata, paraît-il, avec tant de fureur, que deux canots seulement purent être lancés à la mer. De ces deux canots, un seul fut recueilli par le *British-Sceptre*, passant par miracle dans des parages voisins, que les vaisseaux anglais ne fréquentent plus depuis l'ouverture du canal de Suez. Le *Cosspatrick* avait voulu ne pas user de ce canal, ouvert par les Français!

Qu'est devenu l'autre canot? Il contenait cinq passagers... dit une dépêche.

Voici quelques autres détails, venus de Londres, et qui modifient les dépêches précédentes:

Trois marins ont survécu au cruel désastre du *Cosspatrick*, à savoir: le second du steamer, et deux matelots.

Ce sont eux qui ont été recueillis par le *British-Sceptre*, de Londres.

Quand leur canot a pu aborder le *British-Sceptre*, les trois malheureux étaient depuis dix jours à la merci des flots, sans vivres et sans eau. L'embarcation qu'ils montaient contenait tout d'abord trente passagers et gens de mer. Tous sont morts, à l'exception de quatre qui ont vécu de la chair de leurs compagnons qui avaient succombé. Un des quatre est mort fou, à bord du *British-Sceptre*.

Le second canot qui avait pu être mis à la mer contenait le premier officier, cinq matelots et vingt-cinq passagers.

Un coup de vent ayant séparé le canot du précédent, on ignore ce que peuvent être devenus ceux qui le montaient. Le seul espoir qui reste est qu'ils aient atteint l'île de Tristan d'Acunha: mais rien ne confirme cette supposition.

Avais-je raison de dire plus haut:

— Ah! tout n'est pas rose dans la vie humaine, tout n'est pas agrément dans les voyages sur mer!...

FIN.

TABLE.

Introduction.	v
Perte de la caravelle la *Santa-Maria*.	9
Famine et désastres du navire français le *Jacques*.	12
Dangers courus sur l'océan Pacifique.	18
Hivernage dans l'océan Glacial arctique.	22
Naufrage du navire français le *Corbin*.	39
Naufrage de la chaloupe du navire français le *Taureau*.	45
Incendie du navire français le *Prince*.	48
Naufrage du brigantin le *Tigre*.	55
Désastres des navires français la *Boussole* et l'*Astrolabe*.	87
Etrange navigation et naufrage du navire indien la *Junon*.	111
Naufrage de la frégate française la *Méduse*.	125
Naufrage de la corvette française l'*Uranie*.	144
Echouage de la corvette française l'*Astrolabe*.	152
Le *Fœderis-Arca*.	167
Perte des vaisseaux de guerre français le *Henri IV* et le *Pluton*.	185
Découverte de la perte des navires l'*Erèbe* et la *Terror*.	193
Incendie du navire anglais le *Golden-Gate*.	198
Abordage des navires français *Chincha* et *Solférino*.	201
Abordage du steamer côtier le *Hambourg* avec la *Juanita*, trois-mâts de Bayonne.	202
Désastres causés sur les côtes d'Angleterre.	205

Perte du navire français le *Superbe*.	207
Naufrage de la *Cléopatra*.	216
Incendie du vaisseau français le *Trocadéro*.	219
Engloutissement du navire le *Saint-Louis*.	221
Naufrage du *Brother-Jonathan*.	223
Sinistre en mer.	224
Une scène navrante à Douglas (Finistère).	225
Mort de cent trente-trois personnes.	226
Naufrage et perte de la *Gorgone*.	228
Abordage dans la Manche : 34 victimes.	230
Sur la glace.	232
Naufrage au cap des Aiguilles.	233
Un incendie à bord du *Don Juan*.	234
Incendie du *Willem III*.	*ibid.*
Abordage du yacht royal *Alberto* et du *Mistletœ*, sur la Manche. — Aventures de quatre marins français de l'*Elisa-Prosper*, de Cherbourg.	237
Terrible collision du steamer *Strathclyde*, de Glascow, et du vapeur hambourgeois *Franconia*. — Inimaginable explosion à bord de la *Moselle*, sur la mer du Nord. — Incendie du vaisseau-école le *Warspite*.	246
Le désastre de la *Louisiane*, à l'entrée de la Gironde. — Aventures du navire l'*Amérique*.	254
Navigation périlleuse de D. Giovanni Mastaï, S. S. le pape Pie IX, — se rendant dans l'Amérique du Sud, en 1823.	262
Le cannibalisme dans la Mélanésie, et drames chez les anthropophages de l'île Rossel. — Aventures du lieutenant Krusenstern, sur la mer de Kara.	274
L'Ile Maurice, autrefois Ile de France. — Incendie du steamer le *Cosspatrick*.	288

FIN DE LA TABLE.

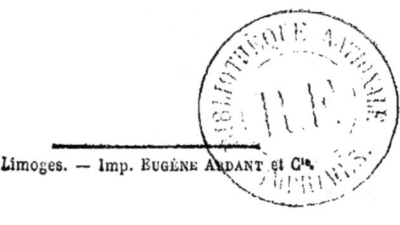

Limoges. — Imp. Eugène Ardant et Cⁱᵉ.

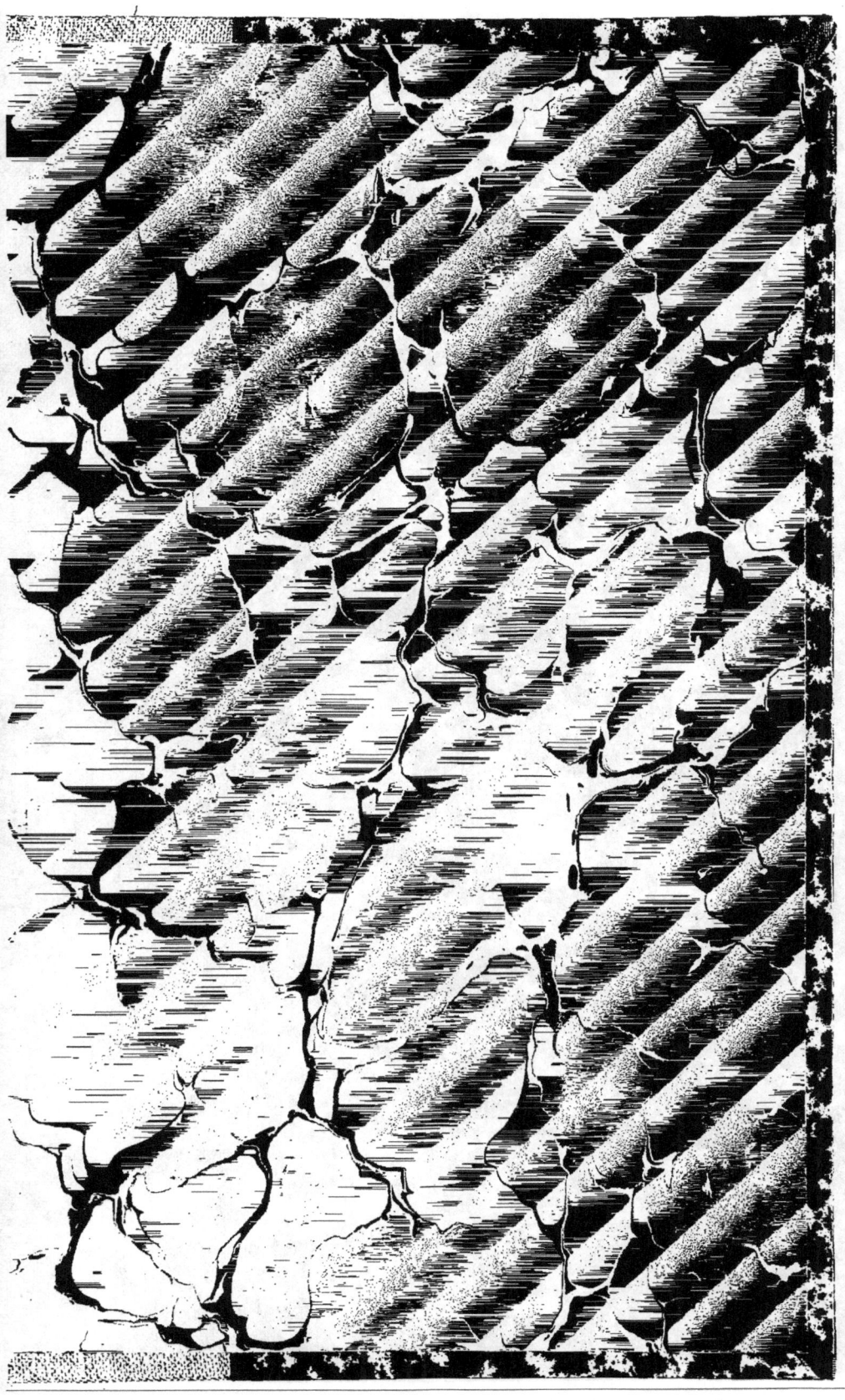

www.ingramcontent.com/pod-product-compliance
Lightning Source LLC
Chambersburg PA
CBHW071334150426
43191CB00007B/720